Griesel/Mertes/Riedel

Die Besteuerung komplexer Kapitalanlagen in der Vermögensanlage und -nachfolge

Die Besteuerung komplexer Kapitalanlagen in der Vermögensanlage und -nachfolge

von RAin und StBin Dr. Carmen Griesel,
Düsseldorf

Dipl.-Wirtschaftsjurist (FH), Dipl.-Betriebswirt
und StB Jürgen Mertes,
Bonn

RA, FAStR und StB Dr. Christopher Riedel,
Düsseldorf

zerb verlag

Die Deutsche Bibliothek – CIP Einheitsaufnahme
Griesel/Mertes/Riedel
Die Besteuerung komplexer Kapitalanlagen
in der Vermögensanlage und -nachfolge

zerb verlag 2007

ISBN 978-3-935079-49-5

Das Werk liegt auch als Linzenzausgabe im Bank-Verlag, Köln vor.
ISBN 978-3-86556-176-3
Artikel-Nr. 22.417-0700

zerb verlag GmbH
Am Reitersberg 16
74918 Angelbachtal

2007 by zerb verlag

Das Werk einschließlich aller seiner Teile ist urheberrechtlich geschützt. Jede Verwertung, die nicht ausdrücklich vom Urheberrechtsgesetz zugelassen ist, bedarf der vorherigen Zustimmung des Verlages. Dies gilt insbesondere für Vervielfältigungen, Bearbeitungen, Übersetzungen, Mikroverfilmungen und Einspeicherung und Verarbeitung in elektronischen Systemen.

Satz: Cicero Computer GmbH, Bonn
Druck: Druckhaus Nomos, Sinzheim

*Unser besonderer Dank gilt neben Herrn André Bayer,
der uns überhaupt erst auf die Idee zu diesem Buch gebracht hat,
vor allem unseren Familien, die den mit der Fertigstellung dieses Buches
verbundenen Freizeitverzicht widerspruchslos geduldet
und uns stets unterstützt haben.*

Inhaltsverzeichnis

A.	Vorwort	1
B.	Formen komplexer Kapitalanlagen	3
	I. Finanzinnovationen	5
	1. Tatbestandsvoraussetzungen des § 20 Abs. 1 Nr. 7 EStG	7
	2. Tatbestandsvoraussetzungen des § 20 Abs. 2 Satz 1 Nr. 4 EStG	9
	a) § 20 Abs. 2 Satz 1 Nr. 4a EStG:	9
	b) § 20 Abs. 2 Satz 1 Nr. 4b EStG:	10
	c) § 20 Abs. 2 Satz 1 Nr. 4c EStG	10
	d) § 20 Abs. 2 Satz 1 Nr. 4d EStG	10
	3. Subsumtion einzelner Kapitalanlagen	11
	a) Nullkupon-Anleihen (Zero-Bonds)	11
	b) Disagio-Anleihen	12
	c) Gekorene Auf- bzw. Abzinsungspapiere	13
	d) Aktienanleihen, Umtauschanleihen, Wandelanleihen	13
	aa) Aktienanleihen	13
	bb) Umtauschanleihen	18
	cc) Wandelanleihen	19
	e) Index-Anleihen	20
	f) Down-Rating-Anleihen	23
	g) (Reverse) Floater (Floating Rate Notes)	24
	h) Zertifikate	25
	aa) Indexzertifikate	27
	bb) Discountzertifikate	28
	cc) Garantiezertifikate	29
	dd) Bonuszertifikate	31
	ee) Hebelzertifikate	31
	ff) Expresszertifikate	32
	i) Argentinische Staatsanleihen	33
	j) Stufen- und Kombizinsanleihen	37
	k) Bundesschatzbriefe	38
	l) Optionsanleihen	39
	m) Capped und Range Warrants	39
	n) Swapgeschäfte	43
	aa) Zinsswaps	43

				bb) Währungsswaps	43
			o)	Fremd- und Doppelwährungsanleihen	45
		4.	Zwischenergebnis		47
	II.	Fonds			47
		1.	Begriff		47
			a)	Offene Fonds / Investmentfonds	49
			b)	Geschlossene Fonds	50
				aa) Beteiligungsform des Investors an geschlossenen Fonds	52
				(1) Direkte Beteiligung	53
				(2) Indirekte Beteiligung	53
				(2.1) Treuhand	53
				(2.2) Stille Beteiligung	54
				(2.3) Unterbeteiligung	55
				bb) Immobilienfonds	56
				cc) Schiffsfonds	58
				dd) Windkraftfonds	60
				ee) Medienfonds	61
				ff) Asset Linked Note Fonds	62
				gg) Leasingfonds	65
				hh) Erbschaft-/Schenkungsteuerfonds	66
			c)	Hedgefonds	66
		2.	REITs		68
	III.	Genussrechte			72
C. Ertragsteuer					**76**
	I.	Finanzinnovationen			81
		1.	Besteuerung der laufenden Einkünfte		81
			a)	Tatbestandsvoraussetzungen § 20 Abs. 1 Nr. 7 EStG	81
			b)	Werbungskostenabzug	82
		2.	Besteuerung bei Veräußerung bzw. Abtretung		85
			a)	Abgrenzung zu privaten Veräußerungsgeschäften i.S.v. § 23 EStG	85
			b)	Tatbestandsvoraussetzungen § 20 Abs. 2 Satz 1 Nr. 4 EStG	85
			c)	Höhe der steuerpflichtigen Einnahmen	86
				aa) Emissionsrendite	86
				(1) Vorhandensein einer Emissionsrendite	87

	(2)	Bestimmung der konkreten (besitzzeitanteiligen) Emissionsrendite	88
	(3)	Abzug bereits zugeflossener und versteuerter laufender Erträge	91
bb)	Marktrendite		94
	(1)	Negativer Kapitalertrag	95
	(2)	Wechselkursgewinne/-verluste	96
	(3)	Nebenkosten der Anschaffung und Veräußerung	98
cc)	Verfassungsrechtliche Bedenken		99
dd)	Wahlrecht		108
	(1)	Voraussetzungen des Wahlrechts	108
	(2)	Ausübung des Wahlrechts	110

3. Besteuerung bei Einlösung 113
   a) Anwendung auf den sog. Durchhalter 113
   b) Ausübung des Wahlrechts 113
   c) Vorzeitige Einlösung 114
4. Besonderheiten bei einzelnen Finanzinnovationen 116
   a) Einfacher Floater 116
   b) Umtausch-Floater 117
   c) Disagio-Anleihen 117
   d) Gekorene Auf- bzw. Abzinsungspapiere 120
   e) Argentinische Staatsanleihen 121
      aa) Besteuerung nach der Emissions- oder Marktrendite bei sog. Alt-Anleihen 121
      bb) Folgen einer Umschuldung 122
5. Besteuerung der rein spekulativen Wertpapiere 124
   a) Regelfall (§ 23 Abs. 1 Satz 1 Nr. 2 EStG) 124
   b) Sonderfall: Zertifikate 126
   c) Sonderfall: Swaps 129
   d) Verfassungsmäßigkeit der Besteuerung 130
      aa) Rückwirkungsverbot 130
      bb) Strukturelles Erhebungsdefizit 130
   e) Berechnung des Veräußerungsgewinns/-verlustes 131
      aa) Jahresfrist, § 23 Abs. 1 Satz 1 Nr. 2 EStG 131
      bb) Wertpapieridentität 132
   f) Beschränkung des Verlustabzugs aus privaten Veräußerungsgeschäften 138

		aa) Verrechenbarkeit nur mit Gewinnen aus privaten Veräußerungsgeschäften	138
		bb) Erfordernis einer Verlustfeststellung	139
		cc) Kombination von Verlustrücktrag und Freigrenze	141
II.	Besteuerung von Fonds		142
	1. Offene Fonds		142
		a) Ertragsarten	145
		aa) Ausschüttungen, ausgeschüttete und ausschüttungsgleiche Erträge	145
		bb) Zwischengewinne	147
		b) Fondsarten	148
		aa) Transparente Fonds	148
		bb) Teiltransparente Fonds	148
		cc) Intransparente Fonds	149
		c) Veräußerung und Rückgabe von Investmentanteilen	149
		d) Kapitalertragsteuer und ausländische Quellensteuer	150
		e) Nachweis der Besteuerungsgrundlagen	151
	2. Geschlossene Fonds		151
		a) Einkommensteuer- und verfahrensrechtliche Aspekte	151
		aa) Einkunftsart	151
		bb) Einkünfteerzielungsabsicht (Liebhaberei)	153
		cc) Mitunternehmerstellung	154
		(1) Direkte Beteiligung als Kommanditist	154
		(2) Indirekte Beteiligung über einen Treuhandkommanditisten	155
		dd) Hersteller- und Erwerbereigenschaft	156
		ee) Verlustverrechnungsbeschränkungen nach den §§ 2a, 2b, 10d, 15a und 15b EStG	159
		(1) Verlustverrechnung nach § 10d EStG	160
		(2) Verlustverrechnung nach § 2a EStG	160
		(3) Verlustverrechnung nach § 2b EStG	161
		(4) Verlustverrechnung nach § 15a EStG	163
		(5) Verlustverrechnung nach § 15b EStG	166
		(5.1) Steuersystematische Stellung und Anwendungszeitraum	166
		(5.2) Tatbestandsmerkmale und Rechtsfolgen	168

		(5.3) Verhältnis zu anderen Verlustverrechnungsvorschriften	173
		(5.4) Feststellung der Verluste nach § 15b Abs. 4 EStG	173
	ff)	Feststellungsverfahren	173
		(1) Zuständiges Finanzamt	173
		(2) Zinslauf	174
		(3) Sonderausgaben/-werbungskosten	175
	gg)	Besonderheiten bei Treuhandverhältnissen und Unterbeteiligungen	176
b)	Gewerbe- und umsatzsteuerliche Aspekte		178
	aa)	Gewerbesteuer	178
	bb)	Umsatzsteuer	180
c)	Steuerliche Besonderheiten bei einzelnen geschlossenen Fondstypen		181
	aa)	Immobilienfonds	181
	bb)	Schiffsfonds	183
	cc)	Medienfonds und Windkraftfonds	185
	dd)	Asset Linked Note Fonds	186
	ee)	Leasingfonds	188
	ff)	Erbschaft-/Schenkungsteuerfonds	188
3. Hedgefonds			188
4. REITs			189
a) Inländische REITs			189
b) Ausländische REITs			191
III. Genussrechte			191
1. Unterscheidung			191
a) Beteiligung am Gewinn			192
b) Beteiligung am Liquidationserlös			193
2. Besteuerung der laufenden Einkünfte			194
a) Steuerliche Behandlung auf Ebene des Emittenten			194
b) Steuerliche Behandlung auf Ebene des Genussrechtsinhabers			194
3. Besteuerung bei Veräußerung oder Einlösung			195

D. Kapitalertragsteuer und Zinsabschlag — 197
   I. Grundlagen — 197
      1. Kapitalertragsteuerpflichtige Erträge — 197
      2. Entstehung, Anmeldung und Abführung — 198

		3.	Bemessungsgrundlage	200
			a) Ersatzbemessungsgrundlage	201
			b) Stückzinstopfregelung	203
			c) Vorschusszinsen	206
		4.	Abstandnahme vom Kapitalertragsteuerabzug / Erstattungsverfahren	207
			a) Freistellungsauftrag	207
			b) Nichtveranlagungsbescheinigung	208
			c) Erstattungsverfahren	209
	II.	Einzelfälle des Kapitalertragsteuerabzugs		210
		1.	Kapitalertragsteuer und geschlossene Fonds	210
		2.	Kapitalertragsteuer und Investmentfonds	211
		3.	Kapitalertragsteuer und Finanzinnovationen	213
		4.	Kapitalertragsteuer und Genussrechte/Wandelanleihen/ Umtauschanleihen	214
		5.	Kapitalertragsteuerabzug und REITs	215
	III.	EU-Zinsrichtlinie		215
	IV.	Quellensteuer		218
		1.	Ausländische Quellensteuer	218
		2.	Fiktive Quellensteuer	219

E. Erbrecht **221**

	I.	Grundstrukturen		221
		1.	Grundsatz der Universalsukzession	221
		2.	Gegenstand der Gesamtrechtsnachfolge	222
		3.	Annahme und Ausschlagung der Erbschaft	224
		4.	Die Erbengemeinschaft	226
			a) Allgemeines	226
			b) Auseinandersetzung der Erbengemeinschaft	227
		5.	Möglichkeiten der gegenständlichen Zuweisung durch letztwillige Verfügung	228
			a) Allgemeines	228
			b) Erbeinsetzung versus Vermächtnisanordnung	228
		6.	Legitimation des Erben / Erhaltung der Handlungsfähigkeit	230
			a) Erbschein	230
			b) Vollmacht über den Tod hinaus	231
			c) Gemeinschaftskonten	232
		7.	Schenkung unter Lebenden	233

II. Rechtsnachfolge in Kapitalanlagen		234
1. Allgemeines		234
a) Meldepflichten der Banken		234
b) Übertragbarkeit		235
2. Finanzinnovationen		236
a) Allgemeines		236
b) Nullkupon-Anleihen		237
c) Bundesschatzbriefe		238
3. Fonds		238
a) Offene Fonds		238
aa) Anteile an Kapitalgesellschaften		239
bb) Fondsanteile		240
cc) REITs		241
b) Geschlossene Fonds		241
aa) Organisationsform GbR		241
bb) Organisationsform Personenhandelsgesellschaften (OHG, KG)		242
cc) Abfindung für den Verlust der Gesellschafterstellung		243
dd) Gesellschaftsvertragliche Regelungen zur Nachfolge in die Gesellschafterstellung		243
(1) Allgemeines		243
(2) Einfache Nachfolgeklausel		243
(3) Qualifizierte Nachfolgeklausel		244
(4) Eintrittsklausel		246
ee) Mittelbare Beteiligung		246
4. Genussrechte		247
5. Schenkung von Kapitalanlagen		248
F. Erbschaft-/Schenkungsteuer		**250**
I. Grundstrukturen		250
1. Persönliche Steuerpflicht		250
a) Allgemeines		250
b) Unbeschränkte Steuerpflicht		250
c) Beschränkte Steuerpflicht		251
2. Steuerpflichtige Vorgänge		253
a) Erwerbe von Todes wegen		253
b) Schenkungen unter Lebenden		255

	3.	Ermittlung des steuerpflichtigen Erwerbs	255
		a) Allgemeines	255
		b) Bereicherung im Erbfall	256
		c) Bereicherung bei Schenkung	257
		aa) Grundsätzliches	257
		bb) Gemischte Schenkungen	257
		d) Bewertungsgrundsätze	258
	4.	Persönliche Steuerbefreiungen	260
		a) Persönliche Freibeträge	260
		b) Versorgungsfreibeträge	262
		c) Steuerfreistellung des Zugewinnausgleichs	262
	5.	Steuertarif	263
	6.	Berücksichtigung früherer Erwerbe	264
II.	Erbschaft-/Schenkungsteuer bei Kapitalanlagen		265
	1.	Verhältnis von § 11 BewG und § 12 BewG	265
	2.	Börsennotierte Anteile	265
		a) Relevante Kursnotierung	266
		b) Abweichungen vom Börsenkurs	267
		c) Nachträglicher Kursverfall	268
	3.	Bewertung von nicht notierten Anteilen an Kapitalgesellschaften (§ 11 Abs. 2 BewG)	270
	4.	Bewertung von nicht notierten Kapitalforderungen (§ 12 BewG)	272
		a) Besondere Umstände	272
		b) Kapitalforderung in ausländischer Währung	274
		c) Raten- oder Annuitätentilgung	275
	5.	Bewertung von Finanzinnovationen	275
		a) Nullkupon-Anleihen (Zero-Bonds)	276
		b) Disagio-Anleihen	277
		c) Bundesschatzbriefe	278
		d) Optionsrechte und Wandelanleihen	278
		e) Indexanleihen, Indexzertifikate u.ä.	279
	6.	Bewertung von Fonds	280
		a) Offene Fonds	280
		b) REITs	281
		c) Geschlossene Fonds	281
		aa) Vermögensverwaltende Personengesellschaften	281

bb) Gewerbliche bzw. gewerblich geprägte
    Personengesellschaften ... 282
    (1) Einzelbewertung ... 283
    (2) Bestands- und Bewertungsidentität ... 284
    (3) Aufteilung auf die Gesellschafter ... 285
    (4) Freibetrag, Bewertungsabschlag und
        Tarifentlastung ... 285
cc) Typisch stille Gesellschaft ... 288
dd) Besonderheiten bei bestimmten Fondsarten ... 289
    (1) Immobilienfonds ... 289
    (2) Erbschaftsteuerfonds ... 291
    (3) Schiffsfonds ... 294
    (4) Medienfonds ... 295
    (5) Windkraftfonds ... 296
    (6) Asset Linked Note Fonds ... 297
    (7) Mittelbare Schenkung ... 298
ee) Mittelbare Beteiligung ... 298
ff) Verfassungsrechtliche Bedenken ... 301
gg) Gesetzentwurf zur Erleichterung der
    Unternehmensnachfolge ... 302
    (1) Inkrafttreten ... 303
    (2) Zielsetzung ... 303
    (3) Stundungs- und Erlassregelung ... 303
    (4) Begünstigtes Vermögen gem. § 28a des
        Entwurfes ... 305
    (5) Freigrenze ... 309
    (6) Auswirkungen auf Kapitalanlagen ... 309
hh) Die Entscheidung des BVerfG vom 7.11.2006 ... 310
7. Genussrechte ... 313

G. Ausblick Abgeltungssteuer ... **314**
   I. Eckpunkte ... 314
   II. Gesetzentwurf zur Unternehmenssteuerreform ... 320

Abkürzungsverzeichnis ... **326**

Literaturverzeichnis ... **328**

Stichwortverzeichnis ... **335**

A. Vorwort

Der Erbe sieht sich oftmals völlig unbekannten Kapitalanlagen gegenüber, die Teil des Nachlasses sind. Er muss dann nicht nur den rechtlichen und wirtschaftlichen Inhalt der Beteiligung verstehen und die laufende Besteuerung kennen, sondern auch eine evtl. Erbschaftsteuerbelastung berechnen können. Für den Erben und seinen steuerlichen und/oder rechtlichen Berater stellen sich daher im Erbfall folgende Fragen:

1. Um was für eine Kapitalanlage handelt es sich? Wie hoch ist das Beteiligungsrisiko?
2. Wie erfolgt die laufende Besteuerung der Erträge und eines evtl. Veräußerungsgewinns?
3. Wie ist die ererbte Anlage erbschaftsteuerlich zu bewerten?

Alles Fragen, die aufgrund der Vielfalt der Anlageformen regelmäßig auch ein eingeschalteter externer Berater nicht ohne weiteres beantworten kann. Bereits 1999 hieß es: „Die derzeit auf dem Kapitalanlagemarkt anzutreffenden Anlagemedien sind hinsichtlich Design und Ausstattung kaum mehr zu überschauen. Kreativität in den Produktbezeichnungen sorgt für weitere Verwirrung. Scheinbar ähnlich lautende Anlageinstrumente differieren mitunter erheblich, was ihre Konstruktion und daraus resultierende ertragsteuerliche Beurteilung angeht."[1] Durch die steigende Konkurrenz am Kapitalanlagemarkt und die Versuche des Gesetzgebers, Steuergestaltungen möglichst zu verhindern, hat sich die Lage nicht verbessert. Vielmehr das Gegenteil ist der Fall.

Besondere Kenntnisse von den heutzutage am Markt angebotenen komplexen Kapitalanlageformen sind jedoch nicht nur im Erbfall von Bedeutung. Jeder interessierte Kapitalanleger und Anlageberater, der sich nicht auf sein Glück verlassen will, sollte nicht nur wissen, welche Rendite mit einer Kapitalanlage erzielt werden kann, sondern insbesondere auch, wie diese versteuert werden muss einschließlich etwaiger Veräußerungsgewinne oder -verluste. Nur dann kann die Anlageentscheidung bewusst und in Kenntnis aller Vor- und Nachteile getroffen werden, und erst dies versetzt den Anleger in die Lage zu beurteilen, ob die Werbung mit einer sog. steueroptimierten Kapitalanlage gerechtfertigt ist oder nicht.

---

1 *Singer*, DStZ 1999, 281, 283.

Die Wissensdefizite sind in diesem Bereich u.a. wegen der Unübersichtlichkeit des Kapitalmarktes und der sich ständig ändernden Steuergesetzgebung groß. Dies verdeutlichen bereits die von den Banken ausgestellten Jahressteuerbescheinigungen, die vielfach fehlerhaft sind. Und dies obwohl man glauben sollte, dass seitens der Banken der größte Wissensvorsprung zur zutreffenden Beurteilung der teilweise selbst initiierten Kapitalanlageformen besteht. Ob die zum 1.1.2009 geplante Einführung einer Abgeltungssteuer tatsächlich die erwarteten Vereinfachungen bringt, bleibt abzuwarten.

Dieses Buch hat sich zum Ziel gesetzt, die bestehenden Wissenslücken zu schließen und eine praktische Hilfestellung für die richtige Einordnung komplexer Kapitalanlagen, die im Privatvermögen gehalten werden, sowohl in wirtschaftlicher, steuerlicher und rechtlicher Hinsicht zu geben. Dementsprechend folgt das Buch in seinem Aufbau dem Weg vom Grundsätzlichen (Kapitel B.), in dem die rechtliche Form der jeweiligen Anlage nebst wirtschaftlichem Gehalt und Risiko dargestellt wird, über die ertragsteuerliche Behandlung (Kapitel C.) einschließlich kapitalertragsteuerlicher Aspekte (Kapitel D.) bis hin zu erbrechtlichen und erbschaftsteuerlichen Konsequenzen (Kapitel E. und F.) und dem Ausblick in Kapitel G. auf die bevorstehende Einführung einer Abgeltungssteuer mit Wirkung zum 1.1.2009. Die vielfältigen Kapitalanlageformen werden dabei in drei große Gruppen unterteilt, und zwar Finanzinnovationen, Fonds und Genussrechte. Einzelne Anlagen finden sich stets in einer dieser drei großen Gruppen bzw. in Abgrenzung dazu wieder.

Adressaten dieses Buches sind all diejenigen, die in ihrer täglichen Praxis mit komplexen Kapitalanlagen in Berührung kommen. Dazu zählen nicht nur Rechtsanwälte, Steuerberater, Wirtschaftsprüfer und Anlageberater, sondern auch und vor allem interessierte Kapitalanleger und ihre Erben. Gerade bei größeren Vermögen wird der Erblasser zu Lebzeiten in großem Umfang in Kapitalanlagen investieren und muss der Erbe bei Überschreiten der Freibeträge die Frage nach einer Erbschaftsteuerbelastung beantworten.

Abschließend sei der Hinweis erlaubt, dass dieses Buch nach bestem Wissen und Gewissen erstellt wurde. Aufgrund der Komplexität des Rechtsgebietes und der sich ständig wandelnden Rechtsprechung und Gesetzgebung kann jedoch keine Gewähr für die Richtigkeit und Vollständigkeit der Ausführungen übernommen werden.

Düsseldorf/Bonn/Köln, im März 2007

Dr. Carmen Griesel   Jürgen Mertes   Dr. Christopher Riedel

B. Formen komplexer Kapitalanlagen

Kapitalanlagen sind grundsätzlich dadurch gekennzeichnet, dass der Eigentümer (Anleger) einen konkreten Geldbetrag investiert, um auf diese Weise einen Ertrag bzw. Wertzuwachs zu erwirtschaften. Der Kapitalnehmer (Emittent) zahlt für die zeitlich befristete Geldüberlassung ein Nutzungsentgelt in Form von Zinsen und Risikozuschlägen (z.B. wegen schlechter Bonität des Emittenten). Der Kapitalanleger kann daher mit seiner Anlage – vereinfacht gesagt – grundsätzlich drei unterschiedliche Ziele verfolgen:

– Risikominimierung oder
– Erzielung der höchstmöglichen Rendite oder
– höchstmögliche Fungibilität.

Diese Ziele schließen sich nicht gegenseitig aus, sondern bedingen einander. Je stärker eines dieser Ziele ausgeprägt ist, desto schwächer werden regelmäßig die anderen Merkmale ausfallen (z.B. bei minimalem Risiko nur minimale Rendite). Eine Kapitalanlage, die alle drei Ziele bestmöglich erreicht, existiert leider nicht, so dass jeder Anleger die für ihn wichtigste Zielsetzung in den Vordergrund seiner Investitionen stellen muss. Dies ist gleichzeitig der Grund für die Vielzahl unterschiedlicher Anlageformen, die mit der Zeit entwickelt wurden und die nur in Nuancen variieren, um möglichst für jeden Anleger die optimale Anlage bieten zu können.

Als weiteres (viertes) Anlageziel rückt zudem die Steuerersparnis immer weiter in den Vordergrund. Neben der Maximierung der Rendite nach Steuern wurde z.B. gezielt in Finanzmittel investiert, um möglichst hohe Verlustzuweisungen zu erhalten und auf diese Weise die Gesamtsteuerbelastung des Kapitalanlegers zu reduzieren. Diesem letztgenannten aus Sicht des Gesetzgebers nicht legitimen alleinigen Ziel ist durch Änderungen des Einkommensteuergesetzes (Verlustabzugsbeschränkung bei sog. Steuerstundungsmodellen i.S.v. § 15b EStG, dazu im einzelnen später) bereits weitestgehend Einhalt geboten worden und diese Zielverfolgung soll auch zukünftig weiter ausgeschlossen werden. Aber auch aus Sicht eines vernünftigen Anlegers sollte eine Steuerersparnis nie das alleinige Investitionskriterium sein. Eine steuerliche Vorteilhaftigkeit darf vielmehr nur eine von vielen Entscheidungskriterien darstellen, um zu verhindern, dass wirtschaftlich sinnlose und möglicherweise sogar das übrige Vermögen des Anlegers gefährdende Anlageentscheidungen getroffen werden.[2]

4 Ausgangspunkt der heutigen Vielfalt war die seit dem Altertum bekannte Grundform der Anleihe. Diese bis heute häufigste Form der Standardanleihe ist mit einem festen Zins über die gesamte Laufzeit ausgestattet und garantiert am Ende eine Rückzahlung des eingesetzten Kapitals zum Nennbetrag. Der Anleihebegriff ist insoweit identisch mit der Bezeichnung Schuldverschreibung und dem klassischen festverzinslichen Wertpapier. Anders als bei dem Erwerb einer Aktie bleibt das eingesetzte Kapital Fremdkapital und muss am Laufzeitende zurückgezahlt werden. Sofern die klassische Anleihe in der Literatur teilweise als eher risikoarme Anlageform bezeichnet wird, ist dem nur begrenzt zuzustimmen. Auch wenn ein fester Zins und eine umfassende Kapitalrückzahlung am Laufzeitende für eine gewisse Sicherheit sprechen ebenso wie die Tatsache, dass die Anleihe bei Liquidation regelmäßig vor Aktien und Bankrechten bevorzugt zurückgezahlt wird, haben die Erfahrungen am Grauen Kapitalmarkt jedoch gezeigt, dass – wenn keine besondere Sicherheit im Einzelfall besteht – die Anleihegläubiger im Insolvenzfall ebenso wenig ihr Kapital zurückerhalten wie alle übrigen Beteiligten. Auch im Folgenden ist daher immer im Auge zu behalten, dass die Zusage eines festen Zinses oder einer Kapitalrückzahlung in Höhe des Nennwertes letztlich nur eine relative Sicherheit in Abhängigkeit von der Bonität des Emittenten bietet.

5 Bei den heutzutage angebotenen Kapitalanlageformen werden eines oder alle ein solches klassisches festverzinsliches Wertpapier kennzeichnenden Merkmale variiert, so dass oftmals nicht mehr auf den ersten Blick erkennbar ist, wie groß beispielsweise das Risiko des Verlustes des eingesetzten Kapitals ist. Hinzu kommen Anlagen, die mit dem Begriff steueroptimiert werben und bei denen ebenfalls nicht direkt ersichtlich ist, ob und wie sich ein angepriesener Steuervorteil im Einzelfall auswirkt. Neben dem großen Bereich der Anleihen, bei denen das eingesetzte Kapital Fremdkapital bleibt, werden überdies Kapitalanlagen in Form von Unternehmensbeteiligungen als Kommanditisten, stille Gesellschafter oder OHG- bzw. GbR-Gesellschafter usw. angeboten. Kennzeichnend ist in diesen Fällen, dass eine unmittelbare Beteiligung an dem jeweiligen Unternehmen erfolgt und das eingesetzte Kapital in der Regel zu Eigenkapital wird. Daneben existiert

---

[2] Näher dazu und zu den Formen der Renditeberechnung *Epple/Jurowsky/Schäfer*, Private Kapitalanlagen, S. 7 ff.

noch eine dritte Gruppe von Kapitalanlagen, die sog. Genussrechte, die je nach Ausgestaltung im Einzelfall Eigenkapital- oder Fremdkapitalcharakter haben. All diese Kapitalanlagen, die von der klassischen Standardanleihe abweichen, werden unter den Oberbegriff der komplexen Kapitalanlage subsumiert.

Um nicht jede Anlage einzeln darstellen zu müssen und Wiederholungen zu vermeiden, erfolgt – entsprechend der vorgenannten Unterscheidung in Fremdkapital, Eigenkapital und Mischformen – eine Unterteilung in drei große Gruppen:
1. Finanzinnovationen
2. Fonds
3. Genussrechte

Dabei wird in einem ersten Schritt für alle drei Gruppen zunächst dargelegt, welche Einzelanlageformen welcher Gruppe zuzuordnen sind und welche rechtliche Form der Beteiligung durch sie gewährt wird. Eng damit verknüpft ist die Frage nach dem wirtschaftlichen Gehalt der einzelnen Kapitalanlage und dem mit ihr verbundenen Risiko. Fragen der steuerlichen Behandlung für alle drei Bereiche werden erst im Anschluss an diese Bestimmung von Funktion und Bedeutung der jeweiligen Anlage in gesonderten Kapiteln getrennt nach Steuerarten (Einkommen-, Kapitalertrag- und Erbschaftsteuer) untersucht.

I. Finanzinnovationen

Das Wort Finanzinnovationen umfasst in einem weiten Sinn pauschal alle Neuheiten auf dem Markt der Finanzanlageprodukte, die von der klassischen Standardanleihe (fester Zins und 100%ige Kapitalrückzahlung am Laufzeitende) abweichen. Die Bezeichnung als innovatives Produkt ist dabei zunächst grundsätzlich positiv besetzt, da Marktneuerungen oftmals interessant und vorteilhaft für die Beteiligten sind. Insbesondere in den Jahren ab 1980 wurden daher eine Vielzahl innovativer Finanzprodukte entwickelt, die gleichzeitig zu einer Ausweitung des Volumens der Kapitalmärkte beitrugen. Zu Recht werden daher die 80er Jahre auch als das Jahrzehnt der Finanzinnovationen bezeichnet.³ Diese positive Bewertung änderte sich bei Finanzinnovationen durch die Erweiterung des § 20 Abs. 1 Nr. 7 EStG und die Einfügung des § 20 Abs. 2 Satz 1 Nr. 4 EStG im Rahmen des Missbrauchsbekämpfungs- und Steuerbereinigungsgesetzes (StMBG) mit Wirkung zum 1.1.1994. Zwar findet sich der Begriff Finanzinnovation nicht unmittelbar im Gesetzeswortlaut der §§ 20 Abs. 1 Nr. 7, Abs. 2 Satz 1 Nr. 4 EStG wieder. Bereits in der Begründung zum Gesetzentwurf verwendet der Gesetzgeber aber diese Bezeichnung und definiert Finanzinnovationen als Gestaltungen, „mit denen eigentlich steuerpflichtige Zinserträge als steuerfreier Wertzuwachs konstruiert werden",⁴ die zukünftig von der Besteuerung ausdrücklich erfasst werden sollen.⁵

9 Soweit nachfolgend das Wort Finanzinnovationen gebraucht wird, ist darunter – in Übereinstimmung mit dieser steuerrechtlichen Definition – eine Kapitalanlage zu verstehen, die zumindest auf den ersten Blick die Tatbestandsmerkmale der §§ 20 Abs. 1 Nr. 7, Abs. 2 Satz 1 Nr. 4 a bis d EStG erfüllt, auf die im unmittelbaren Anschluss näher einzugehen sein wird. Der Begriff Finanzinnovation ist insoweit deckungsgleich mit der oftmals von Banken verwendeten Bezeichnung Kursdifferenzpapier.⁶

10 Um festzustellen, ob es sich bei der jeweiligen Kapitalanlage um eine steuerrechtliche Finanzinnovation handelt, sollte man grundsätzlich selbst prüfen können, ob die Anlage eine der Tatbestandsvoraussetzungen der §§ 20 Abs. 1 Nr. 7, Abs. 2 Satz 1 Nr. 4 a bis d EStG erfüllt. Denn auf die Jahressteuerbescheinigungen der Banken gem. § 24c EStG, die die für eine Besteuerung nach §§ 20, 23 Abs. 1 Satz 1 Nr. 2 bis 4 EStG erforderlichen Angaben enthalten müssen, kann man in diesem Zusammenhang nicht uneingeschränkt vertrauen, da die bankseitige Einstufung bedingt durch die Kompliziertheit der zugrunde liegenden Regelungen oftmals fehlerbehaftet ist.⁷ Als Indiz für das Vorliegen einer Finanzinnovation kann es jedoch gewertet werden, wenn die Bank in der Jahressteuerbescheinigung beim Kapitalertragsteuerausweis auf eine sog. Ersatzbemessungsgrundlage i.S.v. § 43a Abs. 2 EStG Bezug nimmt. Denn diese im Zusammenhang mit der Kapitalertragsteuer unter D.I.3.a) noch näher zu erläuternde Ersatzbemessungs-

---

3 *Siebers*, Anleihen, S. 44.
4 BT-Drucks. 12/5630 S. 59.
5 Z.B. auch BMF v. 14.7.2004 BStBl 2004 I, 611.
6 S.a. *Harenberg/Irmer*, Die Besteuerung privater Kapitaleinkünfte, Rn. 1379.
7 Vgl. z.B. FG Niedersachsen v. 25.11.2004, 11 K 269/04, EFG 2005, 698.

grundlage findet nur bei steuerrechtlichen Finanzinnovationen Anwendung. Zumindest ergibt sich dann aus der Bankbescheinigung, dass die Bank das Papier als Finanzinnovation einstuft.[8] Der Umkehrschluss – fehlender Eintrag einer Ersatzbemessungsgrundlage und deshalb keine Finanzinnovation – ist dagegen nicht möglich, weil die Kapitalertragsteuerbemessung bei Finanzinnovationen nicht stets anhand der Ersatzbemessungsgrundlage erfolgt.

1. Tatbestandsvoraussetzungen des § 20 Abs. 1 Nr. 7 EStG

Nach dem Wortlaut des § 20 Abs. 1 Nr. 7 EStG gehören zu den Einkünften aus Kapitalvermögen Erträge aus sonstigen Kapitalforderungen jeder Art, wenn die Rückzahlung des Kapitalvermögens oder ein Entgelt für die Überlassung des Kapitalvermögens zur Nutzung zugesagt oder gewährt worden ist, auch wenn die Höhe des Entgelts von einem ungewissen Ereignis abhängt. Die Norm ist gegenüber ihrer ursprünglichen Fassung, die sich lediglich auf **Zinserträge** aus sonstigen Kapitalforderungen beschränkte, extra weit gefasst, um auch die Besteuerung aller laufender Erträge aus Finanzinnovationen zu ermöglichen, und zwar unabhängig von der Bezeichnung und der zivilrechtlichen Ausgestaltung der Kapitalanlage, § 20 Abs. 1 Nr. 7 Satz 2 EStG. Durch besondere Formulierungen oder Bezeichnungen kann daher eine Besteuerung nicht umgangen werden. 11

Die Norm enthält als Tatbestandsvoraussetzung drei Fallvarianten: 12

a) Bei der Kapitalanlage muss sowohl die Kapitalrückzahlung als auch das Entgelt für die Kapitalüberlassung sicher sein.

b) Die Kapitalrückzahlung ist sicher, das Entgelt für die Kapitalüberlassung unsicher und zwar dem Grunde oder der Höhe nach.

c) Die Kapitalrückzahlung ist unsicher, das Entgelt für die Kapitalüberlassung jedoch sicher.

Erfüllt eine Kapitalanlage, die sich von der Standard-Anleihe mit festem Zins und fester Laufzeit bei sicherer Kapitalrückzahlung am Laufzeitende unterscheidet, eine dieser Fallvarianten, kommt das Vorliegen einer Finanzinnovation in Betracht. Zusätzlich muss eine der unter Ziffer 2. dargestellten Tatbestandsalternativen des § 20 Abs. 2 Satz 1 Nr. 4 EStG vorliegen. Denn 13

---

8 Zu den bankseitigen Fehlern bei Anwendung des § 43a Abs. 2 EStG vgl. *Harenberg*, NWB Fach 3, 13141, 13145.

nicht jede Kapitalforderung i.S.v. § 20 Abs. 1 Nr. 7 EStG beinhaltet eine steuerrechtliche Finanzinnovation.[9] Sind dagegen sowohl die Kapitalrückzahlung als auch das Entgelt für die Kapitalüberlassung unsicher, handelt es sich um **rein spekulative Anlagen**.[10] Letztere fallen nicht unter § 20 Abs. 1 Nr. 7 EStG[11] und stellen somit keine Finanzinnovationen im steuerrechtlichen Sinn dar. Bei solchen rein spekulativen Anlagen kommt eine Besteuerung allein nach §§ 22 Nr. 2, 23 EStG in Betracht.

14 Daran ändert sich auch nichts, wenn nach der Ausgestaltung der Anleihebedingungen ein Totalverlust des Kapitals zwar möglich, aber äußerst unwahrscheinlich ist.[12] Anderenfalls würde die im Gesetz nicht angelegte Frage nach den Grenzwerten zu einer verfassungswidrigen Unbestimmtheit der Besteuerung führen. Denn unbestimmte „Erfahrungswerte" können für eine Abgrenzung nicht genügen.[13] Darüber hinaus liegt auch kein Gestaltungsmissbrauch i.S.v. § 42 AO vor.[14] Denn wenn für den Anleger in bestimmten, wenn auch praktisch eher unwahrscheinlichen Situationen der Kapitalverlust droht, handelt es sich entsprechend dem weiten Sinn und Zweck von § 20 Abs. 1 Nr. 7 EStG um ein spekulatives Wertpapier.[15] Eine missbräuchliche Gestaltung ist nicht ersichtlich. Die Kapitalrückzahlung ist damit im Zeitpunkt der Emission nicht sicher im Sinne der Norm.

15 Das Merkmal der Sicherheit des Entgeltes oder der Kapitalrückzahlung ist nach dem ausdrücklichen Gesetzeswortlaut schon dann erfüllt, wenn zunächst eines von beiden allein aufgrund der Ausgestaltung der Kapitalanlage gewährleistet wird, ohne dass es einer ausdrücklichen oder stillschweigenden Vereinbarung bedarf.[16]

16 Beurteilungszeitpunkt für die Frage, ob ein Fall des § 20 Abs. 1 Nr. 7 EStG vorliegt, ist grds. stets der Zeitpunkt der (ersten) Kapitalüberlassung.[17] Ansonsten bestünde für die erste Zeit ein nicht hinnehmbarer rechtsunsiche-

---

9 Z.B. *Haisch/Danz*, DStR 2005, 2108, 2109; *Haisch*, DStZ 2005, 102 f. m.w.N. in Fn. 15, 17; Schmidt- *Weber-Grellet* § 20 Rn. 182.
10 BMF v. 14.1.1998, DB 1998, 497.
11 BMF v. 14.1.1998, DB 1998, 497.
12 Ebenso *Bödecker/Geitzenauer*, FR 2003, 1209, 1213 m.w.N. auch zur Gegenansicht. S.a. *Haisch/Danz*, DStR 2005, 2108, 2111 m.w.N. in Fn. 33 und 34.
13 Ebenso *Haisch/Danz*, DStR 2005, 2108, 2111.
14 *Haisch/Danz*, DStR 2005, 2108, 2111 f.
15 *Bödecker/Geitzenauer*, FR 2003, 1209, 1214.
16 BMF v. 14.1.1998 DB 1998, 497.
17 *Bödecker/Geitzenauer*, FR 2003, 1209, 1212 m.w.N. in Fn. 18.

rer Schwebezustand, während dessen offen bliebe, ob der Tatbestand des § 20 Abs. 1 Nr. 7 EStG erfüllt ist und ob eine Besteuerung erfolgt oder nicht. Dieser Verstoß gegen den in Art. 20 Abs. 3 GG festgelegten Bestimmtheitsgrundsatz wäre nicht hinnehmbar.[18]

2. Tatbestandsvoraussetzungen des § 20 Abs. 2 Satz 1 Nr. 4 EStG

Ziel des § 20 Abs. 2 Satz 1 Nr. 4 EStG ist – in Anlehnung an § 20 Abs. 1 Nr. 7 EStG, der an die Besteuerung der laufenden Erträge anknüpft – die steuerliche Erfassung von Einnahmen aus Anleihen, bei denen laufende Zinseinnahmen, die eigentlich nach § 20 Abs. 1 Nr. 7 EStG zu erfassen wären, in einmalige Übertragungsgewinne transformiert und so der Besteuerung entzogen werden sollten. Dementsprechend knüpft die Norm zur Schließung der bis dahin bestehenden Gesetzeslücke an die Veräußerung oder Abtretung von Finanzinnovationen an, die einen „im Kurs versteckten Kapitalertrag" enthalten und deren Erträge bereits von § 20 Abs. 1 Nr. 7 EStG erfasst werden.[19]

17

a) § 20 Abs. 2 Satz 1 Nr. 4a EStG:

Die erste Alternative erstreckt sich nach dem Gesetzeswortlaut auf abgezinste oder aufgezinste Schuldverschreibungen, Schuldbuchforderungen und sonstige Kapitalforderungen durch den ersten und jeden weiteren Erwerber.

18

Kennzeichen dieser Anlageformen ist folglich, dass während ihrer Laufzeit keine Zinszahlungen erfolgen. Das Entgelt für die Kapitalüberlassung liegt in der Differenz zwischen dem Emissionspreis und dem Veräußerungs-/Abtretungsbetrag. Es handelt sich somit um den klassischen Fall eines im Kurs versteckten Kapitalertrages. Voraussetzung ist aber, dass die Auf- oder Abzinsung durch den Emittenten erfolgte und nicht erst durch einen späteren Erwerber.[20]

19

---

18 *Haisch/Danz*, DStR 2005, 2108, 2111 m.w.N.
19 Ausführlich dazu *Bödecker/Geitzenauer*, FR 2003, 1209, 1210.
20 BFH Urt. v. 1.7.2003, VIII R 9/02, BStBl 2003 II, 883 ff.; Herrmann/Heuer/Raupach-Harenberg § 20 Rn. 1093.

b) § 20 Abs. 2 Satz 1 Nr. 4b EStG:

20 Von dieser Fallgruppe werden
- Schuldverschreibungen, Schuldbuchforderungen und sonstige Kapitalforderungen ohne Zinsscheine und Zinsforderungen oder
- Zinsscheine und Zinsforderungen ohne Schuldverschreibungen, Schuldbuchforderungen und sonstige Kapitalforderungen

21 durch den zweiten und jeden weiteren Erwerber zu einem abgezinsten oder aufgezinsten Preis erfasst.

c) § 20 Abs. 2 Satz 1 Nr. 4c EStG

22 § 20 Abs. 2 Satz 1 Nr. 4c EStG enthält ebenfalls zwei Alternativen: Schuldverschreibungen, Schuldbuchforderungen und sonstige Kapitalforderungen mit Zinsscheinen oder Zinsforderungen,
- bei denen Stückzinsen nicht besonders in Rechnung gestellt werden oder
- bei denen die Höhe der Erträge von einem ungewissen Ereignis abhängt.

23 Unter die erste Alternative fallen die sog. flat gehandelten Wertpapiere, bei denen kein gesonderter Stückzinsausweis erfolgt, sondern diese im Kurs (versteckt) enthalten sind und demgemäß durch einen höheren Verkaufskurs vergütet werden.

24 Die zweite Alternative erfasst Wertpapiere, die keine fest vorhersehbaren Erträge aufweisen, sondern bei denen die Erträge von bestimmten externen Faktoren und deren Entwicklung abhängen, also nicht von vornherein bestimmt werden können.

d) § 20 Abs. 2 Satz 1 Nr. 4d EStG

25 Auch § 20 Abs. 2 Satz 1 Nr. 4d EStG ist in zwei Fallgruppen zu unterteilen. Gegenstand sind Schuldverschreibungen, Schuldbuchforderungen und sonstige Kapitalforderungen mit Zinsscheinen oder Zinsforderungen, bei denen Kapitalerträge
- in unterschiedlicher Höhe oder
- für unterschiedlich lange Zeiträume gezahlt werden.

26 Die für das Wertpapier gezahlten Kapitalerträge bestehen daher nicht aus einem festen Zins, sondern differieren der Höhe nach. Diese Veränderungen

können von vornherein feststehen oder von externen Faktoren abhängen und sich damit erst aus der tatsächlichen Entwicklung ergeben. Im zweiten Fall weichen die Zinszahlungszeiträume voneinander ab (also z.B. keine regelmäßigen jährlichen Zinszahlungen).

3. Subsumtion einzelner Kapitalanlagen

Um zu prüfen, ob eine Finanzinnovation im steuerrechtlichen Sinne vorliegt, müssen die einzelnen Wertpapiere auf die Erfüllung der Tatbestandsmerkmale der §§ 20 Abs. 1 Nr. 7, Abs. 2 Satz 1 Nr. 4 EStG untersucht werden. 27

a) Nullkupon-Anleihen (Zero-Bonds)

Die Nullkupon-Anleihen enthalten – entsprechend ihrer Bezeichnung – keine laufenden Zinszahlungen. Es handelt sich um durch den Emittenten auf- oder abgezinste Anleihen mit einer Laufzeit von regelmäßig zehn oder mehr Jahren (z.B. Euro-Zerobonds der Deutschen Bank mit einer Laufzeit bis zum 28.10.2026 und einer Emissionsrendite von 6,9%). Am Laufzeitende erfolgt die Kapitalrückzahlung einschließlich der Zinsen und Zinseszinsen für die gesamte Zeit der Kapitalüberlassung. Diese Anleiheform erfüllt daher die Voraussetzungen des § 20 Abs. 2 Satz 1 Nr. 4a EStG. Darüber hinaus ist für den Anleger bei einer Investition sowohl die Kapitalrückzahlung als auch das Entgelt für die Kapitalüberlassung sicher i.S.v. § 20 Abs. 1 Nr. 7 EStG. Es liegt daher eine steuerrechtliche Finanzinnovation vor.[21] 28

Das wirtschaftliche Risiko bei einer solchen Anlage ist relativ gering, wenn man einen Emittenten mit einem erstklassigen Rating auswählt. Vor dem Risiko einer Bonitätsverschlechterung des Emittenten ist man jedoch letztendlich nicht sicher. Die Kapitalrückzahlung am Laufzeitende erfolgt i.H.v. 100% des Nennbetrages zuzüglich Zinsen und Zinseszinsen. Kursschwankungen der Anleihe, die während der Laufzeit aufgrund veränderter Marktzinsbedingungen entstehen, wirken sich in positiver und negativer Hinsicht nur aus, wenn die Nullkupon-Anleihe vor Fälligkeit verkauft wird. Nachteilig ist die Zusammenballung der Kapitalrückzahlung und der gesamten Kapitalerträge vor dem Hintergrund gesunkener Sparerfreibeträge ab 2007. Dementsprechend hat die Nullkupon-Anleihe häufig nur noch Bedeutung 29

---

21 Statt vieler BFH Urt. v. 20.11.2006, VIII R 43/05, DStR 2007, 290 ff. sowie *Lohr*, DB 2000, 643, 644.

für die Altersvorsorge, nämlich dann, wenn die Auszahlung bei ansonsten äußerst niedrigen zu versteuernden Einkünften ins Rentenalter verlagert wird.

b) Disagio-Anleihen

30 Bei den Disagio-Anleihen (deep discount bonds) handelt es sich um Anleihen, die seitens des Emittenten mit einem Abschlag vom Nennwert ausgegeben werden, d.h. die Kapitalrückzahlung übersteigt den überlassenen Betrag um das Disagio (z.B. Ausgabe zu 95%, Kapitalrückzahlung am Laufzeitende in Höhe von 100%). Diese Rückzahlungsdifferenz stellt eine zusätzliche Zinskomponente dar, die z.B. für eine bewusst niedrige laufende Verzinsung gewährt oder für die Feineinstellung des Zinssatzes benutzt wird, um einen pauschalen runden Zinssatz angeben zu können.[22] Diese Form der Anlage beinhaltet daher im Ergebnis eine Verbindung von einer laufend verzinslichen Anleihe mit einer Nullkupon-Anleihe.

31 Wie bei den Nullkupon-Anleihen erfüllt die Disagio-Anleihe aufgrund des im Kurs versteckten Zinsertrages in Höhe des gewährten Disagios die Voraussetzungen der §§ 20 Abs. 1 Nr. 7 1. Fall, Abs. 2 Satz 1 Nr. 4a EStG. Es handelt sich also auch in diesem Fall grundsätzlich um eine Finanzinnovation, wobei das Disagio oftmals lediglich ein zusätzlicher Faktor verschiedenartig ausgestalteter Schuldverschreibung ist.

32 Das wirtschaftliche Risiko ist, da die Kapitalrückzahlung zu 100% am Laufzeitende erfolgt, entsprechend den Nullkupon-Anleihen gering. Bei der Kombination mit einer laufenden Verzinsung ist der – unter steuerlichen Gesichtspunkten negative – Zusammenballungseffekt gegenüber den Zero-Bonds deutlich abgemildert.

33 Abzugrenzen ist die Disagio-Anleihe von sog. Agioanleihen, die mit einem Rückzahlungsdisagio verbunden sind.[23] Bei letzteren ist ein höherer Emissionsbetrag mit einem niedrigeren Rückzahlungsbetrag verbunden, so dass sich aus der Differenz stets ein Verlust des Anlegers ergibt.

---

22 *Epple/Jurowsky/Schäfer*, a.a.O., S. 157, 159; *Harenberg*, NWB Fach 3, 13699, 13711 f.
23 Siehe *Harenberg*, NWB Fach 3, 13699, 13700.

c) Gekorene Auf- bzw. Abzinsungspapiere

Unter den Begriff gekorene Auf- und Abzinsungspapiere fallen das isolierte Stammrecht bzw. getrennte Zinsscheine oder Zinsforderungen bei sog. Stripped Bonds. Die Abkürzung STRIP steht dabei für „Separate Trading of Registered Interest and Principal of Securities".[24] Die isolierten Bestandteile werden damit steuerrechtlich einer Nullkupon-Anleihe[25] gleichgestellt und auch künstliche Zero-Bonds genannt.[26] Der Ersterwerber einer solchen Anleihe, der die Trennung von Stammrecht und Zinsschein vornimmt, erzielt jedoch keine Kapitalerträge gem. § 20 Abs. 2 Satz 1 Nr. 4b EStG. Die Veräußerung oder Einlösung von Zinsscheinen wird bei ihm vielmehr nach § 20 Abs. 2 Nr. 2b EStG erfasst.[27] Dagegen zählt das Stammrecht bei ihm zur privaten Vermögensebene. Ein aufgrund des fehlenden Zinskupons regelmäßig zu erwartender Veräußerungsverlust kann nur innerhalb der Jahresfrist von § 23 Abs. 1 Satz 1 Nr. 2 EStG steuerlich erfasst werden.[28] Erst die Weiterveräußerung bzw. Einlösung durch den Zweiterwerber fällt bei allen Varianten unter § 20 Abs. 2 Satz 1 Nr. 4b EStG.

34

Festzuhalten ist in diesem Zusammenhang, dass die Trennung zwar durch Privatpersonen erfolgen kann. Die Zusammenführung der getrennten Rechte setzt aber eine Veräußerung der Einzelbestandteile an ein Kreditinstitut voraus.[29]

35

d) Aktienanleihen, Umtauschanleihen, Wandelanleihen

aa) Aktienanleihen

Aktienanleihen (auch Hochzinsanleihen, Reverse Convertibles, Equity-Linked-Notes bzw. Cash-Or-Share-Bonds genannt) sind in der Regel kurz laufende Schuldverschreibungen (1–2 Jahre), die regelmäßig mit einem deutlich über dem Marktzins liegenden festen Zinssatz (8%–20%) ausgestattet sind. Der **Emittent** hat im Einlösungszeitpunkt ein **Wahlrecht**: Er kann entweder das gezahlte Kapital in Höhe des Nennbetrages zurückzah-

36

---

24 Vgl. *Wahl*, HB der privaten Kapitalanlage, S. 297.
25 S.o. B.I.3.a).
26 S.a. Herrmann/Heuer/Raupach-*Harenberg*, § 20 Rn. 1100.
27 *Scheuerle*, DB 1994, 445, 447.
28 *Lohr*, DB 2000, 643, 645.
29 *Lohr*, DB 2000, 643, 645; *Wahl*, a.a.O., S. 297.

len oder seine Rückzahlungsverpflichtung durch Übertragung einer vorher festgelegten Anzahl bestimmter Aktien erfüllen.

37 **Beispiel:**

Aktienanleihen der BHF-Bank vom 30.10.2006:
- Aktienanleihe auf die Aktie der Firma Linde, Laufzeit bis 30.10.2007, Basispreis 76,40 EUR, Zinssatz 10,25 % (aktueller Kurs 100,93 EUR);
- Akteinanleihe auf die Aktie der Firma RWE, Laufzeit bis 30.10.2007, Basispreis 78 EUR, Zinssatz 10,75 % (aktueller Kurs 101,85 EUR).

38 Die Aktienübertragung wird der wahlberechtigte Emittent immer dann wählen, wenn der Kurswert der zugesagten Aktien insgesamt unter dem Nennbetrag des Rückzahlungsbetrages liegt. Bei Aktienübertragung erleidet der Anleger also stets einen Verlust. Ein Kursgewinn, d.h. eine über dem überlassenen Kapital liegende Auszahlung eines Geldbetrages oder eines höherwertigen Aktienpaketes bei Fälligkeit am Laufzeitende ist aufgrund der Ausgestaltung einer Aktienanleihe für den Ersterwerber nicht möglich wohl aber für einen Zweiterwerber, der die Anleihe deutlich unter Emissionswert erworben hat. Von der Entwicklung des Aktienkurses der zugrunde gelegten Aktien hängt es folglich ab, ob das Nennkapital in voller Höhe oder zu einem niedrigeren Betrag zurückgezahlt wird. Theoretisch ist es folglich auch denkbar, dass das Kapital – bei entsprechend negativer Entwicklung des Aktienkurses – vollständig verloren geht.[30] Der Anleger, der bei einer Investition in Aktienanleihen somit ein relativ hohes Risiko eingeht, wird daher auf einen steigenden Aktienkurs bzw. zumindest auf dessen Seitwärtsbewegung setzen, will er sein eingesetztes Kapital in voller Höhe zurückerhalten.[31] Als Ausgleich für dieses Kapitalrückzahlungsrisiko, das aufgrund des schwankenden Aktienmarktes nicht unerheblich ist und das sich während der Laufzeit der Anleihe auch auf ihren Kurs auswirkt, wird der gegenüber dem Marktzinsniveau erhöhte Zins gewährt. Dieser kommt daher faktisch einer Optionsprämie nahe.

39 Einig ist man sich mittlerweile, dass bei der Einstufung als Finanzinnovation – und damit einhergehend der Frage nach der Besteuerung – die einheitliche Schuldverschreibung nicht in zwei Teilakte (Kapitalforderung und Options-

---

30 *Rittberg*, Aktienanleihen und Zertifikate, S. 23.
31 S.a. *Wahl*, a.a.O., S. 302.

geschäft) aufzugliedern ist.³² Die Beurteilung hat vielmehr einheitlich zu erfolgen.

Aufgrund der Ausgestaltung einer Aktienanleihe ist ein Entgelt in Form der laufenden Zinszahlungen in einer fest bestimmten und von vornherein erkennbaren Höhe sicher zugesagt. Demgegenüber hängt die Höhe der Rückzahlung des eingesetzten Kapitals von einem ungewissen Ereignis – der Entwicklung des zugrunde gelegten Aktienkurses – ab. Es handelt sich daher um den dritten Fall von § 20 Abs. 1 Nr. 7 EStG – sicheres Entgelt bei unsicherer Kapitalrückzahlung. 40

Umstritten ist jedoch, ob zusätzlich zu § 20 Abs. 1 Nr. 7 EStG die Voraussetzungen des § 20 Abs. 2 Satz 1 Nr. 4 EStG erfüllt sind. Denn nur wenn auch Letzteres der Fall ist, handelt es sich um eine Finanzinnovation im steuerrechtlichen Sinne. In Betracht kommt allein ein Vorliegen von § 20 Abs. 2 Satz 1 Nr. 4c 2. Alt. EStG, der die Einnahmen aus der Veräußerung oder Abtretung von sonstigen Kapitalforderungen i.S.v. § 20 Abs. 1 Nr. 7 EStG erfasst, bei denen die Höhe der Erträge von einem ungewissen Ereignis abhängt.³³ 41

Nachdem die Finanzverwaltung für Aktien- und Umtauschanleihen zunächst die Anwendung von § 20 Abs. 2 Satz 1 Nr. 4c 2. Alt. EStG mit der Begründung verneint hatte, dass lediglich die Rendite ungewiss sei, nicht aber die Höhe der Erträge,³⁴ kam sie kurze Zeit später zu der bis heute gültigen Auffassung, dass § 20 Abs. 2 Satz 1 Nr. 4c 2. Alt. EStG sehr wohl anzuwenden ist.³⁵ Als Begründung nimmt die Finanzverwaltung darauf Bezug, dass im Zeitpunkt des Erwerbs noch nicht feststehe, ob das Wahlrecht zur Übertragung der Aktien ausgeübt werde, so dass offen sei, in welchem Umfang dem Kapitalanleger Erträge im Sinne der Norm zufließen werden. Der ungewisse Kapitalertrag i.S.v. § 20 Abs. 2 Satz 1 Nr. 4c 2. Alt. EStG setzt sich danach aus dem fest vereinbarten Zinssatz und dem anteiligen Kapitalverlust bei Fälligkeit bzw. Einlösung zusammen. Damit soll eine Unsicherheit über die Kapitalrückzahlung zu einer Unsicherheit über die 42

---

32 Vgl. statt vieler *Schumacher*, DStR 2000, 416, 417 m.w.N.; a.A. noch *Singer*, DStZ 1999, 281, 282.
33 S.o. 2. c).
34 BMF-Schreiben v. 7.10.1999 DStR 1999, 2032 und v. 24.5.2000 DStR 2000, 1227.
35 BMF-Schreiben v. 2.3.2001 DStR 2001, 576.

Höhe der Erträge i.S.v. § 20 Abs. 2 Satz 1 Nr. 4c 2. Alt. EStG führen, so dass es sich um eine Finanzinnovation handeln würde.[36]

43 Der Ansicht der Finanzverwaltung hat sich das Finanzgericht Berlin in seinem bislang noch nicht rechtskräftigen Urteil vom 22.4.2004[37] ausdrücklich angeschlossen. Das Aktienübertragungswahlrecht gehöre zu den Emissionsbedingungen, und der wirtschaftliche Erfolg der Aktienanleihe sei aus Sicht des Anlegers nicht nur von der fest zugesagten Verzinsung, sondern ganz entscheidend von der Kursentwicklung der unterlegten Aktie abhängig. Der Renditeerfolg durch den überhöhten Marktzins werde durch die von vornherein vorgesehene Aktienübertragung relativiert und lasse sich von dem durch die denkbare Aktienübertragung spekulativen Moment nicht trennen. Hoher Zins und Übertragungswahlrecht stünden in einem sachlichen Bezug zueinander.[38]

44 Nach anderer Ansicht in der Literatur[39] und früherer Meinung der Finanzverwaltung[40] führt nur die Unsicherheit über die Höhe der Entgelte i.S.v. § 20 Abs. 1 Nr. 7 EStG zu einer Unsicherheit über die Höhe der Erträge i.S.v. § 20 Abs. 2 Satz 1 Nr. 4c 2. Alt. EStG, so dass es sich vorliegend aufgrund der fest zugesagten (Zins-)Entgelte nicht um eine Finanzinnovation handeln würde. Auf die (Gesamt-) Rendite der Anleihe soll es in diesem Zusammenhang nicht ankommen.[41] Denn „Ertrag" als Entgelt für eine Nutzungsüberlassung des Kapitals auf Zeit soll regelmäßig nicht die Rendite, sondern nur der Zinsbetrag sein, der vorliegend nicht ungewiss ist.[42]

45 Die Argumentation der Finanzverwaltung und des Finanzgerichts Berlin überzeugen im Ergebnis nicht. § 20 Abs. 2 Satz 1 Nr. 4c 2. Alt EStG verlangt entsprechend seinem Wortlaut, dass „die Höhe der Erträge von einem ungewissen Ereignis abhängt". (Kapital-)Ertrag ist dabei in Abgrenzung zur Kapitalrückzahlung alles das, was der Steuerpflichtige für die Gestattung seiner Kapitalnutzung erhält.[43] § 20 Abs. 1 Nr. 7 EStG regelt die Besteue-

---

36 *Epple/Jurowsky/Schäfer*, a.a.O., S. 181. 183; *Schumacher*, DStR 2000, 1218, 1219; *Carlé/Halm*, KÖSDI 2000, 12415, 12421 f.; ohne Begründung *Scheuerle*, DB 1994, 445.
37 EFG 2004, 1450; Revision anhängig Az. BFH VIII R 48/04.
38 FG Berlin, Fn. 37.
39 *Harenberg/Irmer*, a.a.O., Rn. 1212; *Harenberg*, NWB Fach 3, 10713 ff; *Singer*, DStZ 1999, 281, 282 f.
40 S.o. Fn. 34.
41 *Harenberg*, NWB Fach 3, 10713, 10715; *Singer*, DStZ 1999, 281, 282.
42 *Harenberg/Irmer*, a.a.O., Rn. 1212.
43 Herrmann/Heuer/Raupach-*Harenberg*, § 20 Rn. 807; s.a. *Lohr*, DB 2000, 643.

rung solcher Erträge aus sonstigen Kapitalforderungen, nicht dagegen deren (Gesamt-)Rendite.[44] Dabei erfasst § 20 Abs. 1 Nr. 7 EStG unstreitig keine Wertveränderung auf Vermögensebene.[45] Die Finanzverwaltung, die im Ergebnis das Kursverlustrisiko als Teil des Kapitalertrages ansieht, verstößt gegen den Grundsatz der Trennung zwischen dem überlassenen Kapitalvermögen (Vermögensebene) und der Fruchtziehung aus dem Kapital.[46] Auch die Einfügung des § 20 Abs. 2 Satz 1 Nr. 4 EStG sollte diesen fundamentalen Grundsatz, wonach sich Wertänderungen der Kapitalanlage auf die Besteuerung der Erträge nicht auswirken, nicht aufheben, sondern nur im Kurs versteckte Nutzungen erfassen.[47] Bei Aktienanleihen geht es neben der laufend gewährten Verzinsung für den Ersterwerber ausschließlich um die Frage, ob das überlassene Kapital am Laufzeitende zu 100 % oder weniger (bei Aktienübertragung) zurückgezahlt wird. Will man den Umfang der Kapitalrückzahlung als Teil des Kapitalertrages ansehen, kommt es zu einer ungerechtfertigten Durchbrechung der strikten Trennung zwischen Vermögensebene (Kapitalüberlassung) und (Zins-) Ertragsebene. Die Frage der Höhe der Kapitalrückzahlung weist keine Ertragskomponente auf. Seitens des Finanzgerichts Berlin aufgeführte enge Verknüpfungen existieren auch bei anderen Kapitalanlagen, denn Höhe eines gewährten Zinses und Höhe der Kapitalrückzahlung und die daraus folgenden Risiken stehen stets in einem engen Verhältnis.[48] Ein Umkehrschluss zu der Tatsache, dass der über die 100 %ige Kapitalrückzahlung am Laufzeitende hinausgehende Auszahlungsbetrag als Nutzungsentgelt i.S.v. Einkünften aus Kapitalvermögen anzusehen ist,[49] erscheint ebenso wenig gerechtfertigt.[50] Denn anderenfalls müsste jeder Kursgewinn und –verlust Teil des Kapitalertrages sein mit der Konsequenz, dass eine Trennung zwischen Vermögens- und Ertragsebene vollständig aufgehoben wäre.

Obwohl es sich nach diesseitiger Einschätzung nicht um eine Finanzinnovation handelt, wird nachfolgend auch auf eine Besteuerung als Finanzinnova- 46

---

44 Demgegenüber erfasst der in § 20 Abs. 1 Nr. 7 EStG verwendete Begriff Entgelt alles, was wirtschaftlich gesehen dem Gläubiger für die Kapitalüberlassung gewährt wird, vgl. § 8 EStG, *Haisch/Danz*, DStR 2005, 2108, 2110.
45 *Haisch*, DStR 2003, 2202; s.a. *Schumacher*, DStR 2000, 416, 418.
46 Beispielhaft zu diesem Grundsatz BFH v. 24.10.2000, BStBl 2001 II, 97.
47 BFH v. 2.3.1993, BStBl 1993 II, 602 ff.; FG München v. 4.5.2005, EFG 2005, 1868, 1869.
48 Vgl. allgemein dazu *Siebers*, a.a.O., S. 55.
49 BFH v. 25.6.1974, BStBl 1974 II, 735.
50 A.A. *Schumacher*, DStR 2000, 416, 418.

tion eingegangen werden. Denn dies entspricht zum einen bislang der Ansicht der Finanzverwaltung, so dass in der Praxis mit einer Einstufung als Finanzinnovation zu rechnen ist. Und zum anderen hat diese Einstufung durch die Finanzverwaltung bei Verlusten auch noch aufzuzeigende einkommensteuerliche Vorteile für den Anleger (unbefristeter Verlustabzug), die man durchaus nutzen kann.

bb) Umtauschanleihen

47 Bei Umtauschanleihen (Exchangeables) steht das im Fälligkeitszeitpunkt auszuübende **Wahlrecht** – auf Kapitalrückzahlung oder Übertragung einer vorher festgelegten Anzahl Aktien Dritter – dagegen dem **Kapitalanleger** zu. Der Anleger erhält folglich die Chance, die Übertragung der Aktien zu verlangen, wenn ihr Kurswert im Einlösungszeitpunkt insgesamt über dem Nennbetrag des zurückzuzahlenden Kapitals liegt. Diese Chance wird durch einen im Zeitpunkt der Emission unterhalb des Marktzinses liegenden Zinssatz (§ 20 Abs. 1 Nr. 7 EStG) erkauft. Auch hier handelt es sich nach der Finanzverwaltung um Finanzinnovationen i.S.v. § 20 Abs. 2 Satz 1 Nr. 4c EStG, da zwischen Aktienanleihen und Umtauschanleihen nicht zu differenzieren sei.[51]

48 Neben einer fest zugesagten niedrigen Verzinsung erhält der Anleger, dem das Wahlrecht zusteht, in jedem Fall zumindest sein Nennkapital in voller Höhe zurückgezahlt, so dass man auf den ersten Blick davon ausgehen könnte, dass sowohl das Entgelt für die Kapitalüberlassung als auch die Kapitalrückzahlung sicher sind. Durch die Wahl der Aktienübertragung hat der Anleger jedoch die Möglichkeit, zusätzlich zu seinem eingesetzten Kapital einen Mehrbetrag zu erzielen. Dieser Mehrbetrag stellt in Anlehnung an die Entscheidung des BFH vom 25.6.1974[52] zu § 20 Abs. 2 Nr. 1 EStG steuerpflichtigen Kapitalertrag i.S.v. § 20 Abs. 1 Nr. 7 EStG dar. Er kann untechnisch auch als umgekehrtes Disagio bezeichnet werden, welches unstreitig eine Zinskomponente (versteckter Zinsertrag) beinhaltet. Bei der Umtauschanleihe ist daher – wie von § 20 Abs. 2 Satz 1 Nr. 4c 2. Alt. EStG gefordert – der Ertrag von einem ungewissen Ereignis (der Entwicklung des zugrunde liegenden Aktienkurses) abhängig.[53] Da auch die Tatbestandsvor-

---

[51] S.o. Fn. 34.
[52] VIII R 109/69, BStBl 1974 II, 735.
[53] S.a. *Epple/Jurowsky/Schäfer*, a.a.O., S. 181; *Korn*, FR 2003, 1101, 1107 für den Fall der Zwischenveräußerung; a.A. *Dreyer/Herrmann*, BB 2001, 705, 708 unter Hinweis auf die Gleichbehandlung mit Wandelanleihen.

aussetzungen des § 20 Abs. 2 Satz 1 Nr. 4c 2. Alt EStG erfüllt sind, handelt es sich um eine (steuerrechtliche) Finanzinnovation.

Entgegen der Auffassung der Finanzverwaltung[54] ist aufgrund der unterschiedlichen Konstruktion von Aktien- und Umtauschanleihen auch aus Sicht des Anlegers eine Gleichbehandlung *nicht* zwingend geboten. Vielmehr hat die Subsumtion unter die jeweiligen Tatbestandsvoraussetzungen von der Ausgestaltung der einzelnen Anleihe auszugehen und kann daher sehr wohl abweichend erfolgen.[55] Nach allen denkbaren Ansichten handelt es sich daher zumindest bei Umtauschanleihen um Finanzinnovationen.

49

cc) *Wandelanleihen*

Im Gegensatz zu Umtauschanleihen hat der Anleger bei (echten) Wandelanleihen (Convertibles) das erweiterte Wahlrecht (Ersetzungsbefugnis), junge Aktien aus einer Kapitalerhöhung des emittierenden Unternehmens (keine fremden Aktien) zu erwerben.[56] Mit Ausübung des Optionsrechts geht die Wandelanleihe unter. Der Anleger wird unmittelbar Gesellschafter des emittierenden Unternehmens, § 221 AktG. Der Anleger hat also auch in diesem Fall die Möglichkeit, an einem steigenden Aktienkurs des emittierenden Unternehmens zu partizipieren. Entsprechend niedriger setzt deshalb auch die **laufende Verzinsung** der Anleihe an, die unter § 20 Abs. 1 Nr. 7 EStG fällt. Dagegen liegt **kein** Fall des § 20 Abs. 2 Satz 1 Nr. 4 EStG vor. Aufgrund der Ersetzungsbefugnis wird die Zahlung auf die Anleihe als Anzahlung auf den Erwerb der Aktie umqualifiziert, ohne dass eine Veräußerung oder Abtretung gegeben wäre.[57] Der Erwerb junger Aktien bei einer Wandelanleihe wird somit steuerlich nicht erfasst.[58] Es liegt daher im Ergebnis keine Finanzinnovation im steuerlichen Sinne vor.

50

---

54 S.o. Fn. 53 und Fn. 36 ebenso *Schumacher*, DStR 2000, 1218, 1219 und *Korn*, FR 2003, 1101 ff.
55 Ebenso i.E. *Harenberg/Irmer*, a.a.O., Rn. 1586; *Harenberg*, NWB Fach 3, 13699, 13731.
56 *Epple/Jurowsky/Schäfer*, a.a.O., S. 174.
57 BFH v. 30.11.1999, IX R 70/96, BStBl 2000 II, 262 zum vorgesehenen Umtausch von Floating-Rate-Notes in festverzinsliche Schuldverschreibungen; *Epple/Jurowsky/Schäfer*, a.a.O., S. 175; *Harenberg*, NWB Fach 3, 13699, 13732; *Bödecker/Geitzenauer*, FR 2003, 1209, 1212.
58 *Haisch*, DStR 2002, 247, 248 f.; *Eisolt/Wickinger*, BB 2001, 122, 124 f.; *Korn*, FR 2003, 1101, 1105 f. (a.A. für die Zwischenveräußerung); *Dreyer/Herrmann*, BB 2001, 705, 708.

e) Index-Anleihen

51 Bei der Index-Anleihe handelt es sich um eine Schuldverschreibung, bei der die Verzinsung und/oder die Höhe der Kapitalrückzahlung am Ende der Laufzeit vom Stand eines in Bezug genommenen Index (z.B. DAX oder REX) abhängig sind.

52 Es sind somit folgende Fallgestaltungen vorstellbar:
1. Die Höhe der laufenden Verzinsung der Anleihe hängt – bei sicherer Kapitalrückzahlung – von einem Index ab.
2. Die Kapitalrückzahlung ist – bei fester Verzinsung – an einen Index gekoppelt.
3. Sowohl die Verzinsung als auch die Kapitalrückzahlung erfolgen in Anlehnung an einen Index ohne Garantie eines Mindestbetrages.

53 In den ersten beiden Fällen sind unzweifelhaft die Voraussetzungen des § 20 Abs. 1 Nr. 7 EStG erfüllt, da entweder die Kapitalrückzahlung (1. Fall) oder das Entgelt (2. Fall) sicher ist. Ist die Höhe der laufenden Verzinsung aufgrund der Indexabhängigkeit ungewiss (1. Fall), liegen zudem die Voraussetzungen des § 20 Abs. 2 Satz 1 Nr. 4c 2. Alt. EStG vor, nämlich eine Abhängigkeit der Erträge von einem ungewissen Ereignis – der Entwicklung des jeweiligen Index. Gleiches gilt, wenn am Laufzeitende über die garantierte Kapitalrückzahlung hinaus indexabhängig ein Mehrbetrag ausgezahlt wird.[59] Insoweit handelt es sich um einen versteckten Kapitalertrag entsprechend den Umtauschanleihen[60] und damit um Finanzinnovationen. Eine Finanzinnovation liegt ebenfalls vor, wenn die Anleihe eine feste laufende Verzinsung aufweist, die Kapitalrückzahlung jedoch ohne jede Garantie in voller Höhe indexabhängig ist. Denn auch in diesem Fall besteht die Möglichkeit, dass am Laufzeitende gegenüber dem überlassenen Kapital aufgrund der positiven Indexentwicklung ein Mehrbetrag auszuzahlen ist. Im Zeitpunkt der Emission sind deshalb die zu erzielenden Erträge von einem ungewissen Ereignis (der Indexentwicklung) i.S.v. § 20 Abs. 2 Satz 1 Nr. 4c 2. Alt. EStG abhängig. Sind dagegen **sowohl** die Verzinsung **als auch** die Kapitalrückzahlung in voller Höhe an einen Index gekoppelt und besteht keine Rückzahlungsgarantie (**sog. Full-Index-Link-Anleihen**), handelt es sich um ein rein spekulatives Papier, auf das weder § 20 Abs. 1 Nr. 7 EStG

---

59 Herrmann/Heuer/Raupach-*Harenberg*, § 20 Rn. 821.
60 S.o. B.I.3.d)bb).

noch § 20 Abs. 2 Satz 1 Nr. 4 EStG Anwendung findet.[61] Das Vorliegen einer Finanzinnovation scheidet also insoweit aus.

Um eine bessere Verkäuflichkeit der Anleihen durch eine anteilige Risikominimierung zu erreichen, wird neben der Indexierung der laufenden Erträge die Kapitalrückzahlung häufig nur zu einem bestimmten Prozentsatz zugesagt (z.B. 10%) und darüber hinaus von der Entwicklung eines Index abhängig gemacht. In diesem Fall ist umstritten, ob eine rein spekulative Anleihe vorliegt, die nicht von § 20 EStG erfasst wird und damit keine Finanzinnovation darstellt. 54

Nach Auffassung der Finanzverwaltung genügt es, wenn die Kapitalrückzahlung nur teilweise zugesagt wird und damit ein Totalverlust des eingesetzten Kapitals ausgeschlossen ist.[62] Diese Ansicht hat zur Folge, dass § 20 Abs. 1 Nr. 7 EStG Anwendung findet, auch wenn das Entgelt von einem Index abhängt und damit ungewiss ist. Ein rein spekulatives Wertpapier soll in diesen Fällen – unabhängig von der Höhe der garantierten Kapitalrückzahlung (z.B. 1%, 10% oder 90%) – nicht gegeben sein. 55

Dem ist jedoch mit der herrschenden Ansicht in der Literatur zu widersprechen.[63] Nach dem ausdrücklichen Gesetzeswortlaut von § 20 Abs. 1 Nr. 7 Satz 1 EStG schadet es lediglich nicht, wenn die **Höhe des Entgelts** von einem ungewissen Ereignis abhängt. Demgegenüber findet sich keine korrespondierende Regelung für die Kapitalrückzahlung.[64] Ein Entgelt für die Überlassung ist daher auch dann „sicher" im Sinne der Norm, wenn seine Höhe von einem ungewissen Ereignis abhängt. Die Kapitalrückzahlung darf, damit sie sicher ist, demgegenüber nicht an ein ungewisses Ereignis gekoppelt sein. Hängen daher sowohl laufende Verzinsung als auch die Kapitalrückzahlung bis auf einen lediglich garantierten Teilbetrag von einem 56

---

61 BT-Drucks. 12/6078 S. 122; OFD Kiel v. 3.7.2003, S 2252 A-St 231 EStK § 20 EStG Karte 3.0; *Bödecker/Geitzenauer*, FR 2003, 1209, 1212; *Harenberg/Irmer*, a.a.O., Rn. 805; *Scheuerle*, DB 1994, 445.
62 BMF v. 16.3.1999, BStBl 1999 I, 433 und v. 27.11.2001 BStBl 2001 I, 986 Rn. 48 zu Partizipationsscheinen; OFD Kiel v. 3.7.2003, S 2252 A-St 231 EStK § 20 EStG Karte 3.0, wonach ohne bezifferbare Betragsgrenze jede garantierte Rückzahlung genügen soll; s.a. *Bödecker/Geitzenauer*, FR 2003, 1209, 1212 f.
63 Ablehnend auch FG München, Urt. v. 4.5.2005, EFG 2005, 1868 f., wonach eine Garantie von 10,25% nicht genügen soll; Revision vor dem BFH unter dem Az. VIII R 53/05 anhängig.
64 Ebenso *Korn*, DStR 2001, 1507, 1508, der jedoch die Ansicht der Finanzverwaltung als zumindest „plausibel" bezeichnet.

ungewissen Ereignis – der Indexentwicklung – ab, sind die Voraussetzungen des § 20 Abs. 1 Nr. 7 EStG bereits nach seinem Wortlaut nicht erfüllt.[65]

57 Zudem sollen nach der Gesetzesbegründung zum Missbrauchsbekämpfungs- und Steuerbereinigungsgesetz (StMBG)[66] rein spekulative Kapitalforderungen gerade nicht von § 20 Abs. 1 Nr. 7 EStG erfasst werden. Garantiert der Emittent jedoch nur die Rückzahlung eines beliebigen Bruchteils des eingesetzten Kapitals (z.B. 1% oder 10%), bestehen keine ernsthaften Zweifel, dass es sich für den Anleger um eine spekulative Anlageform handelt, bei der er möglicherweise nicht nur keinen Ertrag erzielt, sondern auch das Risiko eingeht, das eingesetzte Kapital nahezu vollständig zu verlieren.[67] Auch ist es aufgrund des insoweit eindeutigen Gesetzeswortlauts nicht möglich, eine prozentuale Grenze festzusetzen, ab der die Kapitalrückzahlungsgarantie beginnen sollte. Jede Grenze muss als willkürlich und als Verstoß gegen den Bestimmtheitsgrundsatz zurückgewiesen werden.

58 Ebenso muss der Verweis auf eine entsprechende Behandlung zu Aktienanleihen mit dem Hinweis, dass der einzige Unterschied darin bestehe, dass bei letzteren kein Geldbetrag, sondern Aktien zurückgezahlt würden, scheitern. Denn die Ausgestaltung der Aktienanleihen sieht einen festen laufenden Zins vor und ist bereits aus diesem Grund – zumindest in dieser konkreten Form – abweichend konstruiert. Außerdem handelt es sich aus den oben angeführten Gründen auch bei der Aktienanleihe nach richtiger Ansicht nicht um Finanzinnovationen.[68]

59 Sind daher bei Schuldverschreibungen sowohl der laufende Zins als auch die Kapitalrückzahlung von der Entwicklung eines Index abhängig, liegen rein spekulative Wertpapiere vor und zwar entgegen der Finanzverwaltung auch dann, wenn die Kapitalrückzahlung lediglich zu einem Bruchteil garantiert wird. Es sind folglich insgesamt keine Finanzinnovationen gegeben.

---

65 Ebenso *Epple/Jurowsky/Schäfer*, a.a.O., S. 45; *Haisch*, DStR 2005, 2108, 2110; Herrmann/Heuer/Raupach-*Harenberg*, § 20 Rn. 823; vgl. auch *Lohr/Kanzler*, DB 1998, 2339, 2340 zu Indexzertifikaten; a.A. *Bödecker/Geitzenauer*, FR 2003, 1209, 1212 f.
66 BT-Drucks. 12/6078, S. 122.
67 Ebenso *Haisch*, DStR 2005, 2108, 2110. S.a. FG München, Urt. v. 4.5.2005, EFG 2005, 1868 f. für eine Rückzahlungsgarantie von lediglich 10,26% bei Index-Zertifikaten.
68 Vgl. B:I.3.c)aa).

f) Down-Rating-Anleihen

Bei sog. Down-Rating-Anleihen handelt es sich um Schuldverschreibungen von Unternehmen, bei denen die laufende Verzinsung nach den Emissionsbedingungen vom Rating des Unternehmens abhängt.[69] Anknüpfungspunkt sind dabei die Ratings von konkret benannten Rating-Agenturen, wie z.B. Standard & Poor`s, Moody`s oder Fitch. Verschlechtert sich die wirtschaftliche Lage und sinkt dadurch das Rating, erhöht sich der laufende Zins. Als Ausgleich für die schlechtere Unternehmenslage und dem damit einhergehenden tatsächlich gesteigerten Kapitalrückzahlungsrisiko wird dem Anleger eine höhere laufende Verzinsung gewährt.[70]

60

Als Beispiel ist auf die dem nicht rechtskräftigen Urteil des FG Niedersachsen vom 25.11.2004[71] zugrunde liegende Down-Rating-Anleihe des amerikanischen Telekommunikationsunternehmens AT & T mit einem ursprünglichen Zins von 6% und einer umfassend zugesagten Kapitalrückzahlung zu verweisen. Infolge der Herabstufung durch zwei Rating-Agenturen stieg der laufende Zins, wie in den Emissionsbedingungen vorgesehen, auf 6,75% an.

61

Wirtschaftlich betrachtet ist diese Anleihe trotz versprochener 100%iger Kapitalrückzahlung nicht ohne Risiko. Denn der Anleger investiert oftmals in krisengefährdete Unternehmen, die durch einen höheren Zins das nicht unwahrscheinliche Risiko einer Rating-Herabstufung ausgleichen und Anleger von einer Investition überzeugen wollen.

62

Folglich hängt die laufende Verzinsung, also das Entgelt der Anleihe, von einem ungewissen Ereignis (der Rating-Herabstufung) ab, während die Kapitalrückzahlung in den Emissionsbedingungen vollumfänglich zugesagt wird. Neben den Voraussetzungen von § 20 Abs. 1 Nr. 7 EStG liegt auch ein Fall des § 20 Abs. 2 Satz 1 Nr. 4c 2. Alt. EStG vor. Denn nicht nur das Entgelt i.S.v. § 20 Abs. 1 Nr. 7 EStG, sondern auch der Ertrag i.S.v. § 20 Abs. 2 Satz 1 Nr. 4c 2. Alt. EStG hängt von einem ungewissen Ereignis – der Herabstufung des Ratings – ab, dessen Eintritt bei Ausgabe der Anleihe

63

---

69 *Harenberg*, NWB Fach 3, 13699, 13713.
70 *Harenberg*, NWB Fach 3, 11717 ff.
71 EFG 2005, 698 (Az. BFH VIII R 6/05, Urteil vom 13.12.2006).

nicht vorhersehbar ist.[72] Es handelt sich daher begrifflich um eine Finanzinnovation.

g) (Reverse) Floater (Floating Rate Notes)

64 Es handelt sich um laufend verzinsliche Anleihen, bei denen der Zinssatz von künftigen Ereignissen abhängig ist, wie z.b. der Entwicklung eines Referenzzinssatzes, dem LIBOR – London Interbank Offered Rate oder dem EURIBOR – European Interbank Offered Rate.[73] Im Normalfall wird die Verzinsung alle drei oder sechs Monate an den Referenzzins angepasst (einfacher Floater). Steigt die Verzinsung bei steigendem Referenzzinssatz, liegt ein Floater vor. Im Fall der umgekehrten Koppelung (steigende Verzinsung bei fallendem Referenzzinssatz) handelt es sich um einen Reverse Floater.[74] Bei letzterem wird der anzuwendende Zinssatz dadurch berechnet, dass von einem festgelegten Zinssatz der variable Referenzzins in Abzug gebracht wird. Je niedriger der Referenzzins ist, umso niedriger der Abzug und umso höher ist folglich die Verzinsung des Reverse Floaters.[75]

65 Bei dem (Reverse) Floater sind danach zum einen die Höhe der Erträge i.S.v. § 20 Abs. 2 Satz 1 Nr. 4c 2. Alt. EStG ungewiss (je nach Entwicklung des Referenzzinssatzes). Zum anderen fallen Kapitalerträge in unterschiedlicher Höhe (je nach Entwicklung des Referenzzinssatzes) an, § 20 Abs. 2 Satz 1 Nr. 4d 1. Alt. EStG.[76] Da die Kapitalrückzahlung in voller Höhe bei unsicherem Entgelt für die Kapitalnutzung zugesagt ist, greift ebenfalls § 20 Abs. 1 Nr. 7 2. Fall EStG ein. Die Tatbestandsvoraussetzungen für eine Finanzinnovation sind daher in jedem Fall erfüllt.

66 Beim einfachen Floater sind Kursänderungen nahezu ausgeschlossen, da der Zinssatz ständig (alle drei oder sechs Monate) an das Marktzinsniveau angepasst wird. Das mit dieser Anlage verbundene Risiko – und gleichzeitig aber auch die Renditechancen – sind daher entsprechend gering. Ist der Floater zusätzlich mit einem festen Zu- oder Abschlag vom Referenzzinssatz ver-

---

72 FG Niedersachsen, Urt. v. 25.11.2004, EFG 2005, 698; *Harenberg*, NWB Fach 3, 13699, 13713 und 11717, 11718 unter Hinweis darauf, dass zudem die Alternative d) erfüllt ist; *Rödel*, INF 2006, 577, 579.
73 BFH v. 24.10.2000, VIII R 28/99, BStBl 2001 II, 97.
74 Zu weiteren Abwandlungen vgl. *Lohr*, DB 2000, 643, 645.
75 Zur Funktionsweise statt vieler *Epple/Jurowsky/Schäfer*, a.a.O., S. 131 f.
76 BFH Urt. v. 24.10.2000, BStBl 2001 II, 97 ff; BFH Urt. v. 20.11.2006, VIII R 97/02, www.bundesfinanzhof.de.

bunden, kann es jedoch durch Marktzinsschwankungen zu Kursveränderungen beim Floater kommen (sog. Zuschlagsfloater).

Als Beispiel ist auf einen von der Ersten Bank (österreichische Sparkasse, Rating A2) ausgegebenen Floater zu verweisen mit Fälligkeit 19.7.2017, einer Mindeststückelung von 50.000 EUR zu einem Ausgabekurs von 99,89 %. Die Rendite berechnet sich aus dem 3-Monats-Euribor (aktuell 3,141 %) zzgl. 40 Basispunkte und ab Juli 2012 zzgl. 90 Basispunkte. 67

Darüber hinaus kann die Anpassung des Zinssatzes nach oben durch eine Zinsobergrenze (Cap Floater) und/oder nach unten durch eine Untergrenze (Floor Floater) begrenzt sein.[77] Liegen sowohl Ober- als auch Untergrenzen vor, spricht man auch von einem sog. Mini-Max-Floater bzw. Collared Floater. Diese Begrenzungen verringern nicht nur die Risiken, sondern auch die Chancen aus der Kapitalanlage. Bei sog. Count-Down-Floating Notes verringern sich die Aufschläge auf den Referenzzins jährlich, während bei sog. Dual Index Floating Rate Notes die Verzinsung nach dem jeweils höheren Satz von zwei zugrunde liegenden Referenzzinssätzen erfolgt. Drop-Lock Floater verwandeln sich automatisch und unumkehrbar in eine Festzinsanleihe, wenn der Marktzins einen von Anfang an konkret bestimmten Referenzzins unterschreitet. Bei Umtausch-Floatern (auch Convertible-Floater genannt) hat der Anleger demgegenüber nach den Emissionsbedingungen das Recht, während der Laufzeit den Floater in eine festverzinsliche Anleihe umzutauschen und auf diese Weise den erreichten Zinssatz festzuschreiben.[78] 68

h) Zertifikate

Der Begriff Zertifikat umfasst eine große Gruppe im Detail sehr unterschiedlich ausgestalteter Finanzprodukte, mit denen der Kapitalanleger an der Wertentwicklung bestimmter Basisgüter (z.B. einzelne Aktien, Aktienkorb, Index usw.) gegen Zahlung eines Kaufpreises teilnimmt.[79] Am Laufzeitende erhält der Anleger in Abhängigkeit von den Emissionsbedingungen entweder das Basisgut geliefert und/oder einen Geldbetrag ausgezahlt. Dem Anleger ist es bei Zertifikaten daher möglich, an der Wertentwicklung eines 69

---

77 S.a. *Wahl*, a.a.O., S. 283.
78 *Harenberg/Irmer*, a.a.O., Rn. 1308.
79 Z.B. *Haisch/Danz*, DStR 2005, 2108, 2109.

Basisgutes (sog. Underlying) teilzunehmen, ohne sich an dem Bezugsobjekt unmittelbar beteiligen zu müssen.

70 Aufgrund ihrer Flexibilität gegenüber einem Direktinvestment gewinnt diese als Schuldverschreibung ausgestaltete Anlageform in der Praxis immer mehr an Bedeutung. So stieg beispielsweise im Jahr 2005 das Marktvolumen um rd. 45 % gegenüber dem Vorjahr auf rd. 80 Milliarden Euro. An den Börsen werden zurzeit mehr als 52.000 verschiedene Varianten gehandelt.[80] Dies bedeutet gleichzeitig, dass der Anleger bei einer Investition genauestens auf die Emissionsbedingungen eines Zertifikates achten muss, um nicht im Fälligkeitszeitpunkt böse Überraschungen zu erleben.

71 Da keine Einlagensicherung existiert, stellt die Bonität des Emittenten ein entscheidendes Kriterium dar. Dies relativiert sich jedoch, soweit es sich bei dem Emittenten um z.B. deutsche Großbanken handelt, deren Insolvenz zumindest unwahrscheinlich erscheint.

72 Da Zertifikate i.d.R. keine laufende Verzinsung vorsehen und die Erträge aus den Papieren regelmäßig von einem ungewissen Ereignis (der Entwicklung des Basiswertes) i.S.v. § 20 Abs. 2 Satz 1 Nr. 4c 2. Alt. EStG abhängen,[81] kommt es für die Einstufung als Finanzinnovation grundsätzlich entscheidend darauf an, ob die Kapitalrückzahlung sicher i.S.v. § 20 Abs. 1 Nr. 7 EStG ist. Dafür genügt – anders als nach der Finanzverwaltung – nach diesseitiger Ansicht nicht die Zusage oder Gewährung eines teilweisen Kapitalschutzes.[82] Besteht die Möglichkeit eines Totalverlustes des eingesetzten Kapitals, kommt eine Finanzinnovation aufgrund des rein spekulativen Charakters nicht in Betracht.[83]

73 Um eine Klassifizierung der unterschiedlichen Zertifikatsformen zu erreichen und auf diese Weise die Frage nach dem Vorliegen von Finanzinnovationen beantworten zu können, müssen die Zertifikate in folgende große Gruppen unterteilt werden:

– Indexzertifikate

– Discountzertifikate

– Garantiezertifikate

---

80 Quelle: finanz-markt intern 07/06 S. 4.
81 Vgl. *Haisch/Danz*, DStR 2005, 2108, 2110.
82 S.o. B.I.3.e).
83 S.o. B.I.3.e).

- Bonuszertifikate
- Hebelzertifikate
- Expresszertifikate

Zu beachten ist, dass die konkrete Ausgestaltung innerhalb jeder Gruppe variieren kann, so dass – auch bei Namensähnlichkeit – die Emissionsbedingungen des jeweiligen Zertifikates genau zu prüfen sind. 74

Darüber hinaus erhebt die gewählte Einteilung keinen Anspruch auf Vollständigkeit, sondern stellt nur einen Versuch dar, die vielfältigen Zertifikatstypen zu systematisieren. Sofern sich einzelne Zertifikate keiner dieser Gruppen zuordnen lassen, besteht die Möglichkeit, anhand der Emissionsbedingungen und unter Berücksichtigung der an den Beispielen aufzuzeigenden Grundsätzen selbst eine systematische Zuordnung (Finanzinnovation ja oder nein) vornehmen zu können. 75

aa) Indexzertifikate

Indexzertifikate werden auch Partizipationsscheine oder Tracker genannt und stellen die älteste Form von Zertifikaten dar.[84] Sie knüpfen – vergleichbar der Index-Anleihe – an die Entwicklung eines bestimmten Index (z.B. DAX) an[85] und spiegeln so die Gesamtheit der im entsprechenden Index enthaltenen Aktien in einem einzigen Wertpapier wieder.[86] Auf diese Weise verringert sich das Kursverlustrisiko gegenüber einem Direktinvestment in eine Aktie eines Unternehmens erheblich, denn der Kursverlust einzelner indexzugehöriger Unternehmen kann durch Gewinne anderer Indexwerte aufgefangen werden.[87] 76

Vorzugswürdig ist dabei die Anknüpfung an sog. Performanceindizies, wie z.B. im allgemeinen dem DAX, bei deren Entwicklung die ausgeschütteten Dividenden der im Index enthaltenen Aktien automatisch rechnerisch (kurserhöhend) berücksichtigt werden. Dadurch entwickeln sich solche Zertifikate regelmäßig besser als diejenigen, die an Kursindizes (auch Preisindizes genannt) – wie z.B. den US-amerikanischen Dow-Jones – anknüpfen.[88] 77

---

84 *Pilz*, Zertifikate, S. 14.
85 S.a. *Hamacher*, DB 2000, 2396, 2397; *Harenberg/Irmer*, a.a.O., Rn. 1512.
86 Z.B. *Rittberg*, a.a.O., S. 40.
87 *Rittberg*, a.a.O., S. 50.
88 Weiterführend dazu *Rittberg*, a.a.O., S. 42 ff.; *Pilz*, a.a.O., S. 43 ff.

78 An die Stelle eines bestehenden Index kann auch die themenspezifische Zusammenstellung verschiedener Aktien zu einem Korb (basket) treten und die Entwicklung des Zertifikates (Basket- oder Themenzertifikate) von der Wertentwicklung dieses Aktienkorbes abhängig gemacht werden. Hinzuweisen ist auf die anfallenden relativ hohen Gebühren und den gegenüber Investmentfonds bestehenden Nachteil, dass eine kurzfristige Umschichtung von Wertpapieren des baskets nicht vorgesehen ist, sondern die Zusammensetzung regelmäßig bis zur Endfälligkeit beibehalten wird.[89]

79 Enthält das jeweilige Indexzertifikat eine 100%ige Kapitalrückzahlungsgarantie, handelt es sich um eine Finanzinnovation (§§ 20 Abs. 1 Nr. 7, Abs. 2 Satz 1 Nr. 4c 2. Alt. EStG),[90] während die Finanzverwaltung bereits einen teilweisen Kapitalschutz ausreichen lassen will.[91] Entscheidend sind dafür die jeweiligen Emissionsbedingungen.

bb) Discountzertifikate

80 Der Anleger (Käufer) erwirbt bei einem Discountzertifikat nach den von Anfang an feststehenden Emissionsbedingungen bezogen auf eine Aktie einen Anspruch auf Geldzahlung oder Lieferung der Aktie im Fälligkeitszeitpunkt. Unterschreitet der Schlusskurs der Aktie zu dem festgelegten (Bewertungs-)Stichtag, der regelmäßig einige Tage vor dem Fälligkeitszeitpunkt liegt, einen bestimmten Grenzwert (cap), werden Aktien geliefert, anderenfalls der Geldbetrag ausgezahlt.[92]

81 Nimmt das Discountzertifikat dagegen Bezug auf ein nicht lieferbares Basisgut (z.B. einen Index), hat der Anleger stets nur einen Geldzahlungsan-

---

89 *Pilz*, a.a.O., S. 142.
90 Für den Fall eines Indexzertifikates mit Kapitalgarantie, anknüpfend an einen Indexkorb bestehend aus 3 Regionalbaskets FG Nürnberg v. 17.12.2003 n.v. (Datev-Dokumentennummer: 0817552) sowie FG Münster v. 21.7.2003, DStRE 2004, 29 ff., für den Fall eines DAX-Zertifikates mit Rückzahlungsgarantie, bestätigt durch BFH Urt. v. 13.12.2006, VIII R 79/03, DStR 2007, 286 ff.
91 BMF v. 27.11.2001 BStBl 2001 I, 986 Rn. 46–48 zu Partizipationsscheinen, womit die ursprüngliche Ansicht des BMF v. 14.1.1998 DStR 1998, 456, überholt sein dürfte, nach der Partizipationsscheine wie z.B. DAX-Branchenindex-Partizipationsscheine, die Erträgnisse aus den Basisgütern einbeziehen können (Anknüpfung also an Performance-Indizes), die Zusage eines Entgeltes beinhalten müssen; siehe dazu auch *Epple/Jurowsky/Schäfer*, a.a.O., S. 140 f.; s.a. *Harenberg*, NWB Fach 3, 11695, 11703; ebenso *Oho/Remmel*, BB 2002, 1449, 1454 zu Hedge-Fonds-Zertifikaten mit teilweisem Kapitalschutz. Als Finanzinnovation stuft die OFD Rheinland in einer Kurzinformation vom 5.3.2007 auch Zertifikate auf den REX-Performanceindex ein, obwohl eine Kapitalrückzahlungsgarantie nicht explizit zugesagt ist, sondern sich lediglich aus den Umständen ergeben soll.
92 BMF-Schreiben v. 27.11.2001 BStBl 2001 I, 986 Rn. 49; *Wahl*, a.a.O., S. 315.

spruch, dessen Höhe sich nach dem Preis des Basiswertes am Bewertungsstichtag bestimmt.[93]

Mithilfe von Discountzertifikaten auf Aktien werden die Aktien mit einem Abschlag gegenüber dem aktuellen Börsenkurs (Discount) erworben, so dass das Zertifikat eine Art Sicherheitspuffer nach unten enthält.[94] Der Erwerb eines Discountzertifikates fasst im Ergebnis wirtschaftlich den Kauf eines Basiswertes (Aktie) und den gleichzeitigen Verkauf einer Kaufoption (Call) in einem Akt zusammen.[95] Demnach sind Discountzertifikate für Anleger interessant, die während der Laufzeit nur eine geringfügige Wertentwicklung des Basisgutes nach oben oder unten erwarten und ihr Risiko gegenüber dem direkten Einstieg in den Aktienmarkt minimieren möchten.[96]

82

Beispiel:
Discountzertifikat auf Aktien von France Télécom (Basiswert) mit einem Cap von 24,00 EUR und einem Briefkurs von 18,65 EUR.
Bei einer Laufzeit bis 19.9.2007 beträgt der maximale Gewinn 28,69 % und der gewährte Discount 18,47 %.

83

Da bei solchen Papieren sowohl die laufenden Erträge als auch die Kapitalrückzahlung von einem ungewissen Ereignis (der Entwicklung des Basiswertes) abhängig sind, liegt kein Fall des § 20 Abs. 1 Nr. 7 EStG und damit keine Finanzinnovation vor.[97] Denn dazu müsste zumindest eines der beiden Merkmale sicher sein. An der Möglichkeit eines Totalverlustes ändert sich auch nichts dadurch, dass der Anleger am Laufzeitende mit hoher Wahrscheinlichkeit einen (Basis-)Wert erhält.[98]

84

cc) Garantiezertifikate

Unter dem Begriff Garantiezertifikat (auch Money-Back-Zertifikate genannt) werden alle Zertifikate zusammengefasst, die eine zumindest teilweise Kapitalrückzahlung und unter Umständen sogar eine Mindestverzinsung

85

---

[93] BMF-Schreiben v. 27.11.2001 BStBl 2001 I, 986 Rn. 49; s.a. *Rittberg*, a.a.O., S. 63.
[94] Vgl. *Pilz*, a.a.O., S. 169; *Rittberg*, a.a.O., S. 65.
[95] *Pilz*, a.a.O., S. 170 f.; *Rittberg*, a.a.O., S. 65; *Wahl*, a.a.O., S. 15 f.
[96] *Rittberg*, a.a.O., S. 81.
[97] Unter ausdrücklicher Erwähnung der Discountzertifikate ebenso BMF-Schreiben v. 27.11.2001 BStBl 2001 I, 986 Rn. 50, 47 und OFD Kiel v. 3.7.2003, S 2252 A-St 231 EStK § 20 EStG Karte 3.0.
[98] S.o. B.I.1.; *Harenberg*, NWB Fach 3, 12151, 12154 f.

garantieren. Wertpapiere mit nur teilweiser Kapitalrückzahlungsgarantie bezeichnet man auch als Airbag- oder Protect-Zertifikate.

86 Wird die Kapitalrückzahlung in voller Höhe garantiert, handelt es sich um eine Finanzinnovation. Als Beispiel für Zertifikate mit umfassendem Kapitalschutz, die damit gleichzeitig als Finanzinnovationen einzustufen sind, kann auf die Produkte GROI (Guaranteed Return on Investment)[99] und MEGA (Marktabhängiger Ertrag mit Garantie des Anlagebetrages)[100] verwiesen werden.

87 Als weiteres **Beispiel** ist das Garantie-Zertifikat der Landesbank Berlin zum Ausgabepreis von 100 EUR und einer Laufzeit bis zum 10.1.2014 zu nennen. Als Basiswerte stehen drei Aktien-Indizes von unterschiedlichen Anlageklassen (Aktienmarkt, Rohstoffe oder Immobilien) zur Verfügung, von denen der Durchschnitt des Index mit der besten Performance zugrunde gelegt wird. Es besteht vollständiger Kapitalschutz, d.h. am Laufzeitende erfolgt eine Rückzahlung des eingesetzten Kapitals zu 100%. Diese Kapitalgarantie wird dadurch erkauft, dass eine Partizipation an Kurssteigerungen nur in Höhe von ca. 80% möglich ist.

88 Abzugrenzen sind Garantiezertifikate von sog. **Lock-in-Zertifikaten**. Bei den letztgenannten Papieren werden Gewinnschwellen definiert (z.B. das Erreichen eines bestimmten Levels des Euro STOXX 50), bei deren Erreichen die positive Performance fixiert und die Kapitalrückzahlungsgarantie auf dieses Niveau erhöht wird, und zwar unabhängig davon, wie sich der Index anschließend entwickelt. Fällt dagegen der in Bezug genommene Index vor Erreichen der ersten Absicherungsstufe unter ein bestimmtes Niveau, entfällt der Absicherungsmechanismus vollständig. Wird für diesen Fall daher nicht zumindest die Rückzahlung des eingesetzten Kapitals zu 100% garantiert, sondern besteht die – wenn auch unwahrscheinliche – Möglichkeit eines Totalverlustes, handelt es sich nicht um eine Finanzinnovation.

89 Bei **Garantiespannen-Zertifikaten** wird dagegen eine Spannbreite des Nominalbetrages bis zu einer Verlustschwelle von z.B. 100% bis zu 75% des Nominalbetrages bestimmt, innerhalb derer bei Fälligkeit in jedem Fall eine Kapitalrückzahlung zu 100% erfolgt. Wird dagegen die Verlustschwelle

---

99 Vgl. *Lohr*, DB 2000, 643, 646.
100 Vgl. *Harenberg*, NWB Fach 3, 13699, 13722; *Scheuerle*, DB 1994, 445, 447 Rn. 18; jedoch nicht, wenn diese im Einzelfall nur mit einem teilweisen Kapitalschutz verbunden sind.

unterschritten, besteht kein Schutz mehr, und es kann folglich bis zu einem Totalverlust des eingesetzten Kapitals kommen.¹⁰¹ Daher handelt es sich bei den Garantiespannen-Zertifikaten regelmäßig nicht um Finanzinnovationen, sondern um rein spekulative Wertpapiere.¹⁰²

Entgegen der diesseits vertretenen Ansicht verlangt die Finanzverwaltung für das Vorliegen einer Finanzinnovation nicht eine 100%ige Kapitalrückzahlungsgarantie, sondern lässt bereits einen teilweisen Kapitalschutz genügen.¹⁰³ 90

dd) Bonuszertifikate

Bei Bonuszertifikaten erhält der Anleger im Fälligkeitszeitpunkt eine Prämienzahlung in Form des Wertes der in Bezug genommenen Aktie im Emissionszeitpunkt zuzüglich eines Bonus, wenn eine bestimmte Kurs(sicherheits-)schwelle während der Laufzeit nicht unterschritten wird.¹⁰⁴ Ansonsten erhält der Anleger lediglich die Aktie bzw. – je nach Bedingungen – ihren aktuellen Wert in Geld ausgezahlt. 91

Beispielhaft ist ein Bonuszertifikat von Goldman Sachs auf den Basiswert DAX plus Export Strategy Index zu nennen mit einer Laufzeit bis 2.11.2011 und einem Bonuslevel von 130% sowie einer Barriere von 75%. 92

Bei diesen Zertifikaten besteht keine Kapitalrückzahlungsgarantie, so dass ein Totalverlust möglich ist. Folglich handelt es sich, da weder das Entgelt noch die Kapitalrückzahlung sicher ist, nicht um eine Finanzinnovation. 93

ee) Hebelzertifikate

Hebelzertifikate (auch Knock-out-Zertifikate bzw. Turbo-Zertifikate genannt)¹⁰⁵ ermöglichen gegenüber Bonuszertifikaten eine um ein Vielfaches gesteigerte Teilnahme an der Wertentwicklung des Basiswertes. Gleiches gilt aber auch für den umgekehrten Fall eines Kursrückganges, so dass diese Papiere als äußerst risikoreich zu bezeichnen sind. Hinzu kommt, dass bei auch nur kurzfristigem Unter- oder Überschreiten der festgelegten Knock- 94

---

101 OFD Kiel v. 3.7.2003, S 2252 A-St 231 EStK § 20 EStG Karte 3.0.
102 Ebenso *Harenberg*, NWB Fach 3, 12151, 12155 mit einem Beispiel.
103 BMF v. 27.11.2001 BStBl 2001 I, 986 Rn. 48; s.o. B.I.3.e).
104 *Pilz*, a.a.O., S. 175.
105 Vgl. zu den verschiedenen Unterfallgruppen und deren unklarer Bezeichnung *Pilz*, a.a.O., S. 249 ff.

out-Schwelle während der Laufzeit das Zertifikat verfällt und damit wertlos wird (Risiko eines Totalverlustes).[106]

95 Als **Beispiel** ist auf das INA Turbo Long Zertifikat der Raiffeisen Centrobank (Laufzeit bis 18.7.2008) mit einem Hebel von 2,9, einem Underlying-Kurs von 390 US-Dollar und einer Knock-out-Schwelle von 285 US-Dollar zu verweisen.

96 Auch bei dieser Gruppe von Zertifikaten liegt daher keine Finanzinnovation vor.

ff) Expresszertifikate

97 Expresszertifikate gewähren einen vollen oder zumindest partiellen Kapitalschutz und führen mit Ablauf des ersten Jahres zu einer Rückzahlung zuzüglich einer Prämie. Dies setzt jedoch voraus, dass der zugrunde liegende Basiswert (Aktie oder Index) zum Bewertungsstichtag nicht unter dem Niveau bei Emission notiert. Anderenfalls verlängert sich das Zertifikat um ein weiteres Jahr usw.

98 Nur dann, wenn die Kapitalrückzahlung in voller Höhe zugesagt wurde, kommt eine Finanzinnovation in Betracht.[107] Hängt die Höhe der Prämie von einem ungewissen Ereignis ab, ist § 20 Abs. 2 Satz 1 Nr. 4c 2. Alt. EStG erfüllt. Ansonsten kommt die Verwirklichung von § 20 Abs. 2 Satz 1 Nr. 4a EStG (auf- oder abgezinste Schuldverschreibung) in Betracht.

99 **Beispielhaft** ist ein Outperformance Expresszertifikat der UBS mit einer maximalen Laufzeit bis zum 18.12.2009 herauszugreifen. Gegenübergestellt werden der Euro STOXX 50 (Aktien-Preisindex) und der iBoxx Germany Sovereign Total Return Bond Index[108] (Renten-Performance-Index). Schneidet der Euro STOXX 50 am ersten Beobachtungstag (8.12.2007) besser ab, wird das Zertifikat inklusive einer Zusatzzahlung von 12,50 EUR sofort fällig. Ansonsten erfolgen im fast jährlichen Rhythmus zwei zusätzliche Überprüfungstermine mit entsprechend erhöhten Zuzahlungen von 25 EUR bzw. 37,50 EUR. Sollte der Euro STOXX 50 an keinem der Termine über dem Renten-Index liegen, erfolgt die Rückzahlung des Zertifikates nach der aktuellen Performance des Euro STOXX 50. Da folglich eine

---

106 *Harenberg*, NWB Fach 3, 13699, 13730; *Pilz*, a.a.O., S. 247.
107 S.o. B.I.3.e); a.A. Finanzverwaltung (teilweiser Kapitalschutz genügt).
108 Dieser Index der Deutschen Börse bildet die Entwicklung der deutschen Staats- und Unternehmensanleihen mit Laufzeiten von fünf bis sieben Jahren ab.

Kapitalrückzahlung nicht in voller Höhe garantiert wird, handelt es sich nach diesseitiger Ansicht um ein rein spekulatives Papier. Dies dürfte aber auch nach der anderen Ansicht (Finanzverwaltung) gelten, weil ein Totalverlust des Kapitals nicht ausgeschlossen ist (für den Fall, dass der Euro STOXX 50 im Rückzahlungszeitpunkt auf „0" stehen würde, wenn dies auch unwahrscheinlich ist).

Je nach Ausgestaltung im Einzelfall sind Expresszertifikate daher als Finanzinnovationen einzustufen oder – wie im Beispielsfall – nicht.   100

i) Argentinische Staatsanleihen

Der Staat Argentinien hat als Entwicklungsland festverzinsliche Staatsanleihen mit hohen laufend auszuzahlenden gleich bleibenden Zinssätzen (zwischen 10% und 20%) ausgegeben. Aufgrund der zusätzlichen Anrechnungsmöglichkeiten fiktiver Quellensteuer nach dem Doppelbesteuerungsabkommen Deutschland-Argentinien waren diese Anleihen äußerst beliebt,[109] mussten aber gleichzeitig aufgrund der instabilen Lage Argentiniens als riskant eingestuft werden.[110] Dabei handelte es sich ursprünglich unstreitig überwiegend nicht um Finanzinnovationen, da regelmäßig keines der Tatbestandsmerkmale des § 20 Abs. 2 Satz 1 Nr. 4 EStG erfüllt war.[111]   101

Als der argentinische Staat im Dezember 2001 alle Zins- und Tilgungszahlungen einstellte, kam es zu einem erheblichen Kursverfall. Im Einklang mit der internationalen Praxis erfolgte durch die Deutsche Börse der Übergang zum flat-Handel (ohne Stückzinsausweis) mit entsprechender Umschlüsselung.[112]   102

Heiß umstritten ist, ob durch diese Umschlüsselung Finanzinnovationen entstanden sind, da nunmehr die Voraussetzungen des § 20 Abs. 2 Satz 1 Nr. 4c 1. Alt. EStG – flat-Handel – erfüllt sein könnten.   103

---

109 *Schmitt/Krause*, DStR 2004, 2042, 2043.
110 Zu der halbjährlich bekannt gegebenen Länderbonitätsübersicht des New Yorker Wirtschaftsmagazins Institutional-Investor vgl. finanz-markt intern 11/06 S. 4.
111 Zu innovativen Argentinienbonds s.u. in diesem Abschnitt.
112 *Harenberg/Irmer*, a.a.O., Rn. 1229; *Wellmann*, DStZ 2002, 179 f; *Engelsberger*, FR 2002, 1280 unter Hinweis auf die Empfehlung der EMTA (Trade Association for the Emerging Markets) und einem Chart über den Kursverlauf, S. 1281.

104 Dafür spricht unzweifelhaft der Wortlaut von § 20 Abs. 2 Satz 1 Nr. 4c EStG, der gerade flat-gehandelte Wertpapiere erfasst.[113] Und zwar ohne eine Einschränkung dahingehend, ob der flat-Handel von Anfang an bestand oder nachträglich eingeführt wurde.

105 Demgegenüber soll nach einer Ansicht, der sich die Finanzverwaltung im Jahr 2004 ausdrücklich angeschlossen hat,[114] die nachträgliche Umschlüsselung nicht zu einer Finanzinnovation führen, da maßgeblich auf die Emissionsbedingungen bei Ausgabe der Wertpapiere abgestellt werden müsse.[115] Bankinterne Maßnahmen wie die Umschlüsselung zur Gewährleistung der Marktgängigkeit der Papiere wegen vorübergehender oder endgültiger Zahlungseinstellung des Emittenten könnten keine Finanzinnovation entstehen lassen.[116] Es fehle an der Einwilligung des Anleiheschuldners (Argentinien) als Partner des Finanzvertrages.[117]

106 Der Wortlaut von § 20 Abs. 2 Satz 1 Nr. 4c 1. Alt. EStG, wonach Einnahmen aus der Veräußerung oder Abtretung von Schuldverschreibungen zu erfassen sind, wenn Stückzinsen nicht gesondert in Rechnung gestellt werden, spricht jedoch dafür, dass es auf den Zeitpunkt der Veräußerung ankommt.[118] Denn üblicherweise ist bei Kapitaleinkünften, die im Privatvermögen gehalten werden, auf den Realisationszeitpunkt abzustellen (Zuflussprinzip, § 11 EStG).[119]

107 Darüber hinaus wurde im Zusammenhang mit der Einführung von § 20 Abs. 2 Satz 1 Nr. 4 EStG keine Übergangsregelung dergestalt geschaffen, dass nur nach der Gesetzesänderung **emittierte** Produkte zu erfassen sind. Dadurch wurde auch hier im Ergebnis auf die Verhältnisse im Veräußerungszeitpunkt abgestellt.[120]

108 Dies wird bestätigt durch einen Vergleich mit § 20 Abs. 2 Satz 1 Nr. 3 EStG, der eine Besteuerung von „besonders in Rechnung gestellten" Stückzinsen

---

113 Ebenso *Delp*, INF 2002, 170, 173.
114 BMF-Schreiben (Koordinierter Ländererlass) v. 14.7.2004 BStBl 2004 I, 611.
115 *Harenberg/Irmer*, a.a.O., Rn. 1229; *Engelsberger*, FR 2002, 1280, 1283.
116 *Harenberg/Irmer*, a.a.O., Rn. 1229; BMF-Schreiben v. 14.7.2004 BStBl 2004 I, 611.
117 FG Münster, Urt. v. 16.6.2004, EFG 2004, 1688 sowie FG Berlin, Urt. v. 22.4.2004, EFG 2004, 1450 nicht rechtskräftig (Az. BFH VIII R 48/04).
118 *Schmitt/Krause*, DStR 2004, 2042, 2044.
119 *Schmitt/Krause*, DStR 2004, 2042, 2044.
120 *Schmitt/Krause*, DStR 2004, 2042, 2044. Zum Fehlen einer besonderen Anwendungsbestimmung auch *Sagasser/Schüppen*, DStR 1994, 265, 270.

regelt. Es kommt dabei nach dem Gesetzeswortlaut auf die tatsächliche Abrechnungsmodalität an.[121] Da durch die Einführung von § 20 Abs. 2 Satz 1 Nr. 4c EStG die Umgehungsmöglichkeit für die Fälle geschlossen wurde, in denen entgegen § 20 Abs. 2 Satz 1 Nr. 3 EStG kein Stückzinsausweis erfolgte, muss das Tatbestandsmerkmal aufgrund der Alternativität der beiden Regelungen in beiden Normen identisch ausgelegt werden.[122] Auch beim flat-Handel nach § 20 Abs. 2 Satz 1 Nr. 4c 1. Alt. EStG entscheidet daher die tatsächlich vorgenommene Abrechnungsmodalität im Einzelfall und nicht die Emissionsbedingungen.[123]

Hinzu kommt, dass der besondere Stückzinsausweis auf der dispositiven Norm des § 101 Nr. 2 BGB beruht, wonach Zinsen eines laufenden Zinszeitraumes dem Veräußerer und dem Erwerber nach der Dauer ihrer Besitzzeit verhältnismäßig zugerechnet werden. Diese Regelung kann von den Beteiligten – Veräußerer und Erwerber – auch mit steuerrechtlicher Wirkung abbedungen werden und zwar sogar durch die diesbezüglichen Regelungen in den AGBs der Banken.[124] Die Emissionsbedingungen, die durch den **Emittenten** errichtet wurden, sind in diesem Zusammenhang folglich irrelevant.[125] Damit liegt im Ergebnis keine behauptete einseitige bankinterne Maßnahme vor.

109

Auch die Regelung in § 20 Abs. 2 Satz 1 Nr. 4b EStG steht im Widerspruch zu der Ansicht, die ein nachträgliches Entstehen von Finanzinnovationen kategorisch ablehnt. § 20 Abs. 2 Satz 1 Nr. 4b EStG, der die sog. gekorenen Auf- und Abzinsungspapiere regelt, sieht gerade vor, dass nach der Emission **erst durch die Trennung** von Zins- und Stammrecht Finanzinnovationen entstehen. Auf den Emissionszeitpunkt kann es in diesem Fall daher gerade nicht ankommen.[126]

110

Die Verwaltungsansicht würde zudem zu einer ungerechtfertigten Ungleichbehandlung für einen Zweiterwerber führen, der die Argentinienanlei-

111

---

121 *Haisch*, DStZ 2005, 102, 104 u.a. unter Hinweis auf Abschnitt 154 EStH (neu H 20.2), wo eine tatsächliche Abrechnung auf Stückzinsbasis gefordert wird.
122 *Haisch*, DStZ 2005, 102, 105.
123 *Haisch*, DStZ 2005, 102, 105.
124 Vgl. BFH v. 21.11.1995, BFH/NV 1996, 405, 406, und BFH v. 30.4.1991 VIII R 38/87, BStBl 1991 II, 574.
125 *Haisch*, DStZ 2005, 102, 105.
126 *Haisch*, DStZ 2005, 102, 104; *Haisch*, DB 2002, 1736.

he nach der Umstellung auf den flat-Handel erworben und damit die ganze Laufzeit über ein flat-gehandeltes Papier im Besitz hatte.[127]

112 Nach alledem ist die Ansicht der Finanzverwaltung mit Nachdruck abzulehnen. Durch die Umschlüsselung sind Finanzinnovationen entstanden, wenn im Veräußerungszeitpunkt kein gesonderter Stückzinsausweis erfolgt. Kehrt die Börse wieder zu einem Stückzinsausweis zurück, verwirklicht eine anschließende Veräußerung konsequenterweise nicht mehr den Tatbestand des § 20 Abs. 2 Satz 1 Nr. 4c EStG.[128]

113 Im Übrigen ist das Vorliegen von Finanzinnovationen im Zusammenhang mit argentinischen Schuldverschreibungen erst Recht zu bejahen, wenn die Schuldverschreibung – unabhängig von der Umschlüsselung – an sich bereits einen Tatbestand des § 20 Abs.2 S.1 Nr.4 EStG erfüllt. So lag der Entscheidung des FG Berlin vom 22.4.2004[129] eine Staatsanleihe mit zwei unterschiedlichen Zinsstufen zugrunde. Als Stufenzinsanleihe erfüllte sie die Voraussetzungen des § 20 Abs. 2 Satz 1 Nr. 4d 1. Alt. EStG.[130] Soweit das FG Berlin unter Hinweis auf den Gesetzeszweck eine einschränkende Auslegung befürwortet und auch eine solche Argentinienanleihe nicht unter § 20 Abs. 2 Satz 1 Nr. 4d EStG subsumieren will, kann dem nicht zugestimmt werden.[131] Dem steht der eindeutige Gesetzeswortlaut entgegen, der eine abweichende Behandlung gegenüber anderen Stufenzinsanleihen nicht hergibt (keine sachliche Rechtfertigung einer Ungleichbehandlung, Verstoß gegen Art. 3 Abs. 1 GG). Der BFH bejaht grds. die Erfüllung des Tatbestandes von § 20 Abs. 2 Satz 1 Nr. 4d EStG, will aber die daraus resultierenden Rechtsfolgen nur eingeschränkt akzeptieren.[132]

114 Demgegenüber hat der BFH in seinem aktuell veröffentlichten Urteil vom 13.12.2006[133] die Auffassung des FG Münster (Vorinstanz)[134] im Ergebnis bestätigt. Der BFH verneint in Anlehnung an die Finanzverwaltung das Entstehen einer Finanzinnovation durch Umschlüsselung und damit auch

---

127 *Schmitt/Krause*, DStR 2004, 2042, 2044.
128 Ebenso *Haisch*, DB 2002, 1736, 1738.
129 EFG 2004, 1450, nicht rechtskräftig (Az. BFH VIII R 48/04).
130 Dazu i.e. direkt nachfolgend unter j).
131 Ebenso *Haisch*, DStZ 2005, 102, 108.
132 Urt. v. 13.12.2006, VIII R 62/04, www.bundesfinanzhof.de; zu den Rechtsfolgen weiter unten s. C.I.4.e).
133 VIII R 62/04, vgl. die vorangegangene Fn.
134 Urt. v. 16.6.2004, EFG 2004, 1688.

die Erfüllung der Tatbestandsmerkmale des § 20 Abs. 2 Satz 1 Nr. 4c EStG. Kurz und knapp verweist der BFH darauf, dass es allein auf den Zeitpunkt der Wertpapier-Emission ankommt. Denn aufgrund des systemwidrigen Zusammenhanges zu § 20 Abs. 2 Satz 1 Nr. 4 Satz 1 2. HS und Satz 2 EStG entscheide – wie bei der Emissionsrendite – der Zeitpunkt der Begebung des Wertpapiers auch über die Typenbestimmung. Da die streitgegenständliche Argentinien-Anleihe zu diesem Zeitpunkt nicht flat gehandelt wurde, kann sie laut BFH trotz der Umschlüsselung nicht – rückwirkend – ihren Typencharakter ändern.

Mit den weitergehenden vorstehend dargestellten Argumenten setzt sich der BFH nicht einmal ansatzweise auseinander. Die Urteilsbegründung muss daher als nicht überzeugend zurückgewiesen werden. Dies ändert jedoch im Ergebnis nichts an der höchstrichterlichen Einstufung, die derselbe Senat in der Revisionsentscheidung in dem Verfahren VIII R 48/04 sicherlich bestätigen wird. 115

Da sich BFH-Rechtsprechung und Finanzverwaltung[135] im Ergebnis decken, wird nachfolgend – trotz der überzeugenderen abweichenden Argumente – vor allem auf die Auswirkungen dieser Einstufung für die Besteuerung eingegangen. 116

j) Stufen- und Kombizinsanleihen

Bei der Stufenzinsanleihe (auch Gleitzinsanleihe genannt) erfolgen periodische Zinszahlungen, bei denen der Zinssatz je nach Periode steigt (step-up-Anleihe) oder fällt (step-down-Anleihe), wobei die step-down-Anleihe von der praktischen Bedeutung eher gering ist. 117

Als **Beispiel** für eine Stufenzinsanleihe ist auf die folgende Ausgestaltung eines Wertpapiers zu verweisen: 118

Der Zinssatz einer Anleihe steigt pro Jahr um 1 %, beginnende mit 1 % im ersten Jahr über eine Laufzeit von fünf Jahren, so dass der Zinssatz im letzten Jahr 5 % beträgt (step-up-Anleihe). Sinkt der Zinssatz dagegen beispielsweise jedes Jahr um 1 %, beginnend mit 5 %, handelt es sich um eine step-down-Anleihe. 119

---

[135] BMF-Schreiben v. 14.7.2004 BStBl 2004 I, 611.

120 Kombizinsanleihen (dual rate bonds) weisen dagegen in der ersten Zeit keine laufenden Zinszahlungen aus und gewähren als Ausgleich für diese zinsfreie Zeit in späteren Perioden eine das Marktzinsniveau regelmäßig übersteigende Verzinsung.[136] Es handelt sich folglich um eine Kombination einer Nullkupon-Anleihe mit einer laufend verzinslichen Anleihe.[137]

121 Eine Kombizinsanleihe ist daher z.B. zu bejahen, wenn bei einer Laufzeit von 5 Jahren in den ersten drei Jahren keine Zinsen gezahlt werden, während die Zinszahlungen in den letzten beiden Jahren jeweils 13% betragen.

122 Bei diesen Anleihen besteht grundsätzlich eine Kapitalrückzahlungsgarantie, so dass die Voraussetzungen des § 20 Abs. 1 Nr. 7 EStG erfüllt sind. Darüber hinaus werden Erträge in unterschiedlicher Höhe i.S.v. § 20 Abs. 2 Satz 1 Nr. 4d 1. Fall EStG gewährt.[138] Da die Zinsstufen und damit die Höhe der laufenden Erträge von Anfang an bekannt sind, liegt jedoch kein Fall des § 20 Abs. 2 Satz 1 Nr. 4c 2. Alt. EStG (Ungewissheit der Erträge) vor.

123 Stufenzins- und Kombizinsanleihen erfüllen damit den steuerrechtlichen Tatbestand von Finanzinnovationen.

k) Bundesschatzbriefe

124 Bundesschatzbriefe sind Schuldverschreibungen des Bundes, die in zwei Varianten ausgegeben werden:

125 Der Bundesschatzbrief **Typ A** weist bei einer Laufzeit von sechs Jahren eine steigende Verzinsung bei laufender Zinsauszahlung auf. Dagegen werden beim **Typ B** (Laufzeit sieben Jahre) keine laufenden Zinsen gezahlt, sondern erst am Laufzeitende. Da in beiden Fällen die Kapitalrückzahlung zu 100% zugesagt ist, handelt es sich bei dem Typ B um ein Aufzinsungspapier gem. § 20 Abs. 2 Satz 1 Nr. 4a EStG und damit um eine Finanzinnovation.[139] Gleiches gilt wegen der steigenden Verzinsung für den Typ A aufgrund der unterschiedlichen Zinshöhe vergleichbar den Stufenzinsanleihen.[140]

---

136 Z.B. *Epple/Jurowsky/Schäfer*, a.a.O., S.120; *Wahl*, a.a.O., S. 307.
137 *Harenberg*, NWB Fach 3, 13699, 13721.
138 Herrmann/Heuer/Raupach-*Harenberg* § 20 Rn. 850; *Haisch*, DStZ 2005, 102, 104; *Harenberg/Irmer*, a.a.O., Rn. 1564; *Scheuerle*, DB 1994, 445; *Storg*, BB 2004, 2154.
139 Ebenso *Harenberg*, NWB Fach 3, 13699, 13705.
140 S.o. B.I.3.j). Unzutreffend daher der Hinweis bei *Harenberg*, NWB Fach 3, 13699, 13705 auf § 20 Abs.2 S.1 Nr.4a EStG.

l) Optionsanleihen

Optionsanleihen stellen i.d.R. niedrig verzinsliche Schuldverschreibungen dar, die **zusätzlich** zur Verzinsung mit dem Recht ausgestattet sind, vom Emittenten selbst oder einem dritten Emittenten weitere Basiswerte (z.B. Aktien) mit oder ohne Zuzahlung zu einem vorher fest bestimmten Preis erwerben zu können.[141]

126

Folglich liegen zwei Wirtschaftgüter vor – eine Schuldverschreibung und ein Optionsrecht –, die anders als bei Aktien- oder Umtauschanleihen getrennt zu betrachten sind.[142] Die insoweit entscheidenden Emissionsbedingungen können vorsehen, dass der Ausgabepreis ausschließlich für die Schuldverschreibung gezahlt wird mit der Folge, dass aufgrund der fehlenden Abweichung zum Nennbetrag keine abgezinste Schuldverschreibung i.S.v. § 20 Abs. 2 Satz 1 Nr. 4a EStG vorliegt.[143] Bei ausdrücklich anderweitiger Vereinbarung oder dem gänzlichen Fehlen einer solchen Regelung ist der Verkaufspreis auf beide Bestandteile aufzuteilen mit der Konsequenz, dass die Schuldverschreibung als solche aufgrund des Abschlages auf den Nennbetrag eine (teil-)abgezinste Anleihe i.S.v. § 20 Abs. 2 Satz 1 Nr. 4a EStG darstellt.[144]

127

Es handelt sich in den beiden letztgenannten Fällen folglich ebenfalls um eine Finanzinnovation.

128

m) Capped und Range Warrants

Sog. **Capped Warrants** (gekappten Optionsscheinen) beinhalten eine Kombination von zwei Optionsgeschäften, für die jeweils eine Optionsprämie gezahlt wird: Die Verkaufsoption (put) und die Kaufoption (call), die an die Wertdifferenz zwischen Basiswert und tatsächlichem Stand einer Währung, eines Index oder eines Aktienkorbs anknüpfen, nicht jedoch auf die Übertragung von Wertpapieren gerichtet sind, werden dabei derart aufeinander

129

---

141 *Harenberg/Irmer*, a.a.O., Rn. 1498 auch warrant bonds oder issues genannt.
142 BFH Urt. v. 1.7.2003, VIII R 9/02, BStBl 2003, II, 883 ff.
143 BFH Urt. v. 16.5.2001, I R 102/00, BStBl 2001 II, 710; BFH Urt. v. 1.7.2003, VIII R 9/02, BStBl 2003 II, 883 ff. m.w.N. zu teilweise abweichenden Ansichten in der Literatur; s.a. *Haisch*, DStR 2001, 1968 f.
144 Ausführlich BFH Urt. v. 1.7.2003, VIII R 9/02, BStBl 2003 II, 883 ff. und *Harenberg*, NWB Fach 3, 13699, 13724 f.; *Harenberg/Irmer*, a.a.O., Rn. 1498. Ein eingeräumtes Disagio liegt in diesen Fällen regelmäßig über der Disagiostaffel (s.u. C.I.4.c) und löst dadurch eine Steuerpflicht aus, vgl. *Wahl*, a.a.O., S. 309.

abgestimmt, dass der Anleger am Ende der Laufzeit einen festen Betrag ausgezahlt erhält und auf diese Weise mindestens die Kapitalrückzahlung sicher ist.[145]

130 Demgegenüber beinhalten **Range Warrants** (Bandbreitenoptionsscheine), die von geringerer praktischer Bedeutung sind, eine Kombination von Optionsscheinen, durch die der Anleger das Recht auf Zahlung eines über dem Optionspreis liegenden Geldbetrages erwirbt, wenn z.B. der Kurs einer bestimmten Aktie am Ausübungstag innerhalb der Bandbreite eines der Optionsscheine liegt. Anderenfalls erhält der Anleger sein eingesetztes Kapital zurück. Aufgrund der Kombination wird gewährleistet, dass der in Bezug genommene Kurs mit an Sicherheit grenzender Wahrscheinlichkeit innerhalb der Bandbreite liegt.[146]

131 **Beispiel Capped Warrants:**

Der Anleger erwirbt einen Call bezogen auf den DAX mit dem Recht, für jeden Punkt, den der DAX am Laufzeitende über 4.500 Punkten notiert, 1 Euro, höchstens jedoch 200 Euro verlangen zu können (Capped Call). Der gleichzeitig vom gleichen Emittenten erworbene Put gewährt dem Anleger das Recht, für jeden Punkt, den der DAX am zum Call identischen Laufzeitende unter 4.700 Punkten notiert, 1 Euro, höchstens jedoch 200 Euro verlangen zu können. Unabhängig vom Stand des DAX am Laufzeitende ergibt sich für den Anleger in jedem Fall eine Festrendite von 200 Euro: Steht er **über** 4.700 Punkten, kommt der Call mit der gekappten Festrendite von 200 Euro zum Tragen. Steht der DAX **unterhalb** 4.500 Punkten, erhält der Anleger die 200 Euro aus dem gekappten Put. Notiert der DAX **zwischen** 4.500 und 4.700 Punkten, ergibt sich der auszuzahlenden Betrag von 200 Euro aus der Addition der Teilbeträge aus beiden Scheinen.

132 Bei getrennter Betrachtung handelt es sich um jeweils zwei zivilrechtlich selbständige Optionsscheine, die jeder für sich keine Kapitalrückzahlungsgarantie beinhalten.[147] Letztere wäre aber mangels laufender bzw. ungewisser Erträge notwendig, um eine Einordnung als Finanzinnovation zu ermöglichen.

---

145 *Harenberg*, NWB Fach 3, 13699, 13706; *Scheuerle*, DB 1994, 445, 447.
146 *Scheuerle*, DB 1994, 445 mit einem Beispiel in Fn. 25.
147 S.a. *Bödecker/Geitzenauer*, FR 2003, 1209, 1215 f.; *Harenberg*, NWB Fach 3, 13699, 13706; *Scheuerle*, DB 1994, 445, 447.

Nach Ansicht der Finanzverwaltung und des Gesetzgebers sind die aufeinander abgestimmten Optionsgeschäfte als Einheit zu betrachten und die im Ergebnis sicher zu erwartenden Erlöse als Entgelt i.S.v. § 20 Abs. 1 Nr. 7 EStG zu erfassen.[148] Bei Veräußerung eines (Range Warrants) oder der kombinierten Optionsscheine (Range oder Capped Warrants) soll ein Fall des § 20 Abs. 2 Satz 1 Nr. 4 EStG vorliegen, wobei für Capped Warrants nur die Alternative a) – ab-/aufgezinste Kapitalforderungen – und für Range Warrants nur die Alternative c) 2. Fall – ungewisser Ertrag – gemeint sein kann.[149]

133

Gegen diese weite und aus Anlegersicht rein ergebnisorientierte Betrachtung ist Folgendes anzuführen: Eine Zusammenfassung von zwei zivilrechtlich selbständigen Produkten zu einer einheitlichen Kapitalanlage kann nur unter engen Voraussetzungen angenommen werden.[150] Diese müssen nach dem Wortlaut von § 20 Abs. 1 Nr. 7 EStG das Vorliegen einer inhaltlich abgestimmten einheitlichen Kapitalanlage rechtfertigen.

134

Zutreffend hat die Finanzverwaltung ursprünglich darauf abgestellt, dass die Optionsscheine von ein und demselben Emittenten stammen müssen.[151] Werden die Optionsscheine von unterschiedlichen Emittenten und damit nicht aus einer Hand begeben, sprechen gewichtige Umstände für eine Selbständigkeit der einzelnen Geschäfte und damit gegen das Vorliegen einer Finanzinnovation.[152] Für eine Synchronisation zweier an sich selbständiger Kapitalanlagen können zudem eine Abstimmung der Referenzgrößen (Basiswerte), der Fälligkeit sowie Haltedauer und des ausschließlich gemeinsamen Erwerbs herangezogen werden. Dabei kommt es stets auf die konkreten Umstände des Einzelfalles an. Eine allein ergebnisorientierte Betrachtung genügt insoweit nicht.[153] Eine Voraussetzung für die (Voll-)Synchronisation ist dabei, dass die Kapitalrückzahlungsgarantie durch den Empfänger des Anlagekapitals gegeben wird. Ausreichend ist dabei auch, wenn die Rückzahlung auf Veranlassung des Emittenten erfolgt, nicht aber, wenn keine Beziehung zu dem Dritten besteht (z.B. eine dem Anleger über-

135

---

148 BT-Drucks. 12/6078, S. 122; BMF-Schreiben v. 27.11.2001 BStBl 2001 I, 968 (Rn. 13, 30); OFD Kiel v. 3.7.2003, S 2252 A-St231 EStK § 20 EStG Karte 3.0.
149 Vgl. *Epple/Jurowsky/Schäfer*, a.a.O., S. 254 f.; *Harenberg*, NWB Fach 3, 13699, 13726.
150 S.a. *Bödecker/Geitzenauer*, FR 2003, 1209, 1216; *Jonas*, BB 1993, 2421, 2423.
151 S.a. *Bödecker/Geitzenauer*, FR 2003, 1209, 1216.
152 *Eich*, KÖSDI 1995, 10495, 10498; *Jonas*, BB 1993, 2421, 2423.
153 *Jonas*, BB 1993, 2421, 2423; *Sagasser/Schüppen*, DStR 1994, 266, 269.

lassene freiwillige Wertpapierabsicherung durch einen Dritten gegen Prämienzahlung).[154]

136 Können zwei aufeinander i.S.v. Capped oder Range Warrants abgestimmte Optionsscheine daher nur gemeinsam von einem Emittenten erworben werden, ist eine Einstufung als Finanzinnovation denkbar. Denn § 20 Abs. 1 Nr. 7 EStG regelt in diesem Zusammenhang nach seinem Wortlaut, dass es nicht auf die zivilrechtliche Ausgestaltung der Kapitalanlage ankommt.[155] Eine Subsumtion unter § 20 Abs. 2 Satz 1 Nr. 4a bzw. c 2. Alt. EStG verlangt jedoch auch bei der Veräußerung eine gemeinschaftliche einheitliche Veräußerung beider Optionen.[156] Erfolgt eine getrennte Veräußerung oder ein getrennter Erwerb, liegt keine einheitliche Kapitalanlage mehr vor, so dass das Vorliegen einer Finanzinnovation ausscheidet.[157]

137 Demgegenüber erscheint eine Ansicht in der Literatur, die ein Eingreifen der §§ 20 Abs. 1 Nr. 7, Abs. 2 Satz 1 Nr. 4 EStG bei Capped Warrants generell unter Hinweis darauf, dass lediglich eine Optionsprämie gezahlt, nicht jedoch Kapital zur Nutzung überlassen wird,[158] als zu weitgehend. Handelt es sich wegen der besonderen Umstände des Einzelfalles um eine einheitliche Kapitalanlage, kommt es auf die zivilrechtliche Ausgestaltung nicht an, § 20 Abs. 1 Nr. 7 Satz 2 EStG. Besteht aufgrund der Abstimmung der Optionsscheine im Ergebnis eine Kapitalrückzahlungsgarantie, liegt keine typische Optionsprämie vor. Die Ausgestaltung bezweckt vielmehr gezielt eine Nähe zu entsprechenden Anleihen, so dass eine identische Behandlung als einheitliche Kapitalanlage gerechtfertigt erscheint.[159]

138 Bei einheitlich aufeinander abgestimmten Capped Warrants oder Range Warrants eines Emittenten handelt es sich folglich um Finanzinnovationen i.S.v. §§ 20 Abs. 1 Nr. 7, 20 Abs. 2 Satz 1 Nr. 4a bzw. c 2. Fall EStG, wobei stets etwaige besondere Umstände des Einzelfalles zu beachten sind und insbesondere die Veräußerung einheitlich erfolgen muss.

---

154 Vgl. dazu ausführlich *Bödecker/Geitzenauer*, FR 2003, 1209, 1216 f.
155 Dazu auch BT-Drucks. 12/6078, S. 122.
156 Vgl. *Harenberg*, NWB Fach 3, 13699, 13706; *Scheuerle*, DB 1994, 445, 447.
157 Vgl. *Epple/Jurowsky/Schäfer*, a.a.O., S. 254 f.; *Eich*, KÖSDI 1995, 10495, 10498; *Jonas*, BB 1993, 2421, 2423.
158 So *Eich*, KÖSDI 1995, 10495, 10497; *Harenberg*, NWB Fach 3, 13699, 13726; *Harenberg/Irmer*, a.a.O., Rn. 1251.
159 Vgl. auch *Scheuerle*, DB 1994, 445, 446 f.

n) Swapgeschäfte

Die immer beliebter werdenden Swapgeschäfte, die im weitesten Sinne Vereinbarungen über den Austausch von künftigen Zahlungsströmen beinhalten und grds. darauf abzielen, Risiken aus bestimmten (Grund-) Geschäften, z.B. Darlehensverträge, zu minimieren, lassen sich grob in zwei wesentliche Grundformen unterteilen:[160] 139

aa) Zinsswaps

Die Parteien verpflichten sich bei Zinsswaps (auch Interest Rate Swaps genannt), während der Laufzeit Zinsbeträge in gleicher Währung und bezogen auf identische Nominalbeträge auszutauschen, die regelmäßig aus Forderungen oder Verbindlichkeiten mit Dritten resultieren.[161] Die Nominalbeträge dienen dabei lediglich als Berechnungsgrundlage für die Zinsen; es findet kein tatsächlicher Kapitalaustausch statt.[162] 140

bb) Währungsswaps

Bei Währungsswaps (Currency Swaps) handelt es sich dagegen um die vertragliche Verpflichtung über den Austausch von Kapital- und Zinserträgen in unterschiedlichen Währungen.[163] 141

Es stellt sich die Frage, ob es sich bei diesen beiden Transaktionen ebenfalls um steuerrechtliche Finanzinnovationen handelt. Dann müssten Swaps zunächst in jedem Fall von § 20 Abs. 1 Nr. 7 EStG erfasst werden.[164] 142

Bei Zinsswaps fehlt es an einem gegenseitigen Tauschvertrag, weil die Parteien keine Übertragung der zugrunde liegenden Vermögensgegenstände beabsichtigen und kein Kapitalaustausch stattfindet.[165] Die durch das Swap-Geschäft erwirtschafteten (Zins-)Margen könnten jedoch dann zu Einkünf- 143

---

160 Vgl. FG Rheinland-Pfalz Urt. v. 26.8.2002, ZIP 2002, 1983 (die Revision gegen das Urteil wurde durch den BFH als unbegründet abgewiesen, n.v.); *Harenberg/Irmer*, a.a.O., Rn. 1566; *Haisch*, DStZ 2004, 511 f. auch zu einer dritten Form (Total Return Swap).
161 *Harenberg*, NWB Fach 3, 13699, 13729 u.13734; s.a. *Vögele*, DB 1987, 1060 mit dem Hinweis auf die unterschiedlichen Motive für den Abschluss von Zinsswap-Geschäften.
162 *Haisch*, DStZ 2004, 511; Herrmann/Heuer/Raupach-*Jansen* § 22 Rn. 430 „Swapgeschäfte".
163 FG Rheinland-Pfalz Urt. v. 26.8.2002, ZIP 2002, 1983; *Harenberg*, NWB Fach 3, 13699, 13732.
164 Dafür im konkret entschiedenen Fall FG Rheinland-Pfalz, Urt. v. 26.8.2002, ZIP 2002, 1983.
165 *Haisch*, DStZ 2004, 511, 512; Herrmann/Heuer/Raupach-*Harenberg* § 20 Rn. 850 „Zinsswap".

ten i.S.v. § 20 Abs. 1 Nr. 7 EStG führen, wenn das Grundgeschäft, das der Erzielung von Kapitaleinkünften dient, und der Swap aus ertragsteuerlicher Sicht eine Einheit bilden würden vergleichbar den vorstehend erörterten Capped und Range Warrants.[166] Eine solche vollständige Synchronität ist jedoch nicht ersichtlich. Es ist bereits nicht zwingend erforderlich, dass zu dem Grundlagengeschäft (der Kapitalanlage) gleichzeitig ein Zinsswap-Geschäft getätigt wird. Letzteres kann vielmehr zeitlich später und damit unabhängig von dem Grundgeschäft getätigt werden. Auch decken sich Laufzeit und Betrag oftmals nicht, und es ist keine Personenidentität erforderlich. Dies spricht folglich gegen das Eingreifen von § 20 Abs. 1 Nr. 7 EStG und damit gegen das Vorliegen einer Finanzinnovation.[167]

144 Gleiches gilt im Ergebnis für einen Währungsswap und zwar in jedem Fall dann, wenn keine Kapitalbeträge ausgetauscht werden. Erfolgt dagegen ein Kapitalaustausch, entstehen wechselseitige Darlehens(Kapital-)forderungen. Laut der Rechtsprechung des BFH sind solche wechselseitigen Darlehen jedoch nicht anzuerkennen und gelten als an den Darlehensgeber zurückgeflossen, wenn sich die Darlehen gegenseitig bedingen.[168] Es fehlt damit auch in diesem Fall steuerrechtlich an der Begründung einer Kapitalforderung, wie dies für § 20 Abs. 1 Nr. 7 EStG erforderlich wäre. Hinzu kommt, dass der Kapitalaustausch (1. Stufe, sog. Anfangstransaktion) hinweggedacht werden kann, ohne dass sich dies auf die laufenden Zahlungen aus dem Swap auswirken würde.[169] Auch wenn man von einer Kapitalforderung ausgehen wollte, fehlt es zumindest an der Kausalität der Kapitalüberlassung, so dass auch Währungsswaps regelmäßig keine Finanzinnovationen darstellen.[170]

145 Will man eine Finanzinnovation und die damit verbundene unbefristete Besteuerung sicher vermeiden, ist bei dem Abschluss von Swap-Geschäften daher vorsorglich darauf zu achten, dass die Swaps entweder mit unabhängi-

---

166 S.o. B.I.3.m).
167 *Haisch*, DStZ 2004, 511, 517.
168 BFH v. 28.11.1990 BStBl 1991 II, 327, 333.
169 FG Rheinland-Pfalz Urt. v. 26.8.2002, ZIP 2002, 1983.
170 *Haisch*, DStZ 2004, 511, 517; OFD Kiel v. 3.7.2003, EStK § 20 EStG Karte 3.0 Teil B ABC „Swaps" ohne nähere Begründung; Herrmann/Heuer/Raupach-*Harenberg* § 20 Rn. 850 „Währungsswap"; a.A. FG Rheinland-Pfalz Urt. v. 26.8.2002, ZIP 2002, 1983 ff. aufgrund des im konkreten Fall zu beurteilenden Währungsswaps (Die Revision wurde durch den BFH am 19.4.2005 als unbegründet zurückgewiesen, n.v.); für eine Bewertungseinheit ebenfalls Hessisches Ministerium der Finanzen v. 7.3.2000, S 2252 A-75-St II 32, EStK § 20 EStG Fach 3 Karte 20.

gen Dritten abgeschlossen und/oder eine Deckungsgleichheit zum Grundgeschäft hinsichtlich Betrag und Laufzeit vermieden wird.¹⁷¹

o) Fremd- und Doppelwährungsanleihen

Als Fremdwährungsanleihen werden alle diejenigen Anleihen bezeichnet, die von in- oder ausländischen Emittenten in landesfremder Währung begeben und zurückgezahlt werden.¹⁷² Auch die Zinszahlungen erfolgen in der ausländischen Währung. Aus Sicht eines deutschen Anlegers lautet die Anleihe daher nicht auf Euro,¹⁷³ wie z.B. die Fremdwährungsanleihe der KfW in australischen Dollar mit einem Zinssatz von 4,625% (Moody's Rating Aaa) und einer Laufzeit bis zum 17.11.2008.

146

Demgegenüber erfolgt die Ausgabe einer fest oder variabel verzinslichen Doppelwährungsanleihe (dual currency issue bonds) an einen deutschen Kapitalanleger in Euro, während die laufenden Zinsen und/oder die Kapitalrückzahlung in einer fremden Währung vorgenommen werden.¹⁷⁴

147

Es handelt sich damit im Ergebnis nicht um eine besondere Form der Anleihe. Vielmehr können verschiedene Anleiheformen, wie z.B. Nullkupon-Anleihen oder Stufen- und Kombizinsanleihen, mit der zusätzlichen Wechselkurskomponente von Fremd- oder Doppelwährungsanleihen kombiniert werden, um auf diese Weise die Chancen – aber auch die Risiken – aus der Kapitalanlage zu erhöhen.¹⁷⁵ Die Umrechnung in Euro erfolgt in der Regel auf Basis des Devisengeldkurses am Tag des Zuflusses.¹⁷⁶ Alternativ kann der monatlich im Bundessteuerblatt veröffentlichte Umsatzsteuerumrechnungskurs zugrunde gelegt werden.¹⁷⁷

148

Vor diesem Hintergrund könnte man der Ansicht sein, dass sämtliche Fremd- und Doppelwährungsanleihen – unabhängig von ihren weiteren Emissionsbedingungen – Finanzinnovationen darstellen. Denn aufgrund der Wechselkurskomponente hängen die Erträge aus der Anleihe von einem ungewissen Ereignis i.S.v. §§ 20 Abs. 2 Satz 1 Nr. 4c 2. Alt., Abs. 1 Nr. 7

149

---

171 *Haisch*, DStZ 2004, 511, 515.
172 *Harenberg/Irmer*, a.a.O., Rn. 1385; *Wahl*, a.a.O., S. 339.
173 *Epple/Jurowsky/Schäfer*, a.a.O., S. 164.
174 Z.B. *Haisch*, DStR 2003, 2202; *Wahl*, a.a.O., S. 340.
175 Z.B. *Epple/Jurowsky/Schäfer*, a.a.O., S. 165.
176 Vgl. BMF v. 26.10.1992 BStBl 1992 I, 693 Rn. 3.5 (a.F.); *Haisch*, DStR 2003, 2202, 2203; *Harenberg/Irmer*, a.a.O., Rn. 1385.
177 Z.B. *Haisch*, DStR 2003, 2202, 2203 Fn. 12 m.w.N.

EStG ab.[178] Oder es könnte ein Fall von § 20 Abs. 2 Satz 1 Nr. 4d 1. Alt. EStG vorliegen, bei dem Kapitalertrag in unterschiedlicher Höhe gezahlt wird.[179]

150 Einer solchen Pauschalierung ist jedoch zu widersprechen. Wechselkursgewinne bzw. −verluste, die die Kapitalrückzahlung betreffen, enthalten keine nach § 20 Abs. 1 Nr. 7 EStG steuerpflichtigen Erträge, sondern wirken sich lediglich im Rahmen der ertragsteuerlich irrelevanten Vermögensebene aus.[180] Dementsprechend sieht die Neufassung von § 20 Abs. 2 Satz 1 Nr. 4 S. 2 2.HS EStG vor, dass bei Wertpapieren in einer ausländischen Währung der Unterschiedsbetrag in dieser Währung zu ermitteln ist. Erst dieser so ermittelte Betrag ist in Euro umzurechnen, so dass Kursschwankungen zwischen Ankauf und Veräußerung bzw. Einlösung – anders als bei Spekulationsgeschäften i.S.v. § 23 EStG – steuerfrei bleiben.

151 Aber auch die Wechselkursabhängigkeit der laufenden Zinszahlungen lässt nicht pauschal Finanzinnovationen entstehen. Denn die Höhe der Entgelte bzw. Erträge i.S.v. §§ 20 Abs. 1 Nr. 7, 20 Abs. 2 Satz 1 Nr. 4c 2. Alt. EStG sind nicht per se ungewiss. Ungewissheit besteht lediglich über die Währungskomponente als einem Element, dass die Erträge aus der Kapitalanlage nur mittelbar beeinflusst.[181] Gleiches gilt für unterschiedlich hohe Kapitalerträge aufgrund der Wechselkurskomponente: Die Zinszahlungen durch den Emittenten sind konstant. Lediglich die Umrechnung in Euro führt mittelbar zu unterschiedlichen Beträgen, was für die pauschale Anwendung von § 20 Abs. 2 Satz 1 Nr. 4d 1. Alt. EStG nicht genügt.[182]

152 Die Wechselkurskomponente bei Fremd- und Doppelwährungsanleihen hat daher nicht zur Folge, dass es sich stets um Finanzinnovationen handelt. Der lediglich mittelbare Einfluss von Wechselkursschwankungen ist vielmehr bei der Beurteilung der Frage, ob eine Finanzinnovation vorliegt, zu vernachlässigen, und die Beurteilung nach der Ausgestaltung der zugrunde liegenden Anleihe (z.B. Nullkupon-Anleihe) vorzunehmen.[183]

---

178 *Korn*, DStR 2001, 1507, 1511.
179 Vgl. *Haisch*, DStR 2003, 2202 Fn. 6.
180 *Haisch*, DStR 2003, 2202; s.a. unten C.I.5.
181 Ebenso *Haisch*, DStR 2003, 2202, 2203.
182 *Haisch*, DStR 2003, 2202, 2203.
183 Ebenso *Haisch*, DStR 2003, 2202, 2204.

4. Zwischenergebnis

Unstreitig lassen sich tatbestandlich als Finanzinnovationen einstufen: Nullkupon-Anleihen, Disagio-Anleihen, Umtauschanleihen, Down-Rating-Anleihen, Bundesschatzbriefe, (Reverse) Floater und Stufen- und Kombizinsanleihen. Gleiches gilt – nach herrschender Ansicht – für vollständig synchronisierte Capped und Range Warrants und Garantiezertifikate sowie Index-Anleihen, beide mit vollständiger Kapitalgarantie.

153

Keine Finanzinnovationen im steuerrechtlichen Sinn sind dagegen Wandelanleihen, Full-Index-Link-Anleihen sowie Discount-, Bonus- und Hebelzertifikate, wobei insbesondere bei den Zertifikaten auf die konkrete Ausgestaltung der Emissionsbedingungen im Einzelfall zu achten ist, da die Bezeichnungen zum Teil sehr ähnlich sind bzw. missverständlich gebraucht werden. Gleiches gilt für Swap-Geschäfte.

154

Umstritten ist die Zuordnung von Produkten, die bei ungewissen laufenden Erträgen nur einen teilweisen Kapitalschutz gewähren, wie z.B. bei Index-Anleihen, Index-, Express- und Garantiezertifikaten möglich. Nach diesseitiger Einschätzung liegen keine Finanzinnovationen vor, während die Finanzverwaltung einen beliebig hohen teilweisen Kapitalschutz genügen lässt. Darüber hinaus sind Argentinische Staatsanleihen, die vor ihrer Umschlüsselung bereits als Finanzinnovationen einzustufen waren (z.B. Stufenzinsanleihen) wie auch festverzinsliche Wertpapiere, die erst durch die Umschlüsselung ihren innovativen Charakter erhalten haben, als Finanzinnovationen zu behandeln. Letzteres lehnen jedoch nicht nur die Finanzverwaltung, sondern bereits auch der BFH in einer aktuellen vorgestellten Entscheidung ab.

155

II. Fonds

1. Begriff

Im Zusammenhang mit Investitionen in Fonds wird oftmals begrifflich einiges an Verwirrung gestiftet, indem Schlagwörter wie Private Placement, Private Equity oder Venture Capital in einem Atemzug mit der Beteiligung an bzw. Investition in Fonds genannt werden. Vor der eigentlichen Definition des „Fonds" an sich, erscheint es daher zunächst angebracht, eine Abgrenzung zu vorgenannten Begrifflichkeiten herbeizuführen.

156

157 Der Begriff des „**Private Equity**" stammt aus den USA und stellt dort das Gegenstück zum sog. „Public Equity" dar. Während Public Equity börsennotiertes Eigenkapital bezeichnet, versteht man unter Private Equity jenes Kapital, das nicht börsennotierten Unternehmen von Investoren als mittel- bzw. langfristiges Eigenkapital überlassen wird. Hierbei steht bei den Investoren i.d.R. von vornherein die Absicht fest, die Beteiligung unter Realisierung eines dem Risiko entsprechenden Gewinns wieder zu veräußern. Private Equity tritt dabei in verschiedenen Formen auf, wobei eine eindeutige Begriffsabgrenzung nicht immer klar gezogen werden kann. Im Wesentlichen lassen sich aber Private Placements, Venture Capital und mezzanine Finanzierungen unterscheiden.

158 **Private Placement** bedeutet im engeren Sinne die private Platzierung von Aktien ohne hierfür auf den Börsenhandel zurückzugreifen. Der Gegenpart hierzu ist mithin das sog. „Public Offering" über die Börse, vielen auch als „IPO" (Initial Public Offering) bei der erstmaligen Aktienausgabe eines Börsenneulings bekannt. Im weiteren Sinne ist unter dem Terminus des Private Placement die Platzierung von Beteiligungskapital aller Art (z.B. Aktien, stille Beteiligungen, Genussscheine etc.) über den außerbörslichen Kapitalmarkt an eine Vielzahl von (privaten) Investoren zu verstehen. Private Placements sind nicht an bestimmte Regularien geknüpft, so dass dieses Mittel der Kapitalbeschaffung gerade von solchen Unternehmen genutzt wird, die die Voraussetzungen für einen Börsengang noch nicht geschaffen haben bzw. kaum schaffen werden.

159 Während sich Private Placements in der Regel an ein breit gestreutes Publikum wenden, sind Ansprechpartner beim sog. **Venture Capital** meist wenige Einzelpersonen oder spezialisierte Beteiligungsgesellschaften. Venture Capital im engeren Sinne beinhaltet die mittel- bis langfristige Bereitstellung von Kapital ohne größere Absicherung in der Anlaufphase eines jungen Unternehmens. Im weiteren Sinne wird hierunter die generelle Bereitstellung von (Eigen-)Kapital auch bei bereits etablierten Unternehmen verstanden, wobei die Kapitalgeber nicht über die laufende Verzinsung, sondern nur über die Wertsteigerung des Unternehmens vergütet werden.

160 Um die Begriffsbestimmung des Private Equity zu vervollständigen sei abschließend auch noch auf den Begriff des **mezzaninen Kapitals** hingewiesen. Hierbei handelt es sich um eine hybride Anlage- bzw. Finanzierungsform. Hybrid deshalb, weil sich das Investment weder eindeutig dem Fremd- noch dem Eigenkapital zuordnen lässt. Elemente wie z.B. eine feste

Verzinsung verbunden mit Elementen der variablen Erfolgsbeteiligung und/oder des Wandlungsrechts werden entsprechend miteinander verknüpft und führen dadurch zu einer eigenen Art von Anlage- bzw. Finanzierungsform.

Der Begriff des **Fonds** im Bereich des Kapitalanlagesegments bezeichnet hingegen ganz allgemein eine Vielzahl möglicher Kapitalsammelstellen, bei denen Kapital von Anlegern gebündelt in bestimmte Anlagesegmente investiert wird. Hierbei kann es sich zum Beispiel um einen auf Venture Capital spezialisierten Beteiligungsfonds handeln. Fonds bieten Kapitalanlegern den Vorteil, dass sie mit relativ kleinen Beträgen ihr Anlagerisiko diversifizieren können. 161

Die Differenzierung von Fondsarten ist weitgehend und nicht abschließend. Vorliegend soll daher zunächst unterschieden werden zwischen offenen und geschlossenen Fonds. 162

a) Offene Fonds / Investmentfonds

Bei den sog. offenen Fonds existiert keine Begrenzung bezüglich des Fondsvermögens und der Zahl der Kapitalgeber. Bei offenen Fonds können die Fondsbetreiber praktisch in unbegrenztem Umfang Anteilsscheine begeben. Offene Fonds sind die herkömmlichste Fondsart in Deutschland. Umgangssprachlich wird daher oft schlicht von *Fonds* gesprochen, wenn offene Fonds gemeint sind. Offene Fonds werden von sog. Kapitalanlagegesellschaft aufgelegt. Die Fondsgesellschaft investiert das Kapital in Aktien, Immobilien, Rentenpapiere, Unternehmensanleihen oder auch in Mischinvestitionen und bildet damit ein *Fondsvermögen*. Vor diesem Hintergrund spricht man auch von Investmentfonds. 163

Durch den Kauf von Fondsanteilen erwirbt der Investor ein Miteigentum am Fondsvermögen und ist dadurch an der Entwicklung aller im Fondsvermögen befindlichen Werte beteiligt. Insbesondere für Anleger, die nicht über spezielle Kenntnisse im Anlagesegment verfügen oder keine Zeit für die Analyse von Einzelinvestments haben, ist die Investition in offene Fonds von Interesse. Das Miteigentum am offenen Fonds ist durch Wertpapiere verbrieft, deren Kurse je nach Marktlage und Risikoklasse unterschiedlich stark schwanken können. Bedingt durch diese transparente Marktpreisbildung für die Fondsanteile sind diese sehr fungibel. Die Fondsgesellschaft ist 164 verpflichtet, die Anteile am Fondsvermögen jederzeit zum jeweils gültigen Tageskurs zurückzunehmen.

165 Offene bzw. Investmentfonds unterliegen in Deutschland strengen gesetzlichen Regelungen. Insbesondere das Investmentgesetz (bis 2003 Gesetz über Kapitalanlagegesellschaften, KAGG) und das Investmentsteuergesetz stellen hier die wesentlichen Rechtsgrundlagen dar. Die staatlichen Genehmigungs- und Aufsichtspflichten werden dabei durch das Bundesamt für Finanzdienstleistungsaufsicht (kurz BaFin) wahrgenommen. Die Aufgabe der BaFin besteht allerdings nicht in der Prüfung bzw. Überwachung der Wirtschaftlichkeit, sondern in der Überwachung der Einhaltung der gesetzlich vorgeschriebenen Vorgaben, wie z.B. hinsichtlich des Prospektinhalts.

166 Da es sich bei Investmentfonds um sog. Sondervermögen handelt, ist das Fondsvermögen getrennt vom Vermögen der verwaltenden Investmentgesellschaft in einem gesonderten Depot bei einer Bank zu verwahren. Sollte die verwaltende Kapitalanlagegesellschaft Insolvenz anmelden müssen, werden hiervon die Gelder der Fondsanleger nicht tangiert.

b) Geschlossene Fonds

167 Geschlossene Fonds werden aufgelegt, um für große und kapitalintensive Projekte Kapital einzusammeln. Mithin wird von Beginn an nur eine begrenzte Anzahl von Anteilen ausgegeben, so lange, bis das geplante notwendige Kapitalvolumen erreicht ist. Nach Erreichen des notwendigen Kapitalvolumens wird der Fonds geschlossen. Die Beteiligung an einem geschlossenen Fonds stellt – im Gegensatz zu einer Beteiligung an einem Investmentfonds – eine unternehmerische Beteiligung dar. Mithin spricht man in der Regel bei geschlossenen Fonds auch von Beteiligungsgesellschaften.

168 Die Investitionsobjekte bzw. Projekte geschlossener Fonds sind vielfältig. Das Hauptaugenmerk hat sich in der Vergangenheit allerdings auf die Bereiche Immobilien-, Film-. Schiffs-, Flugzeug- und Windenergiefonds konzentriert. In jüngerer Zeit haben sich zu den Klassikern unter den geschlossenen Beteiligungsgesellschaften auch neue, innovative Fonds, wie z.B. sog. Asset Linked Note Fonds und spezielle Erbschaftsteuerfonds hinzugesellt.

169 Beteiligungen an geschlossenen Fonds sind in der Regel nur ab einer gewissen Mindesteinlage möglich. Marktüblich sind hierbei Beteiligungsgrößen von mind. 10.000 EUR bis 20.000 EUR. Gelegentlich trifft man auch Mindestbeteiligungen von 50.000 EUR bzw. nur 5.000 EUR an. Initiatoren

geschlossener Fonds sind oftmals Banken, deren Leasingtöchter, Reedereien sowie bankennahe Platzierungshäuser. Darüber hinaus gibt es auch bankenunabhängige Platzierungsgesellschaften, die zum Teil über mehr oder weniger große Erfahrung in der Projektierung und Durchführung von geschlossenen Fonds verfügen. Das gesamte in geschlossene Fonds investierte Eigenkapital betrug im ersten Halbjahr 2006 4,06 Mrd. EUR und liegt damit weiterhin auf einem äußerst hohen Niveau, auch wenn sich im Vergleich zu Vorjahren derzeit ein deutlicher Rückgang abzeichnet.[184] Die rückläufige Tendenz resultiert dabei ganz überwiegend aus dem rückgängigen Marktangebot aufgrund der in der Vergangenheit erheblich verschärften steuerlichen Rahmenbedingungen. Das Analyseinstitut Scope verzeichnete im ersten Halbjahr 2006 einen Rückgang des Platzierungsvolumens im Vergleich zum Vorjahr um rund 28 Prozent.[185] Letztlich dürfte es sich hierbei aber nur um eine gesunde Konsolidierung eines im vergangenen Jahr stark überhitzten Marktes handeln.

Während Anteile an einem Investmentfonds jederzeit an die Kapitalanlagegesellschaft zum tagesaktuellen Kurs zurückgegeben werden können, ist dies bei einem geschlossen Fonds nicht möglich. Hier ist das eingesetzte Kapital des Investors i.d.R. über die Gesamtlaufzeit des Fonds gebunden. Die Laufzeiten geschlossener Fonds liegen dabei regelmäßig zwischen 10 und 20 Jahren, seltener auch schon mal bei 5 bzw. über 20 Jahren. Ein vorzeitiges Ausscheiden aus dem Fonds ist meist nur über die Veräußerung des Anteils an einen Dritten möglich, da sich ein transparenter Zweitmarkt für Beteiligungen an geschlossenen Fonds – trotz in der Vergangenheit nicht unerheblichen Bemühungen – noch nicht in dem Maße etabliert hat, wie es für eine hohe Fungibilität von Nöten wäre. Mit der vorzeitigen Anteilsveräußerung sind üblicherweise aber auch nicht unerhebliche Wertabschläge verbunden, so dass bei einem vorzeitigen Ausscheiden selten das eingesetzte Kapital wieder erzielt wird, sondern vielmehr Verluste entstehen.

170

Geschlossene Fonds treten in der Regel als Kommanditgesellschaft, seltener auch als GbR oder offene Handelsgesellschaft auf. Hierbei hat sich im Besonderen die GmbH & Co. KG als die mit Abstand häufigste rechtliche Ausgestaltung des geschlossenen Fonds herauskristallisiert. Soweit der

171

---

184 ScopeAnalysis, Report Geschlossene Fonds, Platzierungszahlen 1. Halbjahr 2006, http://www.scope.de.
185 ScopeAnalysis, a.a.O.

Fonds öffentlich platziert wird, d.h. sich in der Regel eine Vielzahl von Investoren engagieren, spricht man auch von sog. Publikums-KGs.

172 Die GmbH & Co. KG weist für Zwecke des geschlossenen Fonds eine Vielzahl von Vorteilen auf. Zum einen ist die GmbH & Co. KG flexibel im Hinblick auf die Bestimmung der Einkunftsart, sofern sie nicht bereits über die eigentliche Tätigkeit zwingend Einkünfte aus Gewerbetrieb generiert. Über die sog. gewerbliche Prägung (§ 15 Abs. 3 Nr. 2 EStG) lassen sich gezielt gewerbliche Einkünfte generieren bzw. alternativ durch die zusätzliche Beteiligung eines Kommanditisten an der Geschäftsführung der KG die gewerbliche Prägung auch vermeiden. Denn eine gewerbliche Prägung nach § 15 Abs. 3 Nr. 2 Satz 1 EStG verlangt u.a., dass lediglich solchen Personen die Geschäftsführungsbefugnis zusteht, die nicht Gesellschafter sind. Die Vermeidung der gewerblichen Prägung kann beispielsweise bei einem geschlossenen Immobilienfonds sinnvoll sein, der ohne die gewerbliche Prägung Einkünfte aus Vermietung und Verpachtung erzielt.[186] Zum anderen ist die GmbH & Co. KG deshalb besonders vorteilhaft, weil sie die gesellschaftsrechtlichen Vorzüge der GmbH in organisatorischer und haftungsrechtlicher Sicht mit der Flexibilität einer Personengesellschaft im Hinblick auf die Aufnahme neuer Gesellschafter miteinander vereint.

173 Geschlossene Fonds sind gesetzlich nicht explizit geregelt. Allerdings besteht seit dem 1.7.2005 eine Verpflichtung der Fondsinitiatoren, den Emissionsprospekt durch das Bundesamt für Finanzdienstleistungsaufsicht (BaFin) prüfen zu lassen. Hierbei handelt es sich allerdings nicht um eine Prüfung der Wirtschaftlichkeit, sondern ausschließlich um eine Überprüfung der Einhaltung von bestimmten Formalien, wie z.B. die Aufnahme erforderlicher Risikohinweise und dergleichen.

aa) Beteiligungsform des Investors an geschlossenen Fonds

174 Prinzipiell stehen dem Investor zwei Möglichkeiten der Beteiligung an einem geschlossenen Fonds zur Verfügung. Entweder er beteiligt sich direkt, z.B. als Kommanditist, oder er wählt den Weg der indirekten Beteiligung in Form einer Treuhand, stillen Beteiligung oder Unterbeteiligung. Vor- und Nachteile der einen oder anderen Form sind vielfältig und die Beweggründe für die Entscheidung nach der Beteiligungsform sind einzelfallabhängig. Die

---

186 Näheres siehe auch C.II.2.

wesentlichen Aspekte der unterschiedlichen Beteiligungsformen sollen nachfolgend kurz beleuchtet werden.

(1) Direkte Beteiligung

Die Investoren eines geschlossenen Fonds beteiligen sich meist als Kommanditisten, da ihnen an einer entsprechenden Haftungsbeschränkung gelegen ist. Gegenüber den Gesellschaftsgläubigern haften die Kommanditisten nur mit ihrer vereinbarten und im Handelsregister eingetragenen Hafteinlage (§§ 171 Abs. 1, 172 Abs. 1 HGB). Die Haftung der Komplementäre kann hingegen nicht beschränkt werden. Hier greift allerdings meist die Schutzwirkung durch die Rechtsform der Komplementär-GmbH, die ihrerseits im Ergebnis lediglich mit ihrem gesetzlichen Stammkapital haftet. Da vielfach hinter der Komplementär-GmbH die Fondsinitiatoren stehen, wird bei Fondsneugründungen häufig auf dieselbe GmbH zurückgegriffen, so dass oftmals unter einem Initiatorendach sog. sternförmige GmbH & Co. KGs entstehen, die als Komplementär-GmbH dieselbe Gesellschaft mit beschränkter Haftung ausweisen, was rechtlich nicht beanstandet wird. Aus haftungsrechtlicher Sicht muss für den Anleger letztlich festgestellt werden, dass die GmbH & Co. KG im Vergleich zu GbR und oHG wesentliche Vorteile aufweist, da bei letztgenannten Gesellschaftsformen eine Haftungsbegrenzung vom Grundsatz her nicht zur Anwendung gelangt.

175

Bei einer direkten Beteiligung wird der Investor auf Basis einer Beitrittserklärung unmittelbarer Gesellschafter des geschlossenen Fonds. Seine gesellschaftsrechtliche Stellung im Hinblick auf gesellschafterliche Rechte und Pflichten muss dabei nicht von der einer indirekten Beteiligung (siehe unten) abweichen. Maßgeblich sind letztlich die Ausgestaltungen des Vertragswerks der Fondsgesellschaft, die zwar im Wesentlichen meist ähnlicher Natur sind, von Fonds zu Fonds aber in mehr oder weniger wichtigen Details abweichen können. Die direkte Beteiligung hat mitunter insbesondere aus Sicht der Fondsinitiatoren den Nachteil, dass diese verwaltungsaufwendig ist, da bei einer KG z.B. für jeden direkten Beitritt eine entsprechende Meldung beim zuständigen Handelsregister erfolgen muss.

176

(2) Indirekte Beteiligung

(2.1) Treuhand

Insbesondere aus Gründen der Verwaltungsvereinfachung und mitunter aus Marketinggesichtspunkten bieten geschlossene Fonds auch die Möglichkeit

177

der Beteiligung über eine sog. Treuhandkommanditistin an. Die Treuhandkommanditistin ist hierbei im Außenverhältnis Kommanditistin der Fondsgesellschaft. Zwischen der Treuhandkommanditistin als Treuhänder und dem Anleger (Investor) als Treugeber wird ein Treuhand- und Verwaltungsvertrag geschlossen. Auf Basis dieses Vertrages erhöht die Treuhandkommanditistin ihren Kommanditanteil in Höhe der neuen Beteiligungssumme. In der Praxis wird dabei i.d.R. zunächst der Fonds mit der Treuhandgesellschaft gegründet, die ihrerseits Teile ihrer Beteiligung an künftige Anleger abtritt. Gleichzeitig wird die Einlageverpflichtung des Treuhänders unter die aufschiebende Bedingung einer Zahlung der (anteiligen) Einlage durch die Anleger (sog. Vereinbarungstreuhand) gestellt.[187] Die Erwerbstreuhand, bei der der Treuhänder die Anteile mit Mitteln der Anleger erwirbt, kommt regelmäßig lediglich bei besonderen Private Placements, nicht aber bei Publikumsgesellschaften vor.

178 Die gesellschaftsrechtlichen Rechte und Pflichten stehen aber zunächst nur der Treuhandkommanditistin zu. Über die schuldrechtliche Verpflichtung von Treuhänder zu Treugeber wird eine wirtschaftliche und steuerliche Zuordnung zum eigentlichen Anleger (Investor) erzielt. Zivilrechtlich hat der Anleger als Treugeber jedoch bei Beendigung des Treuhandvertrages lediglich einen Anspruch auf Herausgabe des Treugutes (der Beteiligung) an ihn. Um aus ertragsteuerlichen Gesichtspunkten eine Zurechnung der Beteiligung zum Treugeber zu gewährleisten, sehen die Verträge deshalb regelmäßig ein Kündigungsrecht des Treugebers vor, verbunden mit der Möglichkeit, die indirekte Beteiligung jederzeit in eine direkte Beteiligung umwandeln zu können.[188]

179 Neben der Verwaltungsvereinfachung bietet eine Treuhandkonstruktion auch den Vorteil der Wahrung einer Anonymität der Investoren (wenn auch nicht gegenüber dem Finanzamt, so doch im Hinblick auf die Publizität des Handelsregisters[189]) und gibt den Initiatoren darüber hinaus ein weiteres Mittel zur Steuerung der Investoren an die Hand.

(2.2) Stille Beteiligung

180 Unter einer stillen Gesellschaft versteht man eine Gesellschaft, bei der sich jemand am Handelsgewerbe eines anderen in der Weise beteiligt, dass er in

---

187 *Philipp/Oberwalder*, ZErb 2006, 345, 346.
188 Näheres siehe C.II.2.a)gg).
189 Vgl. *Philipp/Oberwalder*, ZErb 2006, 345, 346.

dessen Vermögen eine Einlage leistet und dafür am Gewinn beteiligt wird (§§ 230 ff. HGB). Der andere Vertragspartner, d.h. der Inhaber des Handelsgewerbes, kann Einzelkaufmann oder eine Personen- bzw. Kapitalgesellschaft sein. Bei geschlossenen Fonds tritt die stille Gesellschaft i.d.R. in Form einer sog. KG & Still auf. Die rechtliche Grundlage für die stille Gesellschaft bilden neben den vorgenannten Regelungen der §§ 230 ff. HGB ergänzend die Vorschriften der §§ 705 ff. BGB.

Nach außen hin handelt alleine der Geschäftsinhaber, so dass es sich bei der stillen Gesellschaft nur um eine sog. Innengesellschaft handelt. Die Innengesellschaft hat kein eigenes Gesellschaftsvermögen, da die vom stillen Gesellschafter geleistete bzw. zu leistende Einlage in das Vermögen des Geschäftsinhabers übergeht. Mitunter hat daher die stille Gesellschaft vielfach etwas vom Charakter eines Darlehens, wobei der stille Gesellschafter grds. nicht an einem regelmäßig zu zahlenden Zins, sondern am Erfolg des eigentlichen Unternehmens partizipiert. 181

Bei einer stillen Gesellschaft ist stets die bedeutsame Unterscheidung zwischen einer typischen und einer atypischen stillen Beteiligung zu treffen. Unter einer atypisch stillen Gesellschaft wird eine stille Gesellschaft verstanden, die vom Regeltypus der §§ 230 ff. HGB abweicht. Aufgrund der gesellschafts- bzw. schuldrechtlich geltenden Vertragsfreiheit können die Gesellschafter vom abdingbaren Regeltypus der stillen Gesellschaft Abweichendes vereinbaren. Soweit daher eine Vereinbarung vorsieht, dass der stille Beteiligte außer am Gewinn auch an den stillen Reserven und einem etwaigen Geschäftswert partizipiert, liegt eine derartige atypische stille Gesellschaft vor. In diesem Fall wird der Investor in wesentlichen Bereichen ähnlich einem Kommanditisten oder einem GbR-Gesellschafter behandelt. Eine große Auswirkung hat diese Unterscheidung für das Steuerrecht, da der typisch stille Beteiligte Einkünfte aus Kapitalvermögen erzielt (§ 20 Abs. 1 Nr. 4 EStG), während die Einkünfte eines atypisch stillen Beteiligten als solche aus Gewerbebetrieb qualifiziert werden (§ 15 Abs. 1 Satz 1 Nr. 2 EStG). 182

(2.3) Unterbeteiligung

Bei einer Unterbeteiligung beteiligt sich ein Investor im Gegensatz zur stillen Beteiligung nicht direkt an der Fondsgesellschaft, sondern die Unterbeteiligung stellt vielmehr eine Beteiligung an einer originären Fondsbeteiligung dar. Die Unterbeteiligung wird ebenfalls durch einen schuldrechtlichen 183

Vertrag begründet. Hierbei stehen sich auf der einen Seite i.d.R. der eigentliche Kommanditist, der direkt am geschlossenen Fonds beteiligt ist (sog. Hauptbeteiligter) sowie auf der anderen Seite der Investor gegenüber. Da der Hauptbeteiligte zivilrechtlicher Eigentümer der Fondsbeteiligung ist, stehen dem Unterbeteiligten keine gesellschaftsrechtlichen Rechte am Fonds zu. Die Unterbeteiligung lässt sich grundsätzlich analog zur stillen Beteiligung auch in atypischer Form ausgestalten, um somit die unter Umständen steuerlich gewünschte Mitunternehmerstellung zu erreichen.

184 Offensichtlich ist, dass die Unterbeteiligung gewisse Parallelen zur Treuhandschaft aufweist. Ein wesentlicher zivilrechtlicher Unterschied liegt allerdings im rechtlichen Status. Bei der Unterbeteiligung partizipiert der Unterbeteiligte nur an der Gesellschafterstellung des Hauptbeteiligten, während dem Treugeber im Innenverhältnis zum Treuhänder sämtliche Rechte und Pflichten aus dem Gesellschaftsverhältnis zustehen.

bb) Immobilienfonds

185 Immobilienfonds können zu Recht als „Flaggschiff" der geschlossenen Fonds bezeichnen werden. In keinem Bereich des geschlossenen Segments wird mehr Eigenkapital platziert als in geschlossene Immobilienfonds. Allein im ersten Halbjahr 2006 betrug das platzierte Eigenkapital fast 2 Mrd. Euro und stellte damit rund 50% des gesamten Eigenkapitals bei geschlossenen Fonds dar.[190] Die Beliebtheit des geschlossenen Immobilienfonds hängt dabei sicherlich auch mit den mit einer Immobilie assoziierten Begriffen wie Wertbeständigkeit, Inflationsschutz, Sicherheit und Steuervorteilen zusammen. Obwohl gerade der Bereich der geschlossenen Immobilienfonds durch rein steuerlich getriebene (Fehl-) Investitionen in den neuen Bundesländern massiv in die Kritik geraten ist, dürfte auch in Zukunft mit einem erheblichen Kapitalzufluss in dieses Segment zu rechnen sein. Zumindest werben die Anbieter weiterhin mit Platzierungsgarantien (d.h. der Garantie für die Zeichnung des gesamten Eigenkapitals der Fondsgesellschaft), Mietgarantien und Andienungsrechten der Fondsgesellschaft zum Verkauf der Immobilien bzw. des gesamten Immobilienbestandes zu einem Mindestverkaufspreis an einen Dritten, zum Teil sogar bereits abgesichert durch ein deutsches Kreditinstitut.

---

190 ScopeAnalysis, a.a.O.

Bei einem geschlossenen Immobilienfonds wählt der Initiator ein oder mehrere konkrete Immobilien aus, die anschließend gekauft bzw. entwickelt werden. Das Immobilienportfolio des Fonds kann dabei allerlei Facetten annehmen. Vom Einkaufszentrum bis zur Wohnbausiedlung sind entsprechende Projekte denkbar. In der Regel handelt es sich aber um die Realisierung gewerblicher Mietobjekte. Bereits Ende 2002 bezogen sich die Investitionen geschlossener Immobilienfonds zu rund 70% auf Büroflächen.[191]

186

Inländische geschlossene Immobilienfonds werden in der Regel als KG bzw. als GmbH & Co. KG strukturiert. Die Anleger beteiligen sich regelmäßig in direkter oder indirekter (treuhänderischer) Form als Kommanditisten an dem Fonds. Im Gegensatz zu sog. Bauherrenmodellen erwirbt der Anleger folglich nicht direkt einen Anteil an der Immobilie, sondern einen Anteil an der Personengesellschaft.[192]

187

Nach Abschaffung der hohen Sonderabschreibungsmöglichkeiten für Immobilieninvestitionen in den neuen Bundesländern sind die Konzeptionäre tendenziell wieder zurückgekehrt von der steuerinduzierten zur „soliden" Konzeptionierung nach Renditegesichtspunkten. Nichts desto trotz stellt auch das Engagement in einen geschlossenen Immobilienfonds letztlich eine unternehmerische Beteiligung mit den damit verbundenen Risiken dar. Die Risiken liegen dabei insbesondere in der Prognose zukünftiger Mieteinnahmen sowie dem potentiellen Veräußerungserlös für das gekaufte bzw. zu errichtende Objekt. Zu optimistische Erlösprognosen und Mietausfälle verbunden mit teuren Anschlussfinanzierungen und hohen Instandhaltungskosten haben schon manchen geschlossenen Immobilienfonds in Schieflage geraten lassen. Besonders wichtig ist daher die sorgfältige und tendenziell konservative Konzeptionierung und Prognostizierung. Hierfür bedarf es u.a. Erfahrung und Marktkenntnis des Initiators. Die vergangenen Jahre haben oftmals gezeigt, dass gerade die bereits seit Jahren etablierten Anbieter bzw. Initatoren trotz eines rauen Umfeldes immer wieder in der Lage waren, erfolgreiche Fonds zu konzeptionieren. Wichtig ist daher auch stets ein Blick auf die Leistungsbilanz des Anbieters der vergangenen Jahre. Auskünfte hierzu kann man den einschlägigen Fachpublikationen wie beispielsweise dem Informationsbrief *kapital-markt intern* entnehmen.

188

---

191 *Boutonnet*, Geschlossene Immobilienfonds, S. 21.
192 *Werner/Burghardt*, Der Graue Kapitalmarkt, S. 81.

189 Geschlossene Immobilienfonds sind allerdings nicht nur auf das Inland begrenzt. Vielmehr hat sich in den vergangenen Jahren eine Ausweitung des Engagements auf Auslandsimmobilien ergeben. Hierbei interessiert den Anleger insbesondere die Tatsache, dass aufgrund des Belegenheitsprinzips und der bestehenden Doppelbesteuerungsabkommen die anfallenden Erträge in Deutschland regelmäßig nicht der Besteuerung unterliegen, sondern meist nur im Rahmen des Progressionsvorbehaltes zu berücksichtigen sind.[193]

cc) Schiffsfonds

190 Die Beteiligung an Schiffen hat eine lange Tradition und ist keine Erfindung der Neuzeit. Bereits zu Zeiten der Hanse schlossen sich Investoren zwecks gemeinsamen Erwerbs von Schiffen zusammen. Heute werden Schiffsfonds, wie die meisten geschlossenen Fonds, ebenfalls in der Rechtsform einer GmbH & Co. KG am Markt platziert. Investoren nehmen hierbei den Platz des begrenzt haftenden Kommanditisten ein.

191 Schiffsfonds haben sich in den vergangenen Jahren zu einem der Hauptgewinner am Beteiligungssektor entwickelt. Insbesondere in den Jahren 1999 bis 2004 stieg das Platzierungsvolumen von 1,26 Mrd. Euro auf rund 2,50 Mrd. Euro. Im Jahr 2005 hatten Schiffsfonds bereits einen Anteil am Gesamtvolumen geschlossener Fonds von rund 1/3 bei einem Platzierungsvolumen von deutlich über 2,50 Mrd. Euro. Parallel hierzu erreichte das Gesamtinvestitionsvolumen der Schiffsfonds mehr als 6 Mrd. Euro. Im Segment der geschlossenen Fonds sind Schiffsfonds damit von ihrer Bedeutung in der Praxis hinter den geschlossenen Immobilienfonds auf Platz zwei aufgestiegen. Der größte Teil der Mittel sind hierbei in Containerfonds gefolgt von Tankerfonds geflossen.

192 Der Boom der Schiffsfonds lag insbesondere auch in der steuerlichen Konzeption begründet. So werden in der Anfangsphase mitunter sehr hohe Verlustzuweisungsquoten generiert, mit der Folge, dass der effektive Kapitaleinsatz der Investoren aufgrund der steuerlichen Entlastung im Verlustzuweisungsjahr merklich unterhalb der Nominalbeteiligung lag. In der Kombination mit einem Wechsel zur Tonnagebesteuerung nach § 5a EStG erfreute sich dieses im Jargon genannte „Kombi-Modell" höchster Beliebtheit bei Initiatoren und Investoren. Durch die Einführung des § 15b EStG

---

[193] Näheres siehe C.II.2.c)aa).

Ende des Jahres 2005 und der hiermit verbundenen Beschränkung der steuerlich nutzbaren Anfangsverluste sowie den Änderungen im Bereich der Tonnagebesteuerung[194] wurde den Schiffsfonds ein nicht unwesentliches Verkaufsargument entzogen, so dass die Platzierungszahlen entsprechend rückläufig sind.

Der stetig steigende Welthandel und die Tatsache, dass der wesentliche Teil des Güteraufkommens auf dem Seewege transportiert wird, hatten zur Folge, dass insbesondere in den Jahren 2002 bis 2005 sowohl Schiffspreise als auch die Charterraten mitunter sehr stark gestiegen sind. Zwar wird von Fachleuten mit einem weiter steigenden Bedarf nach Charterkapazitäten gerechnet. Mittelfristig dürfte sich der Markt und damit wohl auch die Charterraten sowie die Schiffspreise tendenziell abkühlen, da aufgrund der hohen Anzahl von neu georderten Schiffen der Nachfrageüberhang nach Transportkapazität abgebaut werden dürfte. Eine sichere Prognose diesbezüglich lässt sich allerdings kaum stellen. Es bleibt daher abzuwarten, ob die Fonds langfristig erfolgreich sein werden. 193

Die wirtschaftlichen Risiken die mit einem unternehmerischen Engagement in einen Schiffsfonds verbunden sind, zeichnen sich durch verschiedene Facetten aus. Neben den allgemeinen vorerwähnten generellen Marktrisiken, die sich unter anderem aus mittelfristigen Überkapazitäten ergeben können, sind die den Schiffsfonds inhärenten Währungsrisiken nicht zu unterschätzen. Charterraten werden in der Regel in Dollar gehandelt, die Schiffsfonds basieren hingegen grds. auf Euro-Basis. Hieraus ergibt sich bereits ein nicht unwesentliches Währungsrisiko. Hinzu kommt, dass aufgrund von Zinsdifferenzen ein Grossteil der Fonds den Fremdkapitalanteil neben Euro mit Darlehen in japanischen Yen, Schweizer Franken oder US-Dollar finanzieren. Auch hier lauern entsprechende Währungsrisiken. Letztlich gilt im Hinblick auf den Verkauf einer Beteiligung an einem Schiffsfonds das Gleiche, was auf alle geschlossenen Fondsanteile zutrifft. Beteiligungen an Schiffsfonds können während der Laufzeit oft nur mit erheblichen Verlusten verkauft werden, da Investitionen in Schiffsfonds eine langfristige unternehmerische Beteiligung über eine Laufzeit von in der Regel 10 bis 20 Jahren darstellen. Investoren in Schiffsfonds sollten daher das eingesetzte Kapital in einer derartigen Investition möglichst frei verfügbar haben und damit langfristig binden können. Darüber hinaus sind Schiffsfonds auch nichts für 194

---

194 Näheres siehe C.II.2.c)bb).

Kleinanleger, da Beteiligungen an Schiffsfonds meist erst ab 10.000 Euro aufwärts gezeichnet werden können.

dd) Windkraftfonds

195 Deutschland eilt der Ruf voraus Weltmeister in Sachen Umweltschutz zu sein. Daher ist es nicht verwunderlich, dass gerade auch „ökologische" Geldanlagen bei Investoren hoch im Kurs stehen, denn sie verbinden auf diese Weise das gute Gewissen mit dem Wunsch nach entsprechender Rendite.

196 Windkraftfonds sind als geschlossene Fonds in der Regel ebenfalls als Kommanditgesellschaft, d.h. als KG oder meist als GmbH & Co. KG konzipiert. Windkraftfonds dienen dazu, Windkraftanlagen zu finanzieren, um damit Strom zu erzeugen und diesen Strom ins Stromnetz einzuspeisen. Die großen Energieversorger sind aufgrund des „Erneuerbare-Energie-Gesetz" (EEG) gesetzlich dazu verpflichtet, den so produzierten Strom abzunehmen. Da die Windkraftfonds in der Vergangenheit regelmäßig über einen hohen Fremdfinanzierungsanteil hohe Verlustzuweisungen produzierten, rechneten sich viele Fonds im Wesentlichen über den steuerlichen Effekt. Das eigentliche wirtschaftliche Ergebnis von Windkraftfonds wurde oftmals von zu positiven Prognosen im Hinblick auf die Einnahmeseite und zu geringen Sicherheitszuschlägen im Bereich der Instandhaltungskosten konterkariert. Zwar lässt sich aufgrund des EEG die Höhe der Einnahmen pro Kilowattstunde sicher bestimmen, nicht jedoch die Frage, ob der Wind tatsächlich ausreichend ist, um die prognostizierten Kilowattstunden zu produzieren. So ist es nicht verwunderlich, dass viele Investoren mit dem Engagement in Windkraftfonds keine sonderlich positive Rendite erzielen konnten.

197 Maßgeblich für den Erfolg von Windkraftanlagen ist letztlich immer der Standort der Windparks. Ist die Lage gut gewählt, wird ausreichend Strom erzeugt und die Windkraftanlage erwirtschaftet entsprechende Einnahmen. Doch selbst die beste Lage ist kein Garant für ausreichenden Wind. Dies zeigt sich daran, dass einige windschwache Jahre seit dem Jahr 2000 zu verzeichnen waren, die für einen Einbruch auf der Ertragsseite verantwortlich sind. Die grundsätzlich guten Absichten, auf ökologisch sinnvoller Basis Energie zu produzieren, treffen zwischenzeitlich nicht mehr bei allen Beteiligten auf fruchtbaren Boden, seitdem sich herausgestellt hat, dass Windkraftanlagen auch nicht unerhebliche Geräusche erzeugen und mitunter die Landschaft verschandeln. Neue Anlagen sind daher bei den betroffenen

Anwohnern nur noch schwer durchsetzbar. Das Investitionsmodell Windkraftfonds dürfte daher mittelfristig keine großen Finanzmittel mehr bewegen.

ee) Medienfonds

Medienfonds dienen der Finanzierung von Film- und Fernsehproduktionen. Von der Struktur her sind sie ebenfalls – wie die meisten geschlossenen Fonds – i.d.R. als GmbH & Co. KG anzutreffen. Medienfonds werden meist unterschieden in sog. „Producer-Fonds" bzw. „Leasing- oder Buyer-Fonds" Im ersten Fall finanziert der Fonds die Herstellung von Film- und Fernsehproduktionen, während sich „Leasing- oder Buyer-Fonds" auf den Handel mit Filmlizenzen spezialisiert haben. 198

Zu Beginn dieses Jahrzehnts verzeichneten Medienfonds einen enormen Boom, da diese im ersten Jahr der Investition meist Verluste bis zu 100 % der Kapitaleinlage zuwiesen und sich hierdurch als Steuersparmodell am Markt einen Platz verschafften. Die Mittelzuflüsse in Medienfonds und die damit verursachten Steuerausfälle erreichten mitunter enorme Volumina, so dass bereits Anfang des Jahres 2001 durch den sog. Medienerlass die Finanzverwaltung die steuerliche Generierung von Verlusten merklich erschwerte. 199

Mit viel Kapital, aber mitunter wenig Erfahrung in der Bewertung von aussichtsreichen Filmproduktionen ausgestattet, wurden hohe Summen zum Teil regelrecht verbrannt. Nur wenige Medienfonds konnten letztlich ein positives Ergebnis erwirtschaften. Da im Wesentlichen mit dem Geld ausländische Filmproduktionen finanziert wurden, kursierte in Hollywood bereits schnell der Begriff des „stupid German money". Bedingt durch die wirtschaftlichen Misserfolge und die wesentliche Verschärfung der steuerlichen Rahmenbedingungen[195] haben Medienfonds erheblich an Attraktivität verloren und stellen zwischenzeitlich kein nennenswertes Anlagevolumen mehr dar. Durch die Neuregelung in § 15b EStG können Medienfonds de facto als tot bezeichnet werden. Allerdings befinden sich aus der Hochzeit der Medienfonds noch viele Fonds in der Abwicklung, so dass Kenntnisse in diesem Bereich gerade für den steuerlichen und rechtlichen Berater unabdingbar sind. 200

---

195 Näheres siehe unter C.II.2.a)dd) sowie C.II.2.c)dd).

ff) Asset Linked Note Fonds

201 Asset Linked Note Fonds können zurzeit als jüngstes Mitglied der geschlossenen Fonds bezeichnet werden. Sie sind ebenso wie die meisten geschlossenen Fonds in der Rechtsform der GmbH & Co. KG strukturiert, bei der sich ein Investor als Kommanditist beteiligen kann.

202 Hinter dem Begriff des Asset Linked Note Fonds verbirgt sich eine Gesellschaft, deren Zweck der fremdfinanzierte Erwerb und die Verwaltung einer Schuldverschreibung („Note") ist, die neben einer laufenden jährlichen Verzinsung konzeptionell eine feste und zusätzlich eventuell eine variable Bonusverzinsung am Ende der Laufzeit vorsieht. Die Bonuszinsen sollen dabei so hoch sein, dass mit der Beendigung der Gesellschaft der Kapitalanleger im Minimum seine Kapitaleinlage zurückerhält. Die Laufzeit der Schuldverschreibung bei den bisher bekannten Konzepten liegt zwischen 8 bis 15 Jahren.

203 Um den wirtschaftlichen Gehalt dieser Fonds zu verstehen, muss man sich zunächst etwas genauer mit den Konzeptdetails auseinandersetzen:

204 Der Anleger beteiligt sich in der Regel im ersten Schritt über einen Treuhand-Kommanditisten mittelbar an der Fondsgesellschaft. Die Mindestzeichnungssummen liegen hierbei wesentlich über den Mindestzeichnungssummen sonstiger geschlossener Fonds. Die Untergrenze für eine Beteiligung dürfte im Bereich von etwa 200.000 EUR liegen. Hierbei wird bereits ersichtlich, dass Asset Linked Note Fonds sich nicht an den Kleinsparer, sondern ausschließlich an vermögende Personen wenden, die – und das ist der Kernpunkt des Konzeptes – über einen entsprechend hohen persönlichen Steuersatz verfügen.

205 Die Fondsgesellschaft ihrerseits erwirbt – wie eingangs bereits erwähnt – eine festverzinsliche Schuldverschreibung. Der Kauf wird hierbei zu hundert Prozent fremdfinanziert. Die Einzahlung des Kommanditisten dient der Vorfinanzierung der Schuldzinsen im Jahr der Kreditaufnahme. In den Folgezeiträumen ist der Kredit so ausgestaltet, dass der Kreditzins und der Festzins aus der Anleihe sich gegenseitig decken, so dass während der Laufzeit keine weitere Bedienung von Schuldzinsen notwendig ist.

206 Das Darlehen zum Erwerb der festverzinslichen Schuldverschreibung wird i.d.R. mit einem Disagio ausgegeben. Da Schuld- und Anleihezinsen sich im Folgejahr decken und die Einzahlung des Kommanditisten „nur" die

Schuldzinsen des Erstjahres abgelten muss, kann die Fremdfinanzierung – und damit relativ zur Einzahlungssumme gesehen auch das Disagio – vergleichsweise hoch ausfallen. Einer Kommanditeinlage von 200.000 EUR stehen so mitunter bis zu 6.000.000 EUR Kreditaufnahme gegenüber. Disagio und Schuldzinsen des ersten Jahres verursachen hierdurch Werbungskosten aus Kapitalvermögen, die wesentlich oberhalb des eingezahlten Kapitals stehen. Konzeptionell lassen sich somit Werbungskosten im Erstjahr generieren, die im Schnitt das eingesetzte Kapital um das 2,5-fache übersteigen. Verbunden mit einem hohen persönlichen Einkommensteuersatz ergibt sich hieraus zunächst eine Steuererstattung, die größer ist als das eingesetzte Kapital.

Da Kredit- und Anleihezinsen sich in den Folgezeiträumen decken, passiert zunächst wirtschaftlich und steuerlich betrachtet nichts Wesentliches. Erst am Ende der Fondslaufzeit kommt es sowohl zu einer Rückzahlung der Schuldverschreibung als auch des Darlehens. Konzeptionell ist dabei vorgesehen, dass durch den Verkauf der Schuldverschreibung in Kombination mit dem am Ende der Laufzeit zu zahlenden Bonuszins im Minimum das Darlehen bedient werden kann. Da vielfach neben dem festen Bonuszins auch noch ein variabler Bonuszins gezahlt werden soll, gehen die Musterrechnungen der diversen Anbieter von einem Überschuss nach Darlehensbedienung aus. Die zusätzliche variable Bonusverzinsung orientiert sich i.d.R. an einem bestimmten Wirtschaftsgut (Asset). Hierbei kann es sich um die Performance eines bestimmten Index oder auch eines Fonds handeln. 207

Da bereits der am Ende der Laufzeit zu gewährende Festzins konzeptionell mindestens so hoch sein muss wie der zu Beginn des Fonds einbehaltene Disagiobetrag, führt dies letztlich zu entsprechend hohen Einkünften aus Kapitalvermögen im letzten Jahr, die wiederum mit dem individuellen Steuersatz des Anlegers besteuert werden. 208

Als Resultat dieser Gestaltung ergibt sich mithin ein über die Laufzeit nicht unwesentlicher Steuerstundungseffekt. Gedanklich soll der Investor über dieses Konzept dazu in die Lage versetzt werden, die im Erstjahr aus laufendem Zins und Disagio generierte Steuererstattung anzulegen und hieraus Erträge zu erzielen. Darüber hinaus soll ihm durch die Beteiligung an einer variablen Bonusverzinsung ein zusätzlicher Ertrag verschafft werden, so dass über die Laufzeit mit einer durchschnittlichen Nachsteuerrendite von ca. 6 bis 7,6 % kalkuliert wird. 209

210 Da Dreh- und Angelpunkt in dieser Konzeption die Verknüpfung von Schuldverschreibung und Darlehensaufnahme darstellt, werden derartige Fondskonstruktionen ausschließlich nur von Banken angeboten. Bekannteste Vertreter sind hierbei zum einen die Deutsche Bank AG sowie die australische Investmentbank Macquarie Ltd., die mit verschiedenen Produkten ähnlicher Bauart nicht nur bei Investoren, sondern auch bei der Finanzverwaltung für einiges Aufsehen gesorgt haben.

211 Durch die Beschränkungen des § 2b bzw. § 15b EStG und dem damit verbundenen Schließen von Fondskonstruktionen, die hohe gewerbliche Verluste im Erstjahr zuweisen konnten, wurde mit den Asset Linked Note Fonds wieder ein Produkt offeriert, dass scheinbar alle steuerlichen Barrieren nehmen und die bekannten Steuersparmöglichkeiten offerieren konnte. Entsprechend groß war der Andrang auf diese Produkte. So groß, dass auch die Finanzverwaltung hellhörig wurde und einen enormen Steuerabfluss befürchtete. Vor diesem Hintergrund wurde der Gesetzgeber tätig und führte über das Jahressteuergesetz 2007 Änderungen im Bereich der §§ 20, 15b EStG ein, die zum Teil rückwirkende Kraft entfalten.[196] Für die Zukunft dürfte dieses Modell daher keine Anwendung mehr finden, da auch bereits ähnlich konzipierte Modelle mit kleineren Beteiligungstranchen im Jahr 2006 seitens der Fondsanbieter rückabgewickelt bzw. erst gar nicht mehr am Markt platziert wurden. Jedoch wird sich nicht unerheblicher Beratungsbedarf im Hinblick auf die bereits umgesetzten Modelle sowie der steuerrechtlichen Fragen zur Wirksamkeit der rückwirkenden Regelungen ergeben. Steuerrechtliche Kenntnisse in diesem Segment sind daher insbesondere für Berater vermögender Mandanten unabdingbar.

212 Hinzuweisen bleibt an dieser Stelle noch, dass zwar zukünftige Fondsmodelle nach dem Modell der Asset Linked Notes Fonds durch die Neuregelungen des Jahressteuergesetzes 2007 am Markt nicht mehr neu platziert werden können, die Grundidee an sich aber in Form von Private Placements in großen Volumina weiter umgesetzt wird. Insofern ist das entsprechende Verständnis für die Ausgestaltung des Modells sowie der steuerlichen Chancen und Risiken ein wichtiger Bestandteil effizienter Beratung.

---

196 Näheres siehe C.II.2.a)ee) sowie C.II.2.c)ee).

gg) Leasingfonds

Der Begriff des Leasing stammt aus dem Englischen und bedeutet mieten. Im wirtschaftlichen Sinne wird darunter die mittel- bis langfristige Vermietung respektive Gebrauchsüberlassung von beweglichen und unbeweglichen Investitionsgütern, Objekten für die öffentliche Hand oder langlebigen Konsumgütern verstanden.[197] Leasing ist insbesondere für Unternehmen interessant, die eine hohe Liquiditätsbindung in Investitionsgüter vermeiden wollen.

213

Bei Leasingfonds investieren die Anleger in Leasingobjekte. Häufiger anzutreffen sind hierbei die Mobilien-Leasingfonds. Am bekanntesten dürften in diesem Zusammenhang die Flugzeug-Leasingfonds sein. Aber auch Heizkraftwerke, Krankenhäuser, Gewerbeflächen oder Verkehrsprojekte können Gegenstand eines Leasingfonds sein.

214

Leasing kann vom Grundsatz in zwei Varianten unterteilt werden: In das finance-leasing und in das operating-leasing.

215

Beim **finance-leasing** stehen die Zahlungsströme prinzipiell schon von Beginn an fest. Das Leasingobjekt wird zu fest vereinbarten Raten an den Leasingnehmer vermietet. Gleichzeitig wird ein Andienungsrecht für den Leasingnehmer vereinbart, d.h. das auch der Verkaufspreis nach Ablauf der Leasingzeit bereits im Vorfeld feststeht. Die Risiken im Hinblick auf Beschädigungen oder Untergang des Investitionsobjektes trägt regelmäßig der Leasingnehmer. Aufgrund von hohen Abschreibungsvolumina und meist hohem Fremdfinanzierungsanteil und daraus resultierender Zinsen konnten Leasingfonds in der Variante des finance-leasing zu Beginn hohe Verlustzuweisungen generieren bei vergleichsweise sicheren Zahlungsströmen. Durch die Änderungen der steuerlichen Rahmenbedingungen (Stichworte §§ 2b, 15b EStG) ist derartigen Fonds vielfach der Boden entzogen worden.[198]

216

Beim **operating-leasing** werden die Leasingraten zunächst meist nur für die ersten Jahre vereinbart. Anschließend erfolgt eine Weitervermietung zu den dann jeweils am Markt herrschenden Bedingungen. Des Weiteren steht auch ein Verkaufserlös nach Ablauf der regulären Nutzungszeit anders als beim finance-leasing nicht fest. Das operating-leasing birgt damit einerseits größe-

217

---

197 *Werner/Burghardt*, a.a.O., S. 89.
198 Näheres siehe C.II.2.a)ee).

re Risiken, andererseits stehen diesen aber auch – wie bei allen risikoreicheren Investitionen – größere Ertragschancen gegenüber.

hh) Erbschaft-/Schenkungsteuerfonds

218 Die aus erbschaft- bzw. schenkungsteuerlicher Sicht wesentliche Besserstellung von inländischen Immobilien im Vergleich zu Bar- und Wertpapiervermögen hat in den vergangenen Jahren zu einer erheblichen Ausweitung sog. Erbschaft-/Schenksteuerfonds geführt. Bei diesen Fonds handelt es sich um i.d.R. mit gewerblichen Immobilien bestückte Fonds, die aufgrund der bewusst herbeigeführten gewerblichen Prägung in Form einer GmbH & Co. KG steuerlich als Betriebsvermögen behandelt werden müssen, auch wenn der an der Gesellschaft beteiligte Investor letztlich Privatmann ist.

219 Statt Bar- oder Wertpapiervermögen zu vererben bzw. zu verschenken, beteiligt sich der Erblasser/Schenker an einem solchen Fondsmodell und überträgt anschließend diesen Anteil auf den Begünstigten. Übertragen wird hierdurch Betriebsvermögen, was nach geltendem Erbschaftsteuerrecht per se bereits durch erhebliche Vergünstigungen besser gestellt ist als Privatvermögen. Hinzu kommt, dass Immobilien nicht mit dem Verkehrs-, sondern mit dem steuerlichen Bedarfswert angesetzt werden, was unter dem Strich zu einer weiteren Reduzierung der Bemessungsgrundlage führt. Bei entsprechender Gestaltung lässt sich über diese Methode mitunter Vermögen im Millionenbereich faktisch steuerfrei übertragen.[199]

c) Hedgefonds

220 Ein Hedgefonds unterscheidet sich von einem klassischen Investmentfonds dadurch, dass er in der Wahl seiner Anlagestrategie wesentlich freier ist. Den Handlungsrahmen setzt sich der Hedgefonds dabei selbst. Aufbau, Zusammensetzung und Risiko können daher von einem zum anderen Fonds erheblich voneinander abweichen.

221 Vom Grundsatz her verfolgt ein Hedgefonds das Ziel, unabhängig von der Marktentwicklung einen positiven absoluten Ertrag zu erwirtschaften. Während klassische Fonds versuchen, beispielsweise einen Vergleichsindex in der Performance zu übertreffen, kann sich der Hedgefonds-Manager sehr flexibler Instrumente bedienen, um auch bei fallenden Kursen eine entspre-

---

199 Zur Verfassungswidrigkeit des zur Zeit noch geltenden ErbStG vgl. unten F.II.6.c)hh).

chend positive Rendite zu verdienen und nicht nur im Vergleich zum Markt weniger an Wert zu verlieren.

Die Ursprünge des Hedgefonds sind Ende der vierziger Jahre zu suchen, als erstmals versucht wurde, Aktienpositionen über Leerverkäufe abzusichern (to hedge: „absichern"). Die Strategie, über das „hedgen" auch in Zeiten schlechter Kapitalmarktentwicklungen positive Renditen zu erwirtschaften, ist daher prinzipiell nichts Neues. Allerdings sind Hedgefonds erst seit den Jahren 2004/2005 verstärkt in Deutschland in den Focus der Öffentlichkeit geraten. Ausschlaggebend hierfür waren unter anderen die zum Teil nicht völlig sachlich geführten politischen Diskussionen unter dem Schlagwort des „Heuschrecken-Kapitalismus". Eine größere Bekanntheit haben Hedgefonds in der Vergangenheit auch durch die Aktivitäten großer Hedgefondsgesellschaften wie der Blackstone Group (Stichwort Deutsche Telekom AG) oder auch der Ceberus Capital Management erlangt. 222

Ausländische Hedgefonds sind bereits seit vielen Jahren aktiv am Markt vertreten und unterliegen zum Teil keiner besonderen staatlichen Aufsicht. So ist es nicht verwunderlich, dass ein Großteil ausländischer Hedgefonds ihren Sitz in Steueroasen, wie z.B. den Cayman Islands, inne haben. Bis einschließlich zum Jahr 2003 waren Hedgefonds in Deutschland generell nicht zum öffentlichen Vertrieb zugelassen. Erst mit dem zum 1.1.2004 in Kraft getretenen Investmentmodernisierungsgesetz ist es zu einer minimalen Liberalisierung in diesem Bereich gekommen. Seit diesem Zeitpunkt ist der Vertrieb von sog. „Sondervermögen mit zusätzlichen Risiken" unter bestimmten Auflagen möglich. Allerdings haben diese mit den großen Hedgefonds wie Blackstone, Ceberus oder der Man Group nur wenig zu tun. Letztlich handelt es sich nur um „Hedgefonds", die sich bestimmter Instrumente des Leerverkaufs und des erhöhten Einsatzes von Fremdkapital zur Nutzung des Leverage-Effektes bedienen dürfen. Diese erfüllen hierbei im engeren Sinne mehr oder weniger die klassische Struktur von Investmentfonds, die lediglich ein erhöhtes Risiko eingehen dürfen. In Deutschland zugelassen zum öffentlichen Vertrieb sind nur Dach-Hedgefonds, die ihrerseits in der Anlagestrategie durch das Investmentgesetz reglementiert sind, § 113 InvG. Dach-Hedgefonds müssen unter anderem mindestens 51 % des Fondsvermögens in Anteilen an anderen Zielfonds halten. Die Zielfonds dürfen selbst nicht in andere Zielfonds, wohl aber in andere Investmentfonds investieren. Nicht mehr als 20 % des Fondsvermögens eines Dach- 223

Hedgefonds darf in einem Zielfonds investiert sein, und nicht mehr als zwei Zielfonds dürfen vom gleichen Fondsmanager oder Emittenten stammen.

224 Die Errichtung von Single-Hedgefonds, die lediglich die Beteiligung an einer Gesellschaft vorsehen, ist nach § 112 InvG grundsätzlich ebenfalls erlaubt. Die gesetzlichen Vorgaben sind in diesem Bereich vergleichsweise gering. Vor diesem Hintergrund ist ein öffentlicher Vertrieb nach § 112 Abs. 2 InvG nicht zulässig. Ein Vertrieb ist daher nur im Wege des nicht-öffentlichen Angebots im Rahmen von Private Placements möglich.

225 Demgegenüber stellt sich die Bezeichnung Fonds bei internationalen Hedgefonds eher als missverständlich dar, denn letztlich handelt es sich bei dieser Art von Hedgefonds nicht um Fonds im eigentlichen Sinne eines Investmentfonds, sondern um Unternehmen, an denen sich Investoren als Anteilseigner beteiligen. Ausländische Hedgefonds aus dem angelsächsischen Raum firmieren dabei in der Regel als LLP (limited partnership), was einer deutschen KG vergleichbar ist. Eine Firmierung als Ltd. ist nicht unüblich und entspricht in der Struktur vergleichsweise einer deutschen GmbH. Ausländische Hedgefonds kommen daher gedanklich von ihrer Konstruktion eher dem Gedankenmodell des geschlossenen Fonds näher, da auch geschlossene Fonds keine Investmentfonds im Sinne des Gesetzes, sondern eigenständige Unternehmen sind.

2. REITs

226 Hinter dem Kürzel REIT versteckt sich die englische Bezeichnung Real Estate Investment Trust. Hierunter versteht man börsennotierte Kapitalgesellschaften, deren Erträge sich im Wesentlichen aus dem Erwerb, der Veräußerung sowie der Vermietung und Verpachtung von Immobilienvermögen zusammensetzen. Diese speziellen börsennotierten Immobilien-Aktiengesellschaften haben ihren Ursprung in den USA, wo erstmals 1960 REITs eingeführt wurden, was zu einer erheblichen Professionalisierung des US-Immobilienmarktes beigetragen hat. Gleichzeitig zeigte sich in den USA über den langen Beobachtungszeitraum, dass mit der Professionalisierung eine erhöhte Profitabilität für alle Marktteilnehmer einhergeht.

227 Weltweit gibt es REITs mittlerweile in etwa 20 Staaten, in Europa darunter auch die Benelux-Staaten, Schweiz und Frankreich. In Großbritannien ist die Einführung von REITs im Jahr 2006 zum 1.1.2007 beschlossen wor-

den.[200] REITs haben sich damit bereits heute zu einem internationalen Standardprodukt für die indirekte Immobilienanlage entwickelt. Um die Rahmenbedingungen für Produktinnovationen bzw. für neue Anlageklassen zu schaffen und damit auch die Wettbewerbsfähigkeit des Finanzplatzes Deutschland zu sichern, war die Einführung deutscher REITs eine unumgängliche Maßnahme für den deutschen Gesetzgeber. Ohne die Einführung deutscher REITs würde Deutschland Gefahr laufen, bei der indirekten Immobilienanlage dauerhaft ins Hintertreffen zu geraten und damit wichtige Marktanteile nachhaltig zu verlieren. Im Fachjargon werden deutsche REITs auch als „G-REITs" (German REITs) bezeichnet.

Am 3.11.2006 hat die Bundesregierung den Entwurf eines Gesetzes zur Schaffung deutscher Immobilien-Aktiengesellschaften mit börsennotierten Anteilen, kurz REIT-Gesetz, verabschiedet bzw. in das Gesetzgebungsverfahren eingebracht.[201] Der Bundesrat hat seinerseits mit Sitzung vom 15.12.2006 dem Entwurf im Wesentlichen nach Art. 76 Abs. 2 GG zugestimmt.[202] Das Gesetzgebungsverfahren soll im ersten Quartal des Jahres 2007 abgeschlossen und das Gesetz rückwirkend zum 1.1.2007 in Kraft treten. 228

Die Besonderheit des neuen Gesetzes bzw. des REIT liegt in den steuerlichen Rahmenbedingungen. REITs zeichnen sich dadurch aus, dass nicht die Gewinne auf Ebene der Kapitalgesellschaft besteuert werden, sondern nur die Gewinnausschüttungen auf Ebene der Anteilseigner. REITs werden damit von der Körperschaftsteuerpflicht komplett befreit. Der REIT-Status und die damit verbundene Befreiung von der Körperschaftsteuerpflicht werden allerdings nur dann gewährt, wenn der REIT umfangreiche und hohe Anforderungen erfüllt. Zu diesen Voraussetzungen gehören unter anderem, dass der REIT mindestens 90 % der Erträge an die Anleger ausschütten und darüber hinaus mindestens 75 % der Einkünfte aus Immobilienvermögen generieren muss (mit einem Schwerpunkt auf der passiven Immobilienbewirtschaftung, um so den reinen Immobilienhandel auszuschließen). Des Weiteren muss sich auch das Vermögen des REIT zu mindestens 75 % aus Immobilienbestand zusammensetzen. 229

---

200 *Van Kann*, DStR 2006, 2105.
201 BR-Drucks. 779/06.
202 Plenarprotokoll 829 v. 15.12.2006, S. 435.

230 Interessant ist in diesem Zusammenhang, wie der Gesetzgeber die Termini der Gewinnausschüttung und Immobilienvermögen definiert. Hier weicht der Gesetzgeber von den durch das Handelsgesetzbuch festgelegten Werten ab und legt individuelle Bemessungsgrößen fest. So wird die Bemessungsgrundlage Gewinnausschüttung zwar auf Basis des handelsrechtlichen Ergebnisses ermittelt. Dieses wird jedoch korrigiert um eine Normalabschreibung von lediglich 2%, so dass unter Umständen vorgenommene degressive oder Sonderabschreibungen die Bemessungsgrundlage nicht künstlich reduzieren können. Der Gesetzgeber geht hier davon aus, dass der Gläubigerschutzgedanke des HGB andernfalls der Bestimmung der Bemessungsgrundlage für die Gewinnausschüttungen nicht ausreichend Rechnung trägt. Für die Kapitalerhaltung und damit auch für einen hinreichenden Gläubigerschutz sorgt nach Ansicht des Gesetzgebers die im REIT-Gesetz verankerte Begrenzung der Verschuldung, d.h. der Fremdfinanzierung auf 60% des Vermögens. Bewertungsbasis für das Vermögen bildet hingegen nicht die (modifizierte) Basis des Handelsgesetzbuchs. Maßgeblich ist hier vielmehr die Bewertung nach den IFRS (International Financial Reporting Standards) mit dem „fair value"-Ansatz.[203] Bereits hier wird deutlich, dass derartig hohe Anforderungen an die neue Anlageklasse nur von Gesellschaften erfüllt werden können, die über eine entsprechende Kapitalisierung und damit in der Regel auch über das entsprechende Know-how verfügen. Insofern verwundert auch nicht die vorgeschriebene Mindestnennkapitalquote des Grundkapitals von 15 Mio. Euro.

231 Da der REIT zwingend die Rechtsform einer Aktiengesellschaft hat, sind grundsätzlich die Vorschriften des deutschen Aktienrechts anzuwenden. Damit unterscheiden sich REITs auch von der bisher in Deutschland für die indirekte Immobilienanlage vorherrschende Form des offenen Immobilienfonds. Während der offene Immobilienfonds mitunter aufgrund der Rücknahmeverpflichtung in liquiditätsmäßige Probleme geraten kann, sofern zu viele Anteilsscheine an den Fonds zurückgegeben werden, muss der Anteilseigner eines REIT den üblichen Weg des Verkaufs seiner Anteile (Aktien) über die Börse suchen.[204] Der REIT kann daher prinzipiell unbeeinflusst von Anteilsverkäufen sein Geschäft betreiben und ist damit letztlich flexibler. Wie problematisch die Rückgabe von Anteilsscheinen an einen offenen

---

203 *Van Kann*, DStR 2006, 2105, 2109.
204 In diesem Zusammenhang wird darauf hingewiesen, dass nur die Zulassung von stimmberechtigten Aktien gleicher Gattung geplant ist. Eine Ausgabe von Vorzugsaktien scheidet damit aus; *van Kann*, DStR 2006, 2105, 2106.

Immobilienfonds sein kann, zeigte nicht zuletzt die Situation im Jahr 2006 beim offenen Immobilienfonds „Grundbesitz-Invest" der Deutschen Bank, der aufgrund einer Vielzahl gleichzeitiger Anteilsrückgaben in Liquiditätsschwierigkeiten kam und bei dem der Handel mit den Fondsanteilen sogar zwischenzeitlich ausgesetzt werden musste. REITs kombinieren damit die Vorteile indirekter Immobilienanlagen mit denen der Aktien. Anleger profitieren von den vergleichsweise niedrigen Transaktionskosten und der hohen Fungibilität ohne Gefahr von Liquiditätsproblemen. Gegenüber offenen und geschlossenen Immobilienfonds weisen REITs ein alternatives Rendite-Risikoprofil aus und ermöglichen Investoren damit eine Optimierung ihres Portfolios durch Beimischung von REITs-Aktien. Aufgrund der Erfahrungen aus anderen Ländern dürfte auch bei deutschen REITs zukünftig tendenziell mit einer überdurchschnittlichen Performance zu rechnen sein.

Deutsche REITs unterliegen nicht der speziellen Produktaufsicht der Bundesanstalt für Finanzdienstleistungsaufsicht, da der erforderliche Schutz von Investoren und Kapitalmarkt durch die Nutzung der Instrumente des Kapitalmarktes selbst erreicht werden. Gewährleistet wird dies durch die obligatorische Börsennotierung sowie durch die Streubesitzklausel. Die Streubesitzklausel bedeutet, dass sich der REIT dazu verpflichtet, auf Dauer eine Mindeststreuung sicherzustellen. Die Mindeststreuung ist dann sichergestellt, wenn sich dauerhaft mindestens 15 % der Aktien in den Händen von Aktionären befinden, die jeweils weniger als 3 % der Aktien halten. Im Zeitpunkt der Börsenzulassung gilt eine initiale Mindeststreuquote von 25 %. Darüber hinaus ist sicherzustellen, dass kein einzelner Investor einen Aktienanteil von 10 % und mehr hält. Zwar geht bei Überschreitung der 10 %-Grenze die Steuerfreiheit des REITs sowie im Grundsatz der Dividendenanspruch und das Stimmrecht nicht verloren. Allerdings kann der Anteilseigner nur die Rechte geltend machen, die sich auf die Anteile unterhalb der 10 %-Grenze beziehen.[205] Im Hinblick auf die Streubesitzklausel ist zu beachten, dass bei einem Verstoß hiergegen die steuerliche Privilegierung des REITs nicht unmittelbar endet, sondern erst bei einem Verstoß in drei aufeinander folgenden Wirtschaftsjahren.[206]

232

Da der Eigenbesitzanteil von Unternehmen an Immobilien bei ca. 73 % und damit im Vergleich zu den USA mit 25 % und England mit 54 % relativ

233

---

205 § 16 Abs. 2 REITG-E; *van Kann*, DStR 2006, 2105, 2109.
206 *Van Kann*, DStR 2006, 2105, 2109.

hoch ist, besteht größtes volkswirtschaftliches Interesse an einer Hebung dieses gebundenen Kapitals über REITs. REITs können aber nur dann entstehen, wenn Unternehmen ihr Immobilienvermögen in eine REIT-Aktiengesellschaft einbringen oder sich in eine REIT-Aktiengesellschaft umwandeln. Um hier entsprechende Anreize zu schaffen, hat der Gesetzgeber die sog. Exit Tax vorgesehen, um damit eine begünstigte Versteuerung der in den Immobilien gebundenen stillen Reserven zu offerieren. Die Exit Tax (§ 3 Nr. 70 EStG-E) wird zeitlich begrenzt auf den Zeitraum vom 1.1.2007 bis 31.12.2009 erhoben und bedeutet konkret, dass die stillen Reserven bei einem Verkauf der Immobilien an einen REIT nur mit der Hälfte besteuert werden, sofern die Objekte seit mehr als 10 Jahren zum Anlagevermögen des Veräußeres gehörten. Ob dieser steuerliche Anreiz letztlich ausreichen wird, um die nicht unerheblichen stillen Reserven zu heben, lässt sich derzeit kaum abschätzen, da zwar auf der einen Seite nur eine hälftige Besteuerung vorgenommen wird, auf der anderen Seite aber keine Sonderregelungen für die Grunderwerbsteuer eingeführt wurden, so dass zusätzlich zur hälftigen Besteuerung noch die Belastung mit Grunderwerbsteuer i.H.v. derzeit 3,5 % gerechnet werden muss. Da andere Länder die steuerlichen Rahmenbedingungen attraktiver ausgestalten, bleibt der Erfolg des zweifelsfrei als positiv zu wertenden Ansatzes der Einführung von REITs abzuwarten.

234 Kritisch zu bewerten bleibt auch die Tatsache, dass sich nach heftigen Diskussionen letztlich die Sozialpolitiker dahingehend durchsetzen konnten, dass REITS nach dem derzeitigen Gesetzentwurf grundsätzlich nicht in den wichtigen Bereich der Wohnimmobilien investieren dürfen, soweit es sich um Bestandsimmobilien vor dem 1.1.2007 handelt. Lediglich Investitionen in Mischobjekte sind denkbar, sofern diese nicht überwiegend Wohnzwecken dienen. Dies schränkt den Investitionsradius nicht unerheblich ein. Bereits mittelfristig könnte sich diese Einschränkung als ein wesentlicher Hemmschuh in der Entwicklung deutscher REITs erweisen.

III. Genussrechte

235 Insbesondere seit den massiven Einbrüchen an der Börse im Jahr 2001 und dem Umstand, dass der Bereich des Anleihemarktes aufgrund eines vergleichsweise konstant niedrigen Zinsniveaus keine vollwertige Alternative

zum Aktienmarkt darstellt, rücken alternative Anlageformen wie Genussrechte verstärkt in den Fokus von Kapitalanlegern. Mitunter haben Unternehmen Genussrechte auch als alternative Möglichkeit der Mitarbeiterbeteiligung erkannt und setzen diese vermehrt als Ersatz beispielsweise für Aktienoptionen ein. Obwohl in der Theorie Genussrechte auch von Nichtkapitalgesellschaften ausgegeben werden können, wird in den nachfolgenden Betrachtungen davon ausgegangen, dass eine Emittierung durch eine Kapitalgesellschaft erfolgt, da Genussrechte von Nichtkapitalgesellschaften in der Praxis kaum Verwendung finden.

Genussrechte sind keine Erfindung der Neuzeit, sondern bereits seit einigen Jahrzehnten am Kapitalmarkt vorhanden. Nichts desto trotz fehlt es aber bis heute an einer Definition bzw. einem Katalog von Merkmalen, der die Ausgestaltungsmöglichkeiten von Genussrechten genau und eindeutig festlegt. Lediglich in den §§ 160 Abs. 1 Nr. 6, 221 Abs. 3 AktG, § 20 Nr. 1 EStG bzw. § 8 Abs. 3 Satz 2 KStG werden Genussrechte fragmentarisch gesetzlich geregelt bzw. als solche überhaupt erwähnt. Vor diesem Hintergrund haben sich in der Praxis vielfältige Arten und Formen von Genussrechten herausgebildet, die in unverbriefter oder verbriefter Form emittiert werden. Soweit ein Genussrecht in verbriefter Form (Urkunde) vorliegt, spricht man auch von einem Genussschein, wobei beide Begriffe vorliegend synonym verwendet werden. 236

Inhaltlich ist Genussrechten gemeinsam, dass sie dem Berechtigten Vermögensrechte an der emittierenden Gesellschaft einräumen, die typischerweise Gesellschaftern zustehen. Diese Ansprüche sind jedoch ausschließlich schuldrechtlicher und nicht gesellschaftsrechtlicher Natur. Daraus folgt, dass dem Genussrechtsinhaber nur Vermögens- und keine Verwaltungsrechte eines Gesellschafters gewährt werden dürfen. Stimmrechte oder sonstige Rechte, die sich auf den inneren und äußeren Bestand der Gesellschaft auswirken könnten, sind mithin kein Bestandteil eines Genussrechts. 237

Genussrechte gewähren für die Kapitalüberlassung in der Regel einen festen und/oder variablen Gewinnanteil, wobei die Bemessungsgrundlage für die Höhe des Anteils zum Beispiel der Bilanzgewinn, der Jahresüberschuss oder die Gesamtkapitalrendite des emittierenden Unternehmens sein kann. Auch kann die Zahlung eines festen Zinsbetrages an das Eintreten eines bestimmten Ereignisses, wie dem Erwirtschaften eines vorab festgelegten Mindestgewinns der Gesellschaft, geknüpft werden. Die Ausgestaltungsvarianten der Erfolgsbeteiligung können mithin vielfältiger Natur sein. Auch eine in 238 den Genussscheinbedingungen festgelegte Partizipation am Verlust durch Minderung des Kapitalrückzahlungsanspruchs ist denkbar und zuweilen nicht unüblich. Letztlich zulässig und in der Praxis ebenfalls vorkommend ist die Verknüpfung des Genussscheins mit Wandel- oder Optionsrechten.

239 Die Rückzahlung von Genussrechtskapital kann in verschiedenen Formen erfolgen. Denkbar ist hier zum einen die einfache Rückzahlung zum Emissionsbetrag. Zum anderen findet man in der Praxis auch Formen, bei denen sich der Rückzahlungsbetrag an der Wertentwicklung des Unternehmens orientiert. Im letztgenannten Fall liegt somit eine Partizipation an den stillen Reserven des Unternehmens vor, was konsequenterweise im Umkehrschluss auch das Risiko eines Wertverlusts in Form der stillen Lasten in sich birgt.

240 Hinsichtlich der Laufzeiten gibt es bei Genussrechten ebenfalls keine festen Regeln. Die Laufzeiten können befristet, unbefristet sowie mit der Vereinbarung besonderer Kündigungsfristen ausgestaltet sein.

241 Aufgrund der vorstehend aufgeführten zahlreichen Ausgestaltungsmöglichkeiten von Genussscheinen haben sich zur Unterscheidung – insbesondere aus dem steuerlichen Blickwinkel – als Oberbegriff zwei Gruppen von Genussrechten entwickelt: Aktienähnliche Genussrechte und anleihenähnliche Genussrechte.

242 Von aktienähnlichen Genussrechten spricht man grundsätzlich dann, wenn eine Beteiligung des Genussrechtsinhabers am Liquidationserlös vorgesehen ist. Anleihenähnliche Genussrechte sehen hingegen in der Regel keine Beteiligung am Liquidationserlös vor. Zu beachten ist dabei, dass beispielsweise eine Verlustbeteiligung nicht dazu führt, dass das Genussrecht seinen anleihenähnlichen Charakter verliert. Entscheidendes Abgrenzkriterium ist stets die Beteiligung am Liquidationserlös des emittierenden Unternehmens.

243 Vor dem Hintergrund der sehr weit reichenden Ausgestaltungsmöglichkeiten von Genussrechten bieten diese aus Sicht des Emittenten große Vorteile, da insbesondere die Möglichkeit besteht, durch Einhaltung bestimmter Kriterien eine Zuordnung des Genussrechtskapitals zum handelsrechtlichen Eigenkapital vorzunehmen, was im Ergebnis zu einem wesentlich besseren Bilanzbild führt. Eine Zuordnung zum Eigenkapital erfolgt dann, wenn das Genussrechtskapital gegenüber dem Kapital anderer Kreditgeber nachrangig ist, der Gesellschaft langfristig zur Verfügung steht, in vollem Umfang an den Verlusten des Emittenten partizipiert und der Kapitalgeber einen Anspruch auf eine wiederkehrende gewinnabhängige Vergütung hat. Trotz

III. Genussrechte

Zuordnung zum Eigenkapital der Gesellschaft stellen die Zahlungen an den Kapitalgeber handels- und steuerrechtlich Aufwand dar, so dass es nicht verwundert, dass das Instrument des Genussrechtskapitals in der jüngeren Vergangenheit eine erhebliche Renaissance erfahren hat.

Durch die steuerlichen und wirtschaftlichen Vorteile, die das emittierende Unternehmen durch die Begebung von Genussrechtskapital hat, sind die beim Anleger ankommenden Erträge in der Regel deutlich höher als dies beispielsweise bei einer Dividendenausschüttung oder einer festverzinslichen Unternehmensanleihe der Fall wäre. Die höhere Rendite wird aber im Gegenzug durch das vergleichsweise höhere Risiko infolge der Verknüpfung der Ausschüttung mit dem Unternehmensgewinn bzw. einer eventuellen Verlustpartizipation erkauft. Nichts desto trotz dürfte in Zukunft – insbesondere im Hinblick auf die strengeren Eigenkapitalvorschriften aufgrund Basel II – mit einer tendenziell weiteren Ausweitung des Instruments der Genussrechte zu rechnen sein.

244

C. Ertragsteuer

245 Zu untersuchen ist, inwieweit sich bei der Einkommensteuer in Bezug auf die drei untersuchten großen Gruppen – Finanzinnovationen, Fonds und Genussrechte – Unterschiede gegenüber einer Besteuerung eines normalen festverzinslichen Wertpapiers ergeben.

246 Bei einem festverzinslichen Wertpapier, dessen Zinssatz keinen Schwankungen unterliegt und der von vornherein feststeht, werden die laufenden Kapitalerträge in Form von Zinsen ebenfalls gem. § 20 Abs. 1 Nr. 7 EStG besteuert. Denn in diesen Fällen ist sowohl die Kapitalrückzahlung in voller Höhe garantiert, also sicher i.S.v. § 20 Abs. 1 Nr. 7 EStG, als auch die Höhe der Zinsen von Anfang an konkret bestimmt. Bei einer Veräußerung während der Laufzeit (Zwischenveräußerung) muss der Erwerber die bis zur Veräußerung aufgelaufenen Zinsen in Form von sog. Stückzinsen vergüten, die gesondert auszuweisen sind. Dabei handelt es sich für den Veräußerer um Einkünfte aus Kapitalvermögen i.S.v. § 20 Abs. 2 Nr. 3 EStG, während der Erwerber die gezahlten Stückzinsen als negative Einnahmen aus Kapitalvermögen in Ansatz bringen kann.

247 Ein bei der Veräußerung erzielter Gewinn, der aufgrund eines höheren Marktwertes des Wertpapiers gegenüber der Anschaffung in Zwischenveräußerungsfällen denkbar ist, muss dagegen nur als sonstige Einkünfte versteuert werden, wenn die Veräußerung innerhalb eines Jahres seit Anschaffung erfolgt, §§ 22 Nr. 2, 23 Abs. 1 Satz 1 Nr. 2 EStG. Hier kommt der das Einkommensteuergesetz prägende Grundsatz einer Trennung von Vermögensstamm und Ertrag zum Tragen. Die Rückzahlung des zur Nutzung überlassenen Kapitals stellt keine zu versteuernde Einnahme dar. Auch Wertveränderungen am Vermögensstamm – d.h. am eingesetzten Kapital – wirken sich einkommensteuerlich grundsätzlich nicht aus und zwar sowohl im Hinblick auf erzielte Gewinne als auch auf korrespondierende Verluste. Etwas anderes gilt nur für solche Gewinne oder Verluste, die innerhalb der Jahresfrist des § 23 Abs. 1 Satz 1 Nr. 2 EStG erzielt werden.

248 **Beispiel:**
Veräußerung eines festverzinslichen Wertpapiers am 1.1.2006 mit folgenden Bedingungen:
– Anschaffung am 1.1.2004
– Zinssatz 6% per anno

- Laufzeit: vom 1.1.2004 bis 31.12.2010
- Nominalbetrag 100.000 EUR (entspricht Anschaffungskosten)
- Veräußerungspreis bei gesunkenem Marktzins (auf 4%) 103.883 EUR[207]
- ausgezahlte Zinsen zum Stichtag 31.12.2005: 6.000 EUR

Die laufenden Zinsen in Höhe von 6.000 EUR sind gem. § 20 Abs. 1 Nr. 7 EStG als Einkünfte aus Kapitalvermögen im Jahr des Zuflusses (2005) zu versteuern. Da die Anschaffung zum 1.1.2004 und die Veräußerung des Wertpapiers am 1.1.2006 dagegen deutlich mehr als ein Jahr auseinander fallen, ist der Veräußerungsgewinn i.H.v. 3.883 EUR (103.883 EUR ./. 100.000 EUR) nicht als sonstige Einkünfte im Rahmen eines privaten Veräußerungsgeschäftes nach §§ 22 Nr. 2, 23 EStG zu versteuern. Es handelt sich insoweit um eine einkommensteuerlich unbeachtliche Wertsteigerung auf der privaten Vermögensebene. Etwas anderes würde nur dann gelten, wenn die Veräußerung noch innerhalb der Jahresfrist, also noch im Jahr 2004 erfolgt wäre. Da der Veräußerungsgewinn mit 3.883 EUR in diesem Fall die Freigrenze von 512 EUR (§ 23 Abs. 3 Satz 6 EStG) überschreitet, ist der Betrag in voller Höhe als privater Veräußerungsgewinn nach §§ 22 Nr. 2, 23 Abs. 1 Satz 1 Nr. 2 EStG einkommensteuerpflichtig.[208] Wird die Freigrenze unterschritten, d.h. erreicht der Gewinn aus privaten Veräußerungsgeschäften nicht den Betrag von 512 EUR je Steuerpflichtigem, ist er steuerfrei. Zu beachten ist, dass die Freigrenze auch bei zusammen veranlagten Ehegatten nicht zu addieren ist, sondern nur jedem Ehegatten gesondert zusteht.[209] Erzielt ein Ehegatte also keine Einkünfte aus privaten Veräußerungsgeschäften, der andere Ehegatte jedoch einen Gewinn von beispielsweise 700 EUR, überschreitet dieser Betrag die ihm zustehende Freigrenze von 512 EUR und ist in voller Höhe steuerpflichtig. Darauf, dass der andere Ehegatte seine Freigrenze seinerseits nicht ausgeschöpft hat, kommt es nicht an.

249

Hinweis: Sofern Veräußerungsgewinne dem Halbeinkünfteverfahren gemäß §§ 3 Nr. 40j, 3c Abs. 2 EStG unterliegen, wie z.B. die Veräußerung von Aktien oder GmbH-Anteilen, hat sich die Freigrenze von 512 EUR faktisch

250

---

207 Ermittelt durch Abzinsung der zukünftigen Liquiditätsströme aus dem Wertpapier mit neuem Marktzins auf den Bewertungsstichtag, Berechnung: 100.000 EUR × $1,06^2$ (volle Jahre) = 112.360 EUR : $1,04^2$ = 103.883 EUR.
208 Zur Einschränkung des Verlustabzuges s. u. C.I.5.f).
209 Schmidt-*Weber-Grellet* § 23 Rn. 90.

verdoppelt.[210] Denn ebenso wie der Sparerfreibetrag und der Werbungskostenpauschbetrag wird auch die Freigrenze bei privaten Veräußerungsgeschäften im Anwendungsbereich des Halbeinkünfteverfahrens nicht halbiert, sondern findet in voller Höhe auf die nur hälftig zu berücksichtigenden Gewinne Anwendung.

251 Da im vorliegenden Fall überdies die Veräußerung unmittelbar nach Zinszahlung erfolgt, kommt – mangels aufgelaufener Zinszahlungen – kein Stückzinsausweis in Betracht. Etwas anderes würde dann gelten, wenn die Veräußerung zu einem späteren Zeitpunkt im Jahr 2006 (z.B. am 30.5.2006) vorgenommen worden wäre. Die bis dahin anteiligen aufgelaufenen Zinsen (z.B. 2.500 EUR für fünf Monate bei einem Zinssatz von 6% für 100.000 EUR) müsste der Erwerber an den Veräußerer zahlen, so dass der Veräußerer im Jahr 2006 zusätzlich Einkünfte aus Kapitalvermögen nach § 20 Abs. 2 Nr. 3 EStG erzielt und der Erwerber die gezahlten Stückzinsen als negative Einkünfte aus Kapitalvermögen geltend machen kann.

Exkurs 1: Stückzinsmodell

252 In diesem Zusammenhang ist auf das zur steuerlichen Gestaltung nutzbare sog. Stückzinsmodell zu verweisen, mit dessen Hilfe man gezielt negative Einkünfte aus Kapitalvermögen und dadurch eine Steuerersparnis in einem Jahr generieren kann, während die anschließend zu versteuernden Zinszahlungen im Folgejahr einer geringeren steuerlichen Belastung (z.B. niedrigerer Steuersatz aufgrund niedrigerer Einkünfte) unterliegen.[211] Die Funktionsweise lässt sich am besten anhand eines Beispiels verdeutlichen:

253 **Beispiel:**

Festverzinsliche Anleihe

Nennwert: 2.000.000 EUR

Zinssatz: 3%

Zinstermin: 15.1. eines jeden Jahres

Erwerb der Anleihe: zum 15.12.2003

Zahlung der Anschaffungskosten und Stückzinsen i.H.v. 55.000 EUR an den Veräußerer

Vereinnahmung von Zinsen i.H.v. 60.000 EUR am 15.1.2004

---

210 S.a. *Harenberg/Irmer*, a.a.O., Rn. 1073.
211 S.a. *Epple/Jurowsky/Schäfer*, a.a.O., S. 123 ff.

Lösung:

Die im Jahr des Anleiheerwerbs gezahlten Stückzinsen stellen negative Einkünfte aus Kapitalvermögen dar, § 20 Abs. 2 Nr. 3 EStG. Sie vermindern dadurch das zu versteuernde Einkommen im Jahr 2003. Bei einem unterstellten Einkommensteuersatz von 50% sinkt die Einkommensteuerbelastung um 27.500 EUR (50% von 55.000 EUR). Im Folgejahr 2004 entstehen positive steuerpflichtige Einnahmen i.H.v. 57.158 EUR (60.000 EUR Zinsen abzüglich 2.740 EUR Sparerfreibetrag bei Zusammenveranlagung und abzüglich 102 EUR Werbungskostenpauschbetrag). Nimmt man darüber hinaus an, dass sich aufgrund generell niedrigerer Einnahmen ein Durchschnittssteuersatz von 35% einstellt, so beträgt die Steuerbelastung aus den Zinseinnahmen vereinfacht 20.005 EUR (35% von 57.158 EUR). In der Gesamtbetrachtung ergibt sich folglich eine **Steuerentlastung von 7.495 EUR** (Ersparnis 2003: 27.500 EUR abzüglich Steuermehrzahlung 2004: 20.005) allein dadurch, dass negative und positive Einkünfte aus Kapitalvermögen in unterschiedliche Veranlagungszeiträume fallen. Wegen dem ab 1.1.2007 gegenüber dem Rechenbeispiel deutlich reduzierten Sparerfreibetrag muss man künftig noch genauer rechnen, ob sich das Stückzinsmodell im konkreten Fall lohnt, sprich zu einer erwarteten Steuerersparnis insgesamt führt.

254

Die Rechtsprechung des BFH hat die Anerkennung des Stückzinsmodells jedoch an enge Voraussetzungen geknüpft, damit nicht ein Gestaltungsmissbrauch i.S.v. § 42 AO vorliegt. Denn – wie üblich – wurde das Stückzinsmodell durch besonders hohe Fremdfinanzierungsanteile beim Wertpapiererwerb allein zur Erzielung einer Steuerersparnis missbraucht, ohne dass auch nur theoretisch ein Gewinn erzielt werden konnte.[212] Nach der Rechtsprechung hat eine zweistufige Prüfung zu erfolgen:

255

1. Stufe: Führt das Stückzinsmodell zu einem **steuerlichen** Überschuss der Einnahmen über die Werbungskosten?

256

Aus steuerlicher Sicht muss ein Totalüberschuss erzielt werden und zwar auch unter eventueller Einbeziehung der Auswirkungen von § 23 EStG, da eine Veräußerung innerhalb Jahresfrist ein steuerpflichtiges privates Veräußerungsgeschäft darstellt. Vorsicht ist daher insbesondere bei fremdfinanzierten Modellen angebracht, bei denen die Schuldzinsen die Kosten zusätz-

---

212 BFH v. 27.7.1999, VIII R 36/98, BStBl 1999 II, 769; OFD Frankfurt v. 1.12.1999, S 2252 A 67 St II 32, EStK § 20 EStG Fach 3 Karte 12.

lich erhöhen. Fehlt es an einer Überschusserzielungsabsicht, liegt eine steuerlich unbeachtliche Liebhaberei vor, so dass weder die gezahlten Stückzinsen noch die Fremdfinanzierungszinsen steuermindernd geltend gemacht werden können.[213]

257 **2. Stufe:** Erleidet der Anleger aus wirtschaftlicher Sicht einen Verlust?

Ergibt sich, dass zwar steuerlich gesehen eine Überschusserzielungsabsicht bestehen kann, wird jedoch aus wirtschaftlicher Sicht, z.B. aufgrund von Nebenkosten, kein Überschuss des Rückzahlungsbetrages bzw. des Veräußerungspreises über die Anschaffungskosten inklusive Anschaffungsnebenkosten erzielt werden und rechnet sich die Anlage im Ergebnis nur über den Steuervorteil, ist ein Gestaltungsmissbrauch gem. § 42 AO anzunehmen.

Exkurs 2: Steuerliche Gestaltung mit niedrig verzinsten Festzinsanleihen

258 Bevor auf die Besteuerung der komplexen Finanzinnovationen näher eingegangen wird, soll auf eine steuerliche Gestaltungsmöglichkeit mithilfe von „simplen" Festzinsanleihen verwiesen werden: Auch der Kurs einer festverzinslichen Anleihe wird bekanntlich durch Marktzinsänderungen während der Laufzeit beeinflusst. Diese Wertveränderungen können gezielt genutzt werden, um steuerpflichtige laufende Zinszahlungen durch steuerfreie Veräußerungs- bzw. Einlösungsgewinne zu ersetzen. Voraussetzung hierfür ist, dass eine *unter* dem Marktzinsniveau verzinste Festzinsanleihe erworben wird und diese erst nach Ablauf der Jahresfrist des § 23 EStG durch den Anleger eingelöst bzw. veräußert wird.[214]

259 **Beispiel:**

Erwerb einer festverzinslichen Anleihe (keine Finanzinnovation)

Nominalwert 1.000.000 EUR

Nominalzins: 4,5 %

Laufzeit: 15 Jahre

Erwerbszeitpunkt: 4 Jahre nach Emission

Marktzins: 6 %

Kurswert bei Kauf: 750.000 EUR

---

213 *Epple/Jurowsky/Schäfer*, a.a.O., S. 125.
214 Vgl. *Epple/Jurowsky/Schäfer*, a.a.O., S. 127 ff.

Lösung:

Die laufenden Zinszahlungen i.H.v. 45.000 EUR (4,5% von 1.000.000 EUR) sind nach § 20 Abs. 1 Nr. 7 EStG steuerpflichtig. Der kapitalisierte Zinsverzicht beträgt aufgrund des höheren Marktzinsniveaus (6%) über die Gesamtlaufzeit rund 250.000 EUR. Die laufenden steuerpflichtigen Einnahmen sind somit im Verhältnis zum Marktzinsniveau relativ niedrig. Nach Ablauf der 15 Jahre wird die Differenz zwischen Anschaffung und Einlösung i.h.v. 250.000 EUR (1.000.000 EUR abzüglich 750.000 EUR) steuerfrei vereinnahmt, da die Jahresfrist des § 23 EStG abgelaufen ist.

Über einen während der Laufzeit eingegangenen Zinsverzicht werden damit die eigentlichen Marktzinsen in einen steuerfreien Bereich verlagert. Diese Gestaltung wird aufgrund der ab 1.1.2007 halbierten Sparerfreibeträge auf lediglich 750 EUR bzw. 1.500 EUR für zusammen veranlagte Ehegatten immer interessanter. Ihr könnte aber gleichzeitig zum 1.1.2009 mit Einführung einer pauschalen Abgeltungssteuer auf Zinsen und (unbefristete) Veräußerungsgewinne der Boden entzogen werden.[215]

260

I. Finanzinnovationen

Im Vergleich dazu stellt sich die Besteuerung von Finanzinnovationen wie folgt dar:

261

1. Besteuerung der laufenden Einkünfte

a) Tatbestandsvoraussetzungen § 20 Abs. 1 Nr. 7 EStG

Die laufenden Einkünfte sind auch bei Finanzinnovationen nach § 20 Abs. 1 Nr. 7 EStG zu versteuern, sofern es sich nicht um rein spekulative Anlagen handelt. Letzteres ist der Fall, wenn sowohl die Zahlung eines Entgeltes als auch die Kapitalrückzahlung ungewiss ist.[216] Dabei genügt es für den spekulativen Charakter, wenn neben dem ungewissen Entgelt die Kapitalrückzahlung lediglich zu einem Teil zugesagt wird.[217] Rein spekulative Anlagen sind danach Aktienanleihen, Indexanleihen, die keine oder nur eine teilweise Kapitalrückzahlungsgarantie enthalten, wie entsprechende Zertifikate ohne

262

---

215 Siehe dazu G.
216 S.o. B.I.1.
217 Strittig, s.o. B.I.3.e).

bzw. mit nur teilweisem Kapitalschutz (z.B. Discount-, Bonus- und Hebelzertifikate).[218] Dieser spekulative Charakter hat zur Folge, dass keine laufende Besteuerung nach § 20 Abs. 1 Nr. 7 EStG erfolgt, und es sich im Ergebnis nicht um eine Finanzinnovation handelt. Eine Einkommensbesteuerung kommt bei diesen Anlagen ausschließlich unter den Voraussetzungen der §§ 22 Nr. 2, 23 Abs. 1 Satz 1 Nr. 2 EStG in Betracht.[219]

263 Für Aktienanleihen und Indexanleihen mit teilweisem Kapitalschutz ist die Finanzverwaltung anderer Auffassung und behandelt diese Schuldverschreibungen als Finanzinnovationen, was zu einer Anwendung von § 20 Abs. 1 Nr. 7 EStG auf evt. laufende Erträge führt. Klassische Finanzinnovationen mit laufenden nach § 20 Abs. 1 Nr. 7 EStG zu versteuernden Einnahmen sind demgegenüber (Reverse) Floater, Stufen- und Kombizinsanleihen sowie Umtauschanleihen und Down-Rating-Anleihen. Keine laufenden Einnahmen werden jedoch bei einer Investition in Nullkupon-Anleihen (Zerobonds), Disagio-Anleihen (bei denen aber eine Kombination mit einer anderen Anleiheform mit laufender Verzinsung möglich ist), gekoren auf- bzw. abgezinste Schuldverschreibungen, Zertifikaten und Capped sowie Range Warrants erzielt, so dass insoweit bereits aufgrund der Konstruktion der Anleihe ein regelmäßiger Ertrag während der Laufzeit ausgeschlossen ist.

b) Werbungskostenabzug

264 Wie bei anderen laufenden Einkünften aus Kapitalvermögen ist ein Werbungskostenabzug zulässig.[220] Werden keine Einzelnachweise erbracht, ist ein Pauschbetrag von 51 EUR bzw. 102 EUR bei zusammen veranlagten Ehegatten abzugsfähig, § 9a Satz 1 Nr. 2 EStG. Durch den Abzug des Pauschbetrages können die steuerpflichtigen Einkünfte aus Kapitalvermögen lediglich auf Null reduziert werden. Negative Einkünfte aus Kapitalvermögen können dagegen nicht entstehen.

265 Höhere Kosten sind gegen Nachweis abziehbar. Dazu zählen nach der allgemeinen Definition des § 9 Abs. 1 Satz 1 EStG alle Aufwendungen zum Erwerb, der Sicherung und der Erhaltung der Einnahmen. Voraussetzung ist daher ein sachlicher Zusammenhang zwischen den Kapitaleinkünften und

---

218 S.o. B.I.3.h).
219 Dazu i.e. unten C.I.5.
220 Zu den Besonderheiten bei der Veräußerung nach § 20 Abs. 2 Satz 1 Nr. 4 EStG s.u. C.I.2.c)bb)(3) und zu § 23 EStG s.u. C.I.5.e).

I. Finanzinnovationen

den aufgewendeten Kosten. Ein solcher Veranlassungszusammenhang wird beispielsweise bejaht bei Börseninformationsdiensten und Chart-Zeitschriften,[221] Depotgebühren, (Steuer-)Beratungskosten im unmittelbaren Zusammenhang mit steuerpflichtigen Einkünften aus Kapitalvermögen einschließlich etwaiger Prozesskosten gegen den Emittenten oder gegen die Banken aus Prospekthaftung,[222] Kosten eines Internetanschlusses, sofern eine private Mitbenutzung glaubhaft ausgeschlossen werden kann,[223] Reisekosten zu Hauptversammlungen oder Aktionärsmessen und Schuldzinsen.[224] Dagegen sind Bankspesen, -gebühren, Provisionen u.ä. Kosten im Zusammenhang mit dem Erwerb der Kapitalanlage den Anschaffungsnebenkosten zuzuordnen und stellen keine Werbungskosten dar.

Sollen mit den Wertpapieren dagegen *ausschließlich* nicht steuerbare Einkünfte aus privaten Veräußerungsgeschäften außerhalb der Jahresfrist des § 23 Abs. 1 Satz 1 Nr. 2 EStG erzielt werden, sind damit im Zusammenhang stehende Aufwendungen, wie z.B. bei erfolgsabhängigen Vermögensverwaltungsgebühren für die Erzielung von Veräußerungsgewinnen außerhalb der Jahresfrist, nicht abzugsfähig.[225] Sollen dagegen sowohl steuerpflichtige Einkünfte aus privaten Veräußerungsgeschäften nach § 23 EStG als auch solche aus § 20 EStG erzielt werden, erfolgt – in Anlehnung an eine Entscheidung des BFH zum Verhältnis § 17 EStG zu § 20 EStG[226] – keine Aufteilung der Aufwendungen. Vielmehr werden die Kosten ausschließlich den Einkünften aus § 20 EStG zugeordnet.[227]

266

Besteht dagegen ein Zusammenhang mit steuerpflichtigen und steuerfreien Kapitalerträgen, muss eine Aufteilung der Aufwendungen erfolgen, s.a. § 3c EStG. Diese Zuordnung hat aufgrund der Einführung des Halbeinkünfteverfahrens an Bedeutung gewonnen, da Aufwendungen im Zusammenhang mit Einkünften, die dem Halbeinkünfteverfahren unterliegen, gem. § 3c

267

---

221 *Harenberg/Irmer*, a.a.O., Rn. 211, 261 und 271 mit Beispielen: Handelsblatt (BFH v. 12.11.1982, DB 1983, 372), Börse-Online, Finanztest, auch kapital- und finanz-markt intern.
222 *Harenberg/Irmer*, a.a.O., Rn. 250.
223 *Harenberg/Irmer*, a.a.O., Rn. 231, ansonsten zumindest anteiliger Abzug entsprechend dem privaten Telefonanschluss.
224 Dabei stellt sich häufig die Frage nach einer Überschusserzielungsabsicht (Abgrenzung zur Liebhaberei), wenn die Schuldzinsen außergewöhnlich hoch sind.
225 *Epple/Jurowsky/Schäfer*, a.a.O., S. 50.
226 Vgl. BFH v. 21.7.1981, VIII R 154/76, BStBl 1982 II, 37.
227 *Epple/Jurowsky/Schäfer*, a.a.O., S. 55.

Abs. 2 EStG lediglich zur Hälfte abzugsfähig sind. Auch wenn über die Verfassungsgemäßheit des Halbabzugsverbotes noch nicht entschieden ist,[228] sollte stets auf eine möglichst steuergünstige Gestaltung, z.B. durch Einrichtung unterschiedlicher Depots oder eindeutige vertragliche Vereinbarungen, geachtet werden. Um eine praktikable Zuordnung auch in Zweifelsfällen zu ermöglichen, hat die Finanzverwaltung einen Erlass zur Aufteilung von Werbungskosten herausgegeben, die auch im Zusammenhang mit steuerfreien Einkünften bei Anwendung des Halbeinkünfteverfahrens stehen.[229] Ist danach eine eindeutige Zuordnung der Kosten nicht möglich, sind die Kapitalanlagen in zwei Gruppen zu unterteilen unabhängig davon, ob außerdem nicht zu besteuernde Erträge erzielt wurden:

1. Kapitalanlagen, die dem Halbeinkünfteverfahren angehören und
2. alle sonstigen Kapitalanlagen.

268 Die Zuordnung der Aufwendungen zu einer dieser beiden Gruppen richtet sich nach den vertraglichen Vereinbarungen: Hängt die Höhe der Werbungskosten von der **Höhe der Bestände** an den Stichtagen zu den Kurswerten ab, hat sich auch die Zuordnung zu beiden Gruppen nach dem Verhältnis der Kurswerte zu richten. Bestimmt sich die Höhe der anfallenden Kosten dagegen nach der **Höhe der Erträge**, ist der Aufteilung ebenfalls das Verhältnis der Erträge zugrunde zu legen. In allen anderen Fällen, bei denen eine solche Unterteilung nicht möglich ist, hat eine sachgerechte Schätzung auf Basis des Verhältnisses der Kurswerte am Abrechnungsstichtag zu erfolgen.[230] Betragen die Werbungskosten lediglich 500 EUR bzw. bei zusammen veranlagten Ehegatten 1.000 EUR im Kalenderjahr, soll einer vom Anleger vorgenommenen Aufteilung nach den Grundsätzen des BMF-Schreibens regelmäßig gefolgt werden.[231] Einfacher und praktikabler wäre es gewesen, in diesen Fällen auf eine komplizierte Aufteilung zu verzichten und die geringfügigen Kosten in voller Höhe zum Abzug zuzulassen.

---

228 Anhängiges Verfahren vor dem BFH, Az. VIII R 10/06, zu der Frage, ob das Halbabzugsverbot des § 3c Abs. 2 EStG gegen das steuerliche Nettoprinzip (Art. 3 Abs. 1 GG) und das Gebot der Rechtsformneutralität der Besteuerung verstößt.
229 BMF v. 12.6.2002 BStBl 2002 II, 647.
230 BMF v. 12.6.2002 BStBl 2002 II, 647 mit einem Berechnungsbeispiel; s.a. *Epple/Jurowsky/Schäfer*, a.a.O., S. 52 f.
231 V. 12.6.2002 BStBl 2002 I, 647.

2. Besteuerung bei Veräußerung bzw. Abtretung

Die Besteuerung von Gewinnen bzw. der Ansatz von Verlusten als negative Kapitaleinnahmen aus der Veräußerung von Finanzinnovationen ist in § 20 Abs. 2 Satz 1 Nr. 4 EStG geregelt. Mit dieser Norm hat der Gesetzgeber die grundsätzliche Trennung zwischen privater Vermögensebene und einkommensteuerpflichtiger Kapitalerträge durchbrochen, was zu den noch aufzuzeigenden verfassungsrechtlichen Bedenken geführt hat.[232]

269

a) Abgrenzung zu privaten Veräußerungsgeschäften i.S.v. § 23 EStG

Die Besteuerung privater Veräußerungsgeschäfte ist nach § 23 Abs. 2 EStG grundsätzlich subsidiär gegenüber Einkünften, die anderen Einkunftsarten zuzurechnen sind. Eine Ausnahme besteht gegenüber § 17 EStG (Veräußerung von Anteilen aus Kapitalgesellschaften ab 1 %), der einer Besteuerung nach § 23 EStG grundsätzlich nachrangig ist. Kapitaleinkünfte i.S.v. § 20 EStG sind dagegen nur gegenüber Einkünften aus Land- und Forstwirtschaft, Gewerbebetrieb, selbständiger Arbeit oder Vermietung und Verpachtung untergeordnet, § 20 Abs. 3 EStG. Sofern keine Zuordnung zu den letztgenannten Einkünften erfolgt, die Kapitaleinkünfte also im Privatvermögen erzielt werden, kommt eine Besteuerung eines Veräußerungsvorganges vorrangig nach § 20 Abs. 2 Satz 1 Nr. 4 EStG in Frage. Nur soweit ein Veräußerungsgewinn nicht vollständig von § 20 Abs. 2 Satz 1 Nr. 4 EStG erfasst wird und gleichzeitig die Voraussetzungen der §§ 22 Nr. 2, 23 Abs. 1 Satz 1 Nr. 2 EStG erfüllt sind, können zusätzlich die §§ 22 Nr. 2, 23 Abs. 1 Satz 1 Nr. 2 EStG Anwendung finden mit dem Ergebnis einer Erweiterung der Steuerlast nach § 20 Abs. 2 Satz 1 Nr. 4 EStG.[233]

270

b) Tatbestandsvoraussetzungen § 20 Abs. 2 Satz 1 Nr. 4 EStG

Eine Besteuerung des Veräußerungs- bzw. Abtretungsvorgangs setzt voraus, dass einer der Tatbestände des § 20 Abs. 2 Satz 1 Nr. 4a bis d EStG erfüllt ist. Dies gilt grundsätzlich für Nullkupon-Anleihen, Indexanleihen und Zertifikate mit vollständigem Kapitalschutz, Disagio-Anleihen. Down-Rating-Anleihen, (Reverse) Floater, Umtauschanleihen, Stufen- und Kombizinsanleihen, Argentinienbonds sowie voll synchronisierte Capped und

271

---

232 S.u. C.I.2.c)cc).
233 Zu Wechselkursgewinnen s.u. C.I.2.c)bb)(2); vgl. auch *Steinlein*, DStR 2005, 456, 461; *Epple/Jurowsky/Schäfer*, a.a.O., S. 72.

Range Warrants bei gemeinsamer Veräußerung,[234] nicht jedoch für Aktienanleihen, Indexanleihen und Zertifikate mit nur teilweisem Kapitalschutz.[235] Ergänzend ist darauf zu verweisen, dass die Finanzverwaltung entgegen der diesseitigen Ansicht auch bei Aktienanleihen und Indexanleihen mit einer nur teilweisen Kapitalrückzahlungsgarantie die Erfüllung einer der Tatbestände des § 20 Abs. 2 Satz 1 Nr. 4 EStG annimmt[236] und für Argentinienbonds bereits aus formalen Gründen verneint,[237] ganz offensichtlich überwiegend geleitet durch eine ergebnisorientierte Betrachtung: Versagung des Abzuges der Verluste bei Argentinienanleihen und unbeschränkte Steuerpflicht bei nur teilweisem Kapitalschutz.

c) Höhe der steuerpflichtigen Einnahmen

272 Der Einkommensteuer unterfallen Einnahmen aus der Veräußerung oder Abtretung von Finanzinnovationen, soweit sie der rechnerisch auf die Besitzzeit entfallenden Emissionsrendite entsprechen. Haben die Finanzinnovationen keine Emissionsrendite oder weist der Steuerpflichtige sie nicht nach, gilt der Unterschied zwischen dem Entgelt für den Erwerb und den Einnahmen aus der Veräußerung bzw. Abtretung als Kapitalertrag, § 20 Abs. 2 Satz 1 Nr. 4 Satz 2 EStG (sog. Marktrendite). Die steuerpflichtigen Einnahmen können daher vom Grundsatz her entweder nach der Emissions- oder der Marktrendite zu bestimmen sein.

aa) Emissionsrendite

273 Unter dem Begriff Emissionsrendite (sog. Steuerkurs) ist der Ertrag zu verstehen, der bei Ausgabe der Schuldverschreibung von vornherein als (sichere) Rendite versprochen worden ist (auch Durchschnittsverzinsung genannt).[238] Marktbedingte Kursschwankungen können sich folglich auf die Höhe der Emissionsrendite nicht auswirken.[239] Es handelt sich insoweit um nicht steuerbare Vermögensmehrungen auf privater Ebene. Mithilfe der Emissionsrendite werden daher – anders als bei der noch darzustellenden

---

234 S.o. B.I.3.m).
235 S.o. B.I.3.e).
236 S.o. B.I.3.e).
237 S.o. B.I.3.i).
238 BMF v. 30.4.1993, BStBl 1993 I, 343 BFH v. 24.10.2000, VIII R 28/99, BStBl 2001 II, 97; *Haisch*, DStR 2002, 247, 250 und DStR 2003, 2202, 2203; *Korn*, DStR 2001, 1507, 1509; *Storg*, BB 2004, 2154.
239 *Storg*, BB 2004, 2154.

Marktrendite – die Kapitalerträge durch Aufzinsung der rechnerisch ermittelten Kauf- bzw. Verkaufskurse bestimmt.[240] Auf die aktuellen Kauf- und Verkaufskurse kommt es dagegen nicht an.[241]

(1) Vorhandensein einer Emissionsrendite

Die Emissionsrendite muss danach bei Ausgabe des Wertpapiers feststehen. Nicht ausreichend ist, wenn sich diese erst nachträglich (d.h. z.B. im Zeitpunkt der Veräußerung) bestimmen lässt. Bei allen Finanzinnovationen, bei denen die Höhe der Verzinsung ungewiss ist (wie z.B. bei Floatern,[242] Reverse Floatern und Index-Anleihen mit vollständigem Kapitalschutz, also insbesondere in allen Fällen des § 20 Abs. 2 Satz 1 Nr. 4c 2. Fall EStG), kann eine Emissionsrendite im Zeitpunkt der Emission nicht bestimmt werden. Dies gilt für jede denkbare Zinsänderung, und zwar auch dann, wenn eine Mindestverzinsung feststeht und lediglich unklar ist, ob es während der Laufzeit zu einer Zinserhöhung kommt, wie z.B. bei Down-Rating-Anleihen aufgrund von Rating-Herabstufungen bei dem Unternehmen.[243] Die Durchschnittsverzinsung kann in diesen Fällen vielmehr lediglich im Nachhinein anhand der tatsächlich erzielten Erträge ermittelt werden, was für das Vorliegen einer Emissionsrendite per definitionem nicht genügt.[244] Etwas anderes lässt sich auch nicht aus der Definition des BFH in seinem Urteil vom 24.10.2000 ableiten,[245] der feststellt, dass die Emissionsrendite „die zugesagte Rendite sei, die bis zur Einlösung des Papiers mit Sicherheit – also mindestens – erzielt werden kann".[246] Der Hinweis auf einen Mindestertrag ist vielmehr so zu verstehen, dass im jeweiligen Fall auch höhere Renditen – nämlich bei Zugrundelegung der Marktrendite – erzielt werden können. Ist jedoch die endgültige Zinshöhe bei Festlegung einer Mindestverzinsung ungewiss, kann rechnerisch über die gesamte Laufzeit keine mit Sicherheit zu erwartende Rendite berechnet werden, da die zusätzliche ungewisse Zinskomponente wesentlich die zu erzielenden Erträge aus dem Wertpapier

274

---

240 Koordinierter Ländererlass OFD Münster v. 24.1.1985, BStBl 1985 I, 77.
241 *Storg*, BB 2004, 2154.
242 Ausdrücklich dazu BFH v. 24.10.2000, VIII R 28/99, BStBl 2001 II, 97.
243 Niedersächsisches FG v. 25.11.2004, EFG 2005, 698 (nicht rechtskräftig); *Harenberg*, NWB Fach 3, 11717, 11718 f; *Harenberg/Irmer*, a.a.O., Rn. 948.
244 Niedersächsisches FG v. 25.11.2004, EFG 2005, 698; *Delp*, INF 2002, 170; *Harenberg*, NWB Fach 3, 11717, 11719; *Harenberg/Irmer*, a.a.O., Rn. 955.
245 A.A. *Haisch*, DStR 2002, 247, 250.
246 BFH v. 24.10.2000, VIII R 28/99, BStBl 2001 II, 97 unter 2.a; s.a. BMF v. 30.4.1993 BStBl I 1993, 343.

und damit auch seine rechnerischen Kurse bei Zwischenveräußerungen beeinflusst.[247]

275 Finanzinnovationen mit einer von vornherein feststehenden Emissionsrendite sind dagegen vor allem Nullkupon-Anleihen, Disagio- sowie Stufen- und Kombizinsanleihen, da die Zinshöhe bei diesen von Anfang an klar festgelegt ist.[248] Dagegen haben (Reverse) Floater, Umtauschanleihen, Down-Rating-Anleihen und Garantie- bzw. Index-Zertifikate und Index-Anleihen mit vollständigem Kapitalschutz und damit die überwiegende Zahl der Finanzinnovationen keine Emissionsrendite. Umstritten ist dagegen, ob gekorene Auf- bzw. Abzinsungspapiere eine Emissionsrendite besitzen.[249]

(2) Bestimmung der konkreten (besitzzeitanteiligen) Emissionsrendite

276 Weist eine Finanzinnovation grundsätzlich eine Emissionsrendite auf, ist zu klären, wie diese zu ermitteln ist. Dazu gibt es auch unter dem Grundsatz der Praktikabilität mehrere Möglichkeiten. Die Emissionsrendite kann sich ergeben aus

– den Emissionsbedingungen des Emittenten,
– dem Emissionsprospekt,
– der Erträgnisaufstellung,
– der Auskunft des Kreditinstitutes, bei dem die Anlage erworben wurde oder
– aus Verzeichnissen von Verbänden des Kreditgewerbes.[250]

277 Anderenfalls muss sie nach folgender Formel des Koordinierten Ländererlasses für Nullkupon-Anleihen ohne laufende Zinszahlungen näherungsweise errechnet werden:[251]

$$R = [(K_n : K_o)^{1/n} - 1] \times 100$$

K_o = Emissionswert des Wertpapiers
K_n = Rücknahmewert nach Beendigung der Gesamtlaufzeit

---

247 Im Ergebnis ebenso *Harenberg*, NWB Fach 3, 11717, 11719; *Schultze/Spudy*, DStR 2001, 1143, 1147; a.A. *Haisch*, DStR 2002, 247, 250.
248 S.o. B.I.3.a),b),j).
249 Vgl. dazu i.e. weiter unten C.I.4.d).
250 Vgl. den Hinweis im Koordinierten Ländererlass der OFD Münster v. 24.1.1985, BStBl 1985 I, 77.
251 Koordinierter Ländererlass der OFD Münster v. 24.1.1985, BStBl 1985 I, 77.

n = Gesamtlaufzeit
R = Emissionsrendite

Beispiel:

Zero-Bonds
- Emissionskurs   100 EUR
- Rücknahmewert   180 EUR
- Laufzeit   10 Jahre

Berechnung der Emissionsrendite (R):
R = $[(180 : 100) - 1]^{1/10} \times 100 = 6{,}05\,\%$

Kontrollrechnung: $100 \times 1{,}0605^{10} = 179{,}93$ (Rest Rundungsdifferenz zu 180)

Nach dem Gesetzeswortlaut ist jedoch nur die rechnerisch auf die Besitzzeit entfallende Emissionsrendite in Ansatz zu bringen. Die vorgenannte Berechnung gilt daher uneingeschränkt nur für die Fälle, in denen der Ersterwerber die Nullkupon-Anleihe über die gesamte Laufzeit hält.[252] Bei vorzeitiger Veräußerung oder Abtretung der Schuldverschreibung (sog. Zwischenveräußerungsfälle) ist folglich darauf zu achten, dass nur die **besitzzeitanteilige Emissionsrendite** angesetzt wird. Diese ergibt sich bestenfalls aus der Erträgnisaufstellung der Bank oder kann möglicherweise auf Nachfragen bei dem Kreditinstitut in Erfahrung gebracht werden. Ansonsten ist sie nach den Grundsätzen der Finanzverwaltung[253] ausgehend von den **rechnerisch ermittelten Anschaffungs- und Veräußerungskursen** mit einem aus der Emissionsrendite abgeleiteten und vom Emissionsdatum ausgehenden **Aufzinsungsfaktor** auf den Übertragungszeitpunkt (Tag der Anschaffung und Tag der Veräußerung) aufzuzinsen.

Der Aufzinsungsfaktor (F) ist nach folgender Formel zu bestimmen:

$$F = q^n \times (R \times T : 360 \times 100 + 1)$$

q^n = Aufzinsungsfaktor für volle Jahre n = $(1 + R : 100)$
R = Emissionsrendite
T = Jahresbruchteile in Tagen (Monate und Tage)

---

[252] Zu diesen sog. Einlösungsfällen gleich unter C.I.3.
[253] Koordinierter Ländererlass der OFD Münster v. 24.1.1985, BStBl 1985 I, 77 mit weiteren Rechenbeispielen.

Der Unterschiedsbetrag zwischen dem Anschaffungskurs und dem Veräußerungskurs – jeweils bezogen auf den Einlösungsbetrag – stellt den steuerpflichtigen Ertrag (die besitzzeitanteilige Emissionsrendite) dar.

281 Beispiel:

Zero-Bonds
Emissionsdatum: 1.2.1982
Emissionskurs: 19,94 %
Emissionsrendite: 14,30 %
Einlösungsbetrag: 100.000 EUR

Ersterwerber:
Kauf am 10.2.1982
Verkauf am 4.1.1983

282 Ermittlung der besitzzeitanteiligen Emissionsrendite:

a) Ermittlung der Laufzeit vom Emissionsdatum bis zum Kauf/Verkauf

Emissionsdatum: 1.2.1982
Bis zum Kauf am 10.2.1982 = 9 Tage
Bis zum Verkauf am 4.1.1983 = 333 Tage (11 Monate und 3 Tage)

b) Bestimmung des Aufzinsungsfaktors für volle Jahre (q^n)

Da bis zum Verkauf kein volles Jahr verstrichen ist, ist eine Aufzinsung nicht erforderlich. Der Ansatz erfolgt daher mit „1".

c) Ermittlung des Aufzinsungsfaktors F

– Für den Kauf:
F = q^n × (R × T : 360 × 100 + 1)
  = 1 × (14,3 × 9 Tage : 360 × 100 + 1)
  = 1,003575

– Für den Verkauf:
F = 1 × (14,3 × 333 Tage : 360 × 100 + 1)
  = 1,132275

d) Ermittlung des rechnerischen Anschaffungs- und Veräußerungskurses durch Aufzinsung des Emissionskurses

Emissionskurs: 19,94 %
Anschaffungskurs: 19,94 % × 1,003575 = 20,01 %
Veräußerungskurs: 19,94 % × 1,132275 = 22,57 %

e) Ermittlung der besitzzeitanteiligen Emissionsrendite

Veräußerungskurs bezogen auf den Einlösungsbetrag		
22,57% von 100.000 EUR	=	22.570 EUR
./. Anschaffungskurs bezogen auf den Einlösungsbetrag		
20,01% von 100.000 EUR	=	20.100 EUR
besitzzeitanteilige Emissionsrendite		**2.470 EUR**

(3) Abzug bereits zugeflossener und versteuerter laufender Erträge

Sind bereits Erträge vor der Veräußerung bzw. Abtretung zugeflossen und versteuert worden (insbesondere laufende Zinszahlungen oder vereinnahmte Stückzinsen gem. §§ 20 Abs. 1 Nr. 7 und Nr. 3 EStG), muss eine Doppelbesteuerung vermieden werden, zu der es beim Ansatz der ungekürzten Emissionsrendite kommen würde. Denn die Emissionsrendite erfasst die erzielbaren Erträge der Anlage, die von vornherein feststehen, also einschließlich aller denkbaren Zinszahlungen. Demgemäß sieht § 20 Abs. 2 Satz 1 Nr. 4 Satz 3 EStG vor, dass die Besteuerung der Zinsen und Stückzinsen nach Absatz 1 Nr. 7 und Satz 1 Nr. 3 unberührt bleibt und die bereits dem Veräußerer zugeflossenen und der Einkommensteuer unterliegenden Kapitalerträge aus Finanzinnovationen bei der Besteuerung nach der Emissionsrendite abzuziehen sind.[254]

283

Wie dieser Abzug erfolgen soll, regelt das Gesetz nicht. Ausgangspunkt könnte die vorangegangene Berechnung nach dem Koordinierten Ländererlass für Nullkupon-Anleihen sein mit der Folge, dass von der so berechneten besitzzeitanteiligen Emissionsrendite die bereits erhaltenen Zinszahlungen abgezogen werden. Zur Verdeutlichung ist auf folgendes Beispiel zu verweisen:

284

Beispiel:
Verkauf einer Stufenzins-Anleihe mit dem Nennwert von 100.000 EUR und einer Laufzeit von 10 Jahren nach 2,5 Jahren. Der Zinssatz betrug im ersten Jahr 1%, im zweiten Jahr 2% und im dritten Jahr 3%. Die besitzzeitanteilige Emissionsrendite für 2,5 Jahre wird mit 8.000 EUR – berechnet nach den Grundsätzen des Koordinierten Ländererlasses – unterstellt.

285

---

[254] Ohne weitere Erläuterung, wie der Abzug zu erfolgen hat, *Korn*, DStR 2001, 1507, 1509 und *Harenberg/Irmer*, a.a.O., Rn. 949.

286 **Lösung:**

Erhaltener laufender Ertrag:
Zinsen für Jahr 1	1.000,00 EUR
Zinsen für Jahr 2	2.000,00 EUR
Stückzinsen im Jahr 3 für ½ Jahr erhalten:	<u>1.500,00 EUR</u>
Insgesamt	4.500,00 EUR

Im Jahr 3 muss der Anleger wegen der Veräußerung nach § 20 Abs. 2 Satz 1 Nr. 4d 1. Alt. EStG folgenden Kapitalertrag versteuern:

Besitzzeitanteilige Emissionsrendite:	8.000,00 EUR
./. vereinnahmte Zinsen/Stückzinsen:	<u>4.500,00 EUR</u>
verbleiben	**3.500,00 EUR**

Hinzu kommen für den Anleger im Jahr 3 die bislang noch nicht separat versteuerten Stückzinsen in Höhe von 1.500,00 EUR, so dass im Jahr 3 insgesamt 5.000,00 EUR (3.500 EUR zzgl. 1.500 EUR) als Einkünfte aus Kapitalvermögen zu versteuern sind.

287 Dagegen weist eine Ansicht in der Literatur zu Recht darauf hin, dass der Koordinierte Ländererlass eine Berechnung ausschließlich für Nullkupon-Anleihen (Zero-Bonds) vornimmt, die die Besonderheit aufweisen, dass keine laufenden Zinsen gezahlt werden, sondern erst kumuliert in einem Betrag am Laufzeitende.[255] Die seitens der Finanzverwaltung in dem Erlass verwendete Formel berechnet den Aufzinsungsfaktor demnach folgerichtig unter Beachtung dieser Prämisse (Wiederanlage der nicht ausgezahlten Zinsen) mit einem Zinseszinseffekt.[256] Diese unterstellte Wiederanlage kommt jedoch bei denjenigen Anleihen, wie der im Beispielsfall aufgeführten Stufenzinsanleihe nicht vor, die die laufenden Zinsen unterjährig zum jeweiligen Fälligkeitstag auszahlen. Um die Formel des Koordinierten Ländererlasses auch auf Stufenzinsanleihen mit unterjähriger Zinszahlung anwenden zu können, muss dieser nur bei Zero-Bonds vorhandene Zinseszinseffekt eliminiert werden.[257] Ein einfacher Abzug der laufenden Zinszahlungen von der ermittelten Emissionsrendite nach der Formel des Koordi-

---

[255] Vgl. Koordinierter Ländererlass, OFD Münster v. 24.1.1985, BStBl 1985 I, 77 sowie *Storg*, BB 2004, 2154, 2155; s.a. *Weitbrecht*, DB 1995, 443 f. mit einer besonderen Berechnung bei niedrig verzinsten Optionsanleihen.
[256] S.a. *Schumacher*, DB 1996, 1843, 1845.
[257] *Storg*, BB 2004, 2154, 2155.

nierten Ländererlasses genügt insoweit nicht.[258] Dazu ist vielmehr der Emissionsbetrag jeweils nur für ein Jahr mithilfe der Emissionsrendite aufzuzinsen und der am Ende des jeweiligen Jahres geflossene Zinsbetrag von dem aufgezinsten Betrag abzuziehen. Das Ergebnis wird anschließend für das nächste Jahr aufgezinst und um den in dem Folgejahr ausgezahlten laufenden Zins gekürzt usw.[259] Zur Verdeutlichung folgendes Beispiel:

Beispiel:

Stufenzinsanleihe zum Nominalbetrag 100.000 EUR
Emissionskurs: 102.000 EUR
Anschaffung zum 1.1.2003
Veräußerung zum 31.12.2005
Zinssatz: 1. Jahr 1 %, 2. Jahr 2 %, 3. Jahr 3 % usw.
Emissionsrendite (unterstellt): 6 %

Der Aufzinsungsfaktor, der – anders als nach dem Koordinierten Ländererlass – für lediglich ein volles Jahr ermittelt wird, berechnet sich nach der Formel: **1 + R/100**

Bei R handelt es sich um die Emissionsrendite. Im vorliegenden Beispiel beträgt der Aufzinsungsfaktor daher 1,06 (1 + 6/100).

Dieser Aufzinsungsfaktor ist auf jedes Jahr gesondert anzuwenden und von dem so ermittelten Wert der in diesem Jahr ausgezahlte Zins in Abzug zu bringen (§ 20 Abs. 2 Satz 3 EStG). Das Ergebnis stellt den Ausgangswert für die Aufzinsung des Folgejahres und den Abzug der Zinsen des Folgejahres dar usw.

Die Emission erfolgte vorliegend zu 102.000 EUR. Dieser Ausgangswert ist mit dem Aufzinsungsfaktor von 1,06 aufzuzinsen, um den Ausgangswert für das Jahr 1 zu ermitteln. Dieser beträgt folglich 108.120 EUR. Daraus ergibt sich folgender rechnerischer Endwert, der nach Anwendung des Aufzinsungsfaktors zugleich den rechnerischen Ausgangswert für das Jahr 2 bildet usw.:

2003: 108.120 EUR − 1.000 EUR (gezahlte Zinsen)
       = 107.120 EUR × 1,06
       = 113.547 EUR (rd.)

---

[258] *Schumacher*, DB 1996, 1843, 1845.
[259] *Schumacher*, DB 1996, 1843, 1845 f.; *Storg*, BB 2004, 2154, 2155.

2004: 113.547 EUR − 2.000 EUR (gezahlte Zinsen)
= 111.547 EUR × 1,06
= 118.240 EUR (rd.)

2005: 118.240 EUR − 3.000 EUR (gezahlte Zinsen)
= 115.240 EUR

Rechnerischer Kurs im Veräußerungszeitpunkt:	115.240 EUR
./. Kurs zum Emissionszeitpunkt	102.000 EUR
besitzzeitanteilige Emissionsrendite	**13.240 EUR**

Ein darüber hinausgehender Abzug der laufenden Zinszahlungen erfolgt nach dieser Berechnung nicht, da diese bereits im jeweiligen Zahlungsjahr abgezogen wurden. Erfolgt die Veräußerung während eines Jahres **bevor** die laufenden Zinsen ausgezahlt werden, kommt es in diesem Jahr mangels Zinszahlung nicht zu einem Abzug, so dass – bezogen auf dieses letzte Jahr und den dafür ermittelten Ausgangswert, die Aufzinsung der Formel des Koordinierten Ländererlasses entspricht. Anderenfalls – bei unterjähriger Veräußerung **nach** Zufluss der laufenden Zinsen – darf eine Aufzinsung für das letzte Jahr nur während der Haltedauer vorgenommen werden, wobei Ausgangspunkt das Jahr mit 360 Banktagen ist.[260] Alternativ kann die Berechnung der zugrunde zu legenden rechnerischen Kurse mit identischen Ergebnissen auch durch eine Abzinsung der zukünftigen Zahlungen mit der Emissionsrendite erfolgen.[261]

bb) Marktrendite

289 Hat die Schuldverschreibung keine Emissionsrendite oder weist der Steuerpflichtige sie nicht nach, sieht das Gesetz eine Besteuerung nach der sog. Marktrendite vor. Die Marktrendite ermittelt sich aus dem Unterschied zwischen dem Entgelt für den Erwerb und den Einnahmen aus der Veräußerung oder Abtretung der Kapitalanlage. Die Marktrendite bestimmt sich folglich wesentlich nach den jeweiligen Kurswerten der Wertpapiere im Anschaffungs- und Veräußerungszeitpunkt. Marktbedingte Kursschwankungen werden bei Bestimmung der Marktrendite also berücksichtigt und führen zu einer Erhöhung oder Verminderung der Einkünfte aus Kapitalvermögen.

---

260 *Storg*, BB 2004, 2154, 2155.
261 Dazu *Schumacher*, DB 1996, 1843, 1846 mit einem Beispiel.

(1) Negativer Kapitalertrag

Ist der Unterschiedsbetrag negativ, liegen folgrichtig negative Einnahmen aus Kapitalvermögen vor.[262] Sofern das FG Berlin[263] die Erfassung eines negativen Kapitalertrages allgemein nicht anerkennen will unter Hinweis darauf, dass ein negativer Ertrag aus der Überlassung von Kapital zur Nutzung durch Dritte weder sprachlich richtig sei noch damit etwas sachlich Zutreffendes (fehlerhaft) beschrieben werde und die Marktrendite lediglich eine Vereinfachungsregelung zur Bestimmung eines positiven Ertrages diene, ist dem zu widersprechen. Der Wortlaut von § 20 Abs. 2 Satz 1 Nr. 4 Satz 2 1. HS EStG, wonach der Unterschied zwischen dem Entgelt für den Erwerb und den Einnahmen aus der Veräußerung oder Abtretung als Kapitalertrag gilt, lässt keine Beschränkung auf eine positive Differenz erkennen.[264] Vielmehr beinhaltet die Norm eine gesetzliche Fiktion, indem sie das Vorliegen von Kapitalertrag aus der Differenz zwischen dem Entgelt für den Erwerb und den Einnahmen aus der Veräußerung definiert. Dabei handelt es sich nach der Systematik des EStG gerade nicht um Kapitalerträge, so dass diese Regelung notwendig ist, um überhaupt die Differenz, die ansonsten dem Bereich der Veräußerungsgeschäfte zuzuordnen wäre, dem Bereich der Kapitalerträge zuordnen zu können.[265] Dass durch die Zugrundelegung der Marktrendite – wie bei gezahlten Stückzinsen – auch negative Kapitalerträge erzielt werden können, lässt sich im übrigen der Gesetzesbegründung zum Missbrauchsbekämpfungs- und Steuerbereinigungsgesetz (StMBG) entnehmen, das ausdrücklich darauf hinweist, dass eine negative Marktrendite zu negativen Einnahmen führt.[266]

290

Im Unterschied zur Regelung in § 20 Abs. 2 Satz 1 Nr. 4 EStG betreffend die Emissionsrendite erfolgt kein Abzug von bereits realisierten Kapitaler-

291

---

262 OFD Kiel v. 3.7.2003, S 2252 A-St 231 EStK § 20 EStG Karte 3.0.
263 Urt. v. 22.4.2004, EFG 2004, 1450 ff. (nicht rechtskräftig).
264 Blümich-*Stuhrmann*, § 20 Rn. 342e, g; *Schmitt/Krause*, DStR 2004, 2042, 2045; *Wellmann*, DStZ 2002, 179.
265 S.a. BFH v. 24.10.2000, VIII 28/99, BStBl 2001 II, 97 ff.; ausdrücklich *Haisch*, DStZ 2005, 102, 107; zur Fiktionswirkung auch Niedersächsisches FG v. 25.11.2004, EFG 2005, 698 (nicht rechtskräftig).
266 BT-Drucks. 12/6078, 123; OFD Kiel v. 3.7.2003, S 2252 A-St 231 EStK § 20 EStG Karte 3.0; *Haisch*, DStZ 2005, 102, 107 mit dem weiteren Hinweis, dass nach der modernen Finanztheorie überhaupt kein wesensmäßiger Unterschied zwischen Kapital und Kapitalerträgen besteht, weil sich das Kapital als Barwert der zukünftigen positiven und negativen Zahlungsströme darstellen lässt.

trägen in Form von laufenden Zinsen und/oder Stückzinsen.[267] Diese sind daher bei dem Ansatz der Marktrendite stets zusätzlich im Zeitpunkt ihres Zuflusses zu versteuern.

(2) Wechselkursgewinne/-verluste

292 Seit der Neufassung des Gesetzes im Rahmen des Steueränderungsgesetzes 2001 mit Wirkung für alle noch nicht bestandskräftigen Steuerbescheide (§ 52 Abs. 37b EStG) sieht § 20 Abs. 2 Satz 1 Nr. 4 Satz 2 2. HS EStG im Zusammenhang mit der Ermittlung der Marktrendite vor, dass bei Finanzinnovationen in einer ausländischen Währung der Unterschied in dieser Währung zu ermitteln ist. Dies begründet sich damit, dass eventuelle Erträge aus Wechselkursschwankungen keine Vergütung für die Kapitalüberlassung darstellen (kein sog. versteckter Kapitalertrag), sondern Wertsteigerungen auf privater Vermögensebene beinhalten.[268] Insoweit kommt eine Besteuerung nur unter den Voraussetzungen des § 23 EStG in Betracht. Dies hat faktisch eine Eliminierung der Wechselkursschwankungen zur Folge und zwar dadurch, dass die Differenz zwischen den Anschaffungskosten und dem Veräußerungspreis zunächst in der Fremdwährung berechnet und erst der sich daraus ergebene Unterschiedsbetrag in Euro umgerechnet wird.

293 **Beispiel:**
Verkauf einer Finanzinnovation in US-Dollar:

Anschaffungskosten:	1.000 US-Dollar
Kurswert im Anschaffungszeitpunkt:	1 US-Dollar = 0,90 EUR
Veräußerungspreis:	1.300 US-Dollar
Kurswert im Verkaufszeitpunkt:	1 US-Dollar = 1,20 EUR

1. Variante: Verkauf außerhalb der Jahresfrist des § 23 Abs. 1 Satz 1 Nr. 2 EStG

§ 20 Abs. 2 Satz 1 Nr. 4 EStG:
Veräußerungspreis	1.300 US-Dollar
./. Anschaffungskosten	<u>1.000 US-Dollar</u>
verbleiben	300 US-Dollar
Umrechnung in EUR im Veräußerungszeitpunkt:	× 1,20 EUR
Zu versteuernde Marktrendite	**360 EUR**

---

267 *Storg*, BB 2004, 2154, 2155.
268 Dazu vgl. unter C.I.5.

I. Finanzinnovationen

§ 23 EStG: **0 EUR**

Vor dem Hintergrund der alten Gesetzesfassung, die eine solche Regelung nicht enthielt, rechnete die Finanzverwaltung – entsprechend der Handhabung bei privaten Veräußerungsgeschäften i.S.v. § 23 EStG – Anschaffungs- und Veräußerungspreis zum jeweils aktuellen Kurswert um und errechnete erst daraus die Marktrendite als Differenz.[269] Bezogen auf das obige Beispiel hätte sich folgende Marktrendite ergeben:

§ 20 Abs. 2 Satz 1 Nr. 4 EStG:
Veräußerungspreis in EUR: 1.300 US-Dollar × 1,20 EUR = 1.560 EUR
./. Anschaffungskosten in EUR: 1.000 US-Dollar × 0,90 EUR =   900 EUR
zu versteuernde Marktrendite (a.F.)   **660 EUR**

2. Variante: Verkauf innerhalb der Jahresfrist des § 23 Abs.1 Nr.2 EStG

§ 20 Abs. 2 Satz 1 Nr. 4 EStG: s.o. 1. Variante   **360 EUR**

§§ 22 Nr. 2, 23 Abs. 1 Satz 1 Nr. 2 EStG:
Veräußerungspreis in EUR: 1.300 US-Dollar × 1,20 EUR = 1.560 EUR
./. Anschaffungskosten in EUR: 1.000 US-Dollar × 0,90 EUR =   900 EUR
verbleiben   660 EUR
./. bereits nach § 20 Abs. 2 Satz 1 Nr. 4 EStG versteuert   360 EUR
verbleiben   300 EUR

Insgesamt zu versteuern nach neuem Recht (2. Variante)   **660 EUR**

Mit Urteil vom 20.11.2006[270] hat der BFH im Übrigen entschieden, dass die Anwendbarkeit der Neuregelung in allen noch offenen Fällen keine verfassungswidrige Rückwirkung beinhaltet. Die Gesetzesfassung entspricht vielmehr der bereits nach der alten Rechtslage gebotenen verfassungskonformen Auslegung, so dass das rückwirkende Gesetz den verfassungsrechtlichen Anforderungen gerade Rechnung trägt. Eine etwas bedenkliche Rechtsprechung, denn eine derart weit verstandene Rückwirkung dürfte zukünftig umfassende Änderungen für die Vergangenheit rechtfertigen.

Vorsicht ist jedoch geboten, wenn die Anschaffung und die Veräußerung in verschiedenen ausländischen Währungen erfolgt. Denn der Wortlaut von § 20 Abs. 2 Satz 1 Nr. 4 Satz 2 2. HS EStG regelt, dass die Marktrendite bei

---

269 BMF v. 24.10.1995 a.F., datev-Dokumentennummer 131064; *Delp*, INF 2002, 170, 171.
270 VIII R 43/05, DStR 2007, 290 ff.

Wertapieren „in einer ausländischen Währung (..). in dieser Währung zu ermitteln ist". Damit geht der Gesetzgeber davon aus, dass Kauf und Verkauf in derselben ausländischen Währung (z.b. US-Dollar) erfolgen, denn nur dann kann der Unterschiedsbetrag „in dieser Währung" ermittelt werden. Nicht ausreichend ist dagegen, wenn der **Nennbetrag** auf eine ausländische Währung lautet. Weichen die Ankaufs- und die Verkaufswährung jedoch voneinander ab, ist § 20 Abs. 2 Satz 1 Nr. 4 Satz 2 2. HS EStG nach seinem Wortlaut nicht anwendbar. Damit könnte eine Umrechnung im jeweiligen Kauf- bzw. Verkaufszeitpunkt erforderlich sein,[271] so dass weiterhin wenn auch in deutlich wenigeren Fällen Wechselkursschwankungen im Rahmen der Marktrendite in systemwidriger Weise berücksichtigt werden können.[272]

(3) Nebenkosten der Anschaffung und Veräußerung

296 Umstritten ist, ob Nebenkosten der Anschaffung und der Veräußerung (z.B. in Form von Bankspesen) in Ansatz zu bringen sind. Dies wird von der Finanzverwaltung weitestgehend abgelehnt,[273] obwohl spiegelbildlich zur Einbeziehung von Vermögensveränderungen des Kapitalstammes konsequenterweise die Kosten der Anschaffung und Veräußerung zu berücksichtigen sind. Auch wenn der Gesetzeswortlaut von § 20 Abs. 2 Satz 2 1. HS EStG anders als bei § 23 EStG nicht die Begriffe Veräußerungspreis und Anschaffungskosten verwendet,[274] besteht inhaltlich bei Bildung der Differenz aus Entgelt für den Erwerb und den Einnahmen aus der Veräußerung bzw. Abtretung kein Unterschied. Anderenfalls würde der Anleger bei Finanzinnovationen gegenüber herkömmlichen Anlageformen zusätzlich ohne Rechtsgrund schlechter gestellt.[275] Eine entsprechende Kürzung seitens der Finanzverwaltung sollte daher nicht hingenommen werden.

297 Zumindest muss es sich aber – wenn keine Anerkennung als Nebenkosten der Anschaffung oder Veräußerung möglich sein sollte – um Werbungskos-

---

271 Allgemein dazu BFH v. 24.10.2000, VIII R 28/99, BStBl 2001 II, 97, 99.
272 Ebenso *Haisch*, DStR 2003, 2202, 2204.
273 OFD Hannover v. 20.12.1995, S 2252 122 StO 223 EStK § 20 EStG Karte Nr.1.1; OFD Kiel v. 3.7.2003, S 2252 A-St 231 EStK § 20 EStG Karte 3.0, beide ohne Begründung.
274 Unter Hinweis auf die unterschiedliche Wortwahl spricht sich *Korn*, in DStR 2001, 1507, 1512, gegen die Anerkennung der Nebenkosten aus.
275 Für eine Berücksichtigung der Nebenkosten *Harenberg/Irmer*, a.a.O., Rn. 960; s.a. *Lohr*, DB 2000, 643, 644; *Schumacher*, DB 1996, 1843, 1846 („von Gesetzes wegen vorgegeben"); *Storg*, BB 2004, 2154, 2155 f; *Epple/Jurowsky/Schäfer*, a.a.O., S. 149.

ten handeln, so dass sich die Kosten der Anschaffung und Veräußerung spätestens an dieser Stelle steuermindernd auswirken.[276]

cc) Verfassungsrechtliche Bedenken

Die Ausnahme der Wechselkursgewinne bzw. -verluste aus der Marktrendite in § 20 Abs. 2 Satz 1 Nr. 4 Satz 2 2. HS EStG und die ausdrückliche Klarstellung, dass die Marktrendite auch bei Wertpapieren ohne Emissionsrendite Anwendung findet, im Rahmen des Steueränderungsgesetzes 2001 beruht letztendlich auf der Entscheidung des BFH vom 24.10.2000.[277] In seinem Urteil, das von Seiten der Finanzverwaltung zunächst mit einem Nichtanwendungserlass belegt wurde,[278] hatte der BFH festgestellt, dass eine Besteuerung nach der Marktrendite nur in Betracht komme, wenn eine Emissionsrendite vorhanden sei, da es sich um eine bloße Beweislastregelung handele, die begrifflich das Vorliegen einer Emissionsrendite voraussetze. Ohne diese Gesetzesänderung wären daher viele Anlageformen, bei denen eine Berechnung der Emissionsrendite mangels Vorhersehbarkeit der Erträge nicht möglich ist (insbesondere die Fälle des § 20 Abs. 2 Satz 1 Nr. 4c 2. Alt. EStG), von einer Besteuerung ausgenommen worden. Um dies zu verhindern, wurde die Ansicht der Finanzverwaltung gesetzlich fixiert, ohne den in den Urteilsgründen des BFH angeführten Bedenken ausreichend Rechnung zu tragen.

298

Der BFH begründete seine Ansicht u.a. unter Hinweis auf eine gegen Art. 3 Abs. 1 GG verstoßende, nicht gerechtfertigte Ungleichbehandlung, wenn bei Finanzinnovationen jedwede Wertänderung der Kapitalanlage (des Vermögensstammes) mittels zwingender Zugrundelegung der Marktrendite unabwendbar als zu versteuernder Kapitalertrag i.S.v. § 20 Abs. 2 Satz 1 Nr. 4 EStG erfasst würde, während bei herkömmlichen festverzinslichen Wertpapieren solche Wertveränderungen gerade von der Besteuerung – mit Ausnahme von § 23 EStG – ausgenommen sind. Bei einer solchen Gesetzesauslegung würde der Zweck des § 20 Abs. 2 Satz 1 Nr. 4 EStG außer Acht gelassen, der ausschließlich auf die Erfassung verdeckter Zinserträge abzielt. Eine Besteuerung nach der Marktrendite kann nach Auffassung des BFH

299

---

276 Vgl. *Storg*, BB 2004, 2154, 2155 f.; *Korn*, DStR 2001, 1507, 1512.
277 VIII R 28/99, BStBl 2001 II, 97; ebenso BFH v. 10.7.2001, BFH/NV 2001, 1555 ff. zu Gewinnen aus Kursänderungen.
278 BMF v. 7.2.2001 BStBl 2001 I, 149.

danach nur hilfsweise in Betracht kommen, nicht jedoch als einzig mögliche Berechnungsweise.

300 Diesen Bedenken hat der Gesetzgeber nur insoweit Rechnung getragen, als er Wechselkursgewinne und -verluste ausdrücklich von einer Besteuerung ausgenommen hat. Darüber hinaus hat er jedoch den seitens des BFH als verfassungswidrig bezeichneten Zustand explizit gesetzlich fixiert, nämlich die Möglichkeit, Wertpapiere, die keine Emissionsrendite besitzen, nach der Marktrendite zu besteuern.[279] Diese erfasst nach der aktuellen Gesetzesfassung weiterhin – mit Ausnahme von Wechselkursschwankungen – Wertänderungen des privaten Vermögensbereichs,[280] so dass die verfassungsrechtlichen Bedenken unverändert fortbestehen.

301 Diese Sichtweise wird – im Gegensatz zu der Finanzverwaltung[281] – neben Stimmen aus der Literatur nunmehr auch vom Finanzgericht Rheinland-Pfalz mit Urteil vom 28.10.2002[282] unter ausdrücklicher Bezugnahme auf die gesetzliche Neufassung geteilt. Das Finanzgericht hat jedoch im Ergebnis im konkreten Fall (Behandlung von Reverse Floatern) einen Verstoß gegen Art. 3 Abs. 1 GG verneint, da es eine Ungleichbehandlung gegenüber herkömmlichen festverzinslichen Wertpapieren aufgrund der unterschiedlichen Strukturen der Anlageformen für gerechtfertigt hielt, weil bei Reverse Floatern der Kursgewinn unmittelbar aus der Veränderung des Marktzinsniveaus folge, während dies bei Aktien nur eine mögliche Ursache für eine Kursänderung sei.

302 Nach Ansicht des Finanzgerichts Rheinland-Pfalz[283] bestehen hinsichtlich der rückwirkenden Änderung des § 20 Abs. 2 Satz 1 Nr. 4 EStG für alle noch offenen Fälle (§ 52 Abs. 37b EStG) ebenfalls verfassungsrechtliche Bedenken. Es handelt sich um eine nur ganz ausnahmsweise zulässige echte Rückwirkung, da in die Besteuerung von bereits abschließend verwirklichten Tatbeständen eingegriffen wird. Das Finanzgericht erachtet es im vorliegenden Fall für vertretbar, diese Rückwirkung als ausnahmsweise zulässig

---

279 Siehe insbesondere das Urt. des BFH v. 10.7.2001, VIII R 22/99, BFH/NV 2001, 1555 ff., das ebenfalls eine Nichtanwendbarkeit der § 20 Abs. 2 Satz 1 Nr. 4c oder d EStG ausdrücklich unabhängig von Wechselkursschwankungen bejaht hat.
280 Laut BMF-Schreiben v. 14.7.2004 BStBl 2004 I, 611, hat der Gesetzgeber lediglich „in gewissem Umfang in Kauf genommen, dass sich durch den Kapitalmarkt verursachte Wertveränderungen auf der Vermögensebene auch ertragsteuerlich niederschlagen".
281 BMF-Schreiben v. 14.7.2004 BStBl 2004 I, 611.
282 DStRE 2003, 394 ff.
283 Urt. v. 28.10.2002, DStRE 2003, 394, 396 f.

anzusehen, da damit eine unklare Rechtslage beseitigt würde. Letztendlich überzeugend ist diese Argumentation jedoch nicht.[284] Seitens des BFH[285] wurde dagegen in diesem Fall zwischenzeitlich sowohl die Frage der zulässigen Rückwirkung als auch der Verfassungsmäßigkeit der gesetzlichen Neuregelung explizit offen gelassen. Denn die bei einfachen Floatern und bei Reverse Floatern geltenden Besonderheiten schließen nach Ansicht des BFH bereits eine Besteuerung des Veräußerungsgewinns nach § 20 Abs. 2 Satz 1 Nr. 4c, d EStG aus.[286] Auch das FG Nürnberg hat eine ausnahmsweise zulässige echte Rückwirkung mit entsprechender Begründung bejaht.[287] Das Finanzgericht Münster hat mit Urteil vom 21.7.2003[288] für den Fall eines DAX-Zertifikates mit Rückzahlungsgarantie ebenfalls entschieden, dass die Neuregelung nicht gegen das Rückwirkungsverbot verstößt. Dieses Ergebnis hat der BFH mit seinem Urteil vom 13.12.2006[289] bestätigt. Zwar hat er offen gelassen, ob es sich um eine echte oder unechte Rückwirkung handelt, diese aber im konkreten Fall als umfassend sachlich gerechtfertigt eingestuft. Denn durch das Steueränderungsgesetz 2001 sei die Auslegungsunsicherheit, die bei Veräußerung des Wertpapiers (1997) noch bestand, seinerseits behoben worden. Dass dies im Widerspruch zu der Entscheidung des BFH vom 24.10.2000 erfolgte, ist für die Beurteilung des Vertrauensschutzes unerheblich. Die Klarstellung des schon mit der alten Gesetzesfassung bezweckten Regelungsinhaltes von § 20 Abs. 2 Satz 1 Nr. 4 Satz 2 EStG durch das Steueränderungsgesetz 2001 stellt ebenfalls keine Verletzung der rechtsstaatlich gebotenen objektiven Kontinuität dar.

In seinem Urteil vom 13.12.2006 hält der BFH des weiteren ausdrücklich fest, dass gegen die Anwendung von § 20 Abs. 2 Satz 1 Nr. 4 Satz 2 EStG in der Fassung des Steueränderungsgesetzes 2001 auch darüber hinaus keine verfassungsrechtlichen Bedenken bestehen. Entgegen seiner im Urteil vom 24.10.2000 zur alten Gesetzesfassung geäußerten Ansicht lässt der BFH eine Besteuerung nach der Marktrendite zu, wenn das Wertpapier – im entschiedenen Fall ein DAX-Zertifikat mit Rückzahlungsgarantie – keine Emissionsrendite hat. Dies gilt zumindest dann, wenn das Wertpapier nach der Art seiner Gestaltung eine rechnerische Differenzierung zwischen einem verein-

303

---

284 Ebenso *Korn*, DStR 2001, 1507, 1513.
285 Urt. v. 20.11.2006, VIII R 97/02, www.bundesfinanzhof.de.
286 Dazu i.e. unten C.I.4.a).
287 FG Nürnberg v. 17.12.2003 n.v. (datev-Dokumentennummer 0817552), rechtskräftig.
288 DStRE 2004, 29 ff.
289 VIII R 79/03, DStR 2007, 286 ff.

barten Kapitalnutzungsentgelt und einer realisierten Wertentwicklung nicht zulässt, weil kein abgrenzbares Kapitalnutzungsentgelt vereinbart ist. Ein Verstoß gegen das aus Art. 3 Abs. 1 GG abzuleitende Gebot der gesetzlichen Folgerichtigkeit liegt aus Sicht des BFH nicht vor. Die Neuregelung beinhaltet vielmehr eine sachlich gerechtfertigte Anpassung des Binnensystems des § 20 EStG an neue wirtschaftliche Lebenssachverhalte, mit der sich der Gesetzgeber noch im Rahmen seiner Gestaltungsfreiheit bewegt. Letztlich sind nach Auffassung des BFH die einzelnen Finanzinnovationen, die die Tatbestände des § 20 Abs. 2 Satz 1 Nr. 4a bis d EStG erfüllen, darauf zu untersuchen, ob eine klare Trennung zwischen Nutzungsentgelt und Kursgewinn möglich ist. Wenn dies der Fall ist, scheidet eine Besteuerung des aus der Veräußerung oder Einlösung resultierenden Kursgewinnes aus. In allen anderen Fällen – wie bei DAX-Zertifikaten mit Rückzahlungsgarantie – erfolgt dagegen eine steuerliche Erfassung des Ergebnisses aus der Veräußerung bzw. Einlösung, da nicht ausgeschlossen werden kann bzw. sicher ist, das darin versteckte Zinserträge enthalten sind.

304 Besonders viel Bewegung ist durch das aktuelle Urteil des Niedersächsischen Finanzgerichts in der Frage der Besteuerung von Finanzinnovationen aufgekommen. Das Finanzgericht hat im Fall einer Down-Rating-Anleihe entschieden, dass die Marktrendite nicht zur Anwendung gelangen kann. Eine Emissionsrendite existiert im Falle einer Down-Rating-Anleihe nicht. Laut Finanzgericht ist der Begriff Marktrendite sehr restriktiv auszulegen, d.h. Kurssteigerungen von Wertpapieren, die auf eine Reaktion des Kapitalmarktes auf die angestiegene Verzinsung der Schuldverschreibung des Wertpapiers zurückzuführen sind, stellen keine Frucht der Kapitalüberlassung dar und dürfen daher nicht im Rahmen des § 20 Abs. 2 Satz 1 Nr. 4 EStG erfasst werden. Anders ausgedrückt: Das Finanzgericht sieht in der Marktrendite eine unzulässige Ausweitung der Erfassung von Kapitalerträgen, die auf Wertsteigerungen beruhen. Folgt man der Auffassung des Finanzgerichts, ist nicht nur im entschiedenen Fall, sondern in nahezu allen denkbaren Fällen in denen eine Emissionsrendite nicht existiert, die Besteuerung nach der Marktrendite nicht anwendbar. Denn regelmäßig sind die Wertveränderungen Folge einer Reaktion des Kapitalmarktes auf veränderte Marktzinsbedingungen im Verhältnis zum konkret zu beurteilenden Wertpapier. Somit würde de facto eine erhebliche Besteuerungslücke eröffnet. Andererseits bedeutet diese Auffassung im Falle der Verluste aus argentinischen Staatsanleihen, dass diese nicht steuermindernd zum Ansatz gebracht werden können. Das Urteil des Finanzgerichts ist noch nicht rechtskräftig, da hiergegen am 21.3.2005 beim BFH Revision eingelegt wurde.²⁹⁰

Da derzeit die Situation noch nicht abschließend geklärt ist, sollten betroffene Anleger sowohl in dem Fall, in dem ein Verlustabzug begehrt wird als auch in dem Fall, in dem eine Besteuerung der Kapitalerträge nach der Marktrendite vorgenommen wurde, für die verfahrensrechtliche Offenhaltung der jeweiligen Steuerbescheide Sorge tragen und zwar durch Einlegung eines Einspruchs verbunden mit dem Antrag auf Ruhen des Verfahrens gemäß § 363 Abs. 2 AO bis zur Entscheidung der noch offenen Fälle durch den BFH.

Eigene Stellungnahme:

Der Wortlaut von § 20 Abs. 2 Satz 1 Nr. 4 Satz 2 1. HS EStG definiert die sog. Marktrendite als Unterschied zwischen dem Entgelt für den Erwerb und den Einnahmen aus der Veräußerung, Abtretung oder Einlösung. Es handelt sich jedoch nicht um eine gesetzliche Legaldefinition. Das Gesetz selbst verwendet den Begriff der Marktrendite nicht, so dass es auf die Auslegung explizit dieses Wortes nicht ankommt. Entscheidender Anknüpfungspunkt ist vielmehr die Gesetzesformulierung in Form der sog. Differenzmethode, die keine Einschränkung dahingehend erkennen lässt, dass bestimmte Teile des Entgeltes – egal aus welchen Gründen – nicht einzubeziehen sind.²⁹¹ Vielmehr im Gegenteil ist der Gesetzeswortlaut bewusst weit gehalten und nimmt explizit seit der Neufassung nur Wechselkursschwankungen aus der Bemessungsgrundlage aus. Der Wortlaut ist zunächst eindeutig und spricht dafür, auch jede Wertveränderung im privaten Vermögensbereich bei Bestimmung der Marktrendite zu berücksichtigen.

Gleiches gilt für den Umkehrschluss zu der in § 20 Abs. 2 Satz 1 Nr. 4 Satz 2 2. HS EStG ausdrücklich geregelten Ausnahme von Wechselkursschwankungen, wonach folgerichtig alle übrigen Wertänderungen von der Marktrendite erfasst werden.²⁹² Sofern der Finanzausschuss in der Gesetzesbegründung anführt, der BFH habe sich in seinem Urteil konkret nur gegen die Erfassung von Wechselkursgewinnen ausgesprochen, ist dies schlicht

---

290 VIII R 6/05, Urt. v. 13.12.2006, mit dem der BFH im Ergebnis die Entscheidung des FG bestätigt.
291 BFH v. 24.10.2000, VIII R 28/99, BStBl 2001 II, 97, 99; s.a. *Korn*, DStR 2001, 1507, 1509; *Haisch*, DB 2002, 1736, 1737; *Haisch*, DStZ 2005, 102, 107; s.a. FG Nürnberg v. 17.12.2003 n.v. (datev-Dokumentennummer 0817552).
292 *Haisch*, DStR 2002, 247, 248 m.w.N. und DB 2002, 1736, 1737.

unzutreffend. Der BFH hat sich vielmehr allgemein gegen eine Erfassung von Gewinnen der privaten Vermögenssphäre bei Finanzinnovationen ohne Emissionsrendite ausgesprochen unter Hinweis auf einen ansonsten nicht hinzunehmenden Systembruch.[293]

308 Fraglich ist jedoch, ob der Gesetzgeber durch Einführung der Möglichkeit einer unabhängigen Besteuerung nach der Marktrendite von der grundsätzlichen Trennung zwischen steuerfreien Wertsteigerungen des Vermögensstammes und den steuerpflichtigen Kapitalerträgen Abstand nehmen wollte. Oder ob der weite Tatbestand des § 20 Abs. 2 Satz 1 Nr. 4 Satz 2 2. HS EStG entsprechend dem Sinn und Zweck der Norm einschränkend auszulegen ist. Der Tatbestand des § 20 Abs. 2 Satz 1 Nr. 4c 2. Alt. EStG ist bei Zugrundelegung der Ansicht des BFH tatsächlich in sich widersprüchlich, da bei Schuldverschreibungen mit einem der Höhe nach ungewissen Ertrag keine Emissionsrendite per definitionem vorliegen kann, so dass für diese Alternative aus Sicht des BFH keine Besteuerungsmöglichkeit (keine Emissionsrendite und damit auch keine Wahl der Marktrendite zulässig) gegeben wäre.[294]

309 Der Gesetzeswortlaut ist daher nach allen Ansichten, wenn möglich, teleologisch nach seinem Sinn und Zweck zu reduzieren. Der Gesetzgeber des Mißbrauchsbekämpfungs- und Steuerbereinigungsgesetzes (StMBG) und des Steueränderungsgesetzes 2001 zielte auf die Erfassung versteckter Kapitalerträge, jedoch nicht auf die Aufhebung einer Trennung zur steuerfreien Vermögensebene, wenn er ausführt: „Die vorgeschlagenen Änderungen erweitern einerseits den Begriff der Kapitalerträge und grenzen ihn andererseits gegenüber Vermögensmehrungen ab, die nicht unter diese Vorschrift fallen".[295] Als Ausnahme von der Regel soll über § 20 Abs. 2 Satz 1 Nr. 4 EStG daher nur der im Kurs „versteckte Kapitalertrag" erfasst, nicht dagegen die grundsätzliche Trennung von Vermögens- und Ertragsebene aufgehoben werden.[296] Aufgrund des Ausnahmecharakters der Norm ist gleichzeitig festzuhalten, dass die Vorschrift restriktiv auszulegen ist. Zweifel und Unsicherheiten bei der Auslegung dürfen nicht zu Lasten des Steuerpflichti-

---

293 *Korn*, FR 2003, 1101, 1104; a.A. BT-Drucks. 14/7341, S. 10. Zur fehlerhaften Umsetzung der BFH-Rechtsprechung s.a. *Epple/Jurowsky/Schäfer*, a.a.O., S. 133.
294 *Korn*, DStR 2001, 1507, 1510; vgl. auch BFH v. 24.10.2000, VIII R 28/99, BStBl 2001 II, 97 ff.
295 BT-Drucks. 12/6078, S. 122 sowie 12/5630, S. 59.
296 *Haisch*, DB 2002, 1736, 1737 m.w.N. in Fn. 16; vgl. auch BMF-Schreiben v. 14.7.2004 BStBl 2004 I, 611.

gen gehen.²⁹⁷ Die von der Finanzverwaltung verwendete Abgrenzung von steuerlich irrelevanten Faktoren der Vermögensebene und solchen des Kapitalmarktes findet sich jedoch nicht einmal ansatzweise im Wortlaut wieder.²⁹⁸ Insbesondere verwendet das Gesetz nicht den Begriff der Kapitalmarktrendite, so dass eine Auslegung sich auch nicht an diesem Begriff orientieren kann.²⁹⁹

Hinzu kommt, dass eine solche Abgrenzung nach Faktoren der privaten Vermögensebene und der Kapitalmarktebene, die sich nicht einmal ansatzweise aus dem Wortlaut ableiten lässt, faktisch unmöglich ist.³⁰⁰ Die Insolvenz des Emittenten ist – anders als die Finanzverwaltung im Zusammenhang mit den Argentinienbonds meint³⁰¹ – keineswegs ein Faktor, der allein auf der privaten Vermögensebene liegt und damit ausschließlich das Emittentenrisiko widerspiegelt. Eine solche Auslegung ist zu einseitig. Im Börsenkurs von Anleihen spielt das allgemeine Zinsniveau **immer** eine Rolle, auch bei notleidenden Anleihen wie den Argentinienbonds, die nach wie vor an der Börse gehandelt werden.³⁰² Von bloßen Zufallskursen, die jeglicher Berechnungsgrundlage entbehren und in denen kein Zinsertrag versteckt ist,³⁰³ kann daher keine Rede sein. Die Ursache für den Kursverfall bei den argentinischen Staatsanleihen lag neben dem Schuldenmoratorium auch in den erfolgten Rating-Herabstufungen und wird ebenfalls beeinflusst durch das allgemeine Zinsniveau. Sofern das FG Berlin behauptet, auch Rating-Herabstufungen und das allgemeine Zinsniveau würden zur privaten Vermögensebene gehören und daher außerhalb des Kapitalmarktes liegen,³⁰⁴ muss man sich die Frage stellen, ob überhaupt Faktoren denkbar sind, die die Ertragsebene betreffen und damit durch den Kapitalmarkt bedingt und als versteckter Zinsertrag anzusehen sind. Der Kursverfall bei Insolvenz des

310

---

297 *Schmitt/Krause*, DStR 2004, 2042, 2044; *Haisch*, DB 2002, 1736, 1737; s.a. BFH v. 24.10.2000, VIII 28/99, BStBl 2001 II, 97 ff und Niedersächsisches FG v. 25.11.2004, EFG 2005, 698 (nicht rechtskräftig).
298 *Harenberg*, NWB Fach 3, 11717, 11720.
299 A.A. *Delp*, INF 2002, 170, 173.
300 *Haisch*, DB 2002, 1736, 1738; *Haisch*, DStZ 2005, 102, 108; *Schmitt/Krause*, DStR 2004, 2042, 2045.
301 Z.B. OFD Kiel v. 3.7.2003, S 2252 A-St 231 EStK § 20 EStG Karte 3.0; BMF v. 14.7.2004 BStBl 2004 I, 611; ebenso Niedersächsisches FG v. 25.11.2004, EFG 2005, 698 (nicht rechtskräftig).
302 *Wellmann*, DStZ 2002, 17, 180.
303 So *Engelsberger*, FR 2002, 1280, 1283.
304 FG Berlin v. 22.4.2004, EFG 2004, 1450 ff. (nicht rechtskräftig).

Emittenten bestimmt sich stets im Ergebnis aus einer Vielzahl von Ursachen außerhalb und innerhalb des Kapitalmarktes, die sich nicht klar voneinander abgrenzen lassen.[305] Dies muss auch dem Gesetzgeber klar gewesen sein, denn Kurswertveränderungen bei festverzinslichen Schuldverschreibungen können ebenfalls im Wesentlichen nur auf die Bonität des Emittenten und das Marktzinsniveau (beides Faktoren der Vermögenssphäre) zurückgeführt werden.[306] Gleiches gilt z.B. bei den Down-Rating-Anleihen, die eine feste Mindestverzinsung wie Festzinsanleihen vorsehen und bei denen nur ungewiss ist, ob sich der Zins während der Laufzeit wegen der zusätzlichen Zinskomponente erhöht.[307] Veräußerungsgewinne aus dem Verkauf von Down-Rating-Anleihen haben mit verstecktem Zins nicht das Geringste zu tun. Sie beruhen ausschließlich auf veränderten Kapitalmarktgegebenheiten oder einer Herabstufung des Bonitätsratings (Zinsanstieg).[308] Entsprechende Schwierigkeiten ergeben sich bei der durch den BFH mit Urteil vom 13.12.2006[309] vorgeschlagenen Abgrenzung von Finanzinnovationen mit und ohne getrenntem Nutzungsentgelt (Zins) und realisierter Wertentwicklung. Auch hier sieht sich der Anleger mit der im Einzelfall zu beantwortenden Frage konfrontiert, ob im Veräußerungs- bzw. Einlösungsbetrag ein versteckter Zins enthalten ist oder nicht. Aus den vorgenannten Gründen eine nicht ohne weiteres und mit der erforderlichen Rechtssicherheit zu beantwortende Frage.

311 Da weder eine exakte Abgrenzung noch eine Zuordnung der einzelnen Faktoren zu den Bereichen der privaten Vermögensebene und dem (versteckten) Kapitalertrag möglich ist, muss eine teleologische Reduktion des § 20 Abs. 2 Satz 1 Nr. 4 EStG scheitern.[310] Anderenfalls entstünde eine erhebliche Rechtsunsicherheit, wann eine Marktrendite zugrunde gelegt werden kann und wann nicht.[311] Auch wenn man mit dem BFH[312] eine für den Steuerpflichtigen nicht nachteilige Auslegung zugrunde legen wollte, kann dies keinen Erfolg haben. Denn bei Verlusten ist die Anwendung von § 20 Abs. 2 Satz 1 Nr. 4 EStG vorteilhaft, da sie – anders als bei §§ 22 Nr. 2,

---

305 *Haisch*, DB 2002, 1736, 1738.
306 *Haisch*, DB 2002, 1736, 1737.
307 S.o. B.I.3.f).
308 *Harenberg*, NWB Fach 3, 11717, 11720.
309 VIII R 79/03, DStR 2007, 286 ff.
310 *Korn*, DStR 2001, 1507, 1510 und 1513; einschränkend auch *Delp*, INF 2002, 170, 173.
311 S.a. *Haisch*, DB 2002, 1736, 1738.
312 24.10.2000, VIII 28/99, BStBl 2001 II, 97, 100.

23 EStG einen zeitlich unbeschränkten Verlustabzug ermöglicht. Bei Gewinnen aus der Veräußerung bzw. Abtretung wäre eine Anwendung von § 20 Abs. 2 Satz 1 Nr. 4 EStG dagegen für den Steuerpflichtigen nachteilig, da er diese Gewinne zeitlich unbefristet versteuern müsste. § 20 Abs. 2 Satz 1 Nr. 4 EStG kann nicht jeweils in Abhängigkeit vom Transaktionsergebnis entgegengesetzt zugunsten des Steuerpflichtigen ausgelegt werden.

Es bleibt daher ausschließlich die sich aus dem eindeutigen Wortlaut der Norm ergebene Bedeutung übrig mit der Folge, dass stets und ohne Einschränkung Entgelte aus der Veräußerung oder Abtretung bei Finanzinnovationen steuerpflichtig wären. Dies entspricht jedoch weder dem, was der Gesetzgeber wollte noch steht dies im Einklang mit der Verfassung.[313] Denn Finanzinnovationen werden, wenn man zwangsweise ohne Wahlmöglichkeit die Marktrendite zugrunde legt, ohne sachlichen Grund gegenüber festverzinslichen Wertpapieren ungleich behandelt.

312

Für diesen Verstoß gegen Art. 3 Abs. 1 GG gibt es keine Rechtfertigung,[314] insbesondere genügt eine Vereinfachung der Besteuerung für die Verwaltung nicht, um diese Ungleichbehandlung zu rechtfertigen. Denn es ist weder erkennbar, dass der Verwaltungsaufwand, der mit der Ermittlung der Emissionsrendite verbunden ist, unzumutbar oder unverhältnismäßig wäre, noch dass keine sachgerechte Gesetzesfassung möglich wäre, die – wie bei Wechselkursen bereits geschehen – Faktoren der privaten Vermögensebene einer Besteuerung entzieht,[315] so dass die Norm **verfassungswidrig** ist, sofern bei Finanzinnovationen i.S.v. § 20 Abs. 2 Satz 1 Nr. 4c 2. Alt. EStG zwangsweise die Marktrendite zugrunde gelegt wird. Dies hat zur Folge, dass eine Besteuerung bei dieser großen Gruppe von Finanzinnovationen nicht möglich ist und es insoweit erst einer Gesetzesänderung bedarf.

313

Die Besteuerung von Gewinnen aus der Veräußerung bzw. Abtretung von Finanzinnovationen i.S.v. § 20 Abs. 2 Satz 1 Nr. 4c 2. Alt. EStG – Abhängigkeit der Höhe der Erträge von einem ungewissen Ereignis – und die evt. gleichzeitige Tatbestandsverwirklichung von § 20 Abs. 2 Satz 1 Nr. 4d EStG

314

---

313 Ebenso *Harenberg/Irmer*, a.a.O., Rn. 953 f.
314 Ausdrücklich auch BFH v. 24.10.2000, VIII R 28/99, BStBl 2001 II, 97, 100; a.A. aber für Reverse Floater FG Rheinland-Pfalz DStRE 2003, 394, 396 (nicht rechtskräftig) mit der nicht nachvollziehbaren Begründung, dass der Kursgewinn – anders als bei Aktien – unmittelbar auf eine Marktzinsänderung beruhe und deshalb eine Einstufung der Kursgewinne als Zinsertrag „nicht völlig sachfremd" sei.
315 S.a. Niedersächsisches FG v. 25.11.2004, EFG 2005, 698 (nicht rechtskräftig).

sollten daher nicht akzeptiert, sondern mit dem Einspruch angegriffen werden, auch wenn der BFH in seiner aktuell veröffentlichten Etnscheidung zu Down-Rating-Anleihen[316] die Ansicht des FG bestätigt hat.

dd) Wahlrecht

315 Besitzt die Finanzinnovation eine Emissionsrendite,[317] kann der Steuerpflichtige nach dem Wortlaut des Gesetzes entweder eine Besteuerung nach der besitzzeitanteiligen Emissionsrendite vornehmen lassen, indem er diese gegenüber dem Finanzamt nachweist. Unterlässt er diesen Nachweis gezielt oder unabsichtlich, kommt nur eine Besteuerung nach der Marktrendite in Betracht.

(1) Voraussetzungen des Wahlrechts

316 Unfreiwillig kann der Nachweis der Emissionsrendite misslingen, wenn es dem Steuerpflichtigen trotz seiner Bemühungen nicht möglich ist, die besitzzeitanteilige Emissionsrendite in Erfahrung zu bringen. Solche faktischen Schwierigkeiten können z.B. bei besonders lang laufenden Zero-Bonds oder ebensolchen ausländischen Optionsanleihen auftreten.

317 Nach dem Gesetzeswortlaut handelt es sich zumindest um ein faktisches (Methoden-)Wahlrecht des Anlegers, was ihm einen erheblichen steuerlichen Gestaltungsspielraum einräumt.[318] Weist der Anleger die Emissionsrendite nicht nach, muss das Finanzamt die Marktrendite zugrunde legen.[319] Dies gilt unabhängig von dem Grund für den fehlenden Nachweis.[320] Davon ist selbst dann keine Ausnahme zu machen, wenn das Finanzamt die Emissionsrendite durch Nachfrage beim Emittenten oder durch eigene Berechnungen anhand vorhandener Unterlagen ohne weiteres selbst ermitteln kann.[321] Denn das Finanzamt ist nach dem eindeutigen Wortlaut („nachweisen" setzt ein willentliches bewusstes Verhalten des Anlegers

---

316 Az. des BFH VIII R 6/05, Urt. v.13.12.2006.
317 S.o. C.I.2.c)aa)(1).
318 *Epple/Jurowsky/Schäfer*, a.a.O., S. 149; *Haisch*, DStR 2003, 2202, 2203; *Haisch*, DStZ 2005, 102, 107; *Korn*, DStR 2001, 1507, 1509; *Sagasser/Schüppen*, DStR 1995, 265, 270; *Storg*, BB 2004, 2154; vgl. auch *Schumacher*, DB 1996, 1843 zu verfassungsrechtlichen Bedenken gegen das Wahlrecht.
319 BFH v. 24.10.2000, VIII R 28/99, BStBl 2001 II, 97 ff. zur alten Gesetzesfassung: „Beweislastregelung".
320 *Harenberg/Irmer*, a.a.O., Rn. 951.
321 Herrmann/Heuer/Raupach-*Harenberg*, § 20 Rn. 1121; *Harenberg/Irmer„* a.a.O., Rn. 971.

voraus) nicht berechtigt oder verpflichtet, die Emissionsrendite von Amts wegen zu ermitteln.³²²

Vorsicht ist jedoch geboten, da seitens des FG Berlin³²³ der Nachweis der Emissionsrendite für eine argentinische Stufenzinsanleihe und seitens des FG Köln³²⁴ für eine Gleitzinsanleihe durch den Steuerpflichtigen bereits deshalb als erbracht angesehen wurde, weil der Anleger die Berechnungsgrundlagen gegenüber dem Finanzamt offen gelegt hatte, ohne den Nachweis der Emissionsrendite erbringen zu wollen. Es genüge, wenn der Steuerpflichtige willentlich Angaben gegenüber dem Finanzamt macht, mit deren Hilfe das Finanzamt in die Lage versetzt wird, die Emissionsrendite zu berechnen. Zwar dürfe das Finanzamt keine eigenen Sachverhaltsermittlungen zur Berechnung der Emissionsrendite anstellen. Gleichzeitig reiche es aber aus, wenn der Anleger die Tatsachengrundlagen vorlegt, die zur Ermittlung der Emissionsrendite erforderlich sind.³²⁵ Die Vorlage einer eigenen Berechnung durch den Steuerpflichtigen ergebe sich nicht aus dem Wortlaut der Norm.

318

Diese finanzgerichtliche Rechtsprechung hat der BFH mit Urteil vom 11.7.2006³²⁶ bestätigt und ist sogar darüber hinausgegangen. Er bezeichnet die Regelung in § 20 Abs. 2 Satz 1 Nr. 4 Satz 2 EStG explizit als Beweiserleichterung zugunsten des grds. zu eigenen Ermittlungen verpflichteten Finanzamts (Umkehr der Beweislast). Die Emissionsrendite ist danach bereits nachgewiesen, wenn sie sich aus den vom Anleger eingereichten Unterlagen ergibt. Dem Finanzamt sind weder eigene Ermittlungen noch Berechnungen versagt. Nach diesseitiger Auffassung ist der Wortlaut der Norm jedoch nicht so eindeutig, wie der BFH meint. Insbesondere ergibt sich aus ihm nicht, dass die Marktrendite nur anzusetzen ist, wenn die Finanzbehörde die Emissionsrendite nicht ermitteln kann. Die Norm nimmt vielmehr ausdrücklich auf einen fehlenden Nachweis durch den Anleger Bezug.

319

Will man sich folglich aus den nachfolgend noch aufzuzeigenden Gründen auf die günstigere Marktrendite berufen, muss dafür Sorge getragen werden,

320

---

322 *Epple/Jurowsky/Schäfer*, Private Kapitalanlagen, S. 148.
323 Urt. v. 22.4.2004, EFG 2004, 1450 (nicht rechtskräftig) unter Hinweis auf das Fehlen eines materiellen Wahlrechtes.
324 Urt. v. 15.7.2004, EFG 2004, 1600.
325 FG Köln v. 15.7.2004, EFG 2004, 1598.
326 VIII R 67/04, www.bundesfinanzhof.de.

dass sich die Emissionsrendite nicht aus den vorgelegten Unterlagen ermitteln lässt. Insbesondere die jeweiligen Emissionsbedingungen bzw. das Emissionsprospekt sollten deshalb nicht vorgelegt werden, damit verhindert wird, dass unfreiwillig die Emissionsrendite zum Tragen kommt.[327] Eine weitere Möglichkeit – unterstellt man die Ansicht des BFH als richtig – besteht darin, bei risikoreichen Anleihen stets in solche zu investieren, die keine Emissionsrendite aufweisen und daher nach Auffassung des BFH zwingend mit der Marktrendite zu besteuern sind – sofern ansonsten die aufgezeigten Beschränkungen des BFH eingehalten werden.

(2) Ausübung des Wahlrechts

321 Der Steuerpflichtige wird von einem Nachweis der feststellbaren Emissionsrendite gegenüber dem Finanzamt immer dann gezielt absehen, wenn die Berechnung anhand der Marktrendite für ihn günstiger ist, d.h. zu geringeren Einnahmen führt. Dabei kommt es im Wesentlichen auf das Verhältnis des Kapitalmarktzinses bei Erwerb des Wertpapiers zu dessen Höhe im Veräußerungszeitpunkt an:

322 Bei einem gegenüber dem Erwerbszeitpunkt **gestiegenen Marktzinsniveau** sinkt der Kurswert des Wertpapiers unter den Betrag, der einer Aufzinsung nach der Emissionsrendite entsprechen würde. Bei Ansatz der Emissionsrendite müssten in diesem Fall Kapitalerträge versteuert werden, die tatsächlich nicht erzielt wurden. Bei Abstellen auf die Marktrendite kann der Kursverlust, der außerhalb der Fristen des § 23 EStG bei festverzinslichen Wertpapieren der nicht steuerbaren Privatsphäre zuzuordnen wäre, bei Finanzinnovationen unbefristet steuermindernd geltend gemacht werden, unter Umständen bis hin zu negativen Einnahmen aus Kapitalvermögen. Für den Anleger ist in diesem Fall die Besteuerung nach der Marktrendite günstiger.[328]

323 **Beispiel:**
Verkauf einer Nullkuponanleihe im Nennbetrag von 10.000 EUR und einer Laufzeit von 10 Jahren zu einem Emissionskurs von 110% nach zwei Jahren zum Kurs von 120%. Die besitzzeitanteilige Emissionsrendite wird mit 2.000 EUR unterstellt.

---

327 Ebenso *Haisch*, DStZ 2005, 102, 108.
328 Z.B. Herrmann/Heuer/Raupach-*Harenberg*, § 20 Rn. 1122.

Besitzzeitanteilige Emissionsrendite:		2.000 EUR
Marktrendite:		
Veräußerungspreis	12.000 EUR	
./. Anschaffungskosten	11.000 EUR	
	1.000 EUR	1.000 EUR

Damit ist die Besteuerung nach der Marktrendite günstiger.

Bei gegenüber dem Erwerbszeitpunkt **gesunkenem Kapitalmarktzins** steigt der Kurswert der Anlage. Wählt der Anleger in diesem Fall die Marktrendite, muss er zusätzlich den enthaltenen Kursgewinn versteuern, der anderenfalls – unter Zugrundelegung der Emissionsrendite – steuerfrei vereinnahmt werden kann. Für den Anleger ist daher die Besteuerung nach der Emissionsrendite günstiger.[329] 324

Beispiel: 325

Wie vor, jedoch Veräußerung zu einem Kurs von 140%

Besitzzeitanteilige Emissionsrendite:		2.000 EUR
Marktrendite:		
Veräußerungspreis		14.000 EUR
./. Anschaffungskosten		11.000 EUR
	3.000 EUR	3.000 EUR

Damit ist in diesem Fall die Besteuerung nach der Emissionsrendite günstiger.

Bei **gleich gebliebenem Kapitalmarktzins** führt die Marktrendite nur dann zu steuerlichen Vorteilen, wenn die Abzugsfähigkeit von Anschaffungsnebenkosten und Veräußerungsnebenkosten anerkannt wird.[330] Da nur bei Wahl der Marktrendite solche Nebenkosten mindernd geltend gemacht werden können, würde sich der zu versteuernde Ertrag gegenüber dem Ansatz nach der Emissionsrendite entsprechend reduzieren. Der Anleger wird daher die Besteuerung nach der Marktrendite wählen, wenn er ggfs. zu einer Auseinandersetzung mit der Finanzverwaltung bereit ist. Nach Ansicht der Finanzverwaltung, die eine Berücksichtigung der Nebenkosten 326

---

329 *Storg*, BB 2004, 2154, 2157 mit einem weiteren Beispiel.
330 Vgl. *Epple/Jurowsky/Schäfer*, a.a.O., S. 150; *Harenberg/Irmer*, a.a.O., Rn. 973.

verneint,[331] führt eine Berechnung nach der Markt- oder Emissionsrendite in diesem Fall zu keinem Unterschied.

327 **Beispiel:**

Wie vor, jedoch Veräußerung zu einem Kurs von 130%.

Besitzzeitanteilige Emissionsrendite:		2.000 EUR
Marktrendite:		
Veräußerungspreis		13.000 EUR
./. Anschaffungskosten		11.000 EUR
	2.000 EUR	2.000 EUR

328 Vertritt man entgegen der Finanzverwaltung mit guten Argumenten die Auffassung, dass Nebenkosten der Anschaffung und der Veräußerung bei Bestimmung der Marktrendite zu berücksichtigen sind, ist – wenn im vorliegenden Beispielsfall die Nebenkosten bei Anschaffung und Veräußerung jeweils 200 EUR betragen haben – die Besteuerung nach der Marktrendite günstiger:

Besitzzeitanteilige Emissionsrendite:		2.000 EUR
Marktrendite:		
Veräußerungspreis		13.000 EUR
./. Nebenkosten der Veräußerung	200 EUR	
./. Anschaffungskosten		11.000 EUR
./. Nebenkosten der Anschaffung	200 EUR	
	1.600 EUR	1.600 EUR

329 Erfolgt die Veräußerung innerhalb der Jahresfrist des § 23 Abs. 1 Satz 1 Nr. 2 EStG, wirken sich Unterschiede bei der Wahl der Emissions- oder Marktrendite im Ergebnis nicht aus. Denn eine etwaige steuerfreie Differenz nach der Emissions- oder Marktrendite wird grundsätzlich zusätzlich über die §§ 22 Nr. 2, 23 EStG erfasst.[332]

---

331 S.o. C.I.2.c)bb)(3).
332 Ebenso *Weitbrecht*, DB 1995, 443, 444.

3. Besteuerung bei Einlösung

§ 20 Abs. 2 Satz 1 Nr. 4 Satz 4 EStG regelt, dass die Sätze 1 bis 3 für die Einlösung der Wertpapiere und Kapitalforderungen bei deren Endfälligkeit entsprechend gelten. 330

a) Anwendung auf den sog. Durchhalter

Durch das Steueränderungsgesetz 2001 wurde die bislang enthaltene Einschränkung in Satz 4 betreffend die Einlösung durch den zweiten und jeden weiteren Erwerber ersatzlos gestrichen. Damit finden die vorgenannten Grundsätze – Besteuerung nach der Markt- oder Emissionsrendite – auch Anwendung, wenn anstelle einer Zwischenveräußerung die Einlösung bei Endfälligkeit erfolgt. Dabei unterscheidet das Gesetz nicht mehr zwischen dem Ersterwerber (sog. Durchhalter) der Anleihe und einem Zwischenerwerber (auch Zweiterwerber genannt). Denn im Rahmen der entsprechenden Anwendung ist das Tatbestandsmerkmal einer Veräußerung oder Abtretung durch die Einlösung bei Endfälligkeit zu ersetzen, so dass keine Unterscheidung zwischen Zweiterwerber oder Durchhalter mehr erfolgt.[333] Demnach hat also auch der Ersterwerber, wenn er die Anleihe bei Endfälligkeit einlöst, ein Wahlrecht, ob die Besteuerung nach der Markt- oder der Emissionsrendite erfolgen soll.[334] Ein Fall des § 20 Abs. 1 Nr. 7 EStG liegt dagegen nicht vor.[335] 331

b) Ausübung des Wahlrechts

Die Wahl der Emissions- oder Marktrendite führt beim Durchhalter jedoch regelmäßig zu identischen Ergebnissen, da keine zusätzlichen Kursgewinne oder -verluste aus Zwischenveräußerungen realisiert werden.[336] 332

Da bei einem durchhaltenden Ersterwerber während der Laufzeit auftretende Kursschwankungen mangels Zwischenveräußerung nicht realisiert werden, kann ein Einlösungsgewinn bei einer Zugrundelegung der Marktrendite 333

---

333 BT-Drucks. 14/7341 S. 11, 24; *Haisch*, DStR 2002, 247; *Haisch*, DStR 2003, 2202, 2206 m.w.N. in Fn. 55; *Epple/Juowsky/Schäfer*, a.a.O., S. 137.
334 Ebenso *Delp*, INF 2002, 170; *Storg*, BB 2004, 2156 f.
335 *Bödecker/Geitzenauer*, FR 2003, 1209 f.; *Haisch*, DStR 2002, 247; *Haisch*, DStR 2003, 2202, 2205; *Harenberg/Irmer*, a.a.O., Rn. 978 (zweifelnd in Rn. 797); a.A. noch *Korn*, DStR 2001, 1507, 1509.
336 *Storg*, BB 2004, 2156 f. mit zwei ausführlichen Rechenbeispielen zu einer step-up und einer step-down Stufenzinsanleihe.

regelmäßig überhaupt nur bei Anleihen mit einem Auszahlungsdisagio entstehen.[337]

c) **Vorzeitige Einlösung**

334 Für den Fall der vorzeitigen Einlösung einer Gleitzinsanleihe hat das FG Köln mit Urteil vom 15.7.2004[338] entschieden, dass die vorzeitige Kapitalrückzahlung aufgrund einer Leistungsstörung durch das Verhalten des Emittenten keine Einlösung bei Endfälligkeit darstelle und damit der eingetretene Verlust nicht unter § 20 Abs. 2 Satz 1 Nr. 4 EStG subsumiert werden könne.

335 Hintergrund war folgender Fall: Die 1997 begebene Gleitzinsanleihe, die zu 101% des Emissionskurses erworben wurde, sah bis zur Endfälligkeit im Jahr 2015 zunächst einen Zinssatz von 3%, anschließend 14% und am Ende 10% vor. Neben einer ratenweisen Rückzahlung des Kapitals ab dem Jahr 2005 regelte das Emissionsprospekt eine vorzeitige Einlösung der Schuldverschreibung zu einem konkreten Wert, wenn das Devisenhandelsgeschäft des Emittenten mit einem Dritten (sog. Swap-Vertrag) aus bestimmten Gründen beendet würde. Da der Dritte aufgrund Nichteinhaltens der Zahlungsbedingungen durch seinen weiteren Vertragspartner den Swap-Vertrag kündigen musste, kam es zwischen dem Anleger und dem Emittenten entsprechend den Emissionsbedingungen zu einer vorzeitigen Rückzahlung der Anleihe zum damaligen Marktwert.

336 Nach Ansicht des FG Köln findet § 20 Abs. 2 Satz 1 Nr. 4 EStG bereits seinem Wortlaut nach auf die Fälle einer vorzeitigen Einlösung keine Anwendung, da Satz 4 der Norm ausdrücklich auf die Endfälligkeit Bezug nimmt und dieses Verständnis auch aus der Gesetzesbegründung sowie der systematischen Stellung folge.[339]

337 Dem ist jedoch aus folgenden Gründen zu widersprechen: In § 20 Abs. 2 Satz 1 Nr. 4 Satz 4 EStG wird klargestellt, dass die Einlösung bei Endfälligkeit einer Veräußerung bzw. Abtretung gleichkommt. Eine Endfälligkeit der Anleihe ist aber auch dann gegeben, wenn nach den Emissionsbedingungen das Laufzeitende auf einen früheren Zeitpunkt vorverlagert wird. Denn in diesem Zeitpunkt endet die Anleihe (wenn auch früher als ohne Eintritt

---

337 *Epple/Jurowsky/Schäfer*, a.a.O., S. 137.
338 EFG 2004, 1598.
339 FG Köln v. 15.7.2004, EFG 2004, 1598.

dieser Bedingung) und wird das Wertpapier „endfällig" im Sinne der Norm. Dementsprechend ist es – anders als das FG Köln meint – nicht erforderlich, für eine solche Vorverlagerung des Fälligkeitszeitpunktes den Gesetzeswortlaut zu ändern und den Begriff der Fälligkeit anstelle der Endfälligkeit aufzunehmen. Auch bei frühzeitiger Einlösung handelt es sich bei dem Einlösenden um den sog. Durchhalter der Anleihe. Sofern sich eine Emissionsrendite bei diesen Papieren aufgrund des klar geregelten, jedoch nicht vorhersehbaren vorzeitigen Fälligkeitszeitpunktes nicht mit Sicherheit berechnen lässt, handelt es sich um eine Finanzinnovation **ohne** eine Emissionsrendite, nicht jedoch um einen Fall, der nicht unter § 20 Abs. 2 Satz 1 Nr. 4 EStG zu subsumieren wäre. Dass es Finanzinnovationen ohne konkret bestimmbare Emissionsrendite gibt, hat der Gesetzgeber des Steueränderungsgesetzes 2001 ausdrücklich gesetzlich fixiert und in diesen Fällen die – nach diesseitiger Einschätzung verfassungswidrige – Besteuerung nach der Marktrendite festgeschrieben.[340] Hält man sich streng an den Gesetzeswortlaut, ist nicht erkennbar, warum kein Fall des § 20 Abs. 2 Satz 1 Nr. 4 Satz 4 EStG vorliegen sollte.[341] Es ist auch kein Fall einer Insolvenz des Emittenten gegeben. Dieser hat vielmehr seine Verpflichtungen aus den Emissionsbedingungen der Anleihe uneingeschränkt erfüllt, so dass es zu einer vertragsgemäßen, wenn auch vorzeitigen Rückzahlung (Einlösung) der Anleihe gekommen ist.

Zwar hat der BFH mit Urteil vom 11.7.2006[342] die Ansicht des FG Köln nicht bestätigt. Er kommt jedoch aufgrund der Regelung in § 20 Abs. 2 Satz 1 Nr. 4 Satz 2 EStG zu dem Ergebnis, dass der Steuerpflichtige die sich bei Zugrundelegung der Marktrendite ergebenden Verluste aus der vorzeitigen Einlösung der Gleitzinsanleihe nicht steuerlich geltend machen kann. Denn aus den durch den Steuerpflichtigen vorgelegten Unterlagen konnte das zuständige Finanzamt die Emissionsrendite ermitteln, so dass diese in Ansatz zu bringen war.[343] Ist dies nicht der Fall, kann sich der Anleger – entgegen der Ansicht des FG Köln – auf die für ihn günstige Regelung des § 20 Abs. 2 Satz 1 Nr. 4 EStG berufen und den Einlösungsverlust steuerlich geltend machen.

338

---

340 S.o. C.I.2.c)cc).
341 A.A. aber für den Fall einer ratierlichen Kapitalrückzahlung (keine Einlösung, sondern eher einer Zwischenveräußerung vergleichbar) *Harenberg/Irmer*, Die Besteuerung privater Kapitaleinkünfte, Rn. 977.
342 VIII R 67/04, www.bundesfinanzhof.de.
343 Dazu oben C.I.2.c)dd)(1).

4. Besonderheiten bei einzelnen Finanzinnovationen

a) Einfacher Floater

339 Mit Schreiben vom 20.1.1994[344] hat das BMF ausdrücklich erklärt, dass bei der einfachsten Form der Floater, bei denen die Verzinsung ausschließlich dem jeweiligen LIBOR oder EURIBOR entspricht, die Veräußerungsgewinne nicht nach § 20 Abs. 2 Satz 1 Nr. 4 EStG, sondern nach § 20 Abs. 2 Satz 1 Nr. 3 EStG steuerlich erfasst werden. Denn bei solchen Wertpapieren könnten sich nach ihrer Ausgestaltung grundsätzlich keine zukünftigen Erwerbserwartungen im Kurs widerspiegeln. Sie enthalten folglich keinen im Kurs versteckten Kapitalertrag.[345] Hintergrund ist die laufende zeitnahe Anpassung an den Marktzins, die faktisch eine Veräußerung bzw. Einlösung zum Nennbetrag der Anleihe ermöglicht.[346] Aufgrund einer teleologischen Reduktion des Tatbestandes von § 20 Abs. 2 Satz 1 Nr. 4 EStG findet die Norm daher nach ganz überwiegender Ansicht keine Anwendung auf einfache Floater.

340 Gleiches gilt nach Ansicht des BFH[347] für Reverse Floater. Diese erfüllen zwar ohne eine Emissionsrendite zu besitzen die Tatbestandsvoraussetzungen der § 20 Abs. 2 Satz 1 Nr. 4c und d EStG. Trotzdem sind Veräußerungsgewinne nicht berechnet nach der Marktrendite zu versteuern. Denn die Norm ist nach ihrem Sinn und Zweck in solchen Fällen einschränkend auszulegen, in denen – wie bei einfachen und Reverse Floatern – Ertrags- und Vermögensebene nicht miteinander verknüpft, sondern ohne jede Schwierigkeit voneinander abgrenzbar sind. Sofern sich bei Reverse Floatern anders als bei einfachen Floatern während der Laufzeit Kursveränderungen ergeben, rechtfertigt dies aus Sicht des BFH kein abweichendes Ergebnis. Festverzinsliche Wertpapiere sind in entsprechendem Maße aufgrund der Kapitalmarktentwicklung ebenfalls Kursschwankungen unterworfen, die allenfalls im Rahmen des § 23 EStG Berücksichtigung finden können und damit eindeutig der privaten Vermögenssphäre zuzuordnen sind. Man fragt sich dabei jedoch, wo der BFH entsprechende Grenzen ziehen und eine Vergleichbarkeit ausschließen möchte.

---

344 IV B 4 – S 1980 – 5/94, FR 1994, 206.
345 *Harenberg/Irmer*, a.a.O., Rn. 999.
346 S.a. oben B.I.3.g); *Haisch*, DStZ 2005, 102, 106 m.w.N. in Fn. 65; *Scheuerle*, DB 1994, 445, 450.
347 Urt. v. 20.11.2006, VIII R 97/02, www.bundesfinanzhof.de.

b) Umtausch-Floater

Macht der Anleger von seinem Umtauschrecht bei sog. Umtausch-Floatern Gebrauch und wandelt sich dieser dadurch in eine Festzinsanleihe,[348] liegt darin kein privates und nach § 23 EStG steuerpflichtiges Veräußerungsgeschäft, wenn sich die Bedingungen nicht ändern, d.h. Emittent, Inhaber, Nennbetrag und Laufzeit unverändert bleiben, das Umtauschrecht bereits in den Emissionsbedingungen vorgesehen war und zwischen der Anschaffung des Floaters und dem Verkauf der festverzinslichen Schuldverschreibung ein Zeitraum von mehr als einem Jahr liegt. Denn bei einer solchen Ausgestaltung des Umtausch-Floaters nimmt die Rechtsprechung eine Identität von Umtausch-Floater und festverzinslicher Schuldverschreibung an,[349] so dass der für § 23 EStG entscheidende Anschaffungszeitpunkt die Anschaffung des Umtausch-Floaters ist, und die für die Berechnung der Jahresfrist relevante Veräußerung die Veräußerung der durch den Umtausch erworbenen Festzinsanleihe darstellt. Ob zwischen dem Umtausch in die Festzinsanleihe und ihrer anschließenden Veräußerung ein Zeitraum von weniger als einem Jahr liegt, ist demnach ebenso wenig relevant wie die banktechnische Bezeichnung von Verkauf und Ankauf.[350]

341

c) Disagio-Anleihen

Aus Vereinfachungsgründen unterwirft die Finanzverwaltung einen Emissions-Disagiobetrag nicht der Besteuerung nach § 20 Abs. 2 Satz 1 Nr. 4a EStG, wenn die im BMF-Schreiben vom 24.11.1986[351] aufgestellten Grenzen eingehalten werden.[352] Denn in diesen Fällen hat der Disagio-Betrag kein Gewicht und dient lediglich der Feineinstellung des Zinssatzes.[353] Die Grenzen belaufen sich nach dem Erlass auf folgende Beträge:

342

---

348 S.o. B.I.3.g).
349 BFH v. 30.11.1999, IX R 70/96, BStBl 2000 II, 262.
350 S.a. *Harenberg/Irmer*, a.a.O., Rn. 1056 und 1308.
351 BStBl 1986 I, 539.
352 Dies gilt auch für einen gewährten Emissionsdiskont, *Epple/Jurowsky/Schäfer*, a.a.O., S. 157. Nicht nachvollziehbar dagegen *Storg*, BB 2004, 2154, der feststellt, dass eine Versteuerung seit dem Steueränderungsgesetz 2001 auch dann zu erfolgen hat, wenn die Disagiostaffel eingehalten wird.
353 BFH v. 13.10.1987, VIII R 156/84 BStBl 1988 II, 252.

Laufzeit der Anleihe	gewährtes Disagio bezogen auf den Nennbetrag
unter 2 Jahre	1%
2 bis unter 4 Jahre	2%
4 bis unter 6 Jahre	3%
6 bis unter 8 Jahre	4%
8 bis unter 10 Jahre	5%
ab 10 Jahre	6%

343 Werden die Grenzen überschritten, ist der gesamte Disagio-Betrag steuerpflichtig und nicht nur der den Staffelbetrag übersteigende Teil.[354] Entscheidend für die Anwendung der Disagiostaffel ist das im Zeitpunkt der Erstemission festgesetzte Disagio.[355]

344 **Beispiel:**

Eine Anleihe, die laufend mit 2% zu verzinsen ist und eine Laufzeit von zwei Jahren hat, wird zu 90% des Nennwertes ausgegeben und zu 100% am Laufzeitende zurückgezahlt.

345 **Lösung:**

Die laufenden Zinseinnahmen in Höhe von 2% jährlich sind gem. § 20 Abs. 1 Nr. 7 EStG zu versteuern. Da das Disagio 10% bei einer Laufzeit von zwei Jahren beträgt, wird die zulässige Disagio-Staffel von 2% deutlich überschritten. Bei Einlösung liegen i.H.d. vollen Unterschiedsbetrages zwischen dem Erwerbskurs und dem Einlösungsbetrag (10% Disagio) folglich zusätzliche steuerpflichtige Einnahmen nach § 20 Abs. 2 Satz 1 Nr. 4a EStG vor, die entweder nach der Markt- oder der Emissionsrendite besteuert werden können.[356] Werden bei der Veräußerung zudem Stückzinsen gesondert ausgewiesen, muss der Veräußerer diese nach § 20 Abs. 2 Nr. 3 EStG versteuern. Fehlt ein besonderer Ausweis, erfolgt die Besteuerung einheitlich einschließlich des steuerpflichtigen Disagios nach § 20 Abs. 2 Satz 1 Nr. 4c EStG.

---

354 Vgl. z.B. *Scheuerle*, DB 1994, 445, 449; *Harenberg*, NWB Fach 3, 13711, 13712; BFH v. 13.10.1987, VIII R 156/84, BStBl 1988 II, 252.
355 *Epple/Jurowsky/Schäfer*, a.a.O., S. 160.
356 Siehe dazu auch *Scheuerle*, DB 1994, 445, 449.

Würde das Disagio dagegen höchstens 2 % betrugen, könnte diese Differenz steuerfrei vereinnahmt werden.

Entgegen dem Wortlaut des BMF-Schreibens zur Disagiostaffel nimmt die Finanzverwaltung[357] bei kurz laufenden Anleihen (Laufzeit kürzer als ein Jahr) eine weitere Differenzierung vor: Das Disagio ist in diesen Fällen nur dann steuerlich nicht zu erfassen, wenn es umgerechnet auf die Laufzeit von einem Jahr höchstens 1 % des Nennbetrages der Anleihe beträgt. 346

Beispiel: 347
Laufzeit der Anleihe: 8 Monate
Disagio: 0,75 %

Lösung: 348
Formel:
(Disagio : Laufzeit in Monaten) × 12 Monate = höchstens 1 %
Dies ergibt für den vorliegenden Fall:
(0,75 % : 8) × 12 = **1,125 %**

Da die von der Finanzverwaltung aufgestellte Grenze von höchstens 1 % des Nennbetrages bezogen auf ein Jahr überschritten wird, behandelt die Finanzverwaltung den gesamten Disagio-Betrag als steuerpflichtigen Kapitalertrag, während eigentlich die Kriterien des BMF-Schreibens für eine Unbeachtlichkeit des Disagios erfüllt wären, da es sich bei einer Laufzeit von weniger als zwei Jahren unterhalb von 1 % bewegt. 349

Darüber hinaus ist ein Disagio in voller Höhe zu versteuern, wenn es zwar formal unterhalb des zulässigen Staffelsatzes liegt, aber zusammen mit einem dem Erwerber gewährten Bonus die Staffelgrenze überschreitet.[358] Gleiches gilt für eine Aufstockung einer Emission, soweit diese innerhalb eines Jahres seit der Erstemission erfolgt und die Wertpapiere auch in dieser Frist tatsächlich begeben werden.[359] 350

---

357 OFD Nürnberg v. 10.4.1996, S 2400 – 118/St 21 EStK § 20 EStG Karte 19.3 unter Hinweis darauf, dass erst seit Januar 1991 – also nach dem Ergehen des Disagio-Erlasses des BMF – kürzere Laufzeiten als ein Jahr überhaupt zulässig sind; s.a. *Epple/Jurowsky/Schäfer*, a.a.O., S. 159.
358 *Harenberg/Irmer*, a.a.O., Rn. 980 und 1273.
359 BMF v. 15.3.2000, DStR 2000, 687; Blümich-*Stuhrmann* § 20 Rn. 342.

d) Gekorene Auf- bzw. Abzinsungspapiere

351 Bei sog. gekorenen Ab- und Aufzinsungspapieren, die durch eine nachträgliche Trennung von Zinsschein und Stammrecht gem. § 20 Abs. 2 Satz 1 Nr. 4b EStG entstanden sind,[360] ist fraglich, ob diese eine Emissionsrendite aufweisen.[361] Nach einer Ansicht[362] bestimmt sich die Emissionsrendite anhand des Verkaufskurses (der Rendite) im Zeitpunkt der Trennung, so dass aufgrund vorhandener Emissionsrendite ein Wahlrecht zwischen der Besteuerung nach der Emissions- oder der Marktrendite besteht. Nach anderer Ansicht[363] wird dagegen ausschließlich eine Besteuerung nach der Marktrendite für zulässig erachtet. Für die einzelnen Bestandteile existiert danach keine gesonderte Emissionsrendite. Auch lässt sich die Emissionsrendite der gesamten Anleihe nicht auf die einzelnen Bestandteile übertragen, da die Einzelteile im Zeitpunkt ihrer Trennung durch Abzinsung mit dem jeweiligen aktuellen Marktzins zu bewerten sind.[364] Danach muss eine Besteuerung nach der Marktrendite erfolgen und sind realisierte Kurssteigerungen über die Marktrendite stets zu versteuern.

352 Steht im Moment der ersten Veräußerung nach Trennung fest, welche Rendite aus den isolierten Zinsscheinen zu erzielen ist, z.B. weil sie einen festen Zinssatz aufweisen, kann nach diesseitiger Einschätzung eine Emissionsrendite rechnerisch nach der vorbezeichneten Definition bestimmt werden. Denn die Zinshöhe hängt in diesem Fall nicht von einem ungewissen Ereignis ab, sondern steht der Höhe nach fest. Die Berechnung erfolgt entsprechend einer Nullkupon-Anleihe,[365] deren Konstruktion der isolierte Zinsschein entspricht. Diese abgezinsten Kapitalforderungen entstehen erst durch die erstmalig getrennte Veräußerung, so dass hier von einem wirtschaftlichen „Emissionszeitpunkt" ausgegangen werden kann.[366] Somit besteht nach diesseitiger Einschätzung ein Wahlrecht zwischen dem Ansatz der auf den Zeitpunkt der ersten Veräußerung nach Trennung bestimmten Emissionsrendite und der Marktrendite.

---

360 S.o. B.I.3.c).
361 Ein Hinweis auf diese Problematik findet sich in *Haisch*, DStZ 2005, 102, 104 Fn. 31.
362 *Harenberg/Irmer*, a.a.O., Rn. 992; *Harenberg*, NWB Fach 3, 13699, 13729; *Schumacher*, DB 1996, 1843, 1844.
363 OFD Kiel v. 3.7.2003, EStK § 20 EStG Karte 3.0.; *Epple/Jurowsky/Schäfer*, a.a.O., S. 156.
364 *Epple/Jurowsky/Schäfer*, a.a.O., S. 156.
365 S.o. B.I.3.a).
366 Vgl. *Schumacher*, DB 1996, 1843, 1847 f.

e) Argentinische Staatsanleihen

aa) Besteuerung nach der Emissions- oder Marktrendite bei sog. Alt-Anleihen

Da die Finanzverwaltung und der BFH[367] bei klassischen argentinischen festverzinslichen Staatsanleihen keine Finanzinnovationen infolge Umschlüsselung bejaht, können Verluste aus Argentinienbonds nach dieser Ansicht nicht mithilfe der Marktrendite geltend gemacht werden. Die Verluste wären vielmehr nach Ablauf der Jahresfrist (§ 23 Abs. 1 Satz 1 Nr. 2 EStG) der steuerlich irrelevanten privaten Vermögensebene zuzuordnen. Dies gilt nach Ansicht der Verwaltung sogar für innovative Argentinienbonds, da Kursverluste aufgrund Insolvenz ebenfalls der privaten Vermögensebene zuzuordnen sein sollen. Der BFH hat in seinem Urteil vom 13.12.2006 den Veräußerungsverlust einer argentinischen Gleitzinsanleihe in Anlehnung an die Argumentation bei Reverse Floatern für steuerlich nicht berücksichtigungsfähig eingestuft. Er rechnet den Veräußerungsverlust zu den nicht steuerbaren Verlusten auf privater Vermögensebene, da aufgrund der Anlageform (gestaffelter Zins und umfassend zugesagte Kapitalrückzahlung) offensichtlich und zweifelsfrei feststehe, dass es sich bei wirtschaftlicher Betrachtung nicht um ein negatives Entgelt für die Überlassung von Kapitalvermögen zur Nutzung handeln könne. Nur letzteres soll aber nach dem Sinn und Zweck von § 20 Abs. 2 Satz 1 Nr. 4 EStG erfasst werden, um das geltende System der Kapitaleinkünfte nicht zu durchbrechen. Auf die im Zusammenhang mit der Verfassungsmäßigkeit gegen diese Einstufung geäußerten Bedenken[368] wird verwiesen.

353

Kommt man dagegen zu dem diesseits vertretenen Ergebnis, dass bereits die Umschlüsselung für die Entstehung einer Finanzinnovation genügt und dass das Gesetz in seiner aktuellen Fassung – unabhängig von einer Frage der Verfassungswidrigkeit – auch Kursverluste aus der Insolvenz berücksichtigt, stellt sich die Frage, ob ein Ansatz ausschließlich mit der Marktrendite in Betracht kommt oder diese Papiere auch eine Emissionsrendite aufweisen und damit eine Wahlmöglichkeit zwischen Emissions- und Marktrendite besteht.[369] Will man – wie in den überwiegenden Fällen – Veräuße-

354

---

367 Urt. v. 13.12.2006, VIII R 62/04, www.bundesfinanzhof.de.
368 C.I.2.c)cc).
369 So *Haisch*, DB 2002, 1736, 1738; FG Berlin v. 22.4.2004, EFG 2004, 1450 (nicht rechtskräftig) für einen innovativen Argentinienbond unter Hinweis darauf, dass der Stufenzins der Gleitzinsanleihe von vornherein bekannt war.

rungs(Umtausch-)verluste geltend machen, muss zwingend auf die Marktrendite abgestellt werden, da nur diese die aktuellen Kursverluste berücksichtigt, während eine Emissionsrendite von den zu erzielenden Renditen ausgehen würde, ohne die zwischenzeitliche Zahlungseinstellung des Emittenten zu berücksichtigen. Entscheidend ist daher die Marktrendite, so dass die Frage, ob eine Emissionsrendite vorhanden ist oder nicht, eher untergeordnete Bedeutung hat. Festzuhalten ist jedoch, dass – anders als bei den gekorenen Auf- oder Abzinsungspapieren – durch eine Umschlüsselung keine Trennung der Anleihe in ihre einzelnen Bestandteile erfolgt. Die Anleihe als solche besteht zunächst unverändert fort, was dafür spricht, die ursprüngliche Emissionsrendite bei Ausgabe in Ansatz bringen zu können und nicht eine Berechnung auf den Umschlüsselungszeitpunkt vornehmen zu müssen.

355 Dagegen ist der Gedanke, dass bei alten argentinischen Staatsanleihen das Entgelt für den Erwerb möglicherweise nur mit dem Wert der Schuldverschreibung im Zeitpunkt der Umschlüsselung durch die Deutsche Börse anzusetzen sein könnte,[370] zurückzuweisen. Das Entgelt für den Erwerb der Anleihe ist das ursprünglich gezahlte Kapital. Daran ändert sich auch durch die formale Umschlüsselung nichts. Bei gekorenen Auf- oder Abzinsungspapieren erfolgt ebenfalls keine „Fiktion" eines Entgeltes für den Erwerb im Zeitpunkt der Trennung. Vielmehr werden die Erwerbskosten ausschließlich dem Stammrecht zugeordnet, während auf die getrennten Zinsscheine keine Anschaffungskosten entfallen und diese daher in vollem Umfang zu besteuern sind.[371]

bb) Folgen einer Umschuldung

356 Seitens des Staates Argentinien wurde am 28.12.2004 ein Vorschlag für die Umschuldung der Alt-Anleihen unterbreitet, der einen Umtausch bestimmter Argentinienbonds in neue Wertpapiere zu Beginn des Jahres 2005 vorsah.[372] Das Umtauschvolumen wurde seitens des Staates Argentinien mit etwas über 80 Milliarden US-Dollar bezeichnet. Davon haben jedoch – gemessen an diesem Betrag – bis heute lediglich rd. ¾ der betroffenen Anleger Gebrauch gemacht. Der Bestand an sog. Alt-Anleihen wird aktuell noch

---

370 Offen gelassen von FG Münster v. 16.6.2004 EFG 2004, 1688.
371 Vgl. *Epple/Jurowsky/Schäfer*, a.a.O., S. 154 f.
372 Vgl. *Haisch*, NWB direkt Nr. 21 v. 23.5.2005, S. 6.

mit rd. 20 Milliarden US-Dollar angegeben,[373] so dass die Diskussion um eventuelle Verluste aus der Veräußerung der Alt-Anleihen weiterhin große Bedeutung hat. Im Zusammenhang mit den Umtauschverlusten stellt sich die Frage, ob diese Verluste nach § 20 Abs. 2 Satz 1 Nr. 4 EStG zu berücksichtigen sind,[374] wobei auch entscheidend ist, ob es sich ursprünglich um eine festverzinsliche Anleihe oder eine innovative Anleihe handelte.[375] Der Umtausch steht aufgrund der veränderten Bedingungen einer Veräußerung mit entsprechenden steuerlichen Konsequenzen gleich.

Als neue Wertpapiere konnten Par-, Quasi-Par- und Discount-Bonds erworben werden. 357

Entschied sich der Anleger für einen Tausch in **Discount-Bonds**, erhielt er für nominal 10.000 EUR der alten Anleihe eine Anleihe zu nominal 3.370 EUR mit einem Zinssatz von 7,82% ab dem 30.12.2003, wobei die Zinskupons bis einschließlich 2013 nicht vollständig ausgezahlt, sondern teilweise kapitalisiert werden. Das Laufzeitende der neuen Anleihe fällt auf den 31.12.2033. Zusätzlich wurden Wertpapiere ausgegeben, deren Wert sich an der künftigen Entwicklung des argentinischen Bruttosozialproduktes orientiert (sog. GDP-Linker oder auch BIPs, Bruttoinlandsproduktgebundene Wertpapiere, genannt) und die laufende Zinszahlungen vorsehen (Laufzeitende 15.12.2035). Der Anleger verzichtete bei diesem Tausch folglich auf rd. 2/3 seines eingesetzten Kapitals gegen eine relativ hohe Verzinsung des verbliebenen Kapitalbetrages. 358

Demgegenüber erhielt der Anleger bei einem Tausch in **Par-Bonds** eine Anleihe mit deckungsgleichem Nominalkapital, aber einer deutlich niedrigeren Verzinsung ab dem 30.12.2003 (bei Anleihen in Euro zunächst 1,2%, ab dem 31.3.2009 2,26%, ab dem 31.3.2019 3,38% und ab dem 31.3.2029 4,47%, Laufzeitende 31.12.2038). Zusätzlich wurden auch hier sog. GDP-Linker ausgegeben. Der Erhalt des Nominalkapitals wird folglich mit einer äußerst niedrig laufenden Verzinsung erkauft. 359

Quasi-Par-Bonds mit einer Laufzeit bis zum 31.12.2045 wurden – anders als die beiden anderen Formen – aufgrund des Zuschnittes der Anleihe auf die argentinischen Pensionsfonds ausschließlich in argentinischen Peso emittiert, ebenfalls verbunden mit der Ausgabe sog. GDP-Linker und einem 360

---

373 Quelle finanz-markt intern 9/06 S. 3.
374 Siehe auch o. B.I.3.i).
375 S.o. B.I.3.i) (am Ende des Abschnitts).

Abschlag auf das Nominalkapital der Alt-Anleihe. Der Zinssatz beträgt beginnend ab dem 30.12.2003 3,31%, wobei die Zinszahlungen bis einschließlich 2013 kapitalisiert werden.

361 Bei den Par-Bonds handelt es sich aufgrund des gestaffelten Zinses ihrerseits um Finanzinnovationen (§ 20 Abs. 1 Nr. 7 und Abs. 2 Satz 1 Nr. 4d 1. Alt. EStG), so dass die Regelungen für die Besteuerung von Finanzinnovationen auch auf diese neuen Schuldverschreibungen Anwendung finden und Gewinne bzw. Verluste unbefristet zu versteuern sind, sofern keine tatbestandliche Reduktion lt. BFH in Betracht kommt.

362 Fraglich ist, ob die Voraussetzungen des § 20 Abs. 2 Satz 1 Nr. 4d 1. Alt. EStG auch von den Discount-Bonds bzw. Quasi-Par-Bonds erfüllt werden, die im Ergebnis ab 2003 einen festen jährlichen Zinssatz vorsehen, gleichzeitig aber bis 2013 die Zinsen nur teilweise oder gar nicht auszahlen, sondern kapitalisieren. Führt die Kapitalisierung der Zinsen mangels Zufluss beim Anleger insoweit nicht zu einem steuerpflichtigen Kapitalertrag,[376] könnte dies gleichzeitig zur Folge haben, dass laufende Zinserträge während der Laufzeit der Anleihe in unterschiedlicher Höhe gezahlt werden. Auch bei diesen beiden Anleiheformen (Quasi-Par-Bonds und Discount-Bonds) könnten folglich Finanzinnovationen mit entsprechenden steuerlichen Konsequenzen vorliegen.[377] Anderenfalls handelt es sich um festverzinsliche Anleihen, deren Veräußerung lediglich innerhalb der Jahresfrist des § 23 Abs. 1 Satz 1 Nr. 2 EStG steuerpflichtig wäre.

363 Die zusätzlich (optional) erworbenen GDP-Linkers stellen mangels zugesagter Entgeltzahlung und Kapitalrückzahlung keine Kapitalforderungen i.S.v. § 20 Abs. 1 Nr. 7 und Abs. 2 Satz 1. Nr. 4 EStG dar.[378] Eine Besteuerung kommt insoweit nur innerhalb der Jahresfrist des § 23 Abs. 1 Nr. 2 EStG in Betracht.

5. Besteuerung der rein spekulativen Wertpapiere

a) Regelfall (§ 23 Abs. 1 Satz 1 Nr. 2 EStG)

364 Bei rein spekulativen Wertpapieren, die keine Finanzinnovationen darstellen und deshalb nicht unter die Sonderregelung der §§ 20 Abs. 1 Nr. 7, Abs. 2

---

376 So *Haisch*, NWB direkt Nr. 21 v. 23.5.2005, S. 6.
377 So im Ergebnis *Haisch*, NWB direkt Nr. 21 v. 23.5.2005, S. 6.
378 Ebenso *Haisch*, NWB direkt Nr. 21 v. 23.5.2005, S. 6.

Satz 1 Nr. 4 EStG fallen, kommt eine Besteuerung nach §§ 22 Nr. 2, 23 EStG als privates Veräußerungsgeschäft in Betracht. Dabei handelt es sich entsprechend den obigen Ausführungen um folgende Wertpapiere: Wandelanleihen, Full-Index-Link-Anleihen, Swap-Geschäfte, Discount-, Bonus- und Hebelzertifikate sowie alle Wertpapiere mit nur teilweisem Kapitalschutz (Index-Anleihen, Index-Zertifikate, Express- und Garantie-Zertifikate), die die Finanzverwaltung jedoch den Finanzinnovationen zuordnen will. Argentinische Staatsanleihen sollen nach Ansicht der Finanzverwaltung und des BFH je nach Ausgestaltung ebenfalls als rein spekulative Wertpapiere zu behandeln sein.

Wird ein Optionsrecht, d.h. das Recht, zu einem späteren Zeitpunkt ein Wirtschaftsgut zu einem festgelegten Preis zu erwerben, innerhalb der Jahresfrist veräußert, liegt ein privates Veräußerungsgeschäft nach §§ 22 Nr. 2, 23 EStG vor. Fraglich ist dagegen, ob der Verfall des Optionsrechts oder die Ausübung der Option innerhalb eines Jahres unter § 23 EStG zu subsumieren und der entstandene Verlust steuerlich zu berücksichtigen ist.[379] Für das infolge der Ausübung der Option erworbene Wirtschaftsgut beginnt ab diesem Zeitpunkt eine neue Jahresfrist i.S.v. § 23 Abs. 1 Satz 1 Nr. 2 EStG zu laufen.[380] Auch der Rücktausch von Fremdwährungen innerhalb der Jahresfrist fällt als Veräußerung unter § 23 EStG.[381] Ein Währungsgewinn ist im Übrigen auch dann nach den §§ 22 Nr. 2, 23 Abs. 1 Satz 1 Nr. 2 EStG zu versteuern, wenn das Wertpapierdepot in einer Fremdwährung geführt wird, also Wertpapiere ohne Rücktausch in Euro in einer fremden Währung gekauft und verkauft werden.[382] Die Umrechnung hat zu dem aktuellen Devisenkurs der jeweiligen Transaktion zu erfolgen. Werden Wertpapiere gegen solche eines anderen Unternehmens getauscht, liegt eine Veräußerung der alten und ein Erwerb der neuen Aktien vor, wobei der Veräußerungspreis der alten Aktien im gemeinen Wert der empfangenen neuen Aktien liegt.[383]

365

---

379 Dagegen *Harenberg/Irmer*, a.a.O., Rn. 1056; die Frage ist zur Zeit beim BFH unter dem Az. IX R 11/06 anhängig.
380 *Haisch*, DStR 2001, 1968, 1969.
381 *Harenberg/Irmer*, a.a.O., Rn. 1056; Schmidt-*Weber-Grellet* § 23 Rn. 42 f.; BMF v. 25.10.2004 BStBl 2004 I, 1034 Rn. 43; *Steinlein*, DStR 2005, 456, 460; *Jurowsky*, DB 2004, 2711.
382 BMF v. 25.10.2005 BStBl 2004 I, 1034 Rn. 43 f.; *Jurowsky*, DB 2004, 2711, 2713 f.; a.A. *Steinkampf*, DB 2005, 687, 692.
383 Schmidt-*Weber-Grellet* § 23 Rn. 26, 71; BMF v. 25.10.2004 BStBl 2004 I, 1034 Rn. 24.

366 Die Subsumtion unter § 23 EStG ist jedoch nicht in allen Fällen zweifelsfrei möglich.

b) Sonderfall: Zertifikate

367 Eine Besteuerung der nicht als Finanzinnovationen, sondern als rein spekulative Wertpapiere eingestuften Zertifikate – wie z.b. Discount-, Bonus- und Hebelzertifikate oder DAX-Partizipationsscheine, die am Laufzeitende eine Auszahlung des Punktestandes des DAX im Verhältnis 1:1 oder einem anderen Verhältnis vorsehen[384] – kommt allein nach § 22 Nr. 2, 23 EStG in Frage.

368 § 23 Abs. 1 Satz 1 Nr. 2 EStG regelt die Besteuerung als privates Veräußerungsgeschäft für die Fälle einer Veräußerung innerhalb Jahresfrist. Werden Zertifikate, die keine Finanzinnovationen darstellen, innerhalb der Jahresfrist des § 23 Abs. 1 Satz 1 Nr. 2 EStG veräußert, stellt dies ein steuerpflichtiges privates Veräußerungsgeschäft dar.[385]

369 Unklar ist jedoch, ob dies auch für eine Einlösung des Zertifikates innerhalb der Jahresfrist gilt. Trotz des weiten Veräußerungsbegriffs des BFH, wonach unter einer Veräußerung jede Verfügung über ein Wirtschaftsgut als Ergebnis eines schuldrechtlichen Geschäftes zu verstehen ist,[386] steht die Einlösung einer Veräußerung nicht gleich. Da der Anleger auf die Einlösung bei Fälligkeit keinen Einfluss hat und diese ohne seine Mitwirkung erfolgt, ist die Einlösung nicht als Veräußerung einzustufen.[387] Es handelt sich vielmehr um zwei grundsätzlich verschiedene Tatbestände. Dies hat auch der Gesetzgeber so gesehen, da er z.B. in § 20 Abs. 2 Satz 1 Nr. 4 Satz 4 EStG eine explizite Gleichstellung der Einlösung mit den Veräußerungsfällen für erforderlich gehalten hat. Würde jede Einlösung einer Veräußerung entsprechen, hätte es dieser Klarstellung nicht bedurft. Auch nach dem Willen des Gesetzgebers soll die Einlösung von Zertifikaten, die Aktien vertreten, unter § 23 Abs. 1 Satz 1 Nr. 4 Satz 2 EStG fallen[388] und damit im Ergebnis nicht

---

384 *Harenberg*, NWB Fach 3, 11695, 11703 mit dem zutreffenden Hinweis, dass in diesen Fällen ein Totalverlust des Kapitals zumindest möglich ist.
385 *Haisch*, DStR 2005, 2108, 2112; *Harenberg*, NWB Fach 3, 11695, 11703 f.; *Oho/Remmel*, BB 2002, 1449, 1455.
386 BFH v. 29.6.2004, IX R 26/03, BStBl 2004 II, 995; *Haisch*, DStR 2005, 2108, 2112 m.w.N. in Fn. 49.
387 Ebenso *Haisch*, DStR 2005, 2108, 2112; *Oho/Remmel*, BB 2002, 1449, 1456.
388 Vgl. *Haisch*, DStR 2005, 2108, 2112.

einer Veräußerung i.S.v. § 23 Abs. 1 Satz 1 Nr. 2 EStG gleichstehen. Die Einlösung eines Zertifikates, das keine Finanzinnovation darstellt, wird daher mangels Veräußerung nicht von § 23 Abs. 1 Satz 1 Nr. 2 EStG erfasst.[389]

In Betracht kommt jedoch eine Besteuerung als Termingeschäft i.S.v. § 23 Abs. 1 Nr. 4 Satz 1 EStG bzw. als solches Geschäft, das als Termingeschäfte gilt, § 23 Abs. 1 Nr. 4 Satz 2 EStG. Zunächst ist festzuhalten, dass Zertifikate keine Termingeschäfte i.S.v. § 23 Abs. 1 Nr. 4 Satz 1 EStG darstellen. Sie werden nicht von den Definitionen für Termingeschäfte erfasst, da Zertifikate grds. Kassageschäfte beinhalten und kein Risiko, planwidrig zusätzliche Mittel aufwenden zu müssen, aufweisen.[390] Im übrigen wäre anderenfalls die gesetzliche Vorschrift von § 23 Abs. 1 Nr. 4 Satz 2 EStG, wonach Zertifikate, die Aktien vertreten, ausdrücklich Termingeschäften gleichgestellt werden, überflüssig gewesen.[391] Der Gesetzgeber selbst ist davon ausgegangen, dass Zertifikate grundsätzlich keine unmittelbaren Termingeschäfte darstellen.

370

Demgegenüber stellt § 23 Abs. 1 Satz 1 Nr. 4 Satz 2 EStG nur diejenigen Zertifikate den Termingeschäften i.S.d. Satzes 1 der Norm gleich, die Aktien vertreten. Weder das Einkommensteuergesetz noch die Finanzverwaltung definiert dabei die Voraussetzungen für das „Vertreten von Aktien". Der Begriff stammt offensichtlich aus § 2 Abs. 1 Nr. 1 WpHG, wonach zu fordern ist, dass diese Zertifikate zumindest mittelbare Beteiligungsrechte an einer Aktiengesellschaft gewähren müssen.[392] Diese Voraussetzungen erfüllen Zertifikate, die keine Finanzinnovationen darstellen, jedoch gerade nicht. Denn die Inhaber dieser Schuldverschreibungen werden nicht den Aktionären gleichgestellt. Sie haben weder einen Anspruch auf Gewinnausschüttungen noch gewähren sie den Aktionären vergleichbare Stimm- oder Informationsrechte.[393] Die Anleger nehmen bei Zertifikaten vielmehr lediglich an der Wertentwicklung des Underlyings teil, ohne eine direkte Beteiligung zu

371

---

389 Ebenso *Harenberg/Irmer*, a.a.O., Rn. 1057; *Harenberg*, NWB Fach 3 11695, 11703; *Epple/Jurowsky/Schäfer*, a.a.O., S. 143; *Oho/Remmel*, BB 2002, 1449, 1456.
390 *Haisch*, DStR 2005, 2108, 2113 mit Erläuterungen zu den unterschiedlichen Definitionsansätzen.
391 *Haisch*, DStR 2005, 2108, 2113; *Epple/Jurowsky/Schäfer*, a.a.O. , S. 143.
392 *Harenberg/Irmer*, a.a.O. , Rn. 1126 unter Hinweis auf sog. ADRs (american depository receipts), die diese Anforderungen erfüllen und damit Aktien vertreten.
393 *Harenberg/Irmer*, a.a.O. , Rn. 1622; s.a. *Harenberg*, NWB Fach 3, 13699, 13733.

erhalten.[394] Davon, dass diese Zertifikate (z.b. Partizipationsscheine oder Discount-Zertifikate) Aktien vertreten, kann daher keine Rede sein.

372 Demgegenüber ist die Finanzverwaltung[395] jedoch anderer Ansicht. Danach sollen all diejenigen Zertifikate, die sich auf Aktien, Aktienkörbe oder Aktienindizes beziehen, unter § 23 Abs. 1 Satz 1 Nr. 4 Satz 2 EStG zu subsumieren sein, ohne dass dies näher begründet wird.[396] Schließt man sich der diesseits vertretenen Ansicht, wonach Zertifikate, die keine einem Aktionär vergleichbare Stellung einräumen, nicht unter diese Norm fallen, nicht an, dürfen aber zumindest Zertifikate, die sich auf *andere Underlyings* als Aktien, Aktienkörbe oder –indizes beziehen, nicht unter § 23 Abs. 1 Satz 1 Nr. 4 Satz 2 EStG gefasst werden.[397] Dem steht der insoweit eindeutige Wortlaut der Norm entgegen, über den sich auch die Finanzverwaltung nicht vollständig hinwegsetzen kann.

373 Zumindest in diesen letztgenannten Fällen ist ein Einlösungsgewinn daher komplett steuerfrei – unabhängig davon ob er innerhalb oder außerhalb der Jahresfrist des § 23 EStG erzielt wird. Im Umkehrschluss dazu sind aber konsequenterweise auch Verluste steuerlich nicht abzugsfähig.

374 Zu beachten ist jedoch, dass die mittels eines Discount-Zertifikates erworbenen Aktien ihrerseits ein steuerpflichtiges privates Veräußerungsgeschäft auslösen, wenn sie innerhalb der Jahresfrist veräußert werden, §§ 22 Nr. 2, 23 Abs. 1 Nr. 2 EStG[398] Die Jahresfrist beginnt dabei mit dem Tag zu laufen, an dem feststeht, dass die Aktien geliefert werden.[399] Der Anschaffungspreis für die erhaltenen Aktien bestimmt sich nach dem Kurswert der Aktien am Einlösungstag des Zertifikats. Gleiches gilt im Übrigen für Aktien, die im Rahmen einer Aktienanleihe erworben und innerhalb der Jahresfrist veräußert werden.[400]

---

394 *Haisch*, DStR 2005, 2108, 2113; ausführlich *Harenberg/Irmer*, a.a.O. , Rn. 1126.
395 BMF v. 27.11.2000 BStBl 2001 I, 986 Rn. 45 ff. unter expliziter Nennung von Partizipationsscheinen und Discount-Zertifikaten.
396 S.a. *Oho/Remmel*, BB 2002, 1449, 1455.
397 *Haisch*, DStR 2005, 2108, 2113; *Oho/Remmel*, BB 2002, 1449, 1455 z.B. Zertifikate auf Rentenpapiere/-fonds oder auf den Hedge-Fonds-Index; vgl. auch *Epple/Jurowsky/Schäfer*, a.a.O., S. 143.
398 *Harenberg*, NWB Fach 3, 11695, 11705; BMF v. 27.11.2001 BStBl 2001 I, 986 Rn. 50.
399 *Harenberg*, NWB Fach 3, 11695, 11705 mit einem ausführlichen Beispiel zu einem Discount-Zertifikat.
400 BMF-Schreiben v. 25.10.2004, BStBl 2004 I, 1034.

c) Sonderfall: Swaps

Swaps beinhalten grundsätzlich Termingeschäfte i.S.v. §§ 22 Nr. 2, 23 Abs. 1 Satz 1 Nr. 4 Satz 1 EStG, da sie Konditionen festlegen, die erst in Zukunft eintreten, aber bei Vertragsabschluss in ihrer Ertragsauswirkung noch nicht feststehen.[401] Dabei ist nach den unterschiedlichen Zeitpunkten im Zusammenhang mit Swap-Geschäften zu differenzieren:[402]

375

Eine Besteuerung nach §§ 22 Nr. 2, 23 Abs. 1 Satz 1 Nr. 4 EStG erfolgt in den Fällen, in denen der Swap innerhalb der Jahresfrist beendet wird. Die Beendigung kann dabei durch einen Differenzausgleich in bar erfolgen oder in einer vorzeitigen Aufhebung des Swap-Geschäftes liegen, wobei der Beendigungszeitpunkt vertraglich fixiert ist. Entscheidendes Kriterium für eine Besteuerung ist daher die Beendigung des Swap-Geschäftes innerhalb der Jahresfrist. Dagegen genügt es nicht, wenn innerhalb der Frist das Swap-Geschäft durch den weiteren Abschluss eines gegenläufigen Swaps korrigiert und damit im Ergebnis glattgestellt wird. Denn in diesem Fall wird das ursprüngliche Swap-Geschäft nicht beendet, sondern es wird lediglich ein unabhängiges weiteres Geschäft abgeschlossen. Mangels Beendigung des Swaps innerhalb der Jahresfrist kommt daher keine Besteuerung in Betracht.[403] Beide Swap-Geschäfte sind vielmehr getrennt auf eine etwaige Besteuerung zu überprüfen. Nichts anderes gilt, wenn (Differenz-) Ausgleichs(teil-)zahlungen innerhalb der Jahresfrist erfolgen, soweit der Swap nur seinerseits eine Laufzeit über einem Jahr aufweist. Auch dann erfolgt keine Besteuerung, denn die bloße Differenz(teil-)zahlung führt ebenfalls nicht zum Erlöschen des Swaps. Es kommt vielmehr entscheidend auf den vertraglichen Beendigungszeitpunkt an.[404] Mangels Beendigung i.S.v. § 23 Abs. 1 Satz 1 Nr. 4 Satz 1 EStG des Swap-Geschäftes tritt daher keine Besteuerung nach § 22 Nr. 2 EStG ein.

376

---

401 *Haisch*, DStZ 2004, 511, 518; Herrmann/Heuer/Raupach-*Harenberg* § 23 Rn. 210 „Zinsswap" und *-Jansen*, § 22 Rn. 430 „Swapgeschäfte"; *Häuselmann*, DStR 2001, 597, 603; a.A. für „Währungsswaps" jedoch Herrmann/Heuer/Raupach-*Harenberg* § 23 Rn. 210 unter Hinweis darauf, dass ein reiner Devisenaustausch vorliegt und kein durch den Wert einer veränderlichen Größe bestimmter Vorteil erlangt wird und der Währungsswaps unter § 23 Abs. 1 Nr. 2 EStG fassen will; s.a. *Harenberg/Irmer*, a.a.O., Rn. 1566. Für die Anwendung von § 20 Abs. 1 Nr. 7 EStG auf einen Währungsswap s.o. B.I.3.n)bb).
402 *Haisch*, DStZ 2004, 511, 518 m.w.N.
403 *Haisch*, DStZ 2004, 511, 518.
404 S.a. *Häuselmann*, DStR 2001, 597, 603.

d) Verfassungsmäßigkeit der Besteuerung

377 § 23 EStG wurde zum 1.1.1999 dahingehend geändert, dass der Begriff „Spekulation" aus dem Tatbestand entfernt und stattdessen der Begriff der privaten Veräußerungsgeschäfte eingeführt wurde. Damit sollte klargestellt werden, dass keine Spekulationsabsicht notwendig ist, sondern alle realisierten Wertsteigerungen im Privatvermögen erfasst werden, solange sie innerhalb der gleichzeitig von sechs Monaten auf ein Jahr ausgedehnten Frist entstehen.

aa) Rückwirkungsverbot

378 Die Ausdehnung der Frist von sechs Monaten auf ein Jahr erfolgte mit Wirkung für alle Veräußerungen ab dem 1.1.1999, § 52 Abs. 39 EStG. Dadurch wurden auch solche Veräußerungen erfasst, bei denen die ursprüngliche Halbjahresfrist bereits abgelaufen war und diese nach altem Recht steuerfrei hätten veräußert werden können. Lediglich insoweit stellt sich die Frage nach einer verfassungswidrigen echten Rückwirkung,[405] wobei die Bedeutung für Wertpapiere aufgrund der kurzen Frist deutlich hinter derjenigen für Grundstücksgeschäfte zurücktritt, bei denen die Zweijahresfrist auf zehn Jahre ausgedehnt wurde. Da zur Frage der Rückwirkung zur Zeit Verfahren vor dem BVerfG anhängig sind,[406] sollte bei Wertpapieren, bei denen im Zeitpunkt des Inkrafttretens der Gesetzesänderung die sechsmonatige Veräußerungsfrist bereits abgelaufen war, sie jedoch bis zur Veräußerung kein Jahr gehalten wurden, Einspruch eingelegt und das Ruhen des Verfahrens bis zur Entscheidung des BVerfG beantragt werden.

bb) Strukturelles Erhebungsdefizit

379 Seitens des BVerfG[407] wurde festgestellt, dass aufgrund mangelhafter Kontrollmöglichkeiten durch die Finanzverwaltung die Spekulationsbesteuerung für Wertpapiere nach § 23 Abs. 1 Satz 1 Nr. 1b EStG für die Veranlagungszeiträume 1997 und 1998 verfassungswidrig und nichtig ist. Dies gilt jedoch nach Ansicht des BVerfG nicht für die Fassung des § 23 Abs. 1 Satz 1 Nr. 2 EStG ab 1999.[408] Eine Besteuerung als privates Veräußerungsgeschäft schei-

---

405 Vgl. BFH Beschl. v. 15.7.2004, IX B 116/03, BStBl 2004 II, 1000 m.w.N.
406 Az. beim BVerfG 2 BvL 14/02 (Vorinstanz: FG Köln v. 25.7.2002 EFG 2002, 1236).
407 Urt. v. 9.3.2004, 2 BvL 17/02 BStBl 2005 II, 56 ff. im Anschluss an das Urt. des BVerfG v. 27.6.1991, 2 BvR 1493/89, BStBl 1991 II, 654 ff.
408 BFH, IX R 49/04, BStBl 2006 II, 178 ff.; s.a. Schmidt-*Weber-Grellet* § 23 Rn. 10 m.w.N. zur Gegenansicht (Verfassungswidrigkeit bis 2003).

det daher nur für Wertpapiere in den Jahren 1997 und 1998 aus. Dies gilt nach dem BFH[409] im übrigen nicht für die Besteuerung von Einkünften aus Kapitalvermögen i.S.v. § 20 Abs. 1 Nr. 7 EStG, wobei jedoch auch gegen dieses Urteil zur Zeit eine Verfassungsbeschwerde anhängig ist.[410] Dagegen hat das BVerfG mit Beschluss vom 18.4.2006[411] eine Vorlage durch das Finanzgericht Münster als unzulässig zurückgewiesen, in dem dieses angefragt hatte, ob die Spekulationsbesteuerung für die Jahre 1994 bis 1996 verfassungsgemäß ist.[412]

e) Berechnung des Veräußerungsgewinns/-verlustes

Die Gewinnermittlung richtet sich nach § 23 Abs. 3 EStG: 380

Veräußerungspreis
./. Anschaffungskosten
./. Werbungskosten
Gewinn/Verlust i.S.v. § 23 EStG

Anschaffungskosten sind dabei alle Kosten im Zusammenhang mit dem Erwerb des jeweiligen Wertpapiers.[413] Anders als Werbungskosten bei Einkünften aus Kapitalvermögen sind unter Werbungskosten bei privaten Veräußerungsgeschäften i.S.v. § 23 EStG alle Kosten zu subsumieren, die vom Veräußerer getragen wurden und im Zusammenhang mit dem Veräußerungsgeschäft angefallen sind.[414] 381

aa) *Jahresfrist, § 23 Abs. 1 Satz 1 Nr. 2 EStG*

Im Gegensatz zu § 17 EStG kommt es auf eine bestimmte Beteiligungshöhe nicht an. Entscheidend ist allein, dass die Veräußerung innerhalb der Jahresfrist des § 23 Abs. 1 Satz 1 EStG erfolgt. Die Frist, die sich gem. § 108 AO nach den §§ 187, 188 BGB richtet, berechnet sich unter Bezugnahme auf die 382

---

409 Urt. v. 7.9.2005, VIII R 90/04, BStBl 2006 II, 61.
410 Az. des BVerfG 2 BvR 2077/05.
411 Az. BvL 12/05 n.v.
412 FG Münster v. 13.7.2005 EFG 2005, 1542.
413 Schmidt-*Weber-Grellet* § 23 Rn. 75.
414 BFH v. 12.12.1996, X R 65/95, BStBl 1997 II, 603; Schmidt-*Weber-Grellet* § 23 Rn. 82; H 23 EStH; ausführlich zur Zuordnung von Vermögensverwaltungsgebühren als Werbungskosten bei Einkünften aus Kapitalvermögen und privaten Veräußerungsgeschäften OFD Düsseldorf v. 28.10.2004, S 2210 A-St 212, DB 2004, 2450 ff.; kritisch aber FG Düsseldorf Urt. v. 27.10.2006, 12 K 4964/04 E, das die vorgeschlagene Aufteilung nicht als geeignete Schätzungsgrundlage ansieht.

Abschlüsse der schuldrechtlichen Verträge – bei Wertpapieren regelmäßig die (rechtswirksamen) Kaufvertragsabschlüsse.[415] Der tatsächliche Tag der Zahlung oder der Einbuchung der Wertpapiere im Depot ist ebenso wie der Zeitpunkt der Order durch den Anleger für die Frage der Fristberechnung irrelevant.[416] Dagegen kommt es für den Zeitpunkt der Besteuerung auf den Zufluss des Veräußerungspreises (§ 11 EStG) an. Dies kann zu einem Auseinanderfallen der Tatbestandsverwirklichung und dem Jahr der Besteuerung führen, wenn die schuldrechtliche Veräußerung am Ende eines Jahres innerhalb der Jahresfrist erfolgt, der Veräußerungspreis jedoch erst Anfang des Folgejahres beim Anleger zufließt. Die Besteuerung findet daher erst im Veranlagungszeitraum des Folgejahres statt.[417] Wird der Veräußerungspreis – bei Wertpapiergeschäften eher selten – in Raten gezahlt, kommt eine Besteuerung erst in Frage, wenn die Anschaffungskosten einschließlich Nebenkosten durch die Raten überstiegen werden.[418]

383 Durch das Steuerentlastungsgesetz 1999/2000/2001 wurde in § 23 EStG darüber hinaus die sog. Entnahmefiktion eingeführt. Diese Regelung in § 23 Abs. 1 Satz 2 EStG besagt, dass als Anschaffung auch die Überführung eines Wirtschaftsgutes in das Privatvermögen durch Entnahme gilt und demgemäß mit der Entnahme die Frist für private Veräußerungsgeschäfte im Sinne von § 23 Abs. 1 Satz 1 EStG neu zu laufen beginnt. Mit Urteil vom 18.10.2006[419] hat der BFH nunmehr klargestellt, dass diese Gesetzesfassung nicht für Entnahmen gilt, die vor dem 1.1.1999 getätigt wurden. Bei diesen verbleibt es dabei, dass der Zeitpunkt der ursprünglichen Anschaffung für den Ablauf der Frist entscheidend ist und nicht eine zwischenzeitliche Entnahme.

bb) Wertpapieridentität

384 Darüber hinaus muss für die Bejahung eines privaten Veräußerungsgeschäftes zwischen dem veräußerten und dem erworbenen Wertpapier Identität (Nämlichkeit) bestehen.[420] Im Zweifel muss die Finanzverwaltung daher für

---

415 *Epple/Jurowsky/Schäfer*, a.a.O., S. 75.
416 Bei einer Neuemission muss das Zeichnungsangebot des Anlegers durch den Emittenten angenommen werden. Dies liegt vor, wenn feststeht, dass es tatsächlich zu einer Zuteilung kommt, *Epple/Jurowsky/Schäfer*, a.a.O., S. 75.
417 S.a. das Beispiel bei *Harenberg/Irmer*, a.a.O., Rn. 1063.
418 Statt vieler Schmidt-*Weber-Grellet* § 23 Rn. 93.
419 Az. IX R 5/06 (www.bundesfinanzhof.de).
420 Beispielhaft *Epple/Jurowsky/Schäfer*, a.a.O., S. 73; *Steinkampf*, DB 2005, 687, 689.

eine Besteuerung nach § 23 EStG nachweisen, dass ein und dasselbe Wertpapier innerhalb der Jahresfrist veräußert wurde. Dies war insbesondere für Wertpapiere aus Girosammelverwahrungen problematisch,[421] weil in diesen Fällen dem Anleger nicht konkrete Wertpapiere zu Eigentum zugewiesen werden, sondern er vielmehr Bruchteilseigentümer an allen im Depot befindlichen Wertpapieren ist, vgl. §§ 5 ff. Depotgesetz. Während die Rechtsprechung bislang eine Ermittlung der Anschaffungskosten anhand der Durchschnittsmethode vornahm,[422] ist aus Vereinfachungsgründen mit dem Richtlinien-Umsetzungsgesetz (EURLUmsG) das Fifo(First-in-first-out)-Verfahren für die Veranlagungszeiträume ab 2005 eingeführt worden.[423] Die Anwendung dieser Methode wird ab dem 1.1.2006 auch nicht bei der Veräußerung bzw. Abtretung von Finanzinnovationen bei Ermittlung der Marktrendite beanstandet.[424] Mit Schreiben vom 5.4.2005[425] lässt das Bundesfinanzministerium für das Veranlagungsjahr 2004 eine Wahl zwischen der Durchschnitts- und der Fifo-Methode zu, während sich sein Erlass vom 25.10.2004[426] noch ausschließlich auf die Durchschnittsmethode bezog.

§ 23 Abs. 1 Satz 1 Nr. 2 Satz 2 EStG sieht nunmehr vor, dass bei vertretbaren Wertpapieren, die einem Verwahrer zur Sammelverwahrung i.S.d. § 5 des Depotgesetzes anvertraut worden sind, zu unterstellen ist, dass die zuerst angeschafften Wertpapiere zuerst veräußert werden (first-in-first-out). Entsprechendes soll nach § 23 Abs. 1 Satz 1 Nr. 2 Satz 3 EStG für die Anschaffung und Veräußerung gleichartiger Fremdwährungsbeträge gelten. Die Anwendung des Fifo-Verfahrens und die Abgrenzung zur Durchschnittsmethode lassen sich am besten anhand eines Beispielsfalles[427] verdeutlichen:

385

---

421 Strittig, ob dies auch für die sog. Streifbandverwahrung gilt, dagegen *Harenberg/Irmer*, a.a.O., Rn. 1066; a.A. zum Teil OFD Frankfurt v. 2.5.2005, S 2256 A-1-St II Karte 2.08, DStR 2005, 1057 ff. mit dem Hinweis, dass den Aktien in der Streifbandverwahrung regelmäßig kein konkretes Anschaffungsdatum zugeordnet werden kann.
422 BFH v. 24.11.1993, X R 49/90, BStBl 1994 II, 591; *Harenberg/Irmer*, a.a.O., Rn. 1067 f. mit Beispielen.
423 BT-Drucks. 15/4050 S. 56; *Melchior*, DStR 2004, 2121, 2122; FinMin NRW DB 2004, 2660, 2661; *Steinlein*, DStR 2005, 456; *Korn/Strahl*, KÖSDI 2005, 14511, 14514; *Steinkampf*, DB 2005, 687.
424 FinMin Schleswig-Holstein v. 1.11.2005 VI 313- S 2204 – 018.
425 BStBl 2005 I, 617.
426 BStBl 2004 I, 1034.
427 In Anlehnung an OFD Frankfurt v. 2.5.2005, S 2256 A-1-St II Karte 2.08, DStR 2005, 1057; ein Beispielsfall findet sich auch in FinMin NRW DB 2004, 2660, 2661 und zu Fremdwährungsbeträgen bei *Jurowsky*, DB 2004, 2711, 2712.

386 **Beispiel:**
Der Anleger erwirbt folgende Aktien einer AG:

Anschaffungszeitpunkt	Anzahl	Anschaffungskosten pro Aktie
1.11.2005	100	100 EUR
1. 2.2006	40	90 EUR
1. 8.2006	30	100 EUR
1.12.2006	30	110 EUR

Am 10.1.2007 veräußert er 150 Aktien zu einem Preis von 150 EUR pro Aktie.

387 **Lösung nach der Fifo-Methode:**
Die zuerst angeschafften Aktien gelten als zuerst veräußert. Damit hat der Anleger die am 1.11.2005 angeschafften 100 Aktien sowie die am 1.2.2006 erworbenen 40 Aktien und 10 Aktien, die am 1.8.2006 erworben wurden, veräußert. Da die am 1.11.2005 erworbenen 100 Aktien außerhalb der Jahresfrist des § 23 Abs. 1 Satz 1 Nr. 2 EStG veräußert wurden, besteht insoweit keine Steuerpflicht. Der Erlös ist um den auf diese Aktien entfallenden Teil zu kürzen. Etwas anderes gilt jedoch für die am 1.2.2006 bzw. 1.8.2006 erworbenen Aktien, da diesbezüglich die Jahresfrist bei Veräußerung am 10.1.2007 noch nicht abgelaufen ist. Der Veräußerungsgewinn ermittelt sich also wie folgt:

Veräußerungserlös (150 EUR × 10 Aktien) =	22.500 EUR
./. Veräußerungserlös für die am 1.11.2005 erworbenen nicht steuerbaren 100 Aktien à 150 EUR	<u>15.000 EUR</u>
verbleiben	7.500 EUR
./. Anschaffungskosten der am 1.2.2006 erworbenen Aktien (40 Aktien à 90 EUR)	3.600 EUR
./. Anschaffungskosten der am 1.8.2006 erworbenen Aktien (10 Aktien à 100 EUR)	<u>1.000 EUR</u>
verbleiben	**2.900 EUR**

Es verbleiben für den Fall weiterer Veräußerungen folgende Aktien im Depot des Anlegers: 20 Aktien, die am 1.8.2006 für 100 EUR das Stück erworben wurden und 30 Aktien, die am 1.12.2006 für 110 EUR pro Aktie

I. Finanzinnovationen

angeschafft wurden. Demnach sind – anders als nach der noch aufzuzeigenden Durchschnittsmethode – weitere Gewinne aus nachfolgenden Veräußerungsgeschäften unter Abzug der eindeutig zuordenbaren Anschaffungskosten ohne weiteres möglich.

Demgegenüber erfolgt die Berechnung des Veräußerungsgewinns anhand der bis 2004 geltenden Durchschnittsmethode wie folgt: 388

Beispiel: wie oben nur mit geänderten Anschaffungszeitpunkten 389

Anschaffungszeitpunkt	Anzahl	Anschaffungskosten pro Aktie
1.11.1999	100	100 EUR
1. 2.2000	40	90 EUR
1. 8.2000	30	100 EUR
1.12.2000	30	110 EUR

Am 10.1.2001 veräußert der Anleger 150 Aktien zu 150 EUR das Stück.

Lösung unter Anwendung der Durchschnittsmethode: 390

Zunächst sind die Aktien von einer Besteuerung auszunehmen, bei denen nicht ausgeschlossen werden kann, dass sie außerhalb der Jahresfrist veräußert wurden.[428] Dies gilt für die am 1.11.1999 erworbenen 100 Aktien, da bis zum Veräußerungszeitpunkt (10.1.2001) mehr als ein Jahr verstrichen ist. Von dem Veräußerungspreis von insgesamt 22.500 EUR ist daher – wie bei Zugrundelegung des Fifo-Verfahrens – der auf diese Aktien entfallende Teil (15.000 EUR) von einer Besteuerung auszunehmen. Die von dem verbleibenden Veräußerungsgewinn in Abzug zu bringenden Anschaffungskosten ermitteln sich dabei nach den durchschnittlichen Anschaffungskosten der innerhalb der Jahresfrist angeschafften Aktien:

1.2.2000:	40 Aktien à 90 EUR =	3.600 EUR
1.8.2000:	30 Aktien à 100 EUR =	3.000 EUR
1.12.2000:	30 Aktien à 110 EUR =	<u>3.300 EUR</u>
Gesamt	100 Aktien	9.900 EUR

Ergibt durchschnittlich 99 EUR pro Aktie.

---

[428] BFH v. 24.11.1993, X R 49/90, BStBl 1994 II, 591.

Der Gewinn aus privaten Veräußerungsgeschäften ermittelt sich daher wie folgt:

Veräußerungserlös 50 Aktien à 150 EUR =	7.500 EUR
./. durchschnittliche Anschaffungskosten 50 Aktien à 99 EUR =	4.950 EUR
verbleiben	**2.550 EUR**

Die Anwendung der Durchschnittsmethode wäre in diesem Fall – steigende Anschaffungskosten bei den hinzu erworbenen Aktien – für den Anleger günstiger.

391 Sinken die Aktienkurse der während der Jahresfrist hinzu erworbenen Aktien, verändert sich das Ergebnis wie folgt:

392 **Beispiel:**

Anschaffungszeitpunkt	Anzahl	Anschaffungskosten pro Aktie
1.11.2005	100	100 EUR
1. 2.2006	40	90 EUR
1. 8.2006	30	100 EUR
1.12.2006	30	110 EUR

Am 10.1.2007 werden die Aktien – wie im Ausgangsfall – für 150 EUR pro Stück veräußert.

393 **Lösung unter Anwendung der Fifo-Methode:**

Veräußerungspreis	22.500 EUR
./. Veräußerungserlös für die am 1.11.2005 erworbenen nicht steuerbaren 100 Aktien à 150 EUR	15.000 EUR
verbleiben	7.500 EUR
./. Anschaffungskosten der am 1.2.2006 erworbenen 40 Aktien à 100 EUR	4.000 EUR
./. Anschaffungskosten der am 1.8.2006 erworbenen 10 Aktien à 90 EUR	900 EUR
verbleiben	**2.600 EUR**

394 **Lösung nach der Durchschnittsmethode:**

Ermittlung der durchschnittlichen Anschaffungskosten

1.2.2000	40 Aktien à 100 EUR =	4.000 EUR

1.8.2000 30 Aktien à 90 EUR =	2.700 EUR
1.12.2000 30 Aktien à 80 EUR =	2.400 EUR
Gesamt 100 Aktien	9.100 EUR

Ergibt durchschnittlich 91 EUR pro Aktie.

Veräußerungspreis 50 Aktien à 150 EUR	7.500 EUR
./. durchschnittliche Anschaffungskosten 50 Aktien à 91 EUR	4.550 EUR
verbleiben	2.950 EUR

In diesem Fall wäre daher die Fifo-Methode günstiger, was für ihre Wahl bereits für den Veranlagungszeitraum 2004 spricht.[429]

Während das Fifo-Verfahren keine Schwierigkeiten aufweist, wenn weitere Verkäufe innerhalb der Jahresfrist aus dem Depot getätigt werden,[430] stellt sich dies bei Zugrundelegung der Durchschnittsmethode anders dar. Je nach Konstellation entstehen Bruchteilsbestände von Aktien,[431] deren Behandlung vom BFH in seinem Urteil zur Durchschnittsmethode[432] offen gelassen wurde. Auch das BMF verweist lediglich auf die Notwendigkeit einer kaufmännischen Rundung, lässt die Frage der Nachkommastelle, auf die gerundet werden soll, jedoch offen.[433] Insofern führt die Fifo-Methode im Ergebnis tatsächlich zu einer wesentlichen Vereinfachung und größeren Genauigkeit in der Berechnung.

395

Mit praktischen Schwierigkeiten ist jedoch der Übergang von der Durchschnittsbewertung zum Fifo-Verfahren verbunden, wenn das Depot im Übergangszeitraum noch Altbestände aufweist, die bislang dem Durchschnittsverfahren unterworfen wurden. Bei der Durchschnittsmethode wurde eine Bewertung des Depots bislang losgelöst von den einzelnen Anschaffungskosten zu Durchschnittswerten vorgenommen mit der Konsequenz, dass der so errechnete Depotbestand nicht den tatsächlich aufgewendeten Anschaffungskosten der noch vorhandenen Aktien entspricht.[434] Letzteres verdeutlicht gleichzeitig die Notwendigkeit, die Altbestände bei

396

---

429 S. dazu ebenfalls mit Beispielen *Derlien/Spiller*, DStR 2005, 1520, 1522.
430 S. weiter o. innerhalb dieses Abschnitts.
431 Z.B. 6,66 Aktien in einem Rechenbeispiel von *Steinlein*, DStR 2005, 456.
432 V. 24.11.1993, X R 49/90, BStBl 1994 II, 591.
433 BMF v. 25.10.2004 BStBl 2004 I, 1034; s.a. *Steinlein*, DStR 2005, 456; zu einer Berechnung vgl. OFD Frankfurt v. 2.5.2005, S 2256 A-1-St II Karte 2.08, DStR 2005, 1057, 1058 f.
434 *Derlien/Spiller*, DStR 2005, 1520, 1523.

Anwendung der Fifo-Methode ebenfalls nach dem Fifo-Verfahren zu berechnen. Denn anderenfalls würde den aktuellen nach konkreten Anschaffungskosten bewerteten Depotzuwächsen ein losgelöst von den tatsächlichen Anschaffungskoten bewerteter Depotbestand nach Durchschnittswerten gegenübergestellt.

397 Zu der umstrittenen Frage, ob bei dem Fifo-Verfahren eine depotübergreifende Betrachtung erforderlich ist oder nicht,[435] gibt es bislang noch keine Stellungnahme der Finanzverwaltung. Eine solche depotübergreifende Betrachtung würde die Anwendung des Fifo-Verfahrens jedoch praktisch nahezu unmöglich machen, da weder die Banken Kenntnisse von allen Depots eines Kunden bei anderen Kreditinstituten haben noch jeweils intern ein virtuelles Gesamtdepot unterhalten.[436]

f) Beschränkung des Verlustabzugs aus privaten Veräußerungsgeschäften

aa) Verrechenbarkeit nur mit Gewinnen aus privaten Veräußerungsgeschäften

398 Die Verlustberücksichtigung bei privaten Veräußerungsgeschäften wird dadurch eingeschränkt, dass eine Verlustverrechnung nicht mit anderen Einkunftsarten zulässig ist, sondern nur zwischen den einzelnen Tatbeständen des § 23 EStG. Dabei ist nach der Neufassung des Gesetzes für Veräußerungen ab dem 1.1.1999 nach Maßgabe des § 10d EStG ein Rücktrag von Verlusten in das Vorjahr oder ein Vortrag in die folgenden Kalenderjahre zulässig, § 23 Abs. 3 Satz 8 EStG. Bis zu dieser Gesetzesänderung war lediglich eine Verrechnung von Verlusten mit Gewinnen aus Spekulationsgeschäften innerhalb eines Kalenderjahres zulässig, was jedoch aufgrund verfassungsrechtlicher Bedenken aufgegeben wurde.[437] Offen gelassen wurde jedoch, wie mit Verlusten aus den Altjahren (vor dem 1.1.1999 entstanden) zu verfahren ist,[438] wobei dies im Ergebnis nur für die Jahre vor dem 1.1.1997 relevant sein kann, da die Spekulationsbesteuerung für Gewinne

---

435 Zum Meinungsstand vgl. *Derlien/Spiller*, DStR 2005, 1520, 1521.
436 Ebenso *Derlien/Spiller*, DStR 2005, 1520, 1521.
437 Schmidt-*Weber-Grellet* § 23 Rn. 97; Anlass war u.a. der Beschl. des BVerfG 2 BvR 1818/91, DStR 1998, 1743 zum vollständigen Ausschluss der Verlustverrechnung bei der Vermietung beweglicher Gegenstände i.S.v. § 22 Nr. 3 S. 3 EStG.
438 OFD Münster DB 2005, 1027 für eine Anwendung der allgemeinen einkommensteuerlichen Regelungen über den Verlustausgleich und den Verlustabzug gemäß § 10d EStG in den noch offenen Fällen dieser Jahre; BFH v. 1.6.2004, IX R 35/01, BStBl 2005 II, 26.

und Verluste von Wertpapieren in den Jahren 1997 und 1998 durch das BVerfG für nichtig erklärt wurde und dadurch auch Verluste auf der privaten Vermögensebene aus dieser Zeit steuerlich irrelevant sind.[439]

Demgegenüber ist zur Zeit beim BFH noch in zwei Verfahren die Frage anhängig, ob der nach der neuen Gesetzesfassung begrenzte Verlustabzug nur innerhalb privater Veräußerungsgeschäfte gem. § 23 Abs. 3 Satz 8 und 9 EStG verfassungsgemäß ist oder ob eine Verrechenbarkeit auch mit anderen Einkunftsarten zulässig sein muss.[440] Die Vorinstanzen haben einheitlich die Frage nach der Verfassungsmäßigkeit für das streitige Jahr 2000 bejaht.[441] Auch der BFH hat mit dem aktuell veröffentlichten Urteil vom 18.10.2006[442] die Regelung in § 23 Abs. 3 Satz 8 EStG unter Hinweis auf die wegen der Haltefristen nur eingeschränkte Besteuerung und die daraus für den Anleger bestehende Dispositionsfreiheit als verfassungsgemäß bezeichnet.

399

bb) Erfordernis einer Verlustfeststellung

Der BFH hat zudem mit Urteil vom 22.9.2005[443] festgestellt, dass über die Verrechenbarkeit von Verlusten aus privaten Veräußerungsgeschäften erst im Jahr der Verrechnung mit positiven Einkünften zu entscheiden ist. Weder § 23 Abs. 3 Satz 8 und 9 EStG noch § 10d EStG sehen – anders als § 15a Abs. 4 EStG – ein gesondertes Verlustfeststellungsverfahren für noch nicht verrechnete Verluste vor. Werden also erstmals Jahre später Gewinne aus privaten Veräußerungsgeschäften erzielt, können in der Vergangenheit entstandene, aber bislang noch nicht festgestellte Verluste aus solchen Geschäften nach der BFH-Rechtsprechung nachgewiesen und gegen gerechnet werden. Für Fälle, in denen dies im Glauben an ein erforderliches gesondertes Feststellungsverfahren bislang unterlassen wurde, verwies der BFH in seinem Urteil auf die Möglichkeit der Änderung bereits bestandskräftiger Einkommensteuerbescheide nach Maßgabe des § 174 Abs. 3 Satz 1 AO.

400

---

439 Vgl. FG Berlin v. 22.6.2004, EFG 2004, 1842.
440 Az. der anhängigen BFH-Verfahren, IX R 45/04 (Vorinstanz FG Köln), IX R 31/04 (Vorinstanz FG Berlin).
441 FG Berlin v. 22.6.2004, EFG 2004, 1842; FG Köln v. 15.9.2004, EFG 2004, 1843; FG München v. 22.7.2005, EFG 2006, 27.
442 IX R 28/05, www.bundesfinanzhof.de.
443 Az. IX R 21/04, DStR 2006, 752.

401 In einem weiteren Urteil hat der BFH[444] darüber hinaus für andere nach § 10d EStG festzustellende Verluste entschieden, dass auch Verluste für vergangene Jahre festgestellt werden können, sofern

1. für das Verlustentstehungsjahr kein Einkommensteuerbescheid vorliegt und
2. der beantragte Verlustfeststellungsbescheid Auswirkungen auf einen Steuerbescheid hat, dessen Festsetzungsfrist noch nicht abgelaufen ist.

402 Auf die Festsetzungsfrist für den Einkommensteuerbescheid des Verlustentstehungsjahres kommt es demgegenüber nicht an. Insoweit hindert ein Eintritt der Festsetzungsverjährung die spätere Verlustfeststellung nicht. Entscheidend ist nach den Ausführungen des BFH die Regelung des § 181 Abs. 5 AO, der vorsieht, dass eine gesonderte Feststellung auch noch nach Ablauf der für diese Verluste geltenden Feststellungsfrist erfolgen kann, soweit die gesonderte Feststellung für eine Steuerfestsetzung von Bedeutung ist, für die die Festsetzungsfrist im Zeitpunkt der gesonderten Feststellung noch nicht abgelaufen ist.

403 Im Rahmen des Jahressteuergesetzes 2007[445] hat der Gesetzgeber aktuell auf diese Rechtsprechung reagiert. § 10d Abs. 4 EStG wird am Ende ein Satz hinzugefügt, der wie folgt lautet: „Die Feststellungsfrist endet nicht, bevor die Festsetzungsfrist für den Veranlagungszeitraum abgelaufen ist, auf dessen Schluss der verbleibende Verlustvortrag gesondert festzustellen ist; § 181 Abs. 5 AO ist nur anzuwenden, wenn die zuständige Finanzbehörde die Feststellung des Verlustvortrages pflichtwidrig unterlassen hat." Gleichzeitig wird dem § 23 Abs. 3 Satz 9 EStG ein Halbsatz angefügt, der lautet: „§ 10d Abs. 4 EStG gilt entsprechend". Nach den Übergangsregelungen in § 52 Abs. 25 und 39 EStG gelten diese Neuregelungen für alle Fälle, in denen bei Inkrafttreten des Gesetzes bzw. zum 1.1.2007 die Feststellungsfristen noch nicht abgelaufen sind.

404 Durch die Einschränkung des Anwendungsbereiches des § 181 Abs. 5 AO, der auf die Fälle eines pflichtwidrigen Unterlassens der Feststellung durch die Finanzbehörde beschränkt wird, können Verluste nicht mehr zeitlich unbeschränkt später festgestellt werden. Sie müssen vielmehr grundsätzlich zeitnah beantragt werden, damit sie fristgerecht festgestellt werden können

---

444 Az. XI R 65/05, Urt. v. 2.8.2006 (www.bundesfinanzhof.de).
445 Gesetz v. 13.12.2006, BGBl I, S. 2878 ff.

oder der Steuerpflichtige die Möglichkeit hat, sich auf ein pflichtwidriges Unterlassen der Verlustfeststellung durch die Finanzbehörde zu berufen. Bei fehlendem Antrag wird dies in den meisten Fällen ausscheiden. Durch die nunmehrige ausdrückliche Bezugnahme in § 23 Abs. 3 Satz 9 EStG auf § 10d EStG wird zum einen sichergestellt, dass – entgegen der bisherigen Rechtsprechung – in Zukunft eine gesonderte Verlustfeststellung gemäß § 10d Abs. 4 EStG erforderlich ist und zum anderen die zeitlich unbegrenzt spätere Verlustfeststellung auf die Fälle des pflichtwidrigen Unterlassens durch die Finanzbehörde beschränkt wird. Die für den Anleger günstige Rechtsprechung des BFH gilt daher nur noch für diejenigen Altfälle, bei denen zum 1.1.2007 die Feststellungsverjährung bereits eingetreten war.

1. Beispiel: 405

Abgabe der Einkommensteuererklärung 2000 im Jahr 2001. Die Feststellungsverjährung von 4 Jahren beginnt mit Ablauf des 31.12.2001 und läuft damit am 31.12.2005 ab. Zum 1.1.2007 ist also die Feststellungsfrist abgelaufen.

2. Beispiel: 406

Keine Abgabe der Einkommensteuererklärung für das Kalenderjahr 2001, wobei keine Steuerhinterziehung oder –ordnungswidrigkeit vorliegen soll. Die 4-Jahresfrist beginnt mit Ablauf des 31.12.2001 und endet mit Ablauf des 31.12.2005. Auch hier wäre –soweit nicht die 10-Jahresfrist eingreift – zum 1.1.2007 bereits Feststellungsverjährung eingetreten.

In allen anderen Fällen, bei denen sich eine Feststellungsverjährung zum 1.1.2007 nicht feststellen lässt, findet die Neuregelung Anwendung mit der Folge, dass der Anleger prüfen muss, ob bislang nicht festgestellte Verluste vorhanden sind, die innerhalb der laufenden Feststellungsfristen angemeldet werden müssen, damit sie nicht verloren gehen. 407

Ergänzend zu der Gesetzesänderung hat das BMF mit Schreiben vom 14.2.2007[446] angeordnet, dass das Urteil des BFH vom 22.9.2005 über den Einzelfall hinaus nicht anzuwenden ist (sog. Nichtanwendungserlass). 408

cc) Kombination von Verlustrücktrag und Freigrenze

Bislang war umstritten, ob eine Kombination der Freigrenze von 512 EUR und einem Verlustrücktrag dergestalt zulässig ist, das mithilfe des Ver- 409

---

446 IV C 3 – S 2256 – 12/07.

lustrücktrages die steuerpflichtigen, 512 EUR übersteigenden Gewinne auf weniger als 512 EUR reduziert und auf diesen verbleibenden Betrag die Freigrenze mit dem Ergebnis einer Steuerfreiheit insgesamt Anwendung findet.[447] Sowohl der BFH als auch das BMF haben sich jedoch zwischenzeitlich gegen eine solche Kombination ausgesprochen und einen nach einem Verlustrücktrag verbliebenen Betrag innerhalb der Freigrenze für steuerpflichtig erklärt mit dem Hinweis, dass die Freigrenze (nur) zeitlich vor der Durchführung eines Verlustrücktrages zu berücksichtigen ist und nicht im Anschluss an diesen.[448]

II. Besteuerung von Fonds

410 So vielfältig wie die Ausgestaltung von Fonds sein kann, so umfangreich und mitunter komplex stellt sich deren Besteuerung dar. So wenig einheitlich man den Begriff des Fonds beschreiben kann, so uneinheitlich ist auch deren Besteuerung. Die nachfolgende Beschreibung der steuerlichen Behandlung von Fonds orientiert sich in der Darstellung daher zunächst an den beiden oben unter B.II.1. bereits dargestellten großen Hauptfeldern des offenen und des geschlossenen Fonds. Ein Schwerpunkt in der nachfolgenden Detaildarstellung liegt dabei auf dem Bereich der geschlossenen Fonds, da diese bei der Vermögensanlage insbesondere in den vergangenen Jahren einen besonders großen Stellenwert eingenommen haben.

1. Offene Fonds

411 Bis einschließlich 2003 richtete sich die Besteuerung von Investmentfonds nach dem Kapitalanlagegesellschaften-Gesetz (KAGG), sofern es sich um inländische Fonds handelte, bzw. nach dem Auslandsinvestment-Gesetz bei ausländischen Gesellschaften. Mit Einführung des Investmentgesetzes (InvG) und dem Investmentsteuergesetz (InvStG) wurden die aufsichts- und steuerrechtlichen Regelungen reformiert und einheitlich unter einem Dach für in- und ausländische Investmentfonds zusammengefasst. Die neuen

---

447 Dafür FG Rheinland-Pfalz v. 12.11.2002, EFG 2003, 463 (nicht rechtskräftig, aufgehoben durch BFH v. 11.1.2005, IX R 13/03); *Steinlein*, DStR 2005, 456, 457; dagegen OFD München v. 30.7.2002, S 2256 23 St 41, DStR 2002, 1763; s. dazu auch *Epple/Jurowsky/Schäfer*, a.a.O., S. 85.
448 BFH v. 11.1.2005, IX R 13/03, BFH/NV 2005, 1254 unter Bezugnahme auf das Urt. vom selben Tag, Az. IX R 27/04; BMF v. 25.10.2004 BStBl 2004 I, 1034.

Regelungen sind erstmals für alle Geschäftsjahre eines Fonds anzuwenden, die nach dem 1.1.2004 beginnen. In Abhängigkeit vom Geschäfts- respektive Wirtschaftsjahr des Investmentfonds kann es damit zu einer erstmaligen Anwendung in den Veranlagungszeiträumen 2004 oder 2005 kommen.

Was unter dem Begriff des Investmentfonds i.S.d. Investmentgesetzes zu verstehen ist bzw. wann ein Investmentfonds vorliegt und damit in den Anwendungsbereich des InvStG fällt, ergibt sich aus § 2 InvG. Hiernach gilt für inländische Investmentvermögen und Investmentanteile ein formeller Investmentbegriff. Investmentvermögen sind damit nur solche Fonds, die sich unter § 2 Abs. 1 InvG subsumieren lassen, d.h. richtlinienkonforme Publikums-Sondervermögen, sonstige Publikums-Sondervermögen und Spezial-Sondervermögen und Investmentaktiengesellschaften i.S.d. § 2 Abs. 5 InvG. Alle anderen Kapitalanlagegesellschaften, wie z.B. geschlossene Fonds, werden folglich nicht vom InvStG erfasst.

412

Im Fall ausländischen Investmentvermögens und ausländischen Investmentanteilen (§ 2 Abs. 9 InvG) gilt hingegen ein materieller Investmentbegriff. Die Rechtsform spielt bei ausländischen Investmentvermögen grundsätzlich keine Rolle. Ausländische Investmentvermögen sind gem. § 2 Abs. 8 InvG ausländischem Recht unterstehende Vermögen zur gemeinschaftlichen Kapitalanlage, die nach dem Grundsatz der Risikomischung in Vermögensgegenstände i.S.d. § 2 Abs. 4 InvG angelegt sind. Der Grundsatz der Risikomischung muss bei ausländischen Investmentvermögen nicht unmittelbar vom ausländischen Investmentvermögen selbst verwirklicht werden. Es ist ausreichend, dass das Investmentvermögen in nicht nur unerheblichem Umfang Anteile an einem oder mehreren anderen Vermögen enthält, die ihrerseits unmittelbar oder mittelbar nach dem Grundsatz der Risikomischung (§ 1 Satz 2 InvG) angelegt sind. Unerheblich ist, ob die ausländischen Investmentanteile im Inland öffentlich vertrieben werden dürfen. Vermögen ausländischer Personengesellschaften fällt grundsätzlich nicht unter die Begriffsdefinition ausländischen Investmentvermögens, es sei denn es handelt sich um ausländische Single- oder Dach-Hedgefonds.[449]

413

Bei den nachfolgenden steuerlichen Betrachtungen wird stets unterstellt, dass der Anwendungsbereich des InvStG erfüllt ist, d.h. das ein in- oder ausländischer Investmentfonds gegeben ist. Da inländische und ausländische

414

---

449 BMF v. 2.6. 2005 BStBl 2005 I, 728 nebst ergänzender Verfügung der OFD Rheinland und Münster v. 3.4.2006, S 1980 – 123 – St 22 – 23, DB 2006, 868.

Investmentfonds im Wesentlichen gleich behandelt werden, erübrigt sich die bisher notwendige Unterscheidung von Fonds in sog. weiße, graue und schwarze Fonds.[450]

415 Kernpunkt der Investmentbesteuerung bildet – wie bereits in früheren Zeiten – das sog. Transparenzprinzip, s.a. § 3 Abs. 1 InvStG. Hierunter versteht man die Zielsetzung des Gesetzgebers, den Anteilseigner an einem Investmentfonds so zu stellen, als ob er die Investitionen, die der Investmentfonds für ihn vornimmt, direkt getätigt hätte. Damit soll gewährleistet werden, dass die Kapitalanlage über einen Investmentfonds weder besser noch schlechter gestellt wird als eine Direktanlage. Dies macht die gesetzliche Ausgestaltung durch das Investmentsteuergesetz mitunter relativ komplex, da dafür Sorge getragen werden muss, dass für Anteile im Privat- oder Betriebsvermögen unterschiedliche Besteuerungsfolgen ausgelöst werden. Wie kompliziert die Ausgestaltung ist, ergibt sich schon aus dem rund hundertseitigen Schreiben des BMF vom 2.6.2005 zu Zweifels- und Auslegungsfragen im Zusammenhang mit dem Investmentsteuergesetz.[451]

416 Das Transparenzprinzip als solches, dessen Zielsetzung die Besteuerung der Erträge auf Ebene des Investors ist, hat zur Folge, dass sachlogisch auf Ebene des Investmentfonds eine Steuerbefreiung herrschen muss. Dies wird über § 11 InvStG erreicht, der bestimmt, dass inländische Sondervermögen (Investmentfonds) als Zweckvermögen i.S.d. § 1 Abs. 1 Nr. 5 KStG anzusehen und von der Körperschaft- als auch von der Gewerbesteuer befreit sind. Insofern spielt im Folgenden bei der steuerlichen Betrachtung von Erträgen aus Investmentfonds grundsätzlich lediglich die Anlegerseite eine Rolle. Trotzdem soll an dieser Stelle auf zwei Punkte der Besteuerung auf Fondsebene hingewiesen werden, die sich mittelbar auch auf die Besteuerung des Anlegers auswirken:

1. Zur Berücksichtigung von Einnahmen und Werbungskosten auf Fondsebene gilt grundsätzlich das Zufluss-Abfluss-Prinzip des § 11 EStG, wobei thesaurierte (ausschüttungsgleiche) Erträge mit Ablauf des Geschäftsjahres beim Fonds als zugeflossen gelten, in dem sie vereinnahmt worden sind, § 2 Abs. 1 Satz 2 InvStG.

---

450 Zu der nach altem Recht erforderlichen Abgrenzung vgl. den Überblick bei *Epple/Jurowsky/Schäfer*, a.a.O., S. 225 ff.
451 BMF v. 2.6.2005, BStBl 2005 I, 728.

2. Negative Erträge eines Geschäftsjahres werden den Anlegern gem. § 3 Abs. 4 InvStG nicht unmittelbar zugerechnet, sondern zum Ausgleich künftiger positiver Erträge gleicher Art auf Fondsebene verwendet. Dies beinhaltet eine weitere Durchbrechung des Transparenzprinzips und begünstigt Zwischenerwerber von Fondsanteilen, zu deren Gunsten sich aus Zeiten vor ihrer Beteiligung entstandenes Verlustverrechnungsvolumen auswirkt, was zusätzlichen Zweifeln im Hinblick auf den Grundsatz der Besteuerung nach Leistungsfähigkeit unterliegt.

Aufgrund der enormen Komplexität beschäftigen sich die nachfolgenden Erläuterungen im Wesentlichen mit Erträgen aus Anteilsscheinen an in- und ausländischen Fonds, die der Anleger im Privatvermögen hält. Hierbei soll vom Grundsatz her ein Verständnis für die Strukturierung der Investmentbesteuerung geschaffen werden. Auf die Erläuterung spezifischer Details muss an dieser Stelle verzichtet werden, da dies den Rahmen dieses Buches sprengen würde. Darüber hinaus muss auf die Spezialliteratur zum Investmentsteuergesetz verwiesen werden, wobei die Spezialliteratur letztlich primär nur für die eigentlichen Kapitalanlagegesellschaften und weniger für den einzelnen Investor von Interesse sein dürfte. 417

a) Ertragsarten

Durch das komplette Investmentsteuergesetz ziehen sich stetig die Begriffe Ausschüttungen, ausgeschüttete Erträge, ausschüttungsgleiche Erträge und der Zwischengewinn (§ 1 Abs. 3 und 4 InvStG). Die nachfolgende Definition dieser Begriffe orientiert sich am vorgenannten Schreiben des BMF vom 2.6.2005: 418

aa) *Ausschüttungen, ausgeschüttete und ausschüttungsgleiche Erträge*

Ausschüttungen i.S.d. Investmentsteuergesetzes sind die **tatsächlich gezahlten** oder gutgeschriebenen Beträge zuzüglich Kapitalertragsteuer nebst Solidaritätszuschlag sowie eventuell gezahlter ausländischer Quellensteuer, sofern letztere nicht bereits auf Ebene des Investmentfonds nach § 4 Abs. 4 InvStG als Werbungskosten abgezogen wurden. Die Ausschüttung stellt somit vom Grundsatz den Bruttobezug dar. 419

Ausgeschüttete Erträge sind die vom Investmentvermögen zur Ausschüttung *verwendeten* laufenden Erträge, Erträge aus Termingeschäften sowie Gewinne aus Veräußerungsgeschäften. Zu den laufenden Erträgen rechnen beispielsweise Zinsen und Dividenden, Mieten und sonstige Erträge. 420

421 **Ausschüttungsgleiche Erträge** sind die während des Geschäftsjahrs *erzielten* laufenden Erträge des Investmentvermögens sowie Gewinne aus privaten Veräußerungsgeschäften i.S.d. § 23 Abs. 1 Satz 1 Nr. 1 (Grundstücksveräußerungen innerhalb der 10jährigen Behaltefrist) und Nr. 3 EStG (Leerverkäufe, d.h. die Veräußerung erfolgt vor dem Erwerb der betroffenen Wirtschaftsgüter, mit Ausnahme darin enthaltener Gewinne aus Wertpapierveräußerungsgeschäften), *vermindert* um die hiervon zur Ausschüttung verwendeten Erträge und/oder Veräußerungsgewinne sowie um die abziehbaren Werbungskosten. Nicht zu den ausschüttungsgleichen Erträgen gehören Gewinne aus Termingeschäften. Folgendes Schema kann zur Bestimmung der ausschüttungsgleichen Erträge herangezogen werden:[452]

Laufende Erträge des Geschäftsjahres

+ Gewinne des Geschäftsjahres aus privaten Veräußerungsgeschäften i.S.d. § 23 Abs. 1 Satz 1
  • Nr. 1 EStG – Grundstücksveräußerungen innerhalb der 10jährigen Behaltefrist,
  • Nr. 3 EStG – Veräußerungsgeschäfte, bei denen die Veräußerung der Wirtschaftsgüter früher erfolgt als der Erwerb (Leerverkäufe), ausgenommen darin enthaltene Gewinne aus Wertpapierveräußerungsgeschäften

./. der zur Ausschüttung verwendeten:
  • laufenden Erträge
  • Veräußerungsgewinne

./. der abziehbaren Werbungskosten (§ 3 Abs. 3 Satz 2 InvStG)

= ausschüttungsgleiche Erträge i.S.d. § 1 Abs. 3 Satz 3 InvStG

422 Die auf Investmentanteile ausgeschütteten und die ausschüttungsgleichen Erträge gehören nach § 2 Abs. 1 InvStG zu den Einkünften i.S.d. § 20 Abs. 1 Nr. 1 EStG, sofern sich die Anteile nicht im Betriebsvermögen des Anteilseigner befinden (dann Betriebseinnahmen). Aufgrund der Einbeziehung ausschüttungsgleicher Erträge in die Besteuerung des Anlegers sind daher nach wie vor auch auf Fondsebene thesaurierte, d.h. tatsächlich nicht ausgeschüttete Erträge beim Anleger steuerpflichtig.

423 Grundsätzlich sind diese Erträge in vollem Umfang zu versteuern. Aufgrund des Transparenzprinzips findet aber auf Ebene des Anteilseigners auf

---

[452] BMF v. 2.6.2005 BStBl 2005 I, 728 Rn. 20.

die in den Erträgen enthaltenen Einkünfte aus Dividenden oder ähnlichem das Halbeinkünfteverfahren (§ 3 Nr. 40 EStG) bzw. die Steuerfreistellung nach § 8b KStG (wenn der Anleger die Fondsanteile im Betriebsvermögen hält) entsprechende Anwendung. Dies gilt nunmehr auch für Dividenden von ausländischen Investmentfonds, so dass eine evt. Europarechtswidrigkeit der alten Regelung durch die Gesetzesänderung ausgeräumt wurde. Steuerfrei sind die Ausschüttungen dagegen immer dann, wenn hierin Erträge aus Termingeschäften, Veräußerungsgewinne aus Wertpapierverkäufen unabhängig von ihrer Haltedauer sowie Gewinne aus der Veräußerung von Grundstücken nach Ablauf der 10jährigen Haltefrist enthalten sind. Im Hinblick auf die Steuerfreistellung der Veräußerungsgewinne aus Wertpapierverkäufen spricht man auch vom sog. Fondsprivileg, da bei einer vergleichbaren Transaktion außerhalb eines Investmentfonds eine Steuerfreistellung nur außerhalb der Haltefrist von einem Jahr erfolgt. Insoweit ergeben sich in diesem Bereich erneut eine Durchbrechung des eigentlichen Transparenzprinzips und eine Besserstellung gegenüber demjenigen Anleger, der die Wertpapiere unmittelbar in seinem Privatvermögen hält und diese erst nach Ablauf der Jahresfrist steuerfrei veräußern kann.

bb) Zwischengewinne

Unter dem Terminus Zwischengewinn wird nach § 1 Abs. 4 InvStG der im Rücknahmepreis enthaltene und noch nicht zugeflossene (Zins-)Ertrag des Investmentfonds verstanden, der seit der letzten Ausschüttung respektive im laufenden Wirtschaftsjahr angesammelt wurde. Wirtschaftlich gesehen entspricht der Zwischengewinn den Stückzinsen. 424

Zwischengewinne werden steuerlich analog den Stückzinsen behandelt, d.h. der bei Rückgabe oder Veräußerung **erhaltene** Zwischengewinn ist vom Anleger als Kapitalertrag gem. §§ 2 Abs. 1 InvStG, 20 Abs. 1 EStG zu versteuern. Etwas anderes gilt ausnahmsweise nur für Zwischengewinne, die im Jahr 2004 erzielt wurden. Diese unterliegen nicht der Besteuerung. Denn mit Einführung des InvStG zum 1.1.2004 wurde die Zwischengewinnbesteuerung zunächst abgeschafft,[453] dann aber durch das Richtlinien-Umsetzungsgesetz vom 9.12.2004[454] mit Wirkung zum 1.1.2005 wieder eingeführt. 425

---

453 Zu den Vor- und Nachteilen der Abschaffung s. *Epple/Jurowsky/Schäfer*, a.a.O., S. 236 f.
454 BGBl 2004 I, 3310.

426 Eine weitere Besonderheit besteht im Hinblick auf die Fonds, die trotz Verpflichtung zur börsentäglichen Ermittlung des Zwischengewinns diesen nicht ermitteln. In diesem Fall wird nach § 5 Abs. 3 InvStG ein sog. Ersatzwert bestimmt. Dieser berechnet sich aus 6 % des Rücknahmepreises dividiert durch 360 Tage und multipliziert mit der Anzahl der tatsächlichen Haltedauer der Anteile.

427 Beim Erwerb von Investmentanteilen **gezahlte** Zwischengewinne sind analog zu Stückzinsen im Jahr des Zahlungsabflusses als negative Einnahmen aus Kapitalvermögen zu erfassen.

b) Fondsarten

428 Die vorstehend unter C.II.1.a) geschilderte Besteuerung der Fondserträge stellt den Grundtatbestand bei Erträgen aus sog. transparenten Fonds dar, der in der täglichen Praxis mit Abstand am häufigsten vorkommen dürfte. Abweichungen von der Besteuerung ergeben sich allerdings dann, wenn die Kriterien des transparenten Investmentfonds nicht mehr erfüllt sind. Man spricht in diesem Fall von teiltransparanten bzw. von intransparenten Fonds. Je nach Zuordnung ergeben sich anderweitige steuerliche Folgen, so dass zunächst die Begriffe definiert werden müssen:

aa) Transparente Fonds

429 Von einem transparenten Fonds spricht man, wenn der Fonds alle Voraussetzungen zu Nachweis- und Veröffentlichungspflichten gem. § 5 InvStG erfüllt. § 5 InvStG definiert eine Vielzahl von Angaben u.a. betreffend Daten über Ausschüttungen oder thesaurierte Beträge, die der Fonds nicht nur dem Anleger bekannt geben muss, sondern die darüber hinaus auch im elektronischen Bundesanzeiger in deutscher Sprache veröffentlicht werden müssen.[455] Erfüllt der Fonds diese Voraussetzungen, so greifen die allgemeinen Besteuerungsregelungen des InvStG.

bb) Teiltransparente Fonds

430 Ein teiltransparenter Fonds liegt vor, wenn nur ganz bestimmte Angabeverpflichtungen nach § 5 InvStG nicht erfüllt werden. Hierbei handelt es sich um Angaben, die zu einer Begünstigung des Anteilseigners führen, wie z.B.

---

455 S.a. OFD Rheinland u. Münster v. 3.4.2006, S – 1980 – 123 – St 22 – 23, DB 2006, 868 Ziff. 1, wonach neben der Angabe eines Fonds-Aktiengewinns oder Fonds-Immobiliengewinns der jeweils andere Wert stets mit Null anzugeben ist.

Angaben über die Höhe steuerfreier Veräußerungsgewinne, über die Höhe der Dividenden, die dem Halbeinkünfteverfahren unterliegen etc. Bei teiltransparenten Fonds werden die Erträge daher voll versteuert. Vergünstigungen wie Steuerfreistellung oder Anrechnung von ausländischen Steuern werden in diesem Fall nicht gewährt, § 5 Abs. 1 Satz 2 InvStG. Eine Strafbesteuerung wird indes nicht vorgenommen.

cc) Intransparente Fonds

Der Strafbesteuerung unterliegen hingegen sog. intransparente Fonds. Derartige Fonds erfüllen nicht nur die den Anleger begünstigenden Angabeverpflichtungen nach § 5 InvStG nicht, sondern verletzen noch weitere bestehende Verpflichtungen, so dass sich in der Folge die Besteuerung nach § 6 InvStG richtet. Gemäß § 6 InvStG sind bei Verletzung der Angabeverpflichtungen beim Anleger die Ausschüttungen auf Investmentanteile, der Zwischengewinn sowie 70% des Mehrbetrages anzusetzen, der sich zwischen dem ersten und dem letzten im Kalenderjahr festgesetzten Rücknahmepreis eines Investmentanteils ergibt. Als Minimum bei der Mehrbetragsrechnung muss sich ein Wert von 6% des letzten im Kalenderjahr festgesetzten Rücknahmepreises ergeben. Soweit ein Rücknahmepreis nicht festgesetzt wird, ist der jeweilige Börsen- oder Marktpreis heranzuziehen. § 6 InvStG fingiert darüber hinaus einen Zufluss des errechneten Mehrbetrages mit Ablauf des jeweiligen Kalenderjahres. Die Attraktivität der Geldanlage in intransparente Fonds wird aufgrund der nicht unerheblichen Strafbesteuerung damit signifikant herabgesetzt.

431

c) Veräußerung und Rückgabe von Investmentanteilen

Bei Veräußerung oder Rückgabe von Investmentanteilen ist grundsätzlich nur der hierin enthaltene Zwischengewinn zu versteuern,[456] sofern sich die Investmentanteile im Privatvermögen befinden und länger als ein Jahr gehalten wurden. Andernfalls findet § 23 Abs. 1 Satz 1 Nr. 2 EStG Anwendung, d.h. ein potentieller Gewinn aus der Anteilsveräußerung unterliegt der Steuerpflicht. Im Gegensatz zu den regulären Veräußerungsgewinnen gem. §§ 22 Nr. 2, 23 EStG findet für Veräußerungsgewinne aus Investmentanteilen das Halbeinkünfteverfahren nach § 3 Nr. 40 EStG aufgrund der Regelung in § 8 Abs. 5 InvStG keine Anwendung. Diese Regelung wurde durch

432

---

[456] S. C.II.1.a)aa).

das Richtlinien-Umsetzungsgesetz vom 9.12.2004[457] eingefügt und dadurch diese bislang umstrittene Frage zum Nachteil des Anlegers gelöst.[458] Das Gleiche gilt im Übrigen für die Anwendung des § 17 EStG, der ebenfalls aufgrund von § 8 Abs. 5 InvStG nicht eingreift.

433 Sofern sich die Anteile im Betriebsvermögen befinden, stellt sich die Frage nach der Haltefrist der Anteile nicht, da Wertsteigerungen zwangsläufig steuerlich verhaftet sind. Allerdings sind in diesem Fall § 3 Nr. 40 EStG sowie § 8b KStG aufgrund der Regelung in § 8 Abs. 1 InvStG wieder anwendbar. Im Hinblick auf die Veräußerung von Investmentanteilen im Betriebsvermögen bei intransparenten Fonds wird der Vollständigkeit halber auf § 8 Abs. 4 InvStG verwiesen, der entsprechende Sondertatbestände regelt.

d) Kapitalertragsteuer und ausländische Quellensteuer

434 Soweit der jeweilige Investmentfonds auch ausländische Erträge erzielt, werden diese in den jeweiligen Herkunftsländern oftmals mit einem Quellensteuerabzug belegt. Der Investmentfonds kann diese Quellensteuern i.d.R. auf Ebene des Sondervermögens als Werbungskosten abziehen (Wahlrecht). In diesem Fall ist die ausländische Quellensteuer auf Ebene des Investors weder anrechenbar noch abzugsfähig. Übt die Fondsgesellschaft ihr Wahlrecht zum Abzug der ausländischen Quellensteuern auf Fondsebene nicht aus, dann ist die anrechenbare Quellensteuer auf Antrag des Anlegers bei der Ermittlung seiner Einkünfte abzugsfähig oder auf den Teil der Einkommen- respektive Körperschaftsteuer des Investors anzurechnen, der auf die entsprechenden ausländischen Einkünfte entfällt. Vorgenannte Regelungen gelten allerdings dann nicht, wenn die ausländischen Steuern im Zusammenhang mit ausgeschütteten oder ausschüttungsgleichen Erträgen stehen, die steuerfrei sind, § 4 Abs. 3 InvStG.

435 Im Hinblick auf weitere Details wird an dieser Stelle auf die untenstehenden Ausführungen zu Gliederungspunkt D.II.2. verwiesen.

---

457 BGBl 2004 I, 3310.
458 Zum ursprünglichen Streitstand vgl. *Rödel*, INF 2006, 577, 580.

e) Nachweis der Besteuerungsgrundlagen

Analog zu den bestehenden Erfordernissen für die Kreditinstitute im Zusammenhang mit der Ausstellung einer sog. Jahressteuerbescheinigung i.S.v. § 24c EStG besteht eine entsprechende Verpflichtung für Investmentfonds. Die steuerlich relevanten Angaben für den Anleger ergeben sich daher ebenfalls aus der Bescheinigung nach § 24c EStG respektive aus den entsprechenden Erträgnisaufstellungen. Bei transparenten Fonds müssen die Ergebnisse darüber hinaus im elektronischen Bundesanzeiger veröffentlicht werden.[459]

436

2. Geschlossene Fonds

Die Besteuerung geschlossener Fonds ist – anders als bei offenen Investmentfonds – nicht in einem einheitlichen Gesetz geregelt. Die Besteuerung geschlossener Fonds richtet sich vielmehr nach den allgemeinen Besteuerungsregelungen des Einkommensteuergesetzes. Da geschlossene Fonds i.d.R. in der Rechtsform einer GmbH & Co. KG auftreten, wird im Weiteren stets hierauf abgestellt, sofern nicht explizit auf eine abweichende Struktur Bezug genommen wird.

437

Die nachfolgenden Ausführungen beziehen sich zunächst auf die allgemein auf geschlossene Fonds anzuwendenden steuerlichen Rahmenbedingungen. Ein Schwerpunkt wird unter anderem auf die Neuregelung des § 15b EStG gelegt, da es sich hierbei letztlich um die Kernregelung für geschlossene Fonds handelt. Im Weiteren folgen nach der Darstellung der allgemeingültigen Regelungen nach Art des Fonds spezifisch zu berücksichtigende steuerliche Besonderheiten.

438

a) Einkommensteuer- und verfahrensrechtliche Aspekte

aa) Einkunftsart

Die Ausgestaltung geschlossener Fonds als GmbH & Co. KG ermöglicht es unter bestimmten Bedingungen, die Einkunftsart gezielt zu steuern. Sofern die Komplementär-GmbH die Geschäftsführung der KG besorgt, handelt es sich um eine sog. gewerblich geprägte Personengesellschaft nach § 15 Abs.3 Nr. 2 EStG. In diesem Fall ist es prinzipiell irrelevant, ob die KG originär eine gewerbliche Tätigkeit ausübt oder ob es sich im Eigentlichen um Ver-

439

---

[459] http://www.bundesanzeiger.de; vgl. auch BayLfSt v. 23.10.2006, S – 2252 – 32 St 32/St 33.

mögensverwaltung, wie beispielsweise bei Vermietung und Verpachtung, handelt. Die Tätigkeit einer gewerblich geprägten Personengesellschaft ist in diesem Fall vollumfänglich den Einkünften aus Gewerbebetrieb zuzuordnen. Das Gleiche gilt auch dann, wenn nicht die Komplementär-GmbH, sondern eine natürliche Person, die nicht Gesellschafter bzw. Kommanditist der KG ist, die Geschäftsführung übernimmt.

440 Die originäre Tätigkeit entscheidet nur dann wieder über die Einkunftsart, wenn nicht die Komplementär-GmbH, sondern ein geschäftsführender Kommanditist die Aufgaben der Geschäftsführung wahrnimmt. In diesem Fall liegt keine gewerbliche Prägung i.S.d. § 15 Abs. 3 Nr. 2 EStG mehr vor. Dies gilt auch dann, wenn der geschäftsführende Kommanditist die Geschäftsführungsaufgaben neben der Komplementär-GmbH wahrnimmt. In diesen Fällen ist daher stets zu fragen, welcher konkreten Einkunftsart die Tätigkeit zuzuordnen ist.

441 Soweit es sich bei dem geschlossenen Fonds danach um einen **vermögensverwaltenden Fonds** handelt, werden meist Einkünfte aus Vermietung und Verpachtung (z.B. Immobilienfonds) oder Einkünfte aus Kapitalvermögen (z.B. Wertpapierfonds) generiert. Abhängig vom Einzelfall können mitunter innerhalb eines geschlossenen Fonds mehrere Einkunftsarten erzielt werden, z. B. dann, wenn ein Immobilienfonds neben Vermietungseinkünften auch Kapitalerträge aus der kurzfristigen Anlage von liquiden Mitteln erzielt. Hier entstehen dann sowohl Einkünfte aus Vermietung und Verpachtung als auch Einkünfte aus Kapitalvermögen.

442 Nicht ausgeschlossen ist bei vermögensverwaltenden Fonds auch die Generierung von Einkünften aus privaten Veräußerungsgeschäften nach § 22 Nr. 2 EStG i.V.m. § 23 EStG, sofern die Anteile im Privatvermögen gehalten werden. Derartige Fallgestaltungen finden sich im Wesentlichen bei geschlossenen Immobilienfonds.[460]

443 In den meisten Fällen wird es sich jedoch unabhängig von der Frage nach der gewerblichen Prägung um Fonds handeln, die originäre Einkünfte aus **Gewerbebetrieb** erzielen.

444 Auch bei vermögensverwaltenden Fonds kann es sich allerdings auf Ebene des einzelnen Investors letztlich doch um Einkünfte aus Gewerbebetrieb handeln, sofern der Anteil am vermögensverwaltenden Fonds im Betriebs-

---

460 Vgl. C.II.2.a)aa).

vermögen gehalten wird. Die Art der Einkünfte auf Ebene des Fonds ist dann für den betreffenden Investor irrelevant, da auf seiner persönlichen Ebene stets eine Umqualifizierung der Einkünfte in solche aus Gewerbebetrieb erfolgt, sofern nicht bereits auf Ebene des Fonds gewerbliche Einkünfte vorliegen.

bb) Einkünfteerzielungsabsicht (Liebhaberei)

Die Einkünfteerzielungsabsicht ist entscheidend für die Beantwortung der Frage nach einer grundsätzlichen Berücksichtigung von Gewinnen und Verlusten eines geschlossenen Fonds. Sofern die Einkünfteerzielungsabsicht aus steuerlicher Sicht verneint werden sollte, liegt eine sog. Liebhaberei vor, die dazu führt, dass aus dem Fonds erzielte Einkünfte nicht zu versteuern sind, entstandene Verluste allerdings ebenfalls steuerlich keine Berücksichtigung finden. Liebhaberei wird bereits dann als gegeben angenommen, wenn die Tätigkeit ihrer Wesensart und der Art ihrer Durchführung auf Dauer gesehen nicht nachhaltig zu Einnahmeüberschüssen führen kann.[461] 445

Die Frage der Liebhaberei spielt auf Ebene des Fonds in der Regel keine größere Rolle, da die Konzeptionen grundsätzlich so ausgestaltet sind, dass in der Totalperiode mit Gewinn bzw. Einnahmeüberschüssen kalkuliert wird. Die Finanzverwaltung differenziert allerdings offensichtlich bezüglich der Gewinnerzielungsabsicht auf Ebene der Gesellschaft zwischen einem gewerblichen und einem vermögensverwaltenden Fonds. Während gemäß R 15.8 (6) EStR bei gewerblich geprägten Personengesellschaften Veräußerungsgewinne bei der Gewinnerzielungsabsicht zu berücksichtigen sind, bleibt offen, ob dies auch für vermögensverwaltende Strukturen gilt. Lediglich die OFD Rostock äußert in der Verfügung vom 2.5.2000 die Auffassung, dass bei Einkünften aus Vermietung und Verpachtung Veräußerungsgewinne nicht mit in die Totalüberschussprognose einzubeziehen sind.[462] Dies mag damit im Zusammenhang stehen, dass zur Zeit für Veräußerungen in der vermögensverwaltenden Sphäre noch Veräußerungsfristen (§ 23 EStG) zu berücksichtigen sind, so dass bei entsprechender Gestaltung ein steuerfreier Veräußerungsgewinn entstehen kann. Aus Sicht der Finanzverwaltung mag dies zwar verständlich erscheinen. Allerdings spricht dagegen, dass es zunächst nur um die Frage der Einnahmenüberschusserzielungsab- 446

---

[461] BFH-Beschl. v. 25.6.1984, GrS 4/82, BStBl 1984 II, 751.
[462] OFD Rostock v. 2.5.2000, Haufe-Index 426765; vgl. auch *Lüdicke/Arndt/Götz*, Geschlossene Fonds, S. 83 f.

sicht geht und nicht um die Frage, ob ein steuerpflichtiger Überschuss erwirtschaftet wird. Die Totalgewinn- bzw. Überschussprognose sollte daher von einer Steuerpflicht der Einkünfte nicht tangiert werden.

447 Liebhaberei ist allerdings nicht nur auf Ebene des Fonds, sondern auch auf Ebene jedes einzelnen Gesellschafters zu untersuchen. Je nach Ausgestaltung der individuellen Gegebenheiten ist daher kritisch zu prüfen, ob der Finanzverwaltung Angriffsfläche für die Verneinung der Einkünfte- bzw. Gewinnerzielungsabsicht geboten wird. Dies könnte beispielsweise dann gegeben sein, wenn der Gesellschafter über den bereits vom Fonds vorgesehenen konzeptionellen Fremdfinanzierungsrahmen hinaus eine weitere individuelle Fremdfinanzierung des Fondsanteils vornimmt. Derartige Finanzierungskosten müssten als Sonderbetriebsausgaben respektive Sonderwerbungskosten bei der Gewinn-/Überschussprognose berücksichtigt werden, so dass dann unter Umständen ein Totalgewinn bzw. Totalüberschuss verneint werden müsste. Insoweit ist stets mit spitzem Bleistift zu rechnen, sofern an eine über die Konzeption des Fonds hinausgehende Fremdfinanzierung gedacht wird.

cc) Mitunternehmerstellung

448 Gerade bei gewerblichen Fondskonstruktionen spielt die Frage des Vorhandenseins der Mitunternehmerstellung der Fondsgesellschafter eine wichtige Rolle. Ohne eine tatsächliche Mitunternehmerstellung kann eine Zurechnung von positiven oder negativen Einkünften aus Gewerbebetrieb nicht erfolgen. Für die Prüfung des Merkmals der Mitunternehmerstellung ist aber zunächst zu differenzieren nach der Art der Beteiligung, d.h. erfolgt die Beteiligung direkt als eingetragener Kommanditist oder indirekt über einen Treuhandkommanditisten.

(1) Direkte Beteiligung als Kommanditist

449 Eine Mitunternehmerstellung ist grundsätzlich dann gegeben, wenn die Beteiligung die notwendige Mitunternehmerinitiative und das Mitunternehmerrisiko vermittelt. Mitunternehmerinitiative ist anzunehmen, sofern die Beteiligung zumindest die ungeschmälerten Kontrollrechte nach § 166 HGB bzw. § 716 BGB gewährt.[463] Wesentliche Entscheidungen müssen daher der Zustimmung der Kommanditisten bedürfen. Darüber hinaus ist durch entsprechende Maßnahmen bei der schriftlichen Abstimmung oder

---

463 BFH Urt. v. 24.7.1986, IV R 103/83, BStBl 1987 II, 54.

der regelmäßigen Gesellschafterversammlungen dafür Sorge zu tragen, dass die Gesellschafter tatsächlich von ihren Rechten Gebrauch machen können.

Der Tatbestand des Mitunternehmerrisikos ist als erfüllt anzusehen, wenn eine laufende Beteiligung am Gewinn und Verlust der Gesellschaft unter Einbeziehung der stillen Reserven vorliegt. Eine eventuelle Absicherung des Risikos auf Ebene des Fonds, beispielsweise durch Bürgschaften oder ähnlichem, ist nicht schädlich, da es eine Art Mindestrisiko insoweit nicht gibt.[464] Anders könnte sich die Rechtslage nur dann darstellen, wenn eine Absicherung des unternehmerischen Risikos nicht auf Ebene der Gesellschaft, sondern auf Ebene des Anlegers erfolgt, da hierzu eine höchstrichterliche Rechtsprechung noch fehlt.[465]

450

Sofern die Beteiligung folglich diese Voraussetzungen erfüllt und damit der gesetzlichen Ausgestaltung der Kommanditistenstellung nahe kommt, ist eine steuerliche Mitunternehmerstellung zu bejahen.

451

(2) Indirekte Beteiligung über einen Treuhandkommanditisten

Ob eine Mitunternehmerstellung dagegen bei einer indirekten Beteiligung über einen Treuhänder bzw. einen Treuhandkommanditisten bejaht werden kann, stellt sich schwieriger dar als bei der eben erläuterten unmittelbaren Beteiligung. Grundsätzlich gilt, dass zunächst einmal der Treuhandkommanditist Gesellschafter des geschlossenen Fonds ist. Damit eine Zurechnung des Ergebnisses der Personengesellschaft auf den nicht direkt beteiligten Treugeber erfolgen kann, bedarf es daher einer zwingend erforderlichen Vermittlung des Mitunternehmerrisikos sowie der Mitunternehmerinitiative durch den Treuhandkommanditisten an den Treugeber der Beteiligung. Wann bzw. ob diese Voraussetzungen im Einzelnen erfüllt sind, lässt sich aus dem Erlass[466] der Finanzverwaltung letztlich nicht sicher entnehmen, da sich dieser nicht auf gewerbliche Einkünfte, sondern lediglich auf den Bereich der Vermietung und Verpachtung bezieht. Der Erlass fordert seinem wesentlichen Inhalt nach für die steuerrechtliche Anerkennung von Treuhandverhältnissen, dass dem Treugeber im Innenverhältnis die Rechte an und aus dem Treugut zustehen, der Treugeber das Marktgeschehen jederzeit beherrscht und wirtschaftlich die Rechte und Pflichten aus dem zugrunde

452

---

464 BFH Urt. v. 24.9.1991, VIII R 349/83, BStBl 1992 II, 330 f.
465 *Lüdicke/Arndt/Götz*, a.a.O., S. 80 f.; Blümich-*Stuhrmann* § 15 Rn. 349; Schmidt-*Wacker* § 15 Rn. 264.
466 BMF-Schreiben v. 1.9.1994 BStBl 1994 II, 604, 615.

liegenden Vertrag (hier dem Mietverhältnis) trägt. Bei einer treuhänderischen Gesellschaftsbeteiligung ist erforderlich, dass der Treugeber durch das Treuhandverhältnis so gestellt wird wie ein unmittelbar beteiligter Gesellschafter.

453 Da dem Treugeber der Vermögensgegenstand Beteiligung wirtschaftlich zuzurechnen ist und er mithin das wirtschaftliche Ergebnis hieran zu tragen hat, ergibt sich die Problematik der Mitunternehmerschaft weniger aus dem Blickpunkt des Mitunternehmerrisikos als vielmehr aus der Mitunternehmerinitiative. Die Mitunternehmerinitiative kann dann als durch den Treugeber erfüllt angesehen werden, wenn durch das Treuhandverhältnis gewährleistet ist, dass sämtliche Kontroll-, Stimm- und Widerspruchsrechte letztlich beim Treugeber liegen und dieser ein uneingeschränktes Weisungsrecht gegenüber dem Treuhänder ausüben kann. Letzteres bedingt auch, dass der Treugeber jederzeit das Recht auf Umwandlung der Beteiligung dergestalt hat, dass das Treuhandverhältnis beendet und der Treugeber selbst als Kommanditist in das Handelsregister eingetragen wird. Vielfach bieten Fondsgesellschaften eine wahlweise Beteiligung über einen Treuhandkommanditisten oder als Direktkommanditist an. In diesen Fällen ist Vorsicht walten zu lassen, da sichergestellt sein muss, dass keine Ungleichbehandlung zwischen Direkt- und Treuhandbeteiligung besteht. Eine derartige Ungleichbehandlung könnte beispielsweise dann entstehen, wenn der Treuhandkommanditist seine Stimmrechte nur einheitlich ausüben kann. Denn hierdurch kann sich ein verzerrtes Gesamtbild bei Gesellschafterentscheidungen ergeben, was mit einer Schlechterstellung des Treugebers im Vergleich zu einem Direktanleger verbunden ist und letztlich zur Verneinung der Mitunternehmerinitiative führt. Die Treuhandregelungen sollten daher eine Regelung dergestalt enthalten, dass der Treuhandkommanditist sein Stimmrecht gespalten, je nach Treugeberentscheidung, ausüben kann.[467]

dd) Hersteller- und Erwerbereigenschaft

454 Der Aspekt der Hersteller- und Erwerbereigenschaft bei geschlossenen Fonds wird bereits seit Jahren sehr kontrovers diskutiert, ohne dass man zwischenzeitlich eine abschließende Einigung erzielen konnte. Die Beantwortung der Frage nach der Hersteller- oder Erwerbereigenschaft eines Fonds ist entscheidend dafür, inwieweit Kosten im Zusammenhang mit dem Investitionsobjekt als sofortabzugsfähige Betriebsausgaben respektive Wer-

---

467 *Lüdicke/Arndt/Götz*, a.a.O., S. 81 f.

II. Besteuerung von Fonds

bungskosten einzustufen sind oder ob es sich um aktivierungspflichtige Bestandteile handelt, die nur zeitanteilig über den Ansatz von Abschreibungen Berücksichtigung finden können. Hierbei spielen insbesondere die Eigenkapitalvermittlungsprovisionen eine entscheidende Rolle, die einen nicht unerheblichen Anteil an den sog. Weichkosten eines Fonds ausmachen. Die nachfolgenden Ausführungen sollen einen Überblick über den derzeitigen Status Quo zur Frage der Hersteller- und Erwerbereigenschaft bei Fonds vermitteln.[468]

Basis für die derzeitige Zuordnung zur Hersteller- oder Erwerbereigenschaft bilden die Urteile des BFH vom 8.5.2001[469] sowie vom 28.6.2001.[470] Beide Urteile sind allerdings isoliert zur Frage der Behandlung von Eigenkapitalvermittlungsprovisionen bei geschlossenen Immobilienfonds ergangen. Hiernach sind Eigenkapitalvermittlungsprovisionen im Grundsatz den Anschaffungskosten der Immobilie hinzuzurechnen, d.h. zu aktivieren und nicht als sofortiger Aufwand abziehbar. Das BMF hat sich diese – umstrittene – Rechtsprechung zu eigen gemacht und über die Änderung des Medienerlasses vom 5.8.2003[471] den Anwendungsbereich zunächst auf Filmfonds ausgedehnt. Über den 5. Bauherrenerlass vom 20.10.2003[472] ist dann letztlich eine Ausweitung der vorgenannten Rechtsprechung auf praktisch sämtliche Fondsarten vorgenommen worden.

455

Die Quintessenz des BFH-Urteils vom 8.5.2001 lautet, dass der Anleger eines Immobilienfonds dann kein Bauherr respektive Hersteller ist, wenn er in seiner Eigenschaft als Gesellschafter des Fonds keinen Einfluss auf Planung und Durchführung des Bauvorhabens hat. Vielmehr soll er in diesem Fall als Erwerber des Objektes zu qualifizieren sein. Damit im Zusammenhang stehende Gebühren, wie z.B. die Eigenkapitalvermittlungsprovision, sollen daher zu aktivieren und nicht als direkt abzugsfähige Werbungskosten zu behandeln sein. Unter Bezugnahme auf das vorgenannte Urteil kommt der BFH in dem nachfolgenden Urteil vom 28.6.2001 zum gleich lautenden Ergebnis, nämlich dass Eigenkapitalvermittlungsprovisionen in voller Höhe als Anschaffungs- respektive Herstellungskosten zu bewerten

456

---

468 Zur Diskussion evt. verfassungsrechtlicher Bedenken vgl. z.B. *Lüdicke/Arndt/Götz*, a.a.O., S. 70 ff.
469 BFH Urt. v. 8.5.2001, IX R 10/96, BStBl 2001 II, 720.
470 BFH Urt. v. 28.6.2001, IV R 40/97, BStBl 2001 II, 717.
471 BMF-Schreiben v. 5.8.2003, BStBl 2003 I, 406.
472 BMF-Schreiben v. 20.10.2003, BStBl 2003 I, 546.

sind, wenn sich der Kommanditist auf Grund eines vom Prospektanbieters vorformulierten Vertragswerk an dem geschlossenen Fonds beteiligt.

457 Zunächst reagierte das BMF durch die Anpassung des vorgenannten Medienerlasses auf diese Rechtsprechung und stellte fest, dass ein Filmfonds nach den Grundsätzen des BFH zur ertragsteuerlichen Behandlung der Eigenkapitalvermittlungsprovisionen und anderer Gebühren dann nicht als Hersteller, sondern als **Erwerber** anzusehen ist, wenn der Initiator der Gesellschaft ein einheitliches Vertragswerk vorgibt und die Gesellschafter in ihrer gesellschaftsrechtlichen Verbundenheit hierauf keine wesentlichen Einflussmöglichkeiten besitzen.[473] Dies stellte Filmfonds vor erhebliche Probleme, da nur über die Herstellereigenschaft und dem in § 248 Abs. 2 HGB geregelten Verbot der Aktivierung selbst geschaffener immaterieller Wirtschaftsgüter die Möglichkeit der direkten Abzugsfähigkeit von Produktionskosten besteht.

458 Des Weiteren führt der Erlass aus, dass es wegen der besonderen Konzeption der geschlossenen Fonds erforderlich ist, dass bei einem Herstellerfonds die Mitwirkungsrechte der Gesellschafter über die zur Anerkennung der Mitunternehmereigenschaft nach § 15 Abs. 1 Satz 1 Nr. 2 EStG geforderte Initiative hinausgehen und damit wesentlich sind. Wesentliche Einflussnahmemöglichkeiten entstehen nach dem BMF nicht bereits dadurch, dass der Initiator als Gesellschafter oder Geschäftsführer für den Fonds gehandelt hat oder handelt. Die Einflussnahmemöglichkeiten müssen den Gesellschaftern selbst gegeben sein, die sie innerhalb des Fonds im Rahmen der gesellschaftsrechtlichen Verbundenheit ausüben. Eine Vertretung durch bereits konzeptionell vorbestimmte Dritte (z.B. Treuhänder, Beiräte) reicht nicht aus. Einem von den Gesellschaftern selbst aus ihrer Mitte gewählten Beirat oder einem vergleichbaren Gremium dürfen weder der Initiator noch Personen aus dessen Umfeld angehören. Über die Einrichtung und Zusammensetzung eines Beirats dürfen allein die Gesellschafter frühestens zu einem Zeitpunkt entscheiden, in dem mindestens 50 % des prospektierten Kapitals eingezahlt sind.[474] Insbesondere die letztgenannte Voraussetzung hat dazu geführt, dass am Markt vermehrt Blind Pools angeboten werden und wurden, um erst nach Erreichen der 50 %-Grenze die eigentlichen Entscheidungen bezüglich des zu tätigenden Investments vornehmen zu können.

---

473 BMF v. 5.8.2003 BStBl 2003 I, 406 Tz. 9.
474 BMF v. 5.8.2003 BStBl 2003 I, 406 Tz. 10.

Über das bereits genannte BMF-Schreiben vom 20.10.2003 hinaus erfolgte dann eine analoge Ausweitung der Rechtsauffassung des BFH auf sämtliche geschlossene Fonds mit Ausnahme der Filmfonds, da für diese der vorstehend geschilderte Medienerlass als Spezialregelung vorrangig ist. Auch hier unterscheidet das BMF nach dem vorgegebenen Vertragswerk und der wesentlichen Einflussnahmemöglichkeit, um eine Differenzierung nach Erweber- oder Herstellereigenschaft vorzunehmen. Insoweit kann im Wesentlichen auf die vorhergehenden Ausführungen zum Medienfonds zurückgegriffen werden. An der Verknüpfung der Tatbestandsmerkmale mit einem „und" lässt sich erkennen, dass allein die Verwendung von einem vorgefertigten Vertragswerk für sich genommen noch kein ausschließendes Kriterium für die Bejahung der Herstellereigenschaft ist. Vielmehr muss darüber hinaus auch das Fehlen der Einflussnahmemöglichkeit hinzutreten. 459

Wird die Herstellereigenschaft des Fonds dagegen aufgrund der wesentlichen Einflussnahmemöglichkeit bejaht, sind bedeutsame Kostenelemente im Zusammenhang mit dem geschlossenen Fonds direkt als Betriebsausgaben oder Werbungskosten abzugsfähig. Hierzu gehören beispielsweise die Eigenkapitalvermittlungsprovisionen, die bis zu einem Betrag von 6 % des vermittelten Kapitals als Betriebsausgaben oder Werbungskosten zum Abzug zugelassen werden.[475] Bei fehlender wesentlicher Einflussnahmemöglichkeit sind die vorgenannten Kosten dagegen als Anschaffungskosten zu aktivieren und über die Laufzeit abzuschreiben. Ein Unterschied besteht jedoch zu den von vornherein als Erwerberfonds konzipierten Fonds hinsichtlich der Eigenkapitalvermittlungsprovisionen. Hier werden die Kosten – wie bei einem Fonds mit Herstellereigenschaft **und** wesentlicher Einflussnahmemöglichkeit – zumindest teilweise zum Abzug als Werbungskosten oder Betriebsausgaben zugelassen.[476] 460

ee) Verlustverrechnungsbeschränkungen nach den §§ 2a, 2b, 10d, 15a und 15b EStG

Der Gesetzgeber hat eine Vielzahl von Regelungen vorgesehen, die die Verrechnung von Verlusten im Einzelfall stark einschränken. Dabei handelt es sich selbstverständlich nicht nur um rein fondsspezifische Regelungen, sondern um Beschränkungen, die generell auf alle Einkunftsarten und Formen der Gewinn- bzw. Überschusserzielungen anzuwenden sind. Lediglich 461

---

475 BMF v. 20.10.2003 BStBl 2003 I, 546 Tz. 43.
476 BMF v. 20.10.2003 BStBl 2003 I, 546 Tz. 46 i.V.m. Tz. 43.

mit den Regelungen der §§ 2b und 15b EStG hatte der Gesetzgeber gezielt die Fondsbranche im Visier, um den mitunter enormen Steuermindereinnahmen, verursacht durch Beteiligungen an geschlossenen Fonds, einen Riegel vorzuschieben. Im Einzelnen gilt Folgendes:

(1) Verlustverrechnung nach § 10d EStG

462 § 10d EStG sieht Einschränkungen im Hinblick auf den Verlustvor- und Rücktrag vor. Mit Abschaffung des als verfassungswidrig eingestuften § 2 Abs. 3 EStG wurde § 10d EStG mit erstmaliger Wirkung zum Veranlagungszeitraum 2004 insofern geändert, als im eingeschränkten Umfang eine faktische Mindestbesteuerung – so wie i.S.v. § 2 Abs. 3 EStG seinerzeit beabsichtigt – erhalten bleibt. Im Gegensatz zu § 2 Abs. 3 EStG ist § 10d EStG in der Fassung für Veranlagungszeiträume ab 2004 allerdings in einer für den Rechtsanwender nachvollziehbaren Form gefasst. Konkret ist der Verlustrücktrag auf das unmittelbar vorangegangene Jahr auf 511.500 EUR bzw. 1.023.000 EUR bei Zusammenveranlagung von Ehegatten begrenzt. Der Verlustvortrag ist zeitlich zwar nicht begrenzt, kann allerdings innerhalb eines Veranlagungszeitraums uneingeschränkt nur in einer Höhe von 1 Mio. EUR bzw. bei Zusammenveranlagung i.H.v. 2 Mio. EUR in Anspruch genommen werden. Die nach Verlustabzug des Sockelbetrages noch verbleibenden Verluste können nur i.H.v. max. 60 % mit bestehenden Verlustvorträgen verrechnet werden, so dass es in der Regel nur bei wirklich hohen Einkommen zu einer faktischen Mindestbesteuerung kommt. Eine Begrenzung der Verlustverrechnung auf vertikaler Ebene, d.h. zwischen den Einkunftsarten, gibt es mit Wegfall des § 2 Abs. 3 EStG nicht mehr, was zu einer erheblichen Vereinfachung in der Rechtsanwendung führt.[477]

(2) Verlustverrechnung nach § 2a EStG

463 § 2a EStG spielt im Zusammenhang mit Fonds tendenziell nur eine untergeordnete Rolle. Die Intention des § 2a EStG liegt in einer Begrenzung der Verlustverrechnungsmöglichkeit von inländischen positiven Einkünften mit negativen ausländischen Einkünften. Für den Bereich der geschlossenen Fonds dürfte hier als einer der Hauptanwendungsfälle § 2a Abs. 1 Nr. 6a EStG zu nennen sein, wonach Verluste aus Vermietung und Verpachtung von unbeweglichem Vermögen nur mit positiven Einkünften der jeweils selben Art und aus demselben Staat verrechnet werden dürfen. Eine Vertie-

---

[477] Zum Verlustfeststellungsverfahren s.a. oben C.I.5.f)bb).

fung des Anwendungsbereiches – beispielsweise im Hinblick auf die sog. Aktivitätsklausel bei Betriebsstättenverlusten nach § 2a Abs. 1 Nr. 2 i.V.m. Abs. 2 EStG – erscheint vor dem Hintergrund des nur begrenzten Anwendungsbereichs bei geschlossenen Fonds nicht angezigt. Insofern darf auf die einschlägigen Kommentierungen zu § 2a EStG verwiesen werden.

(3) Verlustverrechnung nach § 2b EStG

§ 2b EStG wurde im Jahr 1999 als sog. Kampfmittel gegen die Verlustzuweisungsgesellschaften eingeführt, zwischenzeitlich jedoch aufgrund der Einführung des nachfolgend noch darzustellenden § 15b EStG aufgehoben. Auch wenn es sich bei § 2b EStG de facto um Rechtshistorie handelt, bedarf es einer Beschäftigung und Erläuterung dieser Vorschrift, da gemäß § 52 Abs. 4 EStG die Regelungen des § 2b EStG weiterhin für Einkünfte aus einer Einkunftsquelle i.S.d. § 2b EStG Anwendung finden, die der Steuerpflichtige nach dem 4.3.1999 und vor dem 11.11.2005 rechtswirksam erworben oder begründet hat.

464

§ 2b EStG wurde vom Gesetzgeber bewusst relativ weit bzw. besser gesagt unklar und schwammig ausgestaltet. Ziel dieser unklaren Gesetzesfassung war eine möglichst breite Anwendung der Rechtsfolgen von § 2b EStG auf geschlossene Fonds aller Art. Aufgrund dieser weiten Gestaltung ist § 2b EStG allerdings erst seit dem Erlass des BMF mit Schreiben vom 5.7.2000[478] praktisch handhabbar. Das BMF-Schreiben stellt die Leitlinien zur Auslegung des § 2b EStG wie folgt dar:

465

Damit die Verluste aus einer Beteiligung in den Anwendungsbereich des § 2b EStG fallen, müssen folgende Voraussetzungen erfüllt sein:

466

1. Prüfungsschritt: Übersteigt die Summe der Verluste mehr als 50% des vom Gesellschafter aufzubringenden Eigenkapitals?

467

Kann im ersten Schritt die Frage mit „Nein" beantwortet werden, hat sich eine weitere Prüfung der Tatbestandsmerkmale des § 2b EStG bzw. der in den Leitlinien aufgestellten Bedingungen erübrigt. Übersteigen die Verluste dagegen 50% des aufzubringenden Eigenkapitals, ist mit dem 2. Prüfungsschritt fortzufahren.

---

[478] BStBl 2000 I, 1148; ergänzt mit Schreiben v. 22.8.2001 BStBl 2001 I, 588 sowie durch BMF-Schreiben v. 9.5.2003 BStBl 2003 I, 288.

| 468 | 2. *Prüfungsschritt:* Handelt es sich bei der Beteiligung um eine modellhafte Gestaltung?

Laut BMF-Schreiben setzt eine modellhafte Gestaltung das Vorliegen eines vorgefertigten Konzeptes sowie im Wesentlichen identische, gleichgerichtete Leistungsbeziehungen voraus. Diese Voraussetzungen dürften von geschlossenen Fonds, die sich in der Regel mit einer vorgefertigten Konzeption bzw. vorgefertigten Vertragswerken an eine Vielzahl von potentiellen Gesellschaftern wenden, stets erfüllt sein. Im Fall von Einzelinvestoren oder individuellen Private Placements, die regelmäßig nicht auf vorgefertigte Initiatorenkonzepte zurückgreifen, dürfte hingegen die Erfüllung dieses Merkmals ausscheiden. Liegt eine modellhafte Gestaltung vor, ist mit dem 3. Prüfungsschritt fortzufahren.

| 469 | 3. *Prüfungsschritt:* Steht die Erzielung eines steuerlichen Vorteils im Vordergrund?

Die Erzielung eines steuerlichen Vorteils steht nach Ansicht der Finanzverwaltung dann im Vordergrund, wenn entweder bewusst mit einer Steuerminderung durch Verlustzuweisungen geworben wird oder die Rendite nach Steuern das Doppelte der Rendite vor Steuern beträgt. Bei der Renditeberechnung nimmt das BMF auf die Berechnung des internen Zinsfußes Bezug. Um möglichst eine Gleichbehandlung zu erreichen, stellt die Finanzverwaltung zur Renditeermittlung in dem BMF-Schreiben ein Kalkulationsmodell zur Verfügung, auf dessen Basis die Rendite des jeweiligen Modells nach Auffassung der Finanzverwaltung ermittelt werden kann.

| 470 | Müssen die Prüfungsschritte 1 bis 3 allesamt mit Ja beantwortet werden, lautet die Rechtsfolge, dass Verluste aus § 2b-Modellen nur mit positiven Einkünften aus gleich gelagerten Modellen nach Maßgabe des § 2 Abs. 3 EStG und § 10d EStG verrechnet werden dürfen. Faktisch werden somit Verluste aus § 2b-Modellen von anderen Einkünften isoliert.

| 471 | Die Kritik an § 2b EStG war – zu Recht – enorm. Einhellig wurde die Regelung als unbestimmt und verfehlt bezeichnet. Aus gesetzgeberischer Sicht besonders bedenklich musste dabei erscheinen, dass eine gesetzliche Regelung erst durch Konkretisierung der Finanzverwaltung zum praktischen Einsatz kommen konnte. Insofern ist durch die Aufhebung des § 2b EStG und seinen Ersatz durch § 15b EStG zumindest für die Zukunft ein Verbesserung im Bereich der Anwendung und Rechtssicherheit geschaffen worden.

(4) Verlustverrechnung nach § 15a EStG

Da geschlossene Fonds oftmals als GmbH & Co. KG ausgestaltet sind und die Anleger sich als Kommanditisten an der Gesellschaft beteiligen, spielt die Regelung des § 15a EStG bei der Frage der Verlustverrechnung eine große Rolle. Die unter Hinweis auf die Verfassungswidrigkeit des § 15a EStG gegen das Urteil des BFH vom 14.12.1999 eingelegte Verfassungsbeschwerde wurde vom BVerfG unter dem 14.7.2006 zurückgewiesen und § 15a EStG als verfassungsgemäß eingestuft.[479]

472

Gemäß § 171 Abs. 1 HGB haften die Kommanditisten den Gesellschaftsgläubigern nur bis zur Höhe ihrer Einlage. Soweit die Einlageverpflichtung einmal erfüllt ist, schließt dies eine weitergehende Haftung aus. Die in das Handelsregister einzutragende Hafteinlage wird auf dem für jeden Gesellschafter geführten Kapitalkonto verbucht. Gleiches gilt für die Gewinn- und Verlustanteile, die sich anteilig für die einzelnen Gesellschafter im Verhältnis zu ihrer Hafteinlage ergeben. In Abhängigkeit vom Ergebnis des Fonds kann es mithin dazu kommen, dass das Kapitalkonto insgesamt negativ wird. Bei einem negativen Kapitalkonto tritt handelsrechtlich zunächst eine Gewinnauszahlungssperre nach § 169 Abs. 1 Satz 2 HGB ein, d.h. Gewinnanteile können an den Kommanditisten erst dann wieder ausbezahlt werden, wenn das negative Kapitalkonto ausgeglichen ist. Das negative Kapitalkonto ist mithin eine Art Verlustvortragskonto.

473

§ 15a Abs. 1 EStG regelt in diesem Zusammenhang, dass der einem Kommanditisten zuzurechnende Anteil am Verlust der Kommanditgesellschaft weder mit anderen Einkünften aus Gewerbebetrieb noch mit Einkünften aus anderen Einkunftsarten ausgeglichen werden darf, soweit ein negatives Kapitalkonto entsteht oder sich erhöht. Der Verlust darf insoweit auch nicht nach § 10d EStG abgezogen werden. Er geht jedoch nicht verloren, sondern kann gem. § 15a Abs. 2 EStG in Folgejahren mit Gewinnen aus der gleichen Einkunftsquelle verrechnet werden.

474

Beispiel:

475

Der Kommanditist Moritz ist mit einer Kapitaleinlage i.H.v. 100.000 EUR an der NM-KG beteiligt. Im Jahr 2006 erzielt die KG einen Verlust, der i.H.v. 140.000 EUR anteilig auf den Kommanditisten Moritz entfällt. Ein Ausgleich des Verlustes mit anderen positiven Einkünften kann aufgrund

---

479 Az. BVerfG 2 BvR 375/00.

von § 15a EStG nur i.H.v. 100.000 EUR erfolgen. Die verbleibenden Verluste über 40.000 EUR werden als verrechenbare Verluste gem. § 15a Abs. 4 EStG gesondert festgestellt und können mit Gewinnen des Folgejahres verrechnet werden, § 15a Abs. 2 EStG.

476 Neben Kommanditisten erfasst die Regelung des § 15a EStG über Abs. 5 auch andere Unternehmer, soweit deren Haftung der eines Kommanditisten vergleichbar ist. In Betracht kommen hierbei beispielsweise atypisch stille Gesellschafter. Obwohl es sich bei § 15a EStG um eine Regelung im Bereich der gewerblichen Tätigkeit handelt, findet die Regelung über Verweisungen u.a. auch Anwendung bei Einkünften aus Vermietung und Verpachtung, § 21 Abs. 1 Satz 2 EStG.

477 Neben dem Grundtatbestand des § 15a Abs. 1 Satz 1 EStG kennt die Norm auch noch den Tatbestand des sog. erweiterten Verlustausgleichs. Die Grundregel des § 15a EStG geht davon aus, dass ein Anteilseigner seine Hafteinlage bereits in voller Höhe geleistet hat. Vielfach weicht aber die tatsächlich geleistete Einlage von der im Handelsregister eingetragenen Haftsumme ab. Dies wird beispielsweise verursacht durch noch nicht vollständig geleistete Einlagen, durch Entnahmen oder durch teilweise Einlagenrückgewähr. In diesem Fall ist die Höhe der unmittelbar ausgleichsfähigen Verluste nicht auf die Höhe der tatsächlichen Einlage beschränkt. Vielmehr kann – vereinfacht ausgedrückt – der Verlust bis zur Höhe des eingetragenen Haftkapitals mit anderen positiven Einkünften ausgeglichen werden, und zwar auch dann, wenn die Hafteinlage noch nicht vollständig erbracht wurde. Hintergrund dieser Regelung ist die Tatsache, dass der Kommanditist in Höhe der Differenz zwischen erbrachter Einlage und eingetragener Hafteinlage den Gesellschaftsgläubigern gegenüber persönlich haftet (§ 171 Abs. 1 Satz 2 HGB) und insofern eine steuerliche Begrenzung der Ausgleichsfähigkeit nur auf die bereits geleistete Hafteinlage nicht sachgerecht erscheint. Damit der erweiterte Verlustausgleich nach § 15a Abs. 1 Satz 2 EStG wahrgenommen werden kann, müssen jedoch zwingend die Voraussetzungen nach § 15a Abs. 1 Satz 3 EStG erfüllt sein:

1. Der Kommanditist muss den Gläubigern am Bilanzstichtag nach § 171 Abs. 1 HGB haften.

2. Die Außenhaftung nach § 171 Abs. 1 HGB muss nachgewiesen werden. Der Nachweis wird in der Regel über einen Auszug aus dem Handelsregister mit Angabe der Höhe der Haftsumme sowie einem Nachweis durch die KG über die auf die Haftsumme bereits geleistete Einlage er-

bracht. Die Eintragung im Handelsregister muss dabei zum Bilanzstichtag bereits vollzogen sein. Lediglich eine Anmeldung zum Handelsregister reicht nicht aus.

3. Eine Vermögensminderung aufgrund der Haftung darf nicht durch Vertrag ausgeschlossen oder nach Art und Weise des Geschäftsbetriebs unwahrscheinlich sein.

Problematisch stellt sich die erweiterte Haftung im Fall von Treuhandverhältnissen und Unterbeteiligungen dar. Aufgrund der fehlenden Eintragung des Treugebers respektive des Unterbeteiligten im Handelsregister scheidet in diesen Fällen der erweiterte Verlustausgleich nach § 15a Abs. 1 Satz 2 EStG aus. 478

Um Missbrauch im Zusammenhang mit dem erweiterten Verlustausgleich durch kurzfristige Erhöhung der Einlagen vor dem Bilanzstichtag verbunden mit der entsprechenden Minderung nach dem Bilanzstichtag zu vermeiden, hat der Gesetzgeber in § 15a Abs. 3 EStG vorgesehen, dass den Kommanditisten der Betrag einer späteren Einlagenminderung als Gewinn zuzurechnen ist, wenn durch die Entnahme ein negatives Kapitalkonto entsteht oder sich erhöht. Analog gilt diese Regelung für eine kurzfristige Erweiterung der Außenhaftung. 479

Generell zu beachten ist, dass Verluste, die im Bereich des Sonderbetriebsvermögens anfallen, nicht von der Verlustausgleichsbeschränkung des § 15a EStG erfasst werden. Verluste im Sonderbetriebsvermögen können daher praktisch ohne Begrenzung steuerlich geltend gemacht werden. Für die Anwendung des § 15a EStG wird daher nur auf die Verluste aus Gesamthands- und eventuellen Ergänzungsbilanzen abgestellt. 480

Fällt ein durch Verlustverrechnung entstandenes negatives Kapitalkonto z.B. aufgrund des Ausscheidens aus der Gesellschaft ersatzlos weg und ist der Kommanditist nicht zu entsprechenden Nachschüssen verpflichtet, ergibt sich prinzipiell ein Aufgabe- oder Veräußerungsgewinn auf Ebene des Kommanditisten in Höhe des negativen Kapitalkontos. Dieser Gewinn ist nach den §§ 16, 34 EStG als begünstigter Veräußerungs-/Aufgabegewinn zu versteuern. Diese Regelung führt allerdings dann zu einer sachlich unbilligen Besteuerungssituation, wenn die Verluste, die zu einem negativen Kapitalkonto geführt haben, aufgrund der Verlustverrechnungsbeschränkung nach § 15a EStG nicht verrechnet werden konnten. Für diesen Fall sieht die Fi- 481 nanzverwaltung eine Billigkeitsregel vor, wonach die Steuer auf diese Einkünfte aus sachlichen Gründen erlassen wird.[480]

(5) Verlustverrechnung nach § 15b EStG

482 Durch die Einführung des § 15b EStG mit Beschluss des Bundestages am 15.12.2005 und Zustimmung des Bundesrates am 21.12.2005 wurde zeitgleich § 2b EStG aufgehoben und ein neues Kapitel im beliebten „Hase und Igel Spiel" zwischen Finanzverwaltung und Steuerpflichtigen aufgemacht. § 2b EStG hatte bereits das Ziel, den nach Ansicht der damaligen Bundesregierung für erhebliche Steuermindereinnahmen verantwortlichen geschlossenen Fonds den Garaus zu machen. Dieses Vorhaben ist dem Gesetzgeber letzlich mit der als völlig verunglückten und als unpräzise zu bezeichnenden Regelung nicht gelungen. § 2b EStG hatte sich in der Praxis de facto als stumpfes Schwert erwiesen.

483 § 15b EStG verfolgt vom Grundsatz die gleichen Zielsetzungen wie § 2b EStG. Hauptangriffsziel sind nach wie vor geschlossene Fonds, wobei nicht verkannt werden darf, dass unter Umständen auch Einzelinvestitionen von § 15b EStG betroffen sein können. § 15b EStG orientiert sich an den Regelungen des § 2b EStG, ist jedoch erheblich präziser ausgestaltet und steuersystematisch anderweitig platziert worden. Mit der Präzisierung ist allerdings auch eine erhebliche Verschärfung der Regelungen eingetreten, auf die im Einzelnen noch näher eingegangen wird.

(5.1) Steuersystematische Stellung und Anwendungszeitraum

484 Durch § 2b EStG wurde steuersystematisch gewissermaßen eine nicht normativ geregelte Einkunftsart „Negative Einkünfte aus der Beteiligung an Verlustzuweisungsgesellschaften und ähnlichen Modellen" geschaffen.[481] Die innerhalb dieser Sondereinkunftsart erzielten Verluste waren unter den Beschränkungen des § 2 Abs. 3 EStG und § 10d EStG rück- und vortragsfähig und konnten entsprechend mit Gewinnen aus anderen Modellen, die unter § 2b EStG fielen, verrechnet werden.

485 § 15b EStG verlässt diesen Weg der Sondereinkunftsart und verlagert die Verlustverrechnungsbeschränkung in die einzelnen Einkunftsarten. Darüber hinaus wird eine Beschränkung auf die einzelnen Einkunftsquellen vorge-

---

480 H 15a EStH Stichwort „Auflösung des negativen Kapitalkontos" mit Rechenbeispielen.
481 *Brandtner/Raffel*, BB 2006, 639.

nommen, was eine erhebliche Verschärfung zur früheren Regelung des § 2b EStG herbeiführt.[482]

Zwar ist § 15b EStG steuersystematisch im Bereich der gewerblichen Einkünfte angesiedelt, wird aber über entsprechende Verweisungen in den Einzelvorschriften auch auf Verluste aus Land- und Forstwirtschaft (§ 13 Abs. 7 EStG), selbständiger Arbeit (§ 18 Abs. 4 Satz 2 EStG), Vermietung und Verpachtung (§ 21 Abs. 1 Satz 2 EStG), Kapitalvermögen (§ 20 Abs. 2b EStG) und sonstigen Einkünften (§ 22 Nr. 1 EStG) analog ausgedehnt. Bemerkenswert ist hierbei, dass in der ursprünglichen Fassung die Anwendung von § 15b EStG bei den **Einkünften aus Kapitalvermögen** explizit nur auf Verluste aus typisch stillen Gesellschaften (§ 20 Abs. 1 Nr. 4 EStG) beschränkt war. Dies öffnete den Fondsinitiatoren Tür und Tor zur Vermarktung von Steuerstundungsmodellen auf Basis der Generierung von anderweitigen Verlusten aus Kapitalvermögen, beispielsweise durch die Anlage in fremdfinanzierte Anleihen.[483] Diese Lücke hat der Gesetzgeber dann durch die Verabschiedung des Jahressteuergesetzes 2007[484] am 13.12.2006 geschlossen und den Anwendungsbereich des § 15b EStG rückwirkend zum 1.1.2006 auf alle Einkünfte respektive Verluste aus Kapitalvermögen ausgedehnt.

486

Nach dem Wortlaut der Norm verwendet der Gesetzgeber nicht mehr den Begriff der Verlustzuweisungsgesellschaft, sondern spricht vielmehr von Steuerstundungsmodellen. Der Begriff der Verlustzuweisungsgesellschaft war nicht ganz unproblematisch, da die Rechtsprechung solche Gesellschaften als Verlustzuweisungsgesellschaften definiert, denen die Einkünfteerzielungsabsicht fehlt.[485] Fehlt es an der Einkünfterzielungsabsicht, wäre prinzipiell die Prüfung der Voraussetzungen des § 2b EStG überflüssig, da von Beginn an eine steuerlich unbeachtliche Liebhaberei vorliegen würde. Hingegen wendet die Finanzverwaltung den Begriff der Verlustzuweisungsgesellschaft auf Gesellschaften an, die die Kriterien des § 2b EStG erfüllen, aber letztlich mit Gewinnerzielungsabsicht operieren. Insoweit kann es als Fortschritt bezeichnet werden, zukünftig systematisch von Steuerstundungsmodellen zu sprechen. Denn es handelt sich hierbei ebenfalls um mit Gewinnerzielungsabsicht arbeitende Strukturen, die aber bei Erfüllen be-

487

---

482 *Brandtner/Raffel*, BB 2006, 639.
483 S.a. B.II.1.b)ff).
484 BGBl 2006 I, 2878.
485 BFH Urt. v. 21.11.2000, IX R 2/96, BFH/NV 2001, 523.

stimmter Kriterien in den Anwendungsbereich des § 15b EStG fallen und damit nach Auffassung des Gesetzgebers primär der Steuerstundung dienen.

488 Die Regelungen des § 15b EStG sind bei Fondsbeteiligungen gem. § 52 Abs. 33a EStG erstmals auf Verluste aus solchen Beteiligungen anzuwenden, denen der Steuerpflichtige nach dem 10.11.2005 beigetreten ist oder für die nach dem 10.11.2005 mit dem Außenvertrieb begonnen wurde. Nach § 52 Abs. 33a Satz 2 EStG beginnt der Außenvertrieb in dem Zeitpunkt, in dem die Voraussetzungen für die Veräußerung der konkret bestimmbaren Fondsanteile erfüllt sind und die Gesellschaft selbst oder über ein Vertriebsunternehmen mit Außenwirkung an den Markt herangetreten ist. Um Umgehungen des Anwendungsbereiches durch das Aufstocken bestehender Fonds zu unterbinden, regelt § 52 Abs. 33a Satz 3 EStG, das dem Beginn des Außenvertriebs der Beschluss von Kapitalerhöhungen und die Reinvestition von Erlösen in neue Projekte gleich stehen. Soweit es sich nicht um den Erwerb eines Fondsanteils handelt und die jeweilige Investition aufgrund der Ausgestaltung dennoch in den Anwendungsbereich des § 15b EStG fällt, gilt § 15b EStG als anwendbar, wenn die rechtsverbindliche Investition nach dem 10.11.2005 getätigt wurde.

489 Ob die in der Anwendungsvorschrift enthaltene Rückwirkung verfassungsrechtlich haltbar ist, wird in der Literatur zu Recht sehr kritisch gewürdigt.[486] Besonders problematisch erscheint aber die noch weitergehende Rückwirkung der Änderungen hinsichtlich der Anwendung von § 15b EStG auf alle Einkünfte aus Kapitalvermögen. Gemäß der im Rahmen des Jahressteuergesetzes 2007 zum 13.12.2006 erlassenen Anwendungsvorschrift wirkt auch diese Änderung auf den 1.1.2006 zurück.

(5.2) Tatbestandsmerkmale und Rechtsfolgen

490 Nach § 15b Abs. 1 EStG dürfen Verluste im Zusammenhang mit einem Steuerstundungsmodell weder mit Einkünften aus Gewerbebetrieb noch mit Einkünften aus anderen Einkunftsarten ausgeglichen werden. Sie dürfen auch nicht nach § 10d EStG abgezogen werden. Die Verluste mindern jedoch die Einkünfte, die der Steuerpflichtige in den folgenden Wirtschaftsjahren aus derselben Einkunftsquelle erzielt. Die Rechtsfolge ist damit offensichtlich: Verluste aus Steuerstundungsmodellen werden praktisch innerhalb der jeweiligen Einkunftsart bzw. innerhalb des einzelnen Invest-

---

486 Z.B. *Beck*, DStR 2006, 61, 66.

II. Besteuerung von Fonds

ments eingeschlossen und für positive Einkünfte anderer Art unbrauchbar gemacht. § 2b EStG war insofern großzügiger als auch eine Verrechnung innerhalb aller § 2b-Modelle unter Berücksichtigung der Regelungen des § 2 Abs. 3 EStG und § 10d EStG zulässig war.

Dreh- und Angelpunkt der Regelung ist damit der Begriff des Steuerstundungsmodells, da bei Nichtvorliegen eines Steuerstundungsmodells auch keine Verlustverrechnungsbegrenzung nach § 15b EStG eintritt. Im Gegensatz zu § 2b EStG definiert § 15b Abs. 2 EStG, was i.S.d. Gesetzgebers unter einem Steuerstundungsmodell zu verstehen ist. Hiernach liegt ein solches Modell vor, wenn aufgrund einer modellhaften Gestaltung steuerliche Vorteile in Form negativer Einkünfte erzielt werden sollen. Dies ist nach § 15b Abs. 2 Satz 2 EStG dann der Fall, wenn dem Steuerpflichtigen auf Grund eines vorgefertigten Konzepts die Möglichkeit geboten werden soll, zumindest in der Anfangsphase der Investition Verluste mit übrigen Einkünften zu verrechnen. Dabei ist es ohne Belang, auf welchen Vorschriften die negativen Einkünfte beruhen. Auch wenn die Vorschrift im Wesentlichen auf Fondsgestaltungen abzielt, ist des Weiteren irrelevant, ob mehrere Investoren im Hinblick auf die Einkünfteerzielung in irgendeiner Weise gemeinsam tätig werden oder ob es sich nur um einen Einzelinvestor handelt. Auch ein Einzelinvestor kann von § 15b EStG betroffen sein, wenn das Investitionsvorhaben modellhaft ausgestaltet ist.[487]

491

Zunächst stellt sich daher die Frage, wann eine modellhafte Gestaltung vorliegt. Der Begriff der modellhaften Gestaltung wurde erstmalig mit dem BMF-Schreiben vom 22.8.2001 zu § 2b EStG eingeführt und wörtlich in § 15b EStG übernommen. Insoweit kann im Hinblick auf die Auslegung dieses Begriffs auf die vorgenannte Verwaltungsauffassung zurückgegriffen werden.[488] Von einer modellhaften Gestaltung ist danach auszugehen, wenn ein vorgefertigtes Konzept eines Anbieters vorhanden ist, um dieses entsprechend am Markt zu platzieren. In der Gesetzesbegründung[489] zur Einführung des § 15b EStG wird typischerweise ein vorgefertigtes Konzept bejaht, wenn das Konzept mittels eines Anlegerprospekts oder in vergleichbarer Form (z.B. Katalog, Verkaufsunterlagen, Beratungsbögen) vermarktet wird. Charakteristisch für eine modellhafte Gestaltung soll zudem eine Bündelung von Verträgen und/oder Leistungen durch den Anbieter sein. Je

492

---

487 *Beck*, DStR 2006, 61, 62.
488 *Brandtner/Raffel*, BB 2006, 639, 640.
489 BT-Drucks. 16/107.

größer der Individualisierungsgrad einer Investition ist, um so eher kann der Anwendungsbereich des § 15b EStG ausgeschlossen werden. Allerdings sind die Grenzen für das Erreichen des Modellcharakters sehr fließend, so dass größte Vorsicht geboten ist, sofern gleichartige Verträge mit mehreren identischen Vertragspartnern abgeschlossen werden. Hier könnte die Finanzverwaltung sehr schnell auf die Idee der Modellhaftigkeit kommen.

493 Bei geschlossenen Fonds dürfte es außer Frage stehen, dass sie generell als modellhaft bezeichnet werden müssen, da es sich regelmäßig um ein Massengeschäft mit vorkonzeptionierten Standardverträgen handelt. Hierbei dürfte die Unterscheidung nach Fonds, deren Gesellschafter eine wesentliche Einflussnahmemöglichkeit haben und damit i.S.d. 5. Bauherrenerlasses[490] als Bauherr bzw. Hersteller des Wirtschaftsgutes anzusehen sind und Fonds ohne wesentliche Einflussnahmemöglichkeit keine Rolle spielen.[491] Denn auch im ersten Fall mit wesentlicher Einflussnahmemöglichkeit erfolgte der Beitritt zur Gesellschaft auf Basis vorkonzeptionierter Verträge, so dass die Modellhaftigkeit grundsätzlich gegeben ist.

494 Als Anfangsphase i.S.d. Norm definiert die Gesetzesbegründung zu § 15b EStG den Zeitraum, bis zu dem laut Konzept keine nachhaltig positiven Einkünfte erzielt werden. Eine feste zeitliche Begrenzung auf eine bestimmte Anzahl von Jahren sucht man daher vergebens. Der Begriff der Anfangsphase ist vielmehr ein fließender Begriff, der nicht zwingend wörtlich zu verstehen ist. Eine Anfangsphase i.S.d. Gesetzes kann daher auch ein Zeitraum bis kurz vor Ende des Fondsprojekts sein, sofern beispielsweise erst im letzten Jahr des Projektes Überschüsse prognostiziert werden. Ein eventueller Zwischengewinn in einem Veranlagungszeitraum reicht daher nicht aus, um die Anfangsphase zu verkürzen. Erst dann, wenn keine Verluste mehr prognostiziert werden, endet die Anfangsphase i.S.d. § 15b EStG.

495 Wichtig ist, dass die Verluste vorher geplant sein müssen.[492] Verluste durch unvorhergesehene Ereignisse (z.B. Mietausfall, Objektbeschädigungen etc.) werden von § 15b EStG nicht erfasst. Da die Prognoserechnungen maßgeblich sind, kann es letztlich zu der Kuriosität kommen, dass Investments, die nach der Prognose unter den Anwendungsbereich von § 15b EStG fallen, tatsächlich aber wesentlich niedrigere Verluste bzw. höhere Gewinne einfah-

---

490 BMF-Schreiben v. 20.10.2003, BStBl 2003 I, 546.
491 *Beck*, DStR 2006, 61, 63.
492 *Ronig*, NWB Fach 3, 13971, 13972.

II. Besteuerung von Fonds

ren, dennoch im Anwendungsbereich des § 15b EStG verbleiben, obwohl nach den Ist-Werten eine Anwendung nicht angezeigt ist. Umgekehrt kann bei einer zu optimistischen Prognose von Beginn an die Anwendung von § 15b EStG ausgeschlossen sein, obwohl sich später hohe Verluste einstellen.

Wie bereits oben kurz erläutert, spielt die Art der Verlustentstehung prinzipiell keine Rolle. Ob die Verluste beispielsweise bei einem Medienfonds, der die Herstellereigenschaft erfüllt, durch den Abzug der Herstellungskosten oder durch Abschreibungen entstehen, ist unerheblich. Zu prüfen ist allerdings, ob die Verluste innerhalb des Steuerstundungsmodells entstehen.[493] Denn Verluste können nicht nur auf Ebene des Fonds anfallen, sondern erst oder entsprechend erhöht durch die Einbeziehung der Ergebnisse aus den Sonderbilanzen der Gesellschafter. Nach der Gesetzesbegründung finden Verluste aus einem Sonderbetriebsvermögen dann Einbezug in die Prüfung der Anwendbarkeit von § 15b EStG, wenn das Sonderbetriebsvermögen Bestandteil der modellhaften Konzeption ist. Im Umkehrschluss dürfte daher eine Berücksichtigung von Verlusten aus individuellem Sonderbetriebsvermögen bei der Prüfung der Anwendbarkeit von § 15b EStG ausscheiden. Denkbar ist hierbei beispielsweise eine nicht modellhafte Refinanzierung des Eigenkapitals über Fremdkapital und dem hierdurch verursachten Finanzierungsaufwand.[494] Relevant ist die Frage der Einbeziehung von individuellem Sonderbetriebsvermögen in die Prüfung des Anwendungsbereiches des § 15b EStG, insbesondere im Hinblick auf die Berechnung der noch darzustellenden Nichtaufgriffsgrenze gem. § 15b Abs. 3 EStG. Kommt man allerdings trotz Außerachtlassung der Verluste aus individuellem Sonderbetriebsvermögen zu dem Ergebnis, dass § 15b EStG greift, so spricht wegen der Formulierung „Verluste im Zusammenhang mit einem Steuerstundungsmodell" vieles dafür, auch die Verluste aus individuellem, d.h. nicht modellhaftem Sonderbetriebsvermögen in den Regelungsbereich des § 15b Abs. 1 EStG einzubeziehen.[495]

496

Sind die Tatbestandsmerkmale des § 15b Abs. 2 EStG erfüllt, bleibt zum Schluss noch die Prüfung der Nichtaufgriffsgrenze des § 15b Abs. 3 EStG. Gem. § 15b Abs. 3 EStG greifen die Rechtsfolgen des § 15b Abs. 1 EStG nur dann ein, wenn innerhalb der Anfangsphase das Verhältnis der Summe der prognostizierten Verluste zur Höhe des gezeichneten und nach dem Kon-

497

---

493 *Brandtner/Raffel*, BB 2006, 639, 642.
494 *Beck*, DStR 2006, 64; *Brandtner/Raffel*, BB 2006, 639, 642.
495 *Beck*, DStR 2006, 61, 64.

zept auch aufzubringenden Kapitals oder bei Einzelinvestoren des eingesetzten Eigenkapitals 10 % übersteigt. Maßgeblich ist also das Verhältnis der Verluste zum aufzubringenden Eigenkapital der Gesellschaft. Die relevanten zu ermittelnden Parameter sind damit zum einen der Verlust und zum anderen das Eigenkapital. Im Hinblick auf den zu berücksichtigenden Verlust darf zur Vermeidung von Wiederholungen auf die obenstehenden Ausführungen verwiesen werden. Fraglich ist allerdings, wie sich die Berechnungsgröße Eigenkapital ermittelt. Unstreitig ist, dass die Innenfinanzierung des Fonds vom Gesamtkapital in Abzug gebracht werden muss. Dagegen ist nach herrschender Literaturmeinung – unabhängig davon, ob eine Außenfinanzierung des Anteils durch den Fondszeichner modellhaft erfolgt oder nicht –, diese bei der Eigenkapitalbestimmung nicht zu berücksichtigen.[496] Diese Auffassung steht allerdings im Widerspruch zum seinerzeitigen Anwendungsschreiben zu § 2b EStG, wonach eine Anteilsfinanzierung zu berücksichtigen ist, sofern diese modellhaft angeboten wird.[497] Insofern ist diesbezüglich noch Vorsicht geboten, bis ein evt. klarstellendes Anwendungsschreiben zu § 15b EStG vorliegt.

498 **Beispiel:**[498]

Ein geschlossener Immobilienfonds erwirbt ein Investitionsobjekt zu einem Gesamtaufwand von 100. Die Verluste der prospektierten Verlustphase betragen insgesamt 10. Wenn der Fonds den Gesamtaufwand zu 60 % fremdfinanziert, ermittelt sich bezogen auf das Eigenkapital des Fonds von unterstellten 40 eine Verlustquote von 25 % (10 % Verluste im Verhältnis zu 40 Eigenkapital). Ohne Fremd- sondern mit 100 % Eigenkapitalfinanzierung beträgt die Quote nur 10 % (10 % Verluste im Verhältnis zu 100 Eigenkapital), so dass die Anforderungen der Nichtaufgriffsgrenze erfüllt sind. Bei einer (nicht modellhaften) Finanzierung der Fondsanteile zu 60 % auf Ebene der Anleger würde man ebenfalls wieder zu einer Quote von nur 10 % gelangen. Bei einer modellhaften Finanzierung auf Anlegerebene ist dies strittig und sollte mit Vorsicht behandelt werden.

499 Um § 15b EStG zu umgehen, wäre auf den ersten Blick auch die Konstruktion mehrstöckiger Gesellschaften denkbar. Hier könnte theoretisch auf Ebene der Obergesellschaft (Dachfonds) ein Verlustausgleich zwischen den

---

496 *Beck*, DStR 2006, 61, 65; a.A. *Ronig*, NWB Fach 3, 13971, 13972.
497 BMF-Schreiben v. 5.7.2000 BStBl 2000 I, 1148, Tz. 4, 14, 40.
498 In Anlehnung an *Beck*, DStR 2006, 61, 65.

Untergesellschaften stattfinden. Die Gesetzesbegründung zu § 15b EStG stellt jedoch klar, das auch durch die Konzeption von mehrstöckigen Gesellschaften oder Dachfonds die Verlustverrechnungsbeschränkung nicht verhindert oder entschärft werden kann. Denn die Anwendung des § 15b EStG ist bereits auf Ebene der Untergesellschaften zu prüfen, so dass ein Verlustausgleich zwischen den Beteiligten auf Ebene der Obergesellschaft ausscheidet.[499]

(5.3) Verhältnis zu anderen Verlustverrechnungsvorschriften

Eine theoretische Überschneidung im Bereich der Verlustbeschränkung mit § 15b EStG kann sich im Hinblick auf § 15a EStG ergeben. Als Spezialvorschrift ist § 15b EStG vorrangig vor § 15a EStG anzuwenden, § 15b Abs. 1 Satz 3 EStG. Eine Überschneidung mit der Mindestbesteuerung nach § 10d EStG scheidet von vornherein aus, da innerhalb des § 15b EStG die im § 10d EStG kodifizierten Grundsätze keine Anwendung finden, d.h. innerhalb derselben Einkunftsquelle sind festgestellte Verluste nach § 15b EStG voll mit künftigen Erträgen aus derselben Einkunftsquelle verrechenbar.[500]

500

(5.4) Feststellung der Verluste nach § 15b Abs. 4 EStG

Analog zu § 15a EStG sind die nach § 15b Abs. 1 EStG ermittelten beschränkt abzugsfähigen Verluste gem. § 15b Abs. 4 EStG gesondert festzustellen.

501

ff) Feststellungsverfahren

(1) Zuständiges Finanzamt

Die Einkünfte aus einem geschlossenen Fonds werden nicht unmittelbar vom Wohnsitzfinanzamt des Anlegers ermittelt und der Besteuerung zu Grunde gelegt. Die Einkünfte werden vielmehr vom zuständigen Betriebsfinanzamt des Fonds (§ 18 Abs. 1 Nr. 2 AO) gesondert und einheitlich festgestellt, § 180 Abs. 1 Nr. 2 AO. Die gesonderte und einheitliche Feststellung von Besteuerungsgrundlagen erfolgt durch Feststellungsbescheid, § 179 Abs. 1 und 2 AO. Dieser Feststellungsbescheid wird gegenüber einem Empfangsbevollmächtigten – i.d.R. der geschäftsführenden Komplementär-GmbH – mit Wirkung für und gegen alle Beteiligten respektive Anlegern bekannt gegeben, § 183 AO.

502

---

499 *Ronig*, NWB Fach 3, 13971, 13973.
500 *Brandtner/Raffel*, BB 2006, 639, 640.

503 Das Betriebsfinanzamt teilt das anteilige Ergebnis des Anlegers von Amts wegen dem für die persönliche Besteuerung zuständigen Wohnsitzfinanzamt (§ 19 Abs. 1 AO) mit. Die vom Betriebsfinanzamt mittels Feststellungsbescheid festgestellten steuerlichen Werte sind für das Wohnsitzfinanzamt bindend, § 182 Abs. 1 AO. Daraus folgt, dass auch eventuelle Änderungen der ursprünglichen Festsetzung, z.b. bedingt durch eine Außenprüfung, automatisch auch zu einer Änderung des Einkommensteuerbescheides als Folgebescheid führen müssen. Verfahrenstechnisch wird die Änderung von § 175 Abs. 1 Nr. 1 AO gedeckt, wonach ein Steuerbescheid zu erlassen, aufzuheben oder zu ändern ist, wenn ein Grundlagenbescheid, dem Bindungswirkung für diesen Steuerbescheid zukommt, erlassen, aufgehoben oder geändert wird. Insoweit wird auch der Ablauf der Festsetzungsfrist für den eigentlichen Einkommensteuerbescheid des Anlegers gehemmt. Denn gemäß § 171 Abs. 10 AO endet die Festsetzungsfrist nicht vor Ablauf von zwei Jahren nach Bekanntgabe des Grundlagenbescheides, soweit für die Festsetzung einer Steuer ein Feststellungsbescheid bindend ist.

504 Verfahrensrechtlich nicht unproblematisch war lange Zeit die Frage, wer im Fall der Beteiligung an einem vermögensverwaltenden Fonds und der Zuordnung des Fondsanteils zum Betriebsvermögen des Investors für die Umqualifizierung der Überschusseinkünfte in gewerbliche Einkünfte zuständig ist. Zwischenzeitlich wurde diese Frage durch Beschluss des Großen Senats des BFH beantwortet.[501] Die verbindliche Entscheidung über die Einkünfte eines betrieblich an einer vermögensverwaltenden Gesellschaft beteiligten Gesellschafters ist nach dem Beschluss des Großen Senats sowohl ihrer Art als auch ihrer Höhe nach durch das für die persönliche Besteuerung des Gesellschafters zuständige (Wohnsitz-)Finanzamt zu treffen.

(2) Zinslauf

505 Die Hemmung des Ablaufs der Festsetzungsfrist ist mitunter insbesondere vor dem Hintergrund des Zinslaufs nicht immer unproblematisch. Der Zinslauf nach § 233a AO beginnt 15 Monate nach Ablauf des Kalenderjahres, in dem die Steuer entstanden ist und endet erst mit Wirkung der Steuerfestsetzung. Die Zinsen betragen nach § 238 AO 0,5 % für jeden vollen Monat seit Beginn des Zinslaufs. Geschlossene Fonds werden i.d.R. immer einer Außenprüfung nach §§ 193 ff. AO unterzogen. Eine eventuelle Änderung der Feststellungsbescheide ist dabei aus verfahrenstechnischer Sicht für

---

501 BFH Beschl. v. 11.4.2005, GrS 2/02, BFH/NV 2005, 1648.

die Finanzverwaltung weniger ein Problem, da die Feststellungsbescheide meist nach § 164 AO unter dem Vorbehalt der Nachprüfung stehen. Außenprüfungen finden jedoch selten zeitnah, sondern immer mit einer gewissen zeitlichen Distanz statt. Insoweit kann sich häufig mit einer großen zeitlichen Verzögerung noch eine Änderung der Besteuerungsgrundlagen ergeben, mit denen der Anleger gar nicht mehr rechnet. Änderungen, die mitunter bis zu sechs, sieben Jahren zurückreichen, sind keine Seltenheit. Da der Einkommensteuerbescheid des einzelnen Anlegers aufgrund der §§ 171 Abs. 10, 172 Abs. 1 Nr. 1 AO noch geändert werden kann, muss dann in Abhängigkeit von der Höhe der Steuernachforderung die entsprechende Zinslast getragen werden.

Änderungen durch eine Betriebsprüfung oder auch von der Feststellungserklärung abweichende Veranlagungen werden jedoch häufig nicht ohne weiteres seitens der Fondsgeschäftsführung akzeptiert. In Streitfällen mit der Finanzverwaltung steht vom Grundsatz allerdings nur der Geschäftsleitung bzw. dem Empfangsbevollmächtigten der KG – i.d.R. damit der Komplementär-GmbH – die Einspruchsbefugnis gegen den Feststellungsbescheid zu (§ 352 Abs. 1 Nr. 1, Abs. 2 AO).[502] Legt die Geschäftsführung Einspruch gegen die abweichende Festsetzung ein, besteht die Möglichkeit, Aussetzung der Vollziehung in Höhe der festgesetzten Abweichung zu beantragen, § 361 AO. Die Aussetzung der Vollziehung wirkt sich anteilig bei jedem Anleger aus, hat jedoch den Nachteil, dass bei einem Unterliegen der Gesellschaft in der Sache der ausgesetzte Steuerbetrag nach § 237 AO mit 0,5 % pro vollen Monat zu verzinsen ist. Insoweit besteht für den einzelnen Kommanditisten die Möglichkeit in Höhe seines Anteils auf die Aussetzung der Vollziehung zu verzichten, um so im Falle des Unterliegens keiner zusätzlichen Steuerbelastung ausgesetzt zu werden. Im Fall des späteren Obsiegens kommt es dann vielmehr zu einer analogen Zinserstattung.

506

(3) Sonderausgaben/-werbungskosten

Letztlich zu beachten ist auch die Tatsache, dass auf der Ebene des Gesellschafters entstandene Sonderausgaben bzw. Sonderwerbungskosten im Rahmen der Feststellungserklärung der Gesellschaft zu berücksichtigen sind. Derartige Aufwendungen können sich beispielsweise aus der Fremdfinanzierung des Fondsanteils und den hierdurch entstandenen Finanzie-

507

---

502 Im Hinblick auf die darüber hinausgehenden Einspruchsbefugnisse anderer als der Geschäftsleitung wird auf die Regelung des § 352 Abs. 1 Nr. 2 bis 5 AO verwiesen.

rungszinsen ergeben. Aber auch Aufwendungen des einzelnen Investors im Zusammenhang mit Gesellschafterversammlungen oder dergleichen gehören in den Bereich der Sonderbetriebsausgaben/-werbungskosten. Um diese Positionen steuerlich zu erfassen, fragen die Fondsgesellschaften regelmäßig zu Beginn eines Jahres die bei ihren Anlegern entstandenen Aufwendungen ab, damit diese in die Feststellungserklärung der Gesellschaft Eingang finden können. Eine nachträgliche Geltendmachung im Rahmen der persönlichen Einkommensteuererklärung des Gesellschafters scheidet vom Grundsatz aus bzw. ist nur unter sehr restriktiven Bedingungen in Ausnahmefällen denkbar, auf die an dieser Stelle aufgrund der wenigen praktischen Relevanz nicht näher eingegangen wird.[503]

gg) Besonderheiten bei Treuhandverhältnissen und Unterbeteiligungen

508 Bei Treuhandverhältnissen über Beteiligungen an gewerblichen geschlossenen Fonds ist unstrittig, dass der Treugeber über den Treuhänder Einkünfte aus Gewerbebetrieb erzielt, d.h. dass dem Treugeber die steuerlichen Ergebnisse aus dem Treuhandverhältnis zugerechnet werden.[504] Schwieriger ist die Frage allerdings bei vermögensverwaltenden Fonds zu beantworten, insbesondere also bei Fonds, die Einkünfte aus Vermietung und Verpachtung generieren. Der BFH hat in mehreren Verfahren entschieden, dass Einkünfte aus Vermietung und Verpachtung nur erzielt, wer selbst den Tatbestand der Einkünfteerzielung erfüllt.[505] Bei Treuhandverhältnissen soll daher der Tatbestand der Vermietung und Verpachtung nur dann gegeben sein, wenn der Treugeber das Treuhandverhältnis beherrscht und der Treuhänder ausschließlich auf Rechnung und Gefahr des Treugebers handelt.[506] Die herrschende Literatur lehnt diese strenge Betrachtungsweise bei vermögensverwaltenden Einkünften zu Recht ab, da vor dem Hintergrund des § 39 Abs. 2 Nr. 1 Satz 2 AO Wirtschaftsgüter bei Treuhandverhältnissen dem Treugeber zuzurechnen sind. Mithin sind auch die vom Treuhänder abgeschlossenen Verträge dem Treugeber zuzurechnen. Seitens der Finanzverwaltung wird daher diese Rechtsprechung dadurch abgeschwächt, dass dem Treugeber auch dann Vermietungseinkünfte zugerechnet werden, wenn der

---

503 Vgl. z.B. BFH Urt. v. 19.1.1989, IV R 2/87, BStBl 1989 II, 393.
504 S.a. *Philipp/Oberwalder*, ZErb 2006, 345, 346 m.w.N. in Fn. 12 – 15.
505 BFH Urt. v. 15.4.1986, IX R 69/81, BStBl 1986 II, 792; BFH Urt. v. 3.12.1991, IX R 155/89, BStBl 1992 II, 459.
506 BFH Urt. v. 27.1.1993, IX R 269/87, BStBl 1994 II, 615.

Treuhänder im eigenen Namen, aber für fremde Rechnung und auf Gefahr des Treugebers tätig wird.[507]

Die Beteiligung an einem geschlossenen Fonds über einen Treuhänder macht grundsätzlich ein **zweistufiges Feststellungsverfahren** erforderlich. Auf der ersten Stufe erfolgt die Feststellung der Einkünfte auf Ebene des Fonds und Verteilung der Einkünfte auf die Feststellungsbeteiligten, d.h. anteilig damit auch auf den Treuhänder. Der für den Treuhänder festgestellte Anteil wird dann in einem zweiten Verfahren auf den oder die Treugeber aufgeteilt (§ 179 Abs. 2 Satz 3 AO). Soweit allen Beteiligten das Treuhandverhältnis bekannt ist, können beide Feststellungen auch miteinander verbunden werden.[508]

509

Die **Unterbeteiligung** unterscheidet sich gegenüber dem Treuhandverhältnis darin, dass der Beteiligte im Gegensatz zum Treuhänder auch wirtschaftlicher Eigentümer des Fondsanteils ist, hieran jedoch einer weiteren Person Rechte in einem bestimmten Umfang zugesteht. Hierbei ist zu unterscheiden zwischen typischer und atypischer Unterbeteiligung. Eine atypische Unterbeteiligung liegt vor, wenn der Gesellschafter des geschlossenen Fonds eine dritte Person wie einen Mitunternehmer beteiligt, d.h. ihm wesentliche Mitbestimmungsrechte sowie eine Beteiligung an den stillen Reserven einräumt. Beteiligter und Unterbeteiligter bilden in diesem Fall eine sog. Innengesellschaft, deren Einkünftefeststellung und Zuordnung zu Beteiligtem und Unterbeteiligtem in einem gesonderten Feststellungsverfahren erfolgt (§ 179 Abs. 2 Satz 3 AO). Bei der Regelung des § 179 Abs. 2 Satz 3 AO handelt es sich allerdings um eine Kann-Vorschrift, d.h. es besteht keine Verpflichtung zur Durchführung einer gesonderten Feststellung. Vielmehr kann bei Einverständnis aller Beteiligten die Feststellung für die Unterbeteiligung mit dem Feststellungsverfahren für die Hauptgesellschaft zusammengefasst werden.

510

Hingegen bilden bei der typischen Unterbeteiligung Haupt- und Unterbeteiligter keine eigenständige Innengesellschaft. Es handelt sich wirtschaftlich betrachtet um ein Darlehensverhältnis zwischen Beteiligtem und Unterbeteiligtem. Hierfür ist kein gesondertes Feststellungsverfahren nach § 179 Abs. 2 Satz 3 AO vorgesehen, da keine Beteiligung an dem gleichen Einkünftegegenstand gegeben ist. Nach Auffassung des BFH ist daher der an

511

---

507 BMF-Schreiben v. 11.8.1994, BStBl 1994 I, 604.
508 BFH Urt. v. 10.8.1989, III R 5/87, BStBl 1990 II, 38.

den Unterbeteiligten gezahlte Gewinn- oder Überschussanteil auch zwingend als Sonderbetriebsausgabe respektive Sonderwerbungskosten im Rahmen des Feststellungsverfahrens der Hauptgesellschaft zu berücksichtigen.[509]

b) Gewerbe- und umsatzsteuerliche Aspekte

aa) Gewerbesteuer

512 Soweit ein geschlossener Fonds originär gewerblich tätig oder gewerblich geprägt ist, unterliegen die Einkünfte auch der Gewerbesteuer, § 2 GewStG. Die Ermittlung des Gewerbeertrages als Basis zur Festsetzung der Gewerbesteuer bestimmt sich gem. § 7 GewStG nach dem Gewinn aus Gewerbebetrieb, ermittelt nach den Vorschriften des Einkommensteuergesetzes. Anzupassen ist der Gewinn aus Gewerbebetrieb um die gewerbesteuerlichen Hinzurechnungen und Kürzungen nach den §§ 8 und 9 GewStG. Darüber hinaus sind aus gewerbesteuerlicher Sicht auch die Sondervorschriften hinsichtlich des Verlustabzugs nach § 10a GewStG sowie die gewerbesteuerliche Behandlung von Veräußerungs- und Aufgabegewinnen zu beachten. Im Einzelnen gilt Folgendes:

513 § 8 GewStG regelt eine Vielzahl von Einzeltatbeständen, die zu einer Erhöhung des Gewerbeertrages führen. Als wichtigste Sondervorschrift aus dem Katalog des § 8 GewStG ist hierbei die Nr. 1 hervorzuheben. Nach § 8 Nr. 1 GewStG sind dem Gewinn aus Gewerbebetrieb die Hälfte der Entgelte für Schulden, die wirtschaftlich mit der Gründung oder dem Erwerb des Betriebs oder eines Anteils am Betrieb oder mit einer Erweiterung oder Verbesserung des Betriebs zusammenhängen oder der nicht nur vorübergehenden Verstärkung des Betriebskapitals dienen (sog. Dauerschuldzinsen), hinzuzurechnen. Diese Hinzurechnungsvorschrift betrifft nicht nur die Gesellschafts-, sondern auch die Gesellschafterebene, d.h. dass auch insbesondere Fremdfinanzierungen von Beteiligungen auf Ebene des Gesellschafters zu einer gewerbesteuerlichen Belastung der Fondsgesellschaft führen können. Letztlich kann daher die Fremdfinanzierung eines Anlegers auf privater Ebene zu einer entsprechenden gewerbesteuerlichen Mehrbelastung aller Gesellschafter führen, da nicht der Gesellschafter als Einzelperson, sondern nur die Gesellschaft als solche gewerbesteuerliches Steuersubjekt ist. Mithin enthalten die gesellschaftsvertraglichen Regelungen unter Um-

---

509 BFH Urt. v. 9.11.1988, I R 191/84, BStBl 1989 II, 343.

ständen auch gewerbesteuerliche Ausgleichsverpflichtungen zu Lasten des Steuer verursachenden Gesellschafters.

Erfolgt die Fremdfinanzierung der Gesellschaft durch den Verkauf zukünftiger Einnahmen, wird die Gewerbesteuerpflicht unter Umständen vermieden. Handelt es sich bei den zukünftigen Einnahmen beispielsweise um eine Art Mietvorauszahlung im Hinblick auf eine spätere Gebrauchsüberlassung, liegen aus Sicht der Finanzverwaltung keine Dauerschulden vor, da diesbezüglich vielmehr ein passiver Rechnungsabgrenzungsposten zu bilden und über die Laufzeit aufzulösen ist.[510] Anders ist nach Ansicht der Finanzverwaltung der Sachverhalt dann zu beurteilen, wenn es sich nicht um Zahlungen im Sinne einer späteren Gebrauchsüberlassung handelt, sondern um Einnahmen aus der vorweggenommenen Veräußerung des eigentlichen Investitionsobjektes des Fonds. In diesem Fall wird eine Anzahlungssituation unterstellt, die gemäß dem zitierten BMF-Schreiben als Dauerschuld zu klassifizieren ist.

514

Analog zu § 10d EStG wurde in § 10a GewStG de facto eine Mindestbesteuerung kodifiziert. § 10a GewStG regelt, dass der sich im Veranlagungszeitraum ergebende Gewerbeertrag zunächst nur um maximal 1 Mio. Euro mit Verlustvorträgen verrechnet werden darf. Der über 1 Mio. Euro hinausgehende Betrag ist nur um maximal 60% der noch vorhandenen Verlustvorträge zu kürzen, § 10a Satz 2 GewStG. Durch die Beschränkung der Abzugsfähigkeit von Verlustvorträgen kann es mitunter gerade aus Liquiditätsaspekten zu einer empfindlichen Störung der Gesamtperformance des Fonds kommen.

515

Während bis einschließlich des Veranlagungszeitraums 2001 Gewinne aus der Veräußerung oder Aufgabe des Betriebs (Teilbetriebs) einer Mitunternehmerschaft nicht der Gewerbesteuer unterlagen, hat man mit erstmaliger Wirkung zum Veranlagungszeitraum 2002 eine Erweiterung der Gewerbesteuerpflicht auch auf Tatbestände der Veräußerung oder Betriebsaufgabe vorgenommen. Nach § 7 Satz 2 Nr. 1 bis 3 GewStG gehören nun zum Gewerbeertrag auch der Gewinn aus der Veräußerung oder Aufgabe des Betriebs oder eines Teilbetriebs einer Mitunternehmerschaft, des Anteils eines Gesellschafters, der als Unternehmer (Mitunternehmer) des Betriebs einer Mitunternehmerschaft anzusehen ist sowie des Anteils eines persönlich haftenden Gesellschafters einer Kommanditkapitalgesellschaft auf Aktien.

516

---

510 *Lüdicke/Arndt/Götz*, a.a.O., S. 87; BMF-Schreiben v. 9.1.1996, BStBl 1996 I, 9.

Allerdings gilt dies einschränkend nur für solche Veräußerungs- und Aufgabegewinne, die nicht auf eine natürliche Person als unmittelbar beteiligtem Mitunternehmer entfallen, § 7 Satz 2 letzter HS GewStG. Wendet man diese Regelung auf den unmittelbar beteiligten Kommanditisten einer originär gewerblichen oder einer gewerblich geprägten Personengesellschaft an, ergeben sich vordergründig keine tiefergehenden Probleme, da letztlich der gleiche Status wie vor dem Jahr 2002 besteht. Fraglich ist jedoch die Anwendung des Tatbestandsmerkmals der Unmittelbarkeit bei doppelstöckigen Personengesellschaften sowie bei Treuhandkonstruktionen.

517 Bei einer doppelstöckigen Konstruktion, bei der eine Personengesellschaft in rechtlich zulässiger Weise ihrerseits an einer anderen Personengesellschaft beteiligt ist, fehlt es bei einem Verkauf von Anteilen der Untergesellschaft an der Unmittelbarkeit, auch wenn über die Obergesellschaft zumindest mittelbar eine Beteiligung natürlicher Personen gegeben ist. Insofern würde dieser Sachverhalt eine zusätzliche Gewerbesteuerbelastung auslösen, die nur zum Teil über die Gewerbesteueranrechnung nach § 35 EStG kompensiert wird. Demgegenüber ist zwischenzeitlich unstritig, dass bei einer **Treuhandkonstruktion** der Tatbestand der Unmittelbarkeit erfüllt ist. Zwar ist der Treugeber aus zivilrechtlicher Sicht nicht unmittelbarer Gesellschafter, jedoch wird dem Treugeber die Beteiligung nach § 39 Abs. 2 Nr. 1 Satz 2 AO wirtschaftlich zugerechnet, so dass ein entsprechender Veräußerungs- oder Aufgabegewinn diesem auch unmittelbar zugerechnet werden kann. Gewerbesteuer entsteht insoweit folglich nicht.

bb) Umsatzsteuer

518 Umsatzsteuerliche Besonderheiten bei geschlossenen Fonds im Vergleich zu sonstigen unternehmerischen oder vermögensverwaltenden Tätigkeiten gibt es prinzipiell keine. Allerdings sah die Finanzverwaltung sowie die Rechtsprechung bis Anfang des Jahres 2004 in der Gründung bzw. in der Ausgabe von Kommanditanteilen einen steuerbaren, aber nach § 4 Nr. 8f UStG steuerfreien Umsatz. Dies führte letztlich zu einem Vorsteuerabzugsverbot nach § 15 Abs. 2 Satz 1 Nr. 1 UStG. Dem Fonds entstanden damit zusätzliche Belastungen durch die Nichtabziehbarkeit der Vorsteuer auf Gründungs- und Vermittlungskosten. Durch das Urteil des BFH vom 1.7.1994[511] hat sich diese nachteilige Situation entscheidend zu Gunsten der geschlossenen Fonds geändert. Hiernach ist die Ausgabe von Anteilen an Kommanditge-

---

511 BHF Urt. v. 1.7.2004, V R 32/00, BStBl 2004 II, 1022.

sellschaften bzw. die Gründung einer derartigen Gesellschaft nicht mehr als vorsteuerschädlich anzusehen, was sich letztlich auf die Gesamtrendite der Fonds positiv auswirken dürfte.[512]

Die Übertragung von Aktien, Fondsanteilen und festverzinslichen Wertpapieren stellen dagegen stets sonstige Leistungen i.S.v. § 3 Abs. 9 UStG dar, bei denen sich der Leistungsort nach § 3a Abs. 3 und Abs. 4 Nr. 6a UStG bestimmt. Liegt der Leistungsort im Inland, ist der Umsatz nach § 4 Nr. 8e UStG steuerfrei.[513] Für Übertragungen vor dem 1.1.2007 ist eine Behandlung als Lieferung unter Berufung auf Abschnitt 24 Abs. 1 UStR weiterhin zulässig.

519

c) Steuerliche Besonderheiten bei einzelnen geschlossenen Fondstypen

aa) Immobilienfonds

Anteile an einem geschlossenen Immobilienfonds, die im Privatvermögen gehalten werden, generieren grundsätzlich Einkünfte aus Vermietung und Verpachtung, sofern keine gewerbliche Prägung vorliegt. Im Einzelfall kann es in geringerem Umfang auch zu Einkünften aus Kapitalvermögen kommen, wenn beispielsweise liquide Mittel zinsbringend angelegt werden.[514] Daneben können unter Umständen auch Einkünfte aus privaten Veräußerungsgeschäften nach § 22 Nr. 2 i.V.m. § 23 Abs. 1 Nr. 1 EStG entstehen. Denkbar sind hierbei insbesondere die folgenden Fallkonstellationen:

520

Der **Fonds** veräußert ein Grundstück innerhalb von 10 Jahren nach seinem Erwerb. Ein hieraus resultierender Veräußerungsgewinn respektive Veräußerungsverlust wird analog zur Veranlagung eines Alleineigentümers ermittelt. Die Feststellung und Verteilung des Gewinns bzw. des Verlusts erfolgt im Rahmen der gesonderten und einheitlichen Feststellungserklärung.[515]

521

Des Weiteren ist denkbar, dass der **Gesellschafter** seinen Fondsanteil innerhalb von 10 Jahren nach dem Erwerb veräußert. Steuerlich wird der Verkauf als Veräußerung der anteiligen Wirtschaftsgüter des Fonds gewertet, § 23 Abs. 1 Satz 4 EStG. Als Veräußerungsgewinn respektive Verlust wird die Differenz zwischen Anschaffungskosten und Veräußerungspreis für den

522

---

512 Zu einer Differenzierung bei gesellschaftsrechtlicher Beteiligung gegen Bar- oder Sacheinlage vgl. das BMF-Schreiben v. 4.10.2006, IV A 5 – S 7300 – 69/06.
513 Vgl. dazu ausführlich das BMF-Schreiben v. 30.11.2006, IV A 5 – S – 7100 – 167/06.
514 Vgl. auch C.II.2.a)aa).
515 Vgl. auch C.II.2.a)ff).

Fondsanteil angesetzt. Vorsicht ist allerdings bei der Ermittlung von Gewinnen bzw. Verlusten walten zu lassen im Hinblick auf die Frage, ob Abschreibungen gegen zu rechnen sind. Analog einer isolierten Investition in ein Immobilienobjekt sind hierfür die Anwendungsregelungen des § 52 EStG zu beachten. In Anschaffungsfällen gilt als Stichtag der 31.7.1995. Bei Anschaffungen nach diesem Zeitpunkt sind die Abschreibungen bei der Gewinnermittlung gegen zu rechnen, d.h. die Anschaffungskosten mindern sich entsprechend, § 23 Abs. 4 EStG i.V.m. § 52 Abs. 39 Satz 4 EStG. Im Herstellungsfall gilt der Stichtag 31.12.1998, § 52 Abs. 39 Satz 4 2. HS EStG.

523 Problematisch kann die Frage der Generierung von Einkünften aus privaten Veräußerungsgeschäften insbesondere dann werden, wenn der Fondsanteil im Wege des Zweiterwerbs und nicht als Gründungsgesellschafter angeschafft wurde. Aufgrund des mit dem Fondserwerb verbundenen anteiligen Erwerbs der Wirtschaftsgüter kommt es zwangsläufig immer dann zu einem steuerpflichtigen privaten Veräußerungsgeschäft, wenn auf Ebene des Fonds innerhalb von 10 Jahren nach dem Erwerb des Fondsanteils ein Grundstück veräußert wird, selbst wenn das eigentliche Grundstück sich bereits seit mehr als 10 Jahren im Bestand des Fonds befindet. Hier ist daher besondere Vorsicht angezeigt, denn eine entsprechende Ergebnismitteilung diesbezüglich seitens des Fonds ist wohl nicht zu erwarten, da es sich hierbei um eine ganz individuelle Auswirkung auf Ebene des Zweiterwerbers handelt, die von der Fondsgeschäftsführung kaum im Blick gehalten werden kann.

524 Abgrenzungsschwierigkeiten kann es überdies oftmals in solchen Fällen geben, in denen ein Gesellschafter, der einen gewerblichen Grundstückshandel betreibt, gleichzeitig an einem geschlossenen Immobilienfonds beteiligt ist. Dann liegt die Vermutung nahe, dass der Anteil am geschlossenen Fonds dem gewerblichen Grundstückshandel zuzuordnen ist und damit eine Einkünfteumqualifizierung in gewerbliche Einkünfte auf Ebene des Anteilseigners erfolgen muss. Die Anteile an einem Immobilienfonds können allerdings auch dann zum Privatvermögen eines gewerblichen Grundstückshändlers zählen, so lange der Gesellschafter glaubhaft machen kann, dass er die Anteile langfristig (mehr als 10 Jahre) in seinem Bestand halten will.[516]

525 Bei einer gewerblichen Prägung erzielt der Fonds Einkünfte aus Gewerbebetrieb. Es liegt Betriebsvermögen vor, das entsprechend (unbefristet) steu-

---

516 Zur Treuhandbeteiligung an einem geschlossenen Immobilienfonds vgl. C.II.2.a)gg).

erverhaftet ist. Auf die Zehnjahresfrist bei Grundstücksveräußerungen kommt es daher nicht an.

bb) Schiffsfonds

Schiffsfonds generieren Einkünfte aus Gewerbebetrieb i.S.v. § 15 EStG. Die Besonderheit bei Schiffsfonds liegt in der Möglichkeit, die sog. Tonnagebesteuerung nach § 5a EStG anzuwenden. Die Tonnagesteuer ist eine nach der Nettoraumgröße des Schiffes gestaffelte Pauschalsteuer.[517] Bei Anwendung der Tonnagebesteuerung werden zwar die allgemeinen Steuerbilanzen weitergeführt. Diese dienen aber nicht der Ermittlung des zu versteuernden Ergebnisses. Vielmehr kommt es in Abhängigkeit von der Nettoraumgröße des Schiffes zu einer pauschalen Gewinnermittlung. Der somit nach § 5a Abs. 1 EStG ermittelte Gewinn wird analog wie bei einer normalen Gewinnermittlung den Kommanditisten anteilig zugerechnet. Auf Basis der Tonnagebesteuerung kann es mithin nie zu einem Verlust kommen, sondern ausschließlich zu einem mehr oder weniger gleich bleibenden Gewinn. Dies gilt auch dann, wenn die Gesellschaft tatsächlich Verluste erwirtschaftet. Da sich der Gewinn nach der Tonnagesteuer aus der Nettoraumzahl mal einem in § 5a Abs. 1 EStG festgelegten Multiplikator mal Einsatztage errechnet, kann sich eine Abweichung nur im Bereich der Einsatztage ergeben. Gem. dem Tonnagesteuererlass[518] der Finanzverwaltung ist bei der Bestimmung der Einsatztage jeder Tag zu Grunde zu legen, bei dem das Schiff zumindest betriebsbereit war. Insofern ergibt sich nur ein Abzug für Tage des Umbaus oder der Großreparatur.[519]

526

Damit die Besteuerungsoption nach § 5a EStG wahrgenommen werden kann, müssen die folgenden Voraussetzungen erfüllt sein:[520]

527

1. Betrieb eines Handelsschiffes im internationalen Verkehr,
2. Bereederung des Handelsschiffes im Inland,
3. Vorhandensein eines Gewerbebetriebs mit Geschäftsleitung im Inland,
4. Gewinnermittlung des Gewerbebetriebs nach den Regelungen der §§ 4 Abs. 1, 5 EStG (keine Einnahmen-/Überschussrechnung gem. § 4 Abs. 3 EStG),

---

517 Schmidt-*Seeger* § 5a Rn. 1.
518 BMF-Schreiben v. 12.6.2002 BStBl 2002 I, 614.
519 BMF-Schreiben v. 12.6.2002 BStBl 2002 I, Tz. 4.
520 Schmidt-*Seeger* § 5a Rn. 3.

5. Stellung eines unwiderruflichen Antrages auf Option nach § 5a EStG.

528 Mit Einführung des § 5a EStG im Jahr 1999 verfolgte der Gesetzgeber das Ziel, die deutsche Handelsschifffahrt zu fördern. In der Fassung vor Änderung durch das Haushaltsbegleitgesetz 2004[521] hatte der Gesetzgeber noch die Möglichkeit vorgesehen, innerhalb eines Zeitkorridors von 3 Jahren seit Inbetriebnahme des Schiffes zur Tonnagebesteuerung zu wechseln. Dies schoss über die Absicht der Förderung der deutschen Handelsschifffahrt hinaus. Denn durch diese Regelung konnten die Fondsgesellschaften sog. Kombi-Modelle entwickeln. Unter den Kombi-Modellen sind die Kombination von abschreibungs- und fremdfinanzierten Anfangsverlusten, die im Rahmen der regulären Gewinnermittlung geltend gemacht wurden, mit dem späteren Wechsel zur Tonnagebesteuerung zu verstehen. Über dieses Modell konnten sowohl hohe Anfangsverluste nach den allgemeinen Gewinnermittlungsvorschriften als auch später die günstige (niedrigere) Gewinnbesteuerung (nach den Grundsätzen der Tonnagebesteuerung) miteinander kombiniert werden. Diese Möglichkeit besteht nicht mehr, da durch die Änderung von § 5a Abs. 3 EStG im Rahmen des Haushaltsbegleitgesetzes 2004 der Antrag auf Anwendung der Tonnagebesteuerung nun bereits im Wirtschaftsjahr der Anschaffung oder Herstellung des Handelsschiffes gestellt werden muss. Erfolgt dies nicht, ist ein Antrag frühestens wieder nach 10 Jahren zulässig.

529 Schiffsfonds neuer Zeit werden daher meist nur noch als reine Tonnagesteuerfonds konzipiert. Allerdings gilt es zu beachten, dass eine generelle Gewinnerzielungsabsicht der Schiffsfonds nicht auf Basis des Tonnagegewinns, sondern auf Basis der üblichen Gewinnermittlung (Steuerbilanz) überprüft wird. Darüber hinaus sind die Steuerbilanzen maßgeblich für die Bestimmung eines erbschaftsteuerlichen Wertes sowie der Anwendung des § 15a EStG.[522]

530 An die Anwendung der Tonnagebesteuerung ist der Fonds 10 Jahre gebunden, § 5a Abs. 3 Satz 7 EStG. Nach § 5a Abs. 4 EStG bedarf es im Zeitpunkt der Optierung zur Tonnagebesteuerung der gesonderten und einheitlichen Feststellung des sog. **Unterschiedsbetrages**. Beim Unterschiedsbetrag handelt es sich um die Differenz zwischen Buch- und Teilwert für jedes Wirtschaftsgut, das unmittelbar dem Betrieb von Handelsschiffen im internatio-

---

521 BR-Drucks. 560/1/03.
522 Schmidt-*Seeger* § 5a Rn. 2.

nalen Verkehr dient (stille Reserven). Dieser Unterschiedsbetrag ist dem Gewinn hinzuzurechnen, und zwar

1. in den dem letzten Jahr der Anwendung der Tonnagebesteuerung folgenden fünf Wirtschaftsjahren jeweils in Höhe von mindestens 1/5,
2. in dem Jahr, in dem das Wirtschaftsgut aus dem Betriebsvermögen ausscheidet oder in dem es nicht mehr unmittelbar dem Schiffsbetrieb dient oder
3. in dem Jahr des Ausscheidens eines Gesellschafters hinsichtlich des auf ihn entfallenden Anteils.

Der Unterschiedsbetrag ist daher insbesondere bei den Kombi-Modellen mitunter eine nicht zu unterschätzende steuerliche Belastung, die in der Zukunft auf den Fonds und damit auf den Anteilseigner zukommt. Bei reinen Tonnagesteuerfonds spielt der Unterschiedsbetrag aufgrund der kaum abweichenden Werte zwischen Teil- und Buchwert im Jahr der Anschaffung/Herstellung und Optierung zu § 5a EStG nur eine untergeordnete Rolle. 531

cc) Medienfonds und Windkraftfonds

Die besonderen steuerlichen Aspekte der Medien-/Filmfonds sind schwerpunktmäßig im Bereich der Hersteller- oder Erwerbereigenschaft zu suchen. Sofern die Herstellereigenschaft nicht gegeben ist, sind die im Rahmen der Herstellung entstehenden Aufwendungen nicht sofort als Betriebsausgaben absetzbar (Verbot der Bilanzierung selbst geschaffener immaterieller Wirtschaftsgüter, § 248 Abs. 2 HGB). Die Frage der Hersteller- und Erwerbereigenschaft wurde im Wesentlichen bereits im Rahmen des Gliederungspunktes C.II.2.a)dd) behandelt, so dass nachfolgend nur auf einige wenige weitere wesentliche Punkte verwiesen wird: 532

Nach dem Medienerlass des BMF vom 23.2.2001 in seiner ergänzten Form vom 5.8.2003[523] ist ein Film- oder Fernsehfonds Hersteller eines Films, wenn er 533

– als Auftraggeber das gesamte Risiko der Filmherstellung trägt (unechte Auftragsproduktion durch Einschaltung von Dienstleistern) oder

---

523 BMF-Schreiben v. 5.8.2003 BStBl 2003 I, 406.

– im Wege der Koproduktion ein Filmprojekt in eigener (Mit-)Verantwortung unter (Mit-) Übernahme der sich daraus ergebenden Risiken und Chancen durchführt.

534 Die Herstellereigenschaft ist nach dem BMF jedoch dann wieder zu versagen, wenn der Initiator des Fonds trotz Erfüllung der vorgenannten Voraussetzungen ein einheitliches Vertragswerk vorgibt und die Gesellschafter in ihrer gesellschaftsrechtlichen Verbundenheit hierauf keine wesentlichen Einflussmöglichkeiten besitzen.[524]

535 In Ermangelung der Herstellereigenschaft sind viele Fonds in erhebliche Probleme geraten, da ursprünglich bescheinigte Verluste letztlich nicht anerkannt wurden, weil die Produktionskosten als Erwerber aktiviert und nur über die Laufzeit abgeschrieben werden konnten. Gleiches gilt grds. auch für die Windkraftfonds.

536 Aufgrund der Einführung des § 15b EStG sind diese Probleme letztlich nur noch von untergeordnetem Interesse. Selbst bei Erfüllung der Herstellereigenschaft würde sich durch die Verlustverrechnungsbeschränkung des § 15b EStG eine sinnvolle Fondskonzeption in diesem Segment ebenso wie bei Windkraftfonds wohl kaum mehr darstellen lassen.

dd) Asset Linked Note Fonds

537 Die Fondsgesellschaft ist – wie bei allen geschlossenen Fonds – steuerlich transparent. Partielles Steuersubjekt ist sie nur für Zwecke der Ermittlung der Einkunftsart sowie der Höhe der Einkünfte. Asset Linked Note Fonds sind regelmäßig ebenfalls als GmbH & Co. KG strukturiert, allerdings mit dem im Vergleich zu anderen Fonds wesentlichen Unterschied, dass neben der Komplemtär-GmbH ein Kommanditist die Geschäftsführung inne hat. Damit wird einerseits die Haftung weitestgehend ausgeschlossen, gleichzeitig aber auch eine unerwünschte gewerbliche Prägung vermieden.

538 Derzeit ist auf Basis der bekannten Strukturen[525] davon auszugehen, dass die Fondsgesellschaft nicht originär gewerblich tätig ist, da sie zum einen nicht nachhaltig, d.h. wiederholt tätig wird bzw. sich auf den einmaligen Erwerb einer Schuldverschreibung beschränkt. Eine Überschreitung des Rahmens der privaten Vermögensverwaltung dürfte ebenfalls nicht gegeben

---

524 BMF-Schreiben v. 5.8.2003 BStBl 2003 I, 406 Tz. 9.
525 Vgl. oben B.II.1.b)ff).

sein, da der Umfang der Wertpapiergeschäfte und der Organisationsgrad nicht händlertypisch sind.[526] Auch die Fremdfinanzierung der Schuldverschreibung sollte nach derzeitigem Kenntnisstand nicht die vermögenswaltende Tätigkeit konterkarieren. Mithin kann davon ausgegangen werden, dass die Fondsgesellschaft grundsätzlich Einkünfte aus Kapitalvermögen i.S.d. § 20 Abs. 1 Nr. 7 EStG erzielt.

Neben der Frage nach der Einkunftsart muss grundsätzlich vorweg die Überschusserzielungsabsicht eines Asset Linked Note Fonds geprüft werden. Hierbei ist sowohl auf die Anleger- als auch auf die Fondsebene abzustellen. Da die Prognoserechnungen auf Ebene des Fonds stets davon ausgehen, dass die Erträge aus der Schuldverschreibung in der Totalbetrachtung größer sind als die Werbungskosten aus der Fremdfinanzierung, muss die Überschusserzielungsabsicht auf Ebene des Fonds grundsätzlich bejaht werden. Problematischer kann dies allerdings auf Ebene des Anlegers sein, wenn die Finanzierung der Gesellschaftsbeteiligung nicht aus Eigenkapital erfolgt. 539

Da es sich bei einem Asset Linked Note Fonds de facto um ein reines Steuerstundungsmodell handelt, ist die Frage der Abziehbarkeit von Werbungskosten aus den Fremdfinanzierungsaufwendungen für die Schuldverschreibung ein gewichtiger Punkt, da andernfalls die Verlustzuweisung im Erstjahr nicht dargestellt werden kann. Aufgrund der wirtschaftlichen Verknüpfung von Darlehen und dem hiermit zusammenhängenden Disagio mit der Anschaffung einer Schuldverschreibung, deren Ziel die Generierung von Kapitaleinkünften ist, dürfte die Abzugsfähigkeit außer Frage stehen (§ 9 Abs. 1 Satz 3 Nr. 1 EStG). Soweit das Disagio nicht mehr als 5 % der Darlehenssumme beträgt, ist ein Sofortabzug ohne Verteilung auf die Laufzeit möglich und zulässig. 540

Die vorliegenden Rahmendaten unterstellt, kommt es grundsätzlich zu einer Verlustverrechnungsmöglichkeit aufgrund der im Erstjahr durch die Zinsvorauszahlung und des Disagios entstandenen Werbungskostenüberschüsse. Die Verlustverrechnungsbeschränkung des § 15a EStG greift mangels Verweis auf § 20 Abs. 1 Nr. 7 EStG nicht. 541

Letztlich ist es den Konzeptionären aus steuerlicher Sicht damit gelungen, ein funktionierendes Steuerstundungsmodell trotz bestehender Verlustver- 542

---

526 BFH v. 30.7.2003, NWB EN-Nr. 406/2004.

rechnungsbeschränkungen zu konzipieren. Auch ein Gestaltungsmissbrauch nach § 42 AO dürfte nicht anwendbar sein, da die Konstruktion in der Totalbetrachtung auch ohne steuerliche Effekte wirtschaftlich Sinn macht.

543 Bis zur Einführung des § 20 Abs. 2b EStG durch das Jahressteuergesetz 2007 funktionierte daher dieses Modell nach bisherigem Kenntnisstand. Betriebsprüfungen sind wohl bisher noch nicht erfolgt. Die Modelle, die noch vor dem 10.11.2005 gezeichnet wurden, dürften vor dem Hintergrund der vorstehenden Ausführungen aller Voraussicht nach steuerlich Bestand haben. Zeichnungen nach diesem Zeitpunkt sind aber über § 20 Abs. 2b EStG und der damit verbundenen Anwendbarkeit von § 15b EStG über den Bereich der stillen Beteiligungen hinaus der Boden entzogen worden. Aus steuerlicher Sicht werden sich derartige Modelle daher nur noch dann umsetzen lassen, sofern man eventuell im Rahmen von Private Placements die Modellhaftigkeit und damit die Anwendung von § 15b EStG vermeiden kann.

ee) Leasingfonds

544 Aufgrund der komplexen ertragsteuerlichen Behandlung unterschiedlicher Leasingformen muss auf die insoweit einschlägige Fachliteratur verwiesen werden. Eine Darstellung dieser ertragsteuerlichen Besonderheiten würde den Rahmen dieses Buches sprengen. Fondstypische Besonderheiten finden sich demgegenüber grds. nicht, so dass insoweit keine näheren Ausführungen erforderlich sind.

ff) Erbschaft-/Schenkungsteuerfonds

545 Dabei handelt es sich regelmäßig um bereits erörterte geschlossene Immobilienfonds[527] mit gewerblicher Prägung. Die Besonderheiten liegen allein in dem Einsatz zur Reduzierung einer Erbschaft- bzw. Schenkungsteuerbelastung[528] und nicht im Bereich der Einkommensteuer.

3. Hedgefonds

546 Die Besteuerung in Deutschland zugelassener Single- und Dach-Hedgefonds nach den §§ 112, 113 InvG erfolgt analog zu den Vorschriften für traditionelle Investmentfonds nach dem Investmentsteuergesetz. Leitge-

---

527 Vgl. C.II.2.c)aa).
528 S.u. F.II.6.c)dd)(2).

danke der Besteuerung bildet dabei gleichermaßen das Transparenzprinzip, d.h. die Gleichbehandlung von Fonds- und Direktanlage.[529] Aufgrund des Transparenzprinzips müssen somit auch Hedgefonds die Bestandteile ihrer Erträge aufschlüsseln und bekannt machen, um damit eine optimierte Besteuerung der Erträge für die Investoren zu erreichen. Dies ist insbesondere für Dachfonds nicht unproblematisch, da der Gesetzgeber nicht auf die Transparenz der Zielfonds verzichten wollte und damit de facto gute Fondsmanager gewissermaßen zur Preisgabe von Know-how verpflichtet. Kommen die Hedgefonds ihren Transparenzverpflichtungen nicht nach, greifen automatisch die Sanktionen für teiltransparente bzw. intransparente Fonds.[530] Lediglich im Hinblick auf die Ermittlung und Bekanntmachung des Zwischengewinns bestand gem. BMF-Schreiben vom 2.6.2005[531] zunächst eine Übergangsregelung bis zum 31.12.2005 dergestalt, dass Dach- und Single-Hedgefonds hiervon befreit waren. Diese Übergangsregelung wurde mit Verfügung vom 25.11.2005[532] auf den 31.12.2006 verlängert.

4. REITs

a) Inländische REITs

Investoren in REITs erzielen als Aktionäre Dividenden, die aus den Gewinnen der REIT-Aktiengesellschaft gespeist werden. Soweit es sich bei den Dividendenbeziehern um unbeschränkt Steuerpflichtige handelt, unterliegen diese Dividenden den allgemeinen Besteuerungsregeln der Einkommen- und Körperschaftsteuer. Basis für die Besteuerung der laufenden Dividendenbezüge bildet § 20 Abs. 1 Nr. 1 EStG. Im Fall der Veräußerung von Anteilen gelten die Regeln zu den privaten Veräußerungsgeschäften nach § 22 EStG i.V.m. § 23 EStG, d.h. bei einer Veräußerung innerhalb eines Jahres sind Veräußerungsgewinne respektive Verluste steuerlich zu berücksichtigen, soweit die Freigrenze von 512 EUR gem. § 23 Abs. 3 EStG überschritten wurde. Bei einer Beteiligung von mindestens 1 % soll auch die Regelung des § 17 EStG Anwendung finden, sofern es sich um Anteile im Privatvermögen handelt.

547

---

529 Zu den Regelungen über die Investmentfondsbesteuerung s.o. C.II.1.
530 S.o. C.II.1.b).
531 BMF-Schreiben v. 2.6.2005, BStBl 2005 I, 728 Tz. 118.
532 Vfg. LfSt Bayern v. 25.11.2005, S 1980 – 2 St 31/St 32/St 33, Haufe-Index 1458271.

548 Ausschüttungen an beschränkt steuerpflichtige Anteilseigner ohne inländische Betriebsstätte sind als inländische Einkünfte i.S.v. § 49 Abs. 1 Nr. 5a EStG der Besteuerung zu unterwerfen. Der auf die Dividenden entfallende Kapitalertragsteuerabzug[533] entfaltet in diesem Fall allerdings eine Abgeltungswirkung (§ 50 Abs. 5 Satz 1 EStG, § 32 Abs. 1 KStG), so dass eine individuelle Einzelveranlagung ausscheidet. Im Fall eines Veräußerungsgewinns dürfte eine Besteuerung des beschränkt Steuerpflichtigen nur im Hinblick auf § 17 EStG (§ 49 Abs. 1 Nr. 2e EStG) in Betracht kommen, da das Besteuerungsrecht für Einkünfte aus privaten Veräußerungsgeschäften nach dem jeweiligen Doppelbesteuerungsabkommen i.d.R. dem Ansässigkeitsstaat des Anteilseigners zugeordnet wird.[534]

549 Soweit die REIT-AG alle rechtlichen Rahmenbedingungen einhält, sollen nach dem Gesetzentwurf die Erträge auf Ebene des REITs von der Körperschaftsteuer befreit werden. Aufgrund dieser fehlenden steuerlichen Vorbelastung sieht der Entwurf im Bereich des Einkommensteuerrechts keine Anwendung des Halbeinkünfteverfahrens nach § 3 Nr. 40 EStG bzw. bei Kapitalgesellschaften keine Anwendung der Freistellung der Einkünfte nach § 8b KStG vor. Dies gilt auch für die Besteuerung der Beteiligung eines Steuerinländers an einem ausländischen REIT. Im Hinblick auf die Beteiligung an ausländischen REITs soll dies allerdings erst mit Wirkung zum 1.1.2007 gelten. Für die Veranlagungszeiträume bis einschließlich 2006 gilt für Dividendenerträge aus ausländischen REITs weiterhin das Halbeinkünfteverfahren respektive die Steuerfreistellung nach § 8b KStG im Fall der Kapitalgesellschaft als Anleger.

550 Die auf den ersten Blick sachlogische Abkehr vom Halbeinkünfteverfahren für Dividendenbezüge aus nicht vorbelasteten Gewinnen ist auf den zweiten Blick nicht unproblematisch, da die Erträge aus REITs nicht generell ohne Steuerbelastung bleiben. REITs bedienen sich vielfach zur Abwicklung der wohnungswirtschaftlichen Aufgaben eigener Dienstleistungsgesellschaften. Die Erträge dieser Gesellschaften unterliegen der regulären Körperschaftsteuer. Soweit diese über die REIT-AG zur Ausschüttung gelangen, liegt letztlich eine echte Doppelbesteuerung vor. Wesentlich problematischer ist aber die Tatsache, dass REITs mitunter auch Erträge aus ausländischen Immobilienaktivitäten erzielen, die einer Vorbelastung mit ausländischer

---

533 Siehe unten D.
534 *Van Kann*, DStR 2006, 2105, 2110.

Steuer unterliegen. Auch in diesem Fall entsteht faktisch eine doppelte steuerliche Belastung im Zeitpunkt der Ausschüttung.[535] Die ersten finanzgerichtlichen Streitigkeiten dürften damit bereits vorprogrammiert sein.[536]

b) Ausländische REITs

Im Gegensatz zu inländischen REITs sind ausländische REITs in Deutschland nach deutschem Recht mit Erträgen und Veräußerungsgewinnen aus den im Inland belegenen Grundstücken beschränkt körperschaftsteuerpflichtig, § 2 Nr. 1 KStG i.V.m. §§ 1 Abs. 4, 49 Abs. 1 Nr. 6 und Nr. 2f und Nr. 8 EStG. Die besonderen Befreiungsregeln greifen hier nicht. Dies ist aus europarechtlicher Sicht sicherlich nicht unproblematisch, da hierin eine entsprechende nicht zu rechtfertigende Benachteiligung von REIT-Gesellschaften aus anderen EU-Staaten gesehen werden könnte. Es bleibt mithin abzuwarten, inwieweit sich die Rechtsprechung diesbezüglich entwickeln wird. 551

Die sog. Exit-Tax wurde bereits unter B.II.2. angesprochen. Ergänzend soll an dieser Stelle aber nicht unerwähnt bleiben, dass die Exit-Tax nicht nur im Falle der Veräußerung von Grundvermögen an REITs, sondern auch Anwendung bei Veräußerung an offene Immobilienfonds und sog. Vor-REITs[537] findet. Insofern ergibt sich aus dem REIT-Gesetz mittelbar eine Stärkung der offenen im Vergleich zu den geschlossenen Immobilienfonds. 552

III. Genussrechte

1. Unterscheidung

Wie bereits in Kapital B.III. dargestellt, begründen Genussrechte schuldrechtliche Ansprüche gegenüber dem Emittenten aus einer regelmäßig zeitlich befristeten Kapitalüberlassung. Da vor diesem Hintergrund die rechtliche Ausgestaltung der Emissionsbedingungen äußerst viele Varianten an- 553

---

535 *Van Kann*, DStR 2006, 2105, 2108.
536 Zur Verfassungsmäßigkeit der transparenten Besteuerung von REITs vgl. ausführlich *Spoerr/Hollands*, DStR 2007, 49 ff.
537 Vor-REITs sind REITs in der Vorstufe, die innerhalb eines Zeitkorridors von drei Jahren nach Eintragung des REIT-Status im Handelsregister die Börsenzulassung erreicht haben müssen.

nehmen kann, müssen für die Beantwortung der Frage nach der Versteuerung zunächst folgende Punkte geklärt werden:

554 Gewährt das Genussrecht dem Genussrechtsinhaber eine Beteiligung
- nur am Gewinn,
- nur am Liquidationserlös oder
- am Gewinn und am Liquidationserlös des Emittenten?

555 In Abhängigkeit davon ergibt sich eine unterschiedliche steuerliche Einordnung sowohl für den Emittenten als auch für den Genussrechtsinhaber. Dies gilt sowohl für die laufende Besteuerung der Erträge als auch für die Besteuerung eines etwaigen Veräußerungserlöses. Nachfolgend wird daher untersucht, wann die Tatbestandsmerkmale Beteiligung am Gewinn und Beteiligung am Liquidationserlös aus steuerlicher Sicht gegeben sind.

a) Beteiligung am Gewinn

556 Die Definition der Gewinnbeteiligung orientiert sich aus steuerlicher Sicht unter anderem an der Regelung des § 8 Abs. 3 Satz 2 KStG. Die Vorschrift regelt, dass (verdeckte) Gewinnausschüttungen sowie Ausschüttungen jeder Art auf Genussrechte, mit denen das Recht am Gewinn und am Liquidationserlös der Kapitalgesellschaft verbunden ist, das Einkommen des Emittenten nicht mindern dürfen. Ausgehend hiervon ist für das Vorliegen einer Gewinnbeteiligung das entscheidende Kriterium, dass der Genussrechtsinhaber am Unternehmensrisiko teilnimmt, indem sein Entgelt für die Kapitalüberlassung auf den maximal erzielten Ertrag des Unternehmens begrenzt wird. Eine Gewinnbeteiligung aus steuerlicher Sicht ist mithin dann gegeben, wenn der zu zahlende Zins sich an der variablen Größe Gewinn orientiert. Dies kann beispielsweise eine Verzinsung nach einem Staffeltarif in Abhängigkeit vom Unternehmensergebnis sein. Bei einem Jahresfehlbetrag würde der Terminus der Gewinnbeteiligung wohl auch dann noch greifen, wenn der zu zahlende Zins trotz Verlust nicht auf Null herabsinkt, soweit es sich in diesem Fall um eine Rendite handelt, die unterhalb des Marktzinses vergleichbarer Anleihen liegt. Gleiches gilt wohl auch dann, wenn zwar einerseits ein Festzins gewährt wird, dieser aber andererseits unter der Bedingung steht, dass das Unternehmen einen Mindestgewinn erwirtschaftet.

557 Eine Gewinnbeteiligung aus steuerlicher Sicht liegt hingegen im Umkehrschluss dann nicht mehr vor, wenn eine Vergütung gewährt wird, die unab-

hängig vom Unternehmensergebnis zu zahlen ist. In diesem Fall kann nicht mehr von einem Genussrecht im engeren Sinne, sondern muss vielmehr von einer klassischen Schuldverschreibung respektive Anleihe ausgegangen werden.

Abgrenzungsschwierigkeiten können sich dann ergeben, wenn variable und feste Zinsfaktoren miteinander verknüpft werden.[538] Um die Attraktivität von Genussrechten zu erhöhen, finden sich in der Praxis vielfach Ausgestaltungen der Art, dass eine garantierte Mindestverzinsung mit einer ertragsabhängigen Zinskomponente verbunden wird. Eine eindeutige Zuordnung zum Bereich der Genussrechte mit Gewinnbeteiligungscharakter ist hier mitunter nicht leicht vorzunehmen. Die herrschende Rechtsprechung stellt in diesen Fällen darauf ab, ob den Zahlungen auf Ebene des Emittenten mehr der Charakter einer Dividendenausschüttung oder eher der von Schuldzinsen zukommt. Im ersteren Fall wird die Gewinnbeteiligung bejaht, im letzteren verneint und dem Genussrecht ein anleiheähnlicher Charakter zugesprochen. Abzustellen ist mithin auf die Frage, welcher wirtschaftlichen Bedeutung der ertragsunabhängigen Mindestverzinsung im Gesamtkontext der Emissionsbedingungen beizumessen ist. Eine hohe Mindestverzinsung lässt den Schluss einer anleihenähnlichen Ausgestaltung zu, so dass von keiner Gewinnbeteiligung aus steuerlicher Sicht auszugehen ist. Eine feste Verzinsung, die weit unterhalb von vergleichbaren Anleihen liegt, spricht im Zweifel eher für die Erfüllung des Tatbestandsmerkmals der Gewinnbeteiligung.

558

b) Beteiligung am Liquidationserlös

Nach herrschender Auffassung ist für die Frage, ob eine Beteiligung am Liquidationserlös vorliegt oder nicht, ein Vergleich mit Aktien durchzuführen. Dies bedeutet konkret, dass eine Beteiligung am Liquidationserlös nur dann gegeben ist, wenn der Genussrechtsinhaber die Rückzahlung des zur Verfügung gestellten Kapitals erst im Zeitpunkt der Liquidation des Emittenten verlangen kann. Hiervon ist auszugehen, wenn die Emissionsbedingungen weder ein Kündigungsrecht noch eine zeitliche Befristung der Kapitalüberlassung vorsehen.

559

Im Gegenzug ist allerdings selbst bei einer sehr langen Laufzeit (bis zu 30 Jahren) nach derzeitiger Verwaltungsauffassung noch keine Beteiligung am

560

---

538 Vgl. dazu i.e. z.B. *Baetge/Brüggemann*, DB 2005, 2145 ff; *Stegemann*, GStB 2004, 208 ff.

Liquidationserlös gegeben, da auch vergleichbare Anleihen zum Teil mit derart langen Laufzeiten ausgestattet werden.

561 In Abhängigkeit der Beantwortung der vorgenannten Fragen ergeben sich sowohl auf Seiten des Emittenten als auch auf Seiten des Genussrechtsinhabers unterschiedliche steuerliche Folgen auf die im Folgenden näher eingegangen wird.

2. Besteuerung der laufenden Einkünfte

a) Steuerliche Behandlung auf Ebene des Emittenten

562 Sofern nur eine Beteiligung am Gewinn oder nur eine Beteiligung am Liquidationserlös vorgesehen ist, stellen die Zahlungen (Zinsen) des Emittenten für die Kapitalüberlassung an den Anleger Betriebsausgaben dar. Eine Gewinnausschüttung i.S.d. § 8 Abs. 3 Satz 2 KStG liegt in diesem Fall nicht vor, da hierfür die Tatbestandsmerkmale Gewinn- und Liquidationsbeteiligung kumulativ erfüllt sein müssen. Aus körperschaftsteuerlicher Sicht tritt somit eine Reduzierung der Bemessungsgrundlage ein. Gewerbesteuerlich sind derartige Betriebsausgaben regelmäßig als Dauerschuldzinsen zu qualifizieren, so dass es zu einer hälftigen Hinzurechnung der Zinsen zur gewerbesteuerlichen Bemessungsgrundlage kommt.

563 Anders beurteilt sich die Lage, wenn das Genussrecht sowohl eine Gewinnbeteiligung als auch eine Beteiligung am Liquidationserlös vorsieht. In diesem Fall sind die Voraussetzungen des § 8 Abs. 3 Satz 2 KStG erfüllt, d.h. es liegt eine Gewinnausschüttung vor, die das zu versteuernde Einkommen des Emittenten nicht mindern darf. Ein Betriebsausgabenabzug und damit eine Verringerung der steuerlichen Bemessungsgrundlage sind nicht zulässig.

b) Steuerliche Behandlung auf Ebene des Genussrechtsinhabers

564 Sind die Zahlungen auf Basis des Genussrechtes bei der emittierenden Gesellschaft als Betriebsausgaben zu qualifizieren, gelten die hieraus beim Genussrechtsinhaber erzielten Erträge vollumfänglich als Einkommen aus Kapitalvermögen i.S.d. § 20 Abs. 1 Nr. 7 EStG. Die Regelungen des Halbeinkünfteverfahrens finden in diesem Fall keine Anwendung.

565 Werden hingegen Erträge aus einem Genussrecht erzielt, welches eine Beteiligung am Gewinn und Liquidationserlös zugesteht, so handelt es sich um

Einnahmen aus Kapitalvermögen i.S.d. § 20 Abs. 1 Nr. 1 EStG. Diese Einnahmen sind auf Ebene des Genussrechtsinhabers nach § 3 Nr. 40d EStG nur hälftig (Halbeinkünfteverfahren) zu versteuern.

3. Besteuerung bei Veräußerung oder Einlösung

Wird ein Genussrecht, welches eine Beteiligung an Gewinn und Verlust nicht jedoch am Liquidationserlös vorsieht, während seiner Laufzeit **veräußert**, so entsteht die steuerlich günstige Besonderheit, dass zwar wirtschaftlich, nicht aber steuerlich, eine Stückzinsberechnung erfolgt. Bei einer Veräußerung eines Genussrechtes werden die Stückzinsen nicht gesondert in Rechnung gestellt (flat-Handel). Die rechnerische Bestimmung der Stückzinsen nach § 20 Abs. 2 Satz 1 Nr. 4c i.V.m. Satz 5 EStG scheidet aufgrund ausdrücklicher gesetzlicher Anordnung bei der Veräußerung eines derartigen (anleihenähnlichen) Genussrechtes aus. Dabei spielt es keine Rolle, ob das Genussrecht eventuell eine Mindestverzinsung unabhängig von der Gewinnsituation des Emittenten vorsieht oder nicht. Dadurch eröffnet sich für den Genussrechtsinhaber eine interessante Gestaltungsvariante: Genussrechte können kurze Zeit nach einer Zinszahlung erworben und unmittelbar vor dem nächsten Zinstermin veräußert werden. Sofern der Zeitraum zwischen diesen beiden Terminen länger als die Spekulationsfrist von einem Jahr ist (§ 23 Abs. 1 Satz 1 Nr. 2 EStG), kann der Veräußerungsgewinn in Gestalt der angesammelten Zinsansprüche faktisch steuerfrei vereinnahmt werden. Ein erneuter umgehender Erwerb des gleichen Genussrechtes nach der Veräußerung könnte allerdings seitens der Finanzverwaltung als Gestaltungsmissbrauch (§ 42 AO) gewertet werden. Insofern sollten derartige Gestaltungen sorgsam abgewogen werden. Veräußerungen innerhalb eines Jahres unterliegen hingegen der Steuerpflicht nach §§ 22 Nr. 2, 23 EStG unter Berücksichtigung des Halbeinkünfteverfahrens, § 3 Nr. 40j EStG.

566

Im Fall der **Einlösung** von Genussrechten mit Gewinn- und Verlustbeteiligung aber ohne Beteiligung am Liquidationserlös ist nicht eindeutig geregelt, ob neben den laufenden Zinseinnahmen auch die Wertveränderung des Genussscheins im Zeitpunkt der Einlösung als Einnahmen aus Kapitalvermögen i.S.v. § 20 Abs. 1 Nr. 7 EStG anzusehen sind. § 20 Abs. 1 Nr. 7 EStG geht von einer Steuerpflicht nur dann aus, wenn entweder die Kapitalrückzahlung oder die Erträge sicher sind. Bei den hier diskutierten Genussrechten besteht jedoch Unsicherheit sowohl hinsichtlich der Höhe der Erträge als auch hinsichtlich der Kapitalrückzahlung, so dass die Frage nach der

567

Anwendung von § 20 Abs. 1 Nr. 7 EStG nicht mit Sicherheit beantwortet werden kann. Tendenziell spricht mehr gegen als für die Anwendung von § 20 Abs. 1 Nr. 7 EStG.[539] Sehen Genussrechte hingegen eine feste Rückzahlung vor und werden die Genussrechte unterhalb des Rückzahlungsbetrages emittiert, so dürfte die Anwendung von § 20 Abs. 1 Nr. 7 auf den Differenzbetrag zwischen Anschaffung und Einlösung außer Frage stehen, zumindest dann, wenn er außerhalb der Disagiostaffel liegt.[540]

568 Ist Gegenstand der Veräußerung dagegen ein aktienähnliches Genussrecht, das eine Beteiligung am Gewinn und Liquidationserlös gewährt, stellt sich die Frage, ob § 17 EStG Anwendung findet, der eine Besteuerung von Gewinnen aus der Veräußerung von Anteilen an Kapitalgesellschaften regelt. Mit Urteil vom 14.6.2005[541] hat der BFH entschieden, dass bei solchen aktienähnlich ausgestalteten Genussrechten eine Anwendung von § 17 EStG in Betracht kommt. Denn nur bei diesen Genussrechten kann eine Beteiligung am Kapital der Gesellschaft i.S.v. § 17 EStG bejaht werden. Ist das Genussrecht dadurch mit Eigenkapitalcharakter ausgestattet, bestimmt sich die wesentliche Beteiligungsgrenze von mindestens 1 % unter Heranziehung des um das Genussrechtskapital erhöhte Eigenkapital.[542] Dies hat für den Anleger die nachteilige Folge, dass bei Überschreiten der Wesentlichkeitsgrenze ein Veräußerungsgewinn – anders als bei Anwendung des § 23 Abs. 1 Satz 1 Nr. 2 EStG – unbefristet zu versteuern ist.

---

539 S.o. zu B.I.1. und C.I.1.
540 C.I.4.c).
541 VIII R 73/03, DStR 2005, 1847 ff.
542 BFH Urt. v. 14.6.2005, VIII R 73/03, DStR 2005, 1847, 1848.

D. Kapitalertragsteuer und Zinsabschlag

Das Themengebiet der Kapitalertragsteuer ist umfangreicher, als die wenigen, wenn auch unübersichtlichen diesbezüglichen Paragrafen auf den ersten Blick vermuten lassen. Mit den Regelungen zur Kapitalertragsteuer ist dem Gesetzgeber sozusagen ein Meisterstück an Komplexität gelungen. Zu Recht werden diese Regelungen durchgängig von der Fachwelt als viel zu kompliziert kritisiert. Im Folgenden werden daher zunächst die Grundzüge behandelt, um darauf aufbauend auf die jeweiligen Sonderfälle einzugehen. 569

I. Grundlagen

Ähnlich wie die Lohnsteuer ist die Kapitalertragsteuer respektive der Zinsabschlag nur eine Erhebungsform der Einkommensteuer, deren rechtliche Grundlage sich in den §§ 43–45e EStG wieder findet. Die Kapitalertragsteuer respektive der Zinsabschlag werden grundsätzlich auf die im Rahmen der jährlichen Einkommensteuerfestsetzung ermittelte Steuerschuld angerechnet (§ 36 Abs. 2 Satz 2 Nr. 2 EStG). Voraussetzung hierfür ist jedoch die Vorlage einer entsprechenden Bescheinigung, die die in § 45a Abs. 2 EStG genannten Angaben enthalten muss. Eine Abgeltungswirkung entfaltet die Kapitalertragsteuer – mit wenigen Ausnahmen – derzeit noch nicht. Allerdings sind derartige Bestrebungen als Maßnahme der Steuervereinfachung angedacht und befinden sich schon in der Vorbereitung. Einzelheiten zu dem Themenbereich „Abgeltungssteuer" sind dem nachfolgenden Kapital G. zu entnehmen. 570

1. Kapitalertragsteuerpflichtige Erträge

§ 43 EStG enthält in Absatz 1 Satz 1 und 2 eine enumerative Aufzählung aller Erträge, die dem Kapitalertragsteuerabzug zu unterwerfen sind. Diese Aufzählung ist allerdings nicht identisch mit der Aufzählung der steuerpflichtigen Einnahmen nach § 20 EStG. Im Einzelnen unterliegen folgende Einnahmen dem Kapitalertragsteuerabzug: 571

- Gewinnausschüttungen, Bezüge aus der Auflösung einer unbeschränkt steuerpflichtigen Körperschaft sowie die Veräußerung von Dividendenscheinen,

- Zinsen aus Wandelanleihen und Gewinnobligationen, Zinsen aus Genussrechten, die nicht § 20 Abs. 1 Nr. 1 EStG zuzuordnen sind,
- Erträge aus stillen Beteiligungen und partiarischen Darlehen,
- Kapitalerträge aus Lebensversicherungen,
- Erträge aus sonstigen Kapitalforderungen,
- Stückzinsen,
- Veräußerung und Einlösung von Zinsscheinen,
- Veräußerung und Einlösung von Finanzinnovationen,
- Leistungen von Körperschaften, Personenvereinigungen und Vermögensmassen i.S.d. § 1 Abs. 1 Nr. 3–5 KStG,
- Leistungen von Betrieben gewerblicher Art i.S.d. § 4 KStG,
- Gewinn, der nicht den Rücklagen zugeführt wurde und verdeckte Gewinnausschüttungen von Betrieben gewerblicher Art und wirtschaftlichen Geschäftsbetrieben.

572 Die Höhe des Kapitalertragsteuerabzugs ist bei den einzelnen Kapitaleinkünften unterschiedlich ausgestaltet und ergibt sich aus § 43a EStG. In Abhängigkeit von der Art des Kapitalertrags bewegt sich der Kapitalertragsteuerabzug in einem Korridor zwischen 10% und 35% des Kapitalertrags, wenn der Gläubiger, sprich der Empfänger der Kapitalerträge, die Steuer trägt bzw. zwischen 25% und 53,84%, wenn der Schuldner der Kapitalerträge die Steuer übernimmt.

2. Entstehung, Anmeldung und Abführung

573 Für die Beantwortung der Frage, wann die Kapitalertragsteuer entsteht, ist auf § 44 Abs. 1 Satz 2 EStG zu verweisen. Hiernach entsteht die Steuer in dem Zeitpunkt, in dem die Kapitalerträge dem Gläubiger zufließen. Der Schuldner der Kapitalerträge respektive die auszahlende Stelle müssen in diesem Zeitpunkt den Steuerabzug für Rechnung des Gläubigers der Kapitalerträge vornehmen und an die Finanzbehörden weiterleiten. Der Gläubiger der Kapitalerträge erhält insofern stets nur eine (Netto-) Auszahlung nach Abzug der Kapitalertragsteuer. Sofern Schuldner und Gläubiger aufgrund vorübergehender Zahlungsunfähigkeit des Schuldners eine Stundung der Zahlung vereinbaren, wirkt diese Stundung auch auf den Entstehungszeitpunkt bei der Kapitalertragsteuer, d.h. die Kapitalertragsteuer entsteht erst im Zeitpunkt der Beendigung der Stundung, § 44 Abs. 4 EStG.

I. Grundlagen

Auf Basis der vorhergehenden Ausführungen wird ersichtlich, dass der Kapitalertragsteuerabzug grundsätzlich erst im Zeitpunkt des Zuflusses von Kapitalerträgen vorzunehmen ist. Eine wichtige Ausnahme hiervon bildet die Regelung in § 44 Abs. 2 EStG. Diese Sondervorschrift betrifft Gewinnanteile (Dividenden) und andere Kapitalerträge, deren Ausschüttung von einer Körperschaft beschlossen werden. Dividenden respektive Gewinnanteile fließen hiernach dem Gläubiger der Kapitalerträge an dem Tag zu, der im Beschluss als Tag der Auszahlung bestimmt worden ist. Ist die Ausschüttung nur festgesetzt, ohne dass über den Zeitpunkt der Auszahlung ein Beschluss gefasst worden ist, so gilt als Zeitpunkt des Zufließens der Tag nach der Beschlussfassung, § 44 Abs. 2 Satz 2 EStG. Hiervon streng zu unterscheiden ist die Zuflussfiktion für ertragsteuerliche Zwecke nach § 11 Abs. 1 Satz 1 EStG. Gemäß H 20.2 EStH 2005 (Stichwort: Beherrschender Gesellschafter/Alleingesellschafter) nimmt die Finanzverwaltung auf Basis der höchstrichterlichen Rechtsprechung bereits eine Zuflussfiktion bei beherrschenden Gesellschaftern bzw. Alleingesellschaftern einer zahlungsfähigen Kapitalgesellschaft im Zeitpunkt der Beschlussfassung an, auch wenn der Gesellschafterbeschluss einen abweichenden Zahlungszeitpunkt vorsieht.[543] Diese Regelung gilt allerdings nur für ertragsteuerliche Zwecke, d.h. sie hat keinen Einfluss auf die Regelung nach § 44 Abs. 2 EStG, die als Spezialvorschrift vorrangig Anwendung findet.

574

Eine weitere Sonderregelung ist im Bereich der Kapitalerträge aus typischen stillen Beteiligungen zu berücksichtigen. Für den Kapitalertragsteuerabzug von Einnahmen aus einer stillen Beteiligung ist § 44 Abs. 3 EStG als maßgebende Regelung heranzuziehen. Hiernach gilt der Kapitalertrag am Tag nach Aufstellung der Bilanz oder einer sonstigen Feststellung des Gewinnanteils des stillen Gesellschafters, spätestens jedoch sechs Monate nach Ablauf des Wirtschaftsjahres für das der Kapitalertrag ausgeschüttet oder gutgeschrieben werden soll, als zugeflossen, sofern der Beteiligungsvertrag keine explizite Zuflussregelung vorsieht.

575

Die innerhalb eines Kalendermonats einbehaltene Kapitalertragsteuer ist vom Grundsatz her nach § 44 Abs. 1 Satz 5 EStG bis zum 10. des folgenden Monats beim Finanzamt anzumelden und abzuführen. Eine Ausnahme hiervon bilden die bereits oben erwähnten Kapitalerträge i.S.v. § 43 Abs. 1 Satz 1 Nr.1 EStG (Dividenden/Gewinnausschüttungen). Für Gewinnaus-

576

---

543 BFH v. 17.11.1998, BStBl 1999 II, S. 223.

schüttungen gilt die Anmeldung und Abführung der Kapitalertragsteuer bereits im Zeitpunkt des Zuflusses der Kapitalerträge an den Gläubiger.

577 Die Haftung für nicht ordnungsgemäß abgeführte Kapitalertragsteuer wird im Grundsatz dem Schuldner der Kapitalerträge bzw. der auszahlenden Stelle auferlegt, es sei denn, der Schuldner kann nachweisen, dass die auferlegten Pflichten weder vorsätzlich noch grob fahrlässig verletzt wurden, § 44 Abs. 5 Satz 1 EStG. Den Gläubiger der Kapitalerträge trifft eine Haftung nur dann, wenn der Kapitalertragsteuerabzug nicht ordnungsgemäß vorgenommen wurde, dies dem Gläubiger bekannt ist und er dem Finanzamt nicht umgehend eine entsprechende Mitteilung zukommen lässt oder das die Kapitalerträge auszahlende inländische Kreditinstitut bzw. Finanzdienstleistungsinstitut die Kapitalerträge zu Unrecht ohne Abzug der Kapitalertragsteuer ausgezahlt hat, § 44 Abs. 5 Satz 2 EStG.

3. Bemessungsgrundlage

578 Die Bemessungsgrundlage für den Kapitalertragsteuerabzug bestimmt sich nach den Regelungen des § 43a EStG. § 43a Abs. 1 EStG bestimmt die prozentuale Höhe in Abhängigkeit von der Art der Kapitalerträge. § 43a Abs. 2 EStG determiniert hingegen die Bemessungsgrundlage für den darauf anzuwendenden Prozentfaktor.

579 Die Steuersätze betragen in Abhängigkeit vom Träger der Steuerlast (Gläubiger bzw. Schuldner der Kapitalerträge) bei
- Dividenden und ähnlichen Gewinnanteilen i.S.d. § 43 Abs. 1 Nr. 1 EStG: 20 % des Bruttobezugs bzw. 25 % des tatsächlich ausgezahlten Betrages,
- Erträgen aus Genussrechten, Wandelanleihen, Gewinnobligationen und stillen Beteiligungen i.S.v. § 43 Abs. 1 Satz 1 Nr. 2 bis 4 EStG: 25 % des Bruttobezuges bzw. 33 1/3 % des tatsächlich ausgezahlten Betrages,
- Erträgen aus Zinsen und zinsähnlichen Zahlungen i.S.d. § 43 Abs. 1 Satz 1 Nr. 7 und 8 sowie Satz 2 EStG: 30 % des Bruttobezugs bzw. 42,85 % des tatsächlich ausgezahlten Betrages (Zinsabschlagsteuer). Beim Ankauf oder Einzug von Zinsscheinen erhöht sich der Betrag auf 35 % des Bruttobezugs bzw. auf 53,84 % des tatsächlich ausgezahlten Betrages.
- Leistungen von Körperschaften, Personenvereinigungen und Vermögensmassen i.S.d. § 1 Abs. 1 Nr. 3–5 KStG (§ 43 Abs. 1 Satz 1 Nr. 7a EStG): 20 % des Bruttobezugs bzw. 25 % des tatsächlich ausgezahlten Betrages,

I. Grundlagen

– Leistungen von Betrieben gewerblicher Art im Sinne des § 4 KStG (§ 43 Abs. 1 Satz 1 Nr. 7b EStG): 10% des Bruttobezugs bzw. 11 1/9% des tatsächlich ausgezahlten Betrags,

– Gewinn, der nicht den Rücklagen zugeführt wurde und verdeckte Gewinnausschüttungen von Betrieben gewerblicher Art und wirtschaftlichen Geschäftsbetrieben (§ 43 Abs. 1 Satz 1 Nr. 7c EStG): einheitlich 10% des Bruttobezugs.

Bemessungsgrundlage für den Kapitalertragsteuerabzug sind grundsätzlich die Kapitalerträge ohne jeden Abzug (§ 43 Abs. 2 Satz 1 EStG). Der Abzug von tatsächlich nachgewiesenen Werbungskosten oder der Werbungskostenpauschale ist nicht gestattet. Es gilt somit grundsätzlich das Bruttoprinzip. Allerdings keine Regel ohne Ausnahme. Eine besonders wichtige Ausnahme ergibt sich gerade im Bereich der Finanzinnovationen: 580

a) Ersatzbemessungsgrundlage

Bemessungsgrundlage für den Kapitalertragsteuerabzug respektive des Zinsabschlags bei Finanzinnovationen ist entweder die sog. Marktrendite oder die Ersatzbemessungsgrundlage (§ 43a Abs. 2 Sätze 2–5 EStG). Die Marktrendite findet dann Anwendung, wenn das dem Kapitalertrag zu Grunde liegende Wertpapier beim gleichen Kreditinstitut erworben, veräußert und seitdem ununterbrochen verwahrt wurde. In diesen Fällen liegt dem jeweiligen Kreditinstitut die lückenlose Information über die Anschaffungskosten respektive den Veräußerungspreis vor. Die Marktrendite, bestimmt als Differenz zwischen Anschaffungskosten und Veräußerungskosten, ergibt in diesem Fall die Bemessungsgrundlage für den Kapitalertragsteuerabzug. Anders verhält es sich, wenn beispielsweise ein Depotwechsel stattgefunden hat. Die Anwendung der Marktrendite als Bemessungsgrundlage scheidet in diesem Fall aus, da die veräußernde Bank vom Grundsatz her keine Kenntnis von den Anschaffungskosten hat. Vielmehr kommt die sog. Ersatzbemessungsgrundlage zur Anwendung. Hierbei handelt es sich lediglich um den pauschalen Ansatz von 30% des Veräußerungserlöses als Bemessungsgrundlage. Anders ausgedrückt: 9% des Verkaufspreises (30% Zinsabschlag von 30% des Verkaufserlöses) werden als Kapitalertragsteuerabzug seitens der Zahlstelle einbehalten. In diesem Fall wird deutlich, dass die Bemessungsgrundlage für den Kapitalertragsteuerabzug bzw. den Zinsabschlag und der im Rahmen der Einkommensteuererklärung anzusetzende Kapitalertrag voneinander abweichen. In den Steuerbe- 581 scheinigungen der Kreditinstitute wird hierauf i.d.R. hingewiesen. Nichts desto trotz gilt es, bei Erstellung der Steuererklärung sorgsam darauf zu achten, dass keine höheren Erträge deklariert werden als sich nach der Marktrendite bzw. der Emissionsrendite ergeben. Denn in der Praxis findet man häufig Fälle, in denen fälschlicherweise auf die Ersatzbemessungsgrundlage als Einnahmen aus Kapitalvermögen zurückgegriffen wird.

582 Auch wenn es sich bei der Kapitalertragsteuer letztlich nur um eine abgewandelte Form der Steuervorauszahlung handelt, führt gerade die Anwendung der Ersatzbemessungsgrundlage mitunter zu einem nicht unerheblich negativen Liquiditätseffekt. Nachfolgendes Beispiel verdeutlicht dies:

583 **Beispiel:**

Anleger A erwirbt einen Zero-Bond in 5/2004 zu einem Ausgabekurs von 10.000 EUR und veräußert diesen in 10/2006 zu einem Kurswert von 12.000 EUR.

Fall a): Anschaffung, Veräußerung und Verwahrung über die Laufzeit erfolgen bei demselben Kreditinstitut.

Fall b): Im Jahr 2005 findet ein Depotwechsel von der Bank A zur Bank B statt.

584 **Lösung:**

Fall a):

Es findet die Marktrendite in Höhe von 2.000 EUR (12.000 EUR ./. 10.000 EUR) als Bemessungsgrundlage Anwendung. Der Zinsabschlag beträgt 2.000 EUR × 30% = 700 EUR zzgl. 5,5% Solidaritätszuschlag i.H.v. 38,50 EUR.

Fall b):

Aufgrund des Depotwechsels scheidet die Anwendung der Markrendite aus. Obwohl nur eine Marktrendite i.H.v. 2.000 EUR besteht, muss die Bank B den Zinsabschlag berechnet auf 30% des Verkaufspreises i.H.v. 12.000 EUR einbehalten. Es ergibt sich mithin ein Zinsabschlag i.H.v. 12.000 EUR × 30% = 3.600 EUR (Bemessungsgrundlage) × 30% Zinsabschlag = 1.080 EUR zzgl. Solidaritätszuschlag i.H.v. 59,40 EUR. Bezogen auf den tatsächlich erzielten Überschuss von 2.000 EUR werden daher immerhin 54% zzgl. Solidaritätszuschlag seitens der Bank einbehalten und an das Finanzamt abgeführt.

I. Grundlagen

Wichtig zu wissen ist, dass für Finanzinnovationen i.S.d. § 20 Abs. 2 Satz 1 Nr. 4 EStG, die vor dem 1.1.1994 erworben wurden, ein Wahlrecht im Hinblick auf die Anwendung der Ersatzbemessungsgrundlage oder der Marktrendite als Bemessungsgrundlage besteht. Ursächlich hierfür ist, dass § 20 Abs. 2 Satz 1 Nr. 4 EStG erst 1994 eingeführt wurde und somit für Wertpapiere, die vor dieser Zeit erworben wurden, stets die Ersatzbemessungsgrundlage gegolten hätte. Da die Daten über den Anschaffungspreis dieser Wertpapiere in der Regel in den EDV-Beständen der Banken nicht vorhanden sein dürften, ist es zulässig, für den Ansatz der Marktrendite auf die Kaufunterlagen des Investors zurückzugreifen.

585

Anzumerken bleibt an dieser Stelle, dass die Finanzverwaltung davon ausgeht, dass die Ersatzbemessungsgrundlage auch den vom Anleger erteilten Freistellungsauftrag reduziert. Ob diese Behandlung zutreffend ist, kann angezweifelt werden, da es sich bei der pauschalen Bestimmung der Bemessungsgrundlage nur um eine fiktive Größe zur Ermittlung des Kapitalertragsteuerabzugs, nicht jedoch um Einkünfte aus Kapitalvermögen handelt.

586

Die vorgenannten Regelungen gelten allerdings nicht für die Bestimmung des Steuerabzugs bei Kapitalerträgen aus nicht für einen marktmäßigen Handel bestimmten schuldbuchfähigen Wertpapieren des Bundes oder der Länder sowie bei nicht verbrieften Forderungen i.S.d. § 44 Abs. 1 Satz 4 Nr. 2b EStG (vgl. § 43a Abs. 2 Satz 6 EStG). Hierunter fallen z.B. Bundesschatzbriefe nach Typ A und B. Hier ist stets der volle Kapitalertrag als Bemessungsgrundlage heranzuziehen. Die Anwendung der pauschalen Ersatzbemessungsgrundlage bzw. der Marktrendite scheidet damit aus.

587

b) Stückzinstopfregelung

Eine weitere Ausnahme von den allgemeinen Grundsätzen der Bestimmung der Bemessungsgrundlage für die Kapitalertragsteuer bildet die sog. Stückzinstopfregelung. Der Stückzinstopf ist die begriffliche Umschreibung der von den Kreditinstituten eingeführten besonderen Datei zur Erfassung vom Investor verausgabter Stückzinsen und Zwischengewinnen. Unter Stückzinsen sind dabei die Zinsen zu verstehen, die ein Investor beim Erwerb eines Wertpapiers für die im Zeitpunkt des Kaufes seit dem letzten Zinszahlungszeitpunkt bereits vergangenen Tage an Zinsen an den Veräußerer zu zahlen hat. Derartige Zahlungen stellen aus einkommensteuerlicher Sicht keine Werbungskosten, sondern negative Einnahmen dar. Zur Vermeidung einer Mehrfachbesteuerung der gleichen Erträge innerhalb eines Jahres wurde

588

über § 43a Abs. 3 EStG die Stückzinstopfregelung eingeführt, die aus dem eigentlichen Bruttoprinzip für folgende Arten von Kapitalerträgen ein Nettoprinzip macht:[544]

- Zinseinnahmen i.S.d. § 43 Abs. 1 Satz 1 Nr. 7a EStG (z.b. Schuldbuchforderungen, in- und ausländische Teilschuldverschreibungen etc., soweit der Kapitalertragsteuerabzug hierauf 30% beträgt),
- vereinnahmte Stückzinsen aus der Veräußerung von Zinsscheinen und Zinsforderungen i.S.v. § 43 Abs. 1 Satz 1 Nr. 8 EStG (z.b. Schuldverschreibungen),
- besitzzeitanteilige Erträge i.S.d. § 20 Abs. 2 Satz 1 Nr. 4 i.V.m. § 43 Abs. 1 Satz 1 Nr. 8 EStG (z.b. Zero-Bonds, Index-Anleihen oder Anleihen die „flat", d.h. ohne Stückzinsausweis gehandelt werden),
- besondere Entgelte oder Vorteile i.S.v. § 20 Abs. 2 Satz 1 Nr. 1 EStG, die neben oder anstelle von Zinsen zufließen (§ 43 Abs. 1 Satz 2 EStG),
- Zwischengewinne aus Investmentfonds, jedoch begrenzt auf den Teil, der dem Kapitalertragsteuerabzug von 30%, d.h. dem Zinsabschlag unterliegt (§ 7 InvStG).

589 Darüber hinausgehende Kapitalerträge, wie beispielsweise Dividenden, Zinserträge aus Spargutheben, Termingelder oder auch inländische Genussrechtserträge werden von der Stückzinstopfregelung nicht erfasst. Die Stückzinstopfregelung ermöglicht bei Erträgen der vorgenannten Gliederungspunkte eine Verrechnung der vereinnahmten mit den verausgabten Stückzinsen. Es kommt somit zu dem Effekt, dass vom Grundsatz letztlich nur der Nettozufluss an Zinsen der oben genannten Art dem Zinsabschlag unterworfen wird. Folgendes Beispiel verdeutlicht den Regelungsbereich unter der Prämisse, dass ein etwaiges Freistellungsvolumen bereits anderweitig verbraucht wurde:

590 **Beispiel:**

Im Depot des Anlegers A befinden sich Schuldverschreibungen und Zero-Bonds. Im Jahr 2006 sind folgende Kontenbewegungen zu verzeichnen:

2. 3.2006	verausgabte Stückzinsen für den Erwerb einer Schuldverschreibung i.H.v. 400 EUR
13.3.2006	Vereinnahmung von Zinsen i.H.v. 600 EUR

---

[544] *Harenberg/Irmer*, a.a.O., Rn. 351.

I. Grundlagen

7.5.2006 verausgabte Stückzinsen i.H.v. 1.500 EUR
11.6.2006 Vereinnahmung von Zinsen i.H.v. 1.300 EUR

Lösung:

Die am 2.3.2006 verausgabten Stückzinsen i.H.v. 400 EUR werden bankintern in der Stückzinsdatei des Investors erfasst. Aufgrund des Guthabens im Stückzinstopf kommt es am 13.3.2006 zu einer Verrechnung der Stückzinsen mit den Zinserträgen über 600 EUR. Die Bemessungsgrundlage für den Zinsabschlag beträgt vorliegend also nur 200 EUR (600 EUR ./. 400 EUR) statt 600 EUR, so dass letztlich 536,70 EUR zur Auszahlung gelangen (200 EUR × 30% zzgl. 5,5% Solidaritätszuschlag ergibt insgesamt 63,30 EUR Einbehalt). Ohne Stückzinstopfregelung würden dagegen bei einem Einbehalt von 189,90 EUR (600 EUR × 30% zzgl. 5,5% Solidaritätszuschlag) lediglich 410,10 EUR ausgezahlt. Die im Mai verausgabten Stückzinsen i.H.v. 1.500 EUR werden dem Topf wieder gutgeschrieben, so dass es letztlich zu keinem Einbehalt im Hinblick auf die vereinnahmten Zinsen am 11.6.2006 über 1.300 EUR kommt.

Sofern darüber hinaus auch noch ein Freistellungsvolumen aus einem Freistellungsauftrag vorliegt, wird zunächst eine Verrechnung mit dem Stückzinstopf vorgenommen und dann geprüft, ob eventuell noch ein Teil des Freistellungsvolumens zur Nutzung bereit steht. **Wichtig:** Die Stückzinsregelung ist so ausgestaltet, dass es nicht zu einer Änderung von Einbehalten kommt, wenn im späteren Verlauf wieder Stückzinsen verausgabt werden. Anders ausgedrückt: Der Zugang der Stückzinsen am 7.5.2006 im Beispielsfall führt nicht zu einer Änderung des Einbehalts der Kapitalertragsteuer vom 13.3.2006, obwohl rein rechnerisch in der Gesamtbetrachtung nach Verrechnung mit den Zinseinnahmen vom 11.6.2006 noch ein Überhang von 200 EUR zu verzeichnen ist. Insofern erfolgt eine rein chronologische Berücksichtigung von vereinnahmten und gezahlten Stückzinsen. Soweit es am Ende eines Kalenderjahres – wie im vorliegenden Beispielsfall – zu einem Stückzinsüberhang bzw. zu einem Guthaben kommt, kann dieses Guthaben nicht ins Folgejahr übertragen werden. Vielmehr wird zum 1.1. eines Jahres der Stückzinstopf wieder auf Null gestellt. Eine Auswirkung auf die einkommensteuerlich zu erfassenden Werte hat diese Löschung des Überhangs allerdings nicht, da es sich hierbei ausschließlich um einen Modus zur Ermittlung der Bemessungsgrundlage der Zinsabschlagsteuer handelt und der Ansatz des Stückzinsüberhangs als negative Einnahme im Zuge der Einkommensteuererklärung nicht ausschließt.

593 Wie sich bereits aus dem Beispiel entnehmen lässt, ist zwingende Voraussetzung für die Anwendung der Stückzinstopfregelung, dass die Wertpapiere in einem Depot verwahrt werden. Da das Gesetz nicht vorschreibt, dass das Depot zum Privatvermögen eines Gläubigers gehören muss, kann die Stückzinstopfregelung auch dann angewandt werden, wenn die Wertpapiere bzw. Kapitalforderungen dem Betriebsvermögen zuzurechnen sind.

594 Soweit von den Kreditinstituten bei der Berechung des Stückzinstopfs ausländische Zinserträge bzw. Zinserträge in ausländischer Währung zu berücksichtigen sind, erfolgt die Ermittlung gemäß Verwaltungsanweisung[545] auf Basis des jeweiligen Devisengeldkurses. Der Vollständigkeit halber ist an dieser Stelle noch darauf hinzuweisen, dass im Falle der Anwendung der Marktrendite als Bemessungsgrundlage bei Finanzinnovationen (z.B. bei einem Zero-Bond), die in ausländischer Währung valutieren, zunächst eine Bestimmung des Unterschiedsbetrages (Differenz zwischen Anschaffungs- und Veräußerungspreis) in der ausländischen Währung zu erfolgen hat und erst anschließend eine Umrechnung in Euro erfolgt. Somit wird gewährleistet, dass Wechselkursschwankungen zwischen Erwerb und Veräußerung bei der Berechnung keine Rolle spielen, § 43a Abs. 2 Satz 7 EStG.[546]

c) Vorschusszinsen

595 Als letzte Ausnahme vom Bruttoprinzip zur Bestimmung der Bemessungsgrundlage für den Kapitalertragsteuerabzug bleibt noch die Berücksichtigung von Vorschusszinsen bei vorzeitiger Rückzahlung von Spareinlagen zu erwähnen. Soweit Kreditinstitute Vorschusszinsen für die vorzeitige Rückzahlung von Spareinlagen verlangen, können diese mit den korrespondierenden Zinsguthaben saldiert werden. Nur der saldierte Betrag unterliegt dann dem Zinsabschlag.[547]

---

545 BMF v. 5.11.2002, BStBl 2002 I, 1346 Tz. 10 f.
546 S.a. oben C.I.2.c)bb)(1) sowie *Delp*, INF 2002, 170, 172 mit zwei ausführlichen Rechenbeispielen.
547 BMF vom 26.10.1992 BStBl 1992 I, 693.

4. Abstandnahme vom Kapitalertragsteuerabzug / Erstattungsverfahren

Nach § 44a EStG ist eine Abstandnahme vom Kapitalertragsteuerabzug bei Kapitalerträgen i.S.d. § 43 Abs. 1 Nr. 3, 4, 7 und 8 sowie Satz 2 EStG möglich, wenn entweder

– ein Freistellungsauftrag (§ 44a Abs. 2 Satz 1 Nr. 1 EStG) oder
– eine Nichtveranlagungsbescheinigung (kurz NV-Bescheinigung, § 44a Abs. 2 Satz 1 Nr. 2 EStG)

vorliegen. Die Vorlage der entsprechenden Nachweise ist zwingend. Nur das theoretische Erfüllen der Voraussetzungen reicht nicht dafür aus, dass der Schuldner bzw. die Zahlstelle auf den Einbehalt von Kapitalertragsteuern verzichtet.

596

597

a) Freistellungsauftrag

Der Freistellungsauftrag enthält inhaltlich de facto zwei Anträge respektive Aufträge. Zum einen hat das Kreditinstitut bei Vorlage eines Freistellungsauftrages vom Kapitalertragsteuerabzug abzusehen, sofern der Freibetrag noch nicht ausgeschöpft ist. Zum anderen beauftragt der Kunde mit dem Freistellungsauftrag das Kreditinstitut, einen Sammelantrag beim Bundeszentralamt für Steuern für die Erstattung bereits durch den ausschüttenden Schuldner einbehaltener Kapitalertragsteuer zu stellen (§ 44b EStG), sofern das Freistellungsvolumen noch ausreichend ist. Die Erstattung nach § 44b EStG betrifft Gewinnausschüttungen (Dividenden), Zinsen aus Wandelanleihen, Gewinnobligationen und Genussrechte. Wichtig zu wissen ist, dass der Freistellungsauftrag nur Anwendung auf Privatpersonen findet. Die Erträge müssen daher zwingend den Einkünften aus Kapitalvermögen eines unbeschränkt Steuerpflichtigen zuzuordnen sein. Soweit die Erträge anderen Einkunftsarten zuzuordnen sind, wie z.B. den Einkünften aus Gewerbebetrieb bei betrieblich gebundenen Kapitalerträgen, scheidet die Anwendung des Freistellungsauftrages aus.

598

Das Freistellungsvolumen (sog. Sparer-Freibetrag, § 20 Abs. 4 EStG) wurde in den vergangenen Jahren immer stärker beschnitten. Während in den Jahren 2002 und 2003 noch ein Freistellungsvolumen in Höhe von 1.550 EUR (Einzelveranlagung) bzw. 3.100 EUR (Zusammenveranlagung) bestand, schmolz der Betrag im Jahr 2004 auf 1.370 EUR bzw. für zusammen veranlagte Ehegatten 2.740 EUR. Mit Wirkung zum 1.1.2007 wurde der

599

Freibetrag nochmals abgeschmolzen und beträgt aktuell 750 EUR im Falle der Einzel- und 1.500 EUR bei Zusammenveranlagung. Zusätzlich findet der Werbungskosten-Pauschbetrag Anwendung, der unverändert bei EUR 51 bzw. EUR 102 bei Zusammenveranlagung liegt. Um diese geringen Beträge lässt sich das Freistellungsvolumen also entsprechend erhöhen. Aufgrund der derzeitigen „Höhe" verschwindet der Freibetrag fast schon im Bereich der Marginalitätsgrenze. Spätestens im Zuge der geplanten Einführung einer Abgeltungssteuer ab dem Jahr 2009 dürfte damit zu rechnen sein, dass der Freibetrag endgültig verschwindet, was jedoch gleichzeitig zu erheblichen verfassungsrechtlichen Bedenken führen würde.[548]

600 Freistellungsaufträge werden derzeit vom Bundeszentralamt für Steuern in Bonn überwacht. Die Schuldner der Kapitalerträge bzw. die Kreditinstitute sind nach § 45d EStG gesetzlich dazu verpflichtet, bestimmte Daten der Freistellungsaufträge dem Bundeszentralamt für Steuern mitzuteilen. Wird bei dieser zentralen Stelle festgestellt, dass Freistellungsaufträge in einem Volumen oberhalb des maximalen Freistellungsvolumens erteilt wurden, erfolgt automatisiert eine Mitteilung an das Wohnsitzfinanzamt des Steuerpflichtigen. Insofern ist darauf zu achten, dass Freistellungsaufträge nicht oberhalb der derzeit geltenden Grenzen gestellt werden. Nach einem Erlass des BMF im Zusammenhang mit der aktuellen Herabsetzung der Sparerfreibeträge ab dem 1.1.2007 sind die Kreditinstitute verpflichtet, wenn kein Änderungsantrag durch den Steuerpflichtigen selbst erfolgt, die vorhandenen Freistellungsaufträge automatisch entsprechend prozentual zu reduzieren. Ein unmittelbarer Handlungsbedarf für den Anleger ergibt sich daher insoweit nicht.

b) **Nichtveranlagungsbescheinigung**

601 Wie oben bereits erwähnt, kann statt eines Freistellungsauftrags auch eine NV-Bescheinigung vorgelegt werden, die zu keiner betragsmäßigen Begrenzung führt. Während der Freistellungsauftrag allerdings ohne Antragsverfahren durch den Anleger selbst erteilt wird, bedarf es für eine NV-Bescheinigung eines entsprechenden Antrags beim zuständigen Finanzamt. Dabei ist zu beachten, dass es unterschiedliche NV-Bescheinigungen, u.a. in Abhängigkeit vom Beantragenden, gibt.[549] So kann z.B. auch eine befristete

---

548 Siehe unten G.
549 Zu einer Abgrenzung der einzelnen Arten vgl. die Übersicht in der Kurzinformation der OFD Rheinland v. 2.11.2006, die diesem Buch als Anlage beigefügt ist.

Bescheinigung für Kinder eines unbeschränkt Steuerpflichtigen erteilt werden, wenn die steuerpflichtigen Einkünfte des im Inland lebenden Kindes den Grundfreibetrag (7.664 EUR) zzgl. des Sparerfreibetrages (750 EUR ab 2007), der Vorsorgepauschale (36 EUR) und die Werbungskostenpauschale (51 EUR) nicht überschreiten. Die Einkünfte des Kindes dürfen ab 2007 danach höchstens 8.501 EUR betragen.

c) Erstattungsverfahren

Neben dem vorstehend unter a) im Zusammenhang mit dem Freistellungsauftrag erwähnten Erstattungsverfahren nach § 44b EStG[550] soll an dieser Stelle auf einen in der Beratungspraxis häufig auftretenden Fall bei der Besteuerung beschränkt Steuerpflichtiger hingewiesen werden:

602

Beschränkt Steuerpflichtige unterliegen vom Grundsatz her nur mit den in § 49 EStG genannten Einkünften der beschränkten Steuerpflicht. Inwieweit Kapitalerträge hierbei zu berücksichtigen sind, ergibt sich aus § 49 Abs. 1 Nr. 5 EStG in Verbindung mit eventuell bestehenden (und vorrangig zu berücksichtigenden) Doppelbesteuerungsabkommen. Im Detail kann auf dieses weite Feld der Besteuerung von Kapitalvermögen bzw. dem Kapitalertragsteuerabzug bei beschränkt Steuerpflichtigen an dieser Stelle nicht eingegangen werden. Dennoch sollte nicht versäumt werden, das Augenmerk kurz auf § 49 Abs. 1 Nr. 5c EStG zu richten. § 49 Abs. 1 Nr. 5c EStG regelt unter anderem, dass Einkünfte nach § 20 Abs. 1 Nr. 7 EStG grundsätzlich der beschränkten Steuerpflicht unterliegen. Hierbei handelt es sich um klassische Zinseinkünfte aus Sparguthaben und ähnlichem. Diese unterfallen jedoch nur dann der deutschen Besteuerung, wenn das Kapitalvermögen durch inländischen Grundbesitz, durch inländische Rechte, die den Vorschriften des bürgerlichen Rechts über Grundstücke unterliegen, oder durch Schiffe, die in ein inländisches Schiffsregister eingetragen sind, unmittelbar oder mittelbar gesichert ist. Diese Fälle dürften tendenziell seltener anzutreffen sein, so dass vom Grundsatz her in den meisten Fällen davon ausgegangen werden kann, dass normale Zinseinkünfte eines beschränkt Steuerpflichtigen nicht der deutschen Besteuerung unterliegen. Nichts desto trotz kommt es dennoch häufig vor, dass insbesondere aufgrund von Unkenntnis der beschränkten Steuerpflicht seitens der kontoführenden Kreditinstitute unberechtigt Zinsabschlagsteuer einbehalten wird. In diesen Fällen

603

---

550 Vgl. auch die Übersicht bei *Loy*, DB 1989, 549, 551.

stellt sich die Frage, wie der Anleger diese zu Unrecht einbehaltenen Steuern erstattet bekommt.

604 Ein formelles Verfahren hat der Gesetzgeber hierfür nicht vorgesehen. Vielmehr muss der Anleger zunächst in Erfahrung bringen, an welches Betriebsstättenfinanzamt die zu Unrecht einbehaltene Steuer abgeführt wurde. Ist dies bekannt, kann ein formloser Antrag unter Bezugnahme auf § 37 Abs. 2 AO beim Betriebsstättenfinanzamt gestellt werden. Zu beachten sind hierbei allerdings die Fristen der Zahlungsverjährung. Die Verjährungsfrist beträgt 5 Jahre (*§ 228 Satz 2 AO*). Sie beginnt mit Ablauf des Kalenderjahres, in welchem der Anspruch erstmals fällig geworden ist (*§ 229 Abs. 1 Satz 1 AO*). Die Fälligkeit regelt *§ 220 AO*. Die 5-Jahresfrist endet stets mit Ablauf eines Kalenderjahres, auch in den Fällen der Unterbrechung der Verjährung.

605 Soweit es sich bei den Kapitalerträgen um solche handelt, die als Betriebseinnahmen zu erfassen sind, besteht die Möglichkeit der Abstandnahme vom Kapitalertragsteuerabzug nach den Regelungen des § 44a Abs. 5 EStG. Hiernach ist die Kapitalertragsteuer nicht einzubehalten, wenn die Kapitalertragsteuer bei dem Gläubiger der Kapitalerträge aufgrund der Art seiner Geschäfte auf Dauer höher wäre als die gesamte festzusetzende Einkommen- oder Körperschaftsteuer. Dies ist durch eine Bescheinigung des für den Gläubiger der Kapitalerträge zuständigen Finanzamts nachzuweisen. Hintergrund dieser Regelung ist die Vermeidung einer dauernden Übersteuerung bei Unternehmen, die große Wertpapierbestände besitzen, aufgrund der Art ihres Geschäftes aber wesentlich weniger oder gar keine Steuer zu zahlen haben. Denken kann man hierbei beispielsweise an Holdinggesellschaften, die aufgrund des § 8b KStG i.d.R. meist nur steuerfreie Beteiligungseinkünfte generieren.

II. Einzelfälle des Kapitalertragsteuerabzugs

1. Kapitalertragsteuer und geschlossene Fonds

606 Erträge aus geschlossenen Fonds unterliegen in den seltensten Fällen den Einkünften aus Kapitalvermögen. Besondere Ausnahmen bilden hierbei jedoch die Asset Linked Note Fonds, die originäre Einkünfte aus Kapitalvermögen generieren. Auch in den Fällen von Vermietung und Verpachtung können Kapitalerträge den Einkünften aus Kapitalvermögen zuzuordnen sein (z.B. Zinsen aus der Anlage der Instandhaltungsrücklage). In diesen Fällen gelten im Hinblick auf den Kapitalertragsteuerabzug vom Grundsatz keine anderweitigen Regelungen als beim Einzelinvestment. Ein nennenswerter Unterschied ergibt sich lediglich im Hinblick auf das Freistellungsvolumen. Voraussetzung für die Erteilung eines Freistellungsauftrags ist, dass der Gläubiger der Kapitalerträge und der Erteilende des Freistellungsauftrags identisch sind. Zusätzlich verlangt § 44a Abs. 6 EStG, dass die Kapitalanlagen unter dem Namen des Gläubigers verwahrt oder verwaltet werden. Beide Voraussetzungen sind im Fall des geschlossenen Fonds nicht erfüllt, so dass eine Abstandnahme vom Kapitalertragsteuerabzug durch Freistellungsauftrag regelmäßig nicht möglich ist.

Bei geschlossenen Fonds, deren Erträge nicht zu den Einkünften aus Kapitalvermögen zählen (z.B. Einkünfte aus Gewerbebetrieb) liegt die Einschätzung nahe, dass der Kapitalertragsteuerabzug keine Anwendung findet. Dem ist jedoch nicht so. Gemäß § 43 Abs. 4 EStG ist der Kapitalertragsteuerabzug auch dann vorzunehmen, wenn die Kapitalerträge beim Gläubiger zu den Einkünften aus Land- und Forstwirtschaft, aus Gewerbebetrieb, aus selbständiger Arbeit oder aus Vermietung und Verpachtung gehören. Insofern ist die Einkommensart aus Sicht der zur Einbehaltung verpflichteten Zahlstelle irrelevant. 607

Auf die Möglichkeiten der besonderen Abstandnahme vom Kapitalertragsteuerabzug im Falle betrieblicher Kapitalerträge nach § 44a Abs. 5 EStG wurde bereits unter Gliederungspunkt D.I.4.c) hingewiesen. 608

2. Kapitalertragsteuer und Investmentfonds

Die rechtliche Grundlage für den Kapitalertragsteuerabzug bei Investmentfonds findet sich in § 7 InvStG. Grundsätzlich unterliegen die Erträge aus Investmentfonds dem Zinsabschlag i.H.v. 30%. Durch den Verweis des Investmentsteuergesetzes auf das Einkommensteuergesetz sind dessen Regelungen grundsätzlich analog anzuwenden 609

Da für Investmentfonds das Transparenzprinzip gilt, werden Fondserträge aus inländischen Dividenden (Gewinnausschüttungen) dem 20%igen Kapitalertragsteuersatz unterworfen, § 7 Abs. 3 InvStG. 610

Soweit Erträge aus ausländischen Investmentfonds durch eine inländische Depotbank verwahrt werden, sind die Regelungen des § 7 InvStG gleichfalls anzuwenden, d.h. es erfolgt ein Kapitalertragsteuerabzug analog einer Di- 611 rektanlage außerhalb eines Investmentfonds. Ausländische Dividendenausschüttungen hingegen unterliegen nicht dem Kapitalertragsteuerabzug, § 7 Abs. 1 Nr. 1a i.V.m. § 7 Abs. 3 InvStG.

612 Eine Besonderheit bilden thesaurierte Erträge aus ausländischen Investmentfondsanteilen. Derartige Erträge gelten nach dem Investmentsteuergesetz hinsichtlich der Frage nach dem ertragsteuerlichen Besteuerungszeitpunkt der Einnahme mit Ablauf des Wirtschaftsjahres als zugeflossen. Insofern sind diese Erträge auch jährlich als Einnahmen im Rahmen der privaten Einkommensteuererklärung des Anlegers zu versteuern. Der Zinsabschlag, der jedoch einen tatsächlichen Zufluss der Einnahmen verlangt und eine bloße Thesaurierung nicht genügen lässt, ist insgesamt erst im Zeitpunkt der Veräußerung bzw. der Rückgabe der Anteile vorzunehmen. Nach § 7 Abs. 1 Satz 1 Nr. 3 InvStG sind in diesem Fall als Bemessungsgrundlage die ab 1994 thesaurierten Erträge nebst eventuellem Zwischengewinn im Veräußerungs-/Rückgabejahr zu berücksichtigen. Insofern weichen in diesen Fällen die Bemessungsgrundlage für den Zinsabschlag und die in diesem Jahr der Veräußerung erzielten steuerpflichtigen Einnahmen des Anlegers deutlich voneinander ab. Und zwar in der Form, dass der aufgrund der stark ausgeweiteten Bemessungsgrundlage einbehaltene Zinsabschlag um ein Vielfaches höher als die Einnahmen ist (z.B. Zinsabschlag von 1.200 EUR und steuerpflichtige Einnahmen im Jahr der Veräußerung lediglich 200 EUR). Da diese Regelung den Finanzbeamten auch nicht immer geläufig ist, kann die Behörde – wie bereits in der Praxis mehrfach geschehen – auf die Idee verfallen, den Zinsabschlag trotz einer ordnungsgemäßen Steuerbescheinigung nur anteilig zuzulassen. Dies sollte jedoch nicht akzeptiert werden, da dem hohen Zinsabschlag die vorstehend abweichende Bemessungsgrundlage zugrunde liegt und in der Zwischenzeit jeweils Erträge aus dem Fonds im Rahmen der Einkommensteuererklärung versteuert wurden, bei denen kein Einbehalt vorgenommen wurde und dementsprechend kein Anrechnungspotential bestand. Der hohe Zinsabschlag im Veräußerungsjahr holt diesen Einbehalt für alle vergangen Jahre bis einschließlich 1994 nach und ist deshalb auch in vollem Umfang in der Einkommensteuererklärung zu berücksichtigen. Darüber hinaus muss das Finanzamt, wenn es von einer vorgelegten ordnungsgemäßen Steuerbescheinigung abweichen will, die Unrichtigkeit der Bemessungsgrundlage nachweisen und damit beispielsweise belegen, dass in der Zwischenzeit bis zur Veräußerung keine Erträge aus dem Fonds durch den Anleger versteuert wurden. Was bei dem bis 1994 zurückreichenden Zeitraum nicht ohne weiteres möglich sein dürfte. Hinzu kommt zu-

gunsten des Anlegers, dass er als Privatmann nicht zur Aufbewahrung entsprechender Unterlagen aus dem Fonds verpflichtet ist und ihm eine weitergehende entsprechende Beweislast daher nach Vorlage einer ordnungsgemäßen Steuerbescheinigung nicht aufzubürden ist.

Eine Ausnahme von der vorstehenden Regelung greift nur dann ein, wenn die die Kapitalerträge auszahlende Stelle den Investmentanteil für den Gläubiger der Kapitalerträge erworben oder ihn veräußert und seitdem verwahrt hat. Als Bemessungsgrundlage für den Steuerabzug ist dann nur von den im Zeitraum der Verwahrung als zugeflossen geltenden, noch nicht dem Steuerabzug unterworfenen Erträgen auszugehen.

3. Kapitalertragsteuer und Finanzinnovationen

Besonderheiten im Bereich der Kapitalertragsteuer bei Finanzinnovationen ergeben sich im Wesentlichen nur im Hinblick auf die Ermittlung der Bemessungsgrundlage für die Bestimmung des Kapitalertragsteuerabzugs. Hier findet gemäß § 43a Abs. 2 Sätze 2–5 EStG die Marktrendite bzw. die Ersatzbemessungsgrundlage Anwendung.[551] Ergänzend wird an dieser Stelle auf die Verfügung der Oberfinanzdirektion Frankfurt vom 25.10.2005 hingewiesen, die ausführlich Stellung nimmt zur Bemessung des Zinsabschlags bei Kursdifferenzpapieren (Finanzinnovationen) i.S.d. § 20 Abs. 2 Satz 1 Nr. 4 EStG.

Als besonders erwähnenswert aus vorgenannter Verfügung ist die Tatsache, dass die Finanzverwaltung zum Vorteil des Anlegers – entgegen dem Wortlaut des Gesetzes – aus Billigkeitsgründen von der Anwendung der Ersatzbemessungsgrundlage absieht und die Marktrendite in bestimmten Fällen zulässt. Hierbei handelt es sich um solche Fälle, in denen eine Bank, die bisher nur Ansprechpartner des Kunden für dessen Wertpapiergeschäfte war und seine Aufträge an die Verwahrbank weiterleitete (Botenbank), das Wertpapierdepot von der Verwahrbank übernimmt, sofern die bisherige Botenbank (und jetzige Verwahrbank) lückenlos über sämtliche Kauf- und Verkaufsaufträge des Kunden verfügt und – anders als bei einem normalen Depotwechsel – vom Zeitpunkt des Erwerbs der Wertpapiere an über alle Bestandsveränderungen im Depot des Kunden informiert ist. Gleiches gilt im Fall einer Geschäftsstellenveräußerung von einem Kreditinstitut an ein anderes Kreditinstitut, wenn das die Geschäftsstelle erwerbende Kreditinsti-

---

[551] Vgl. dazu bereits D.I.3.a).

tut sämtliche Kauf- und Verkaufsaufträge des Kunden sowie Bestandsveränderungen im Depot des Kunden kennt und somit in der Lage ist, den Differenzbetrag gemäß § 43a Abs. 2 Satz 2 EStG zu berechnen.

616 Der Zinsabschlag beträgt bei Finanzinnovationen grundsätzlich 30% (vgl. § 43a Abs. 1 Nr. 3 EStG). Soweit keine Depotverwaltung, sondern eine Einlösung am Bankschalter erfolgt (Tafelgeschäft), ist nach Auffassung der Finanzverwaltung der erhöhte Zinsabschlag von 35% vorzunehmen.[552] Dies mag zu Recht verwundern, da derartige Wertpapiere keine Zinsscheine haben, die zu einer Anwendung von § 43a Abs. 1 Nr. 3 i.V.m. § 44 Abs. 1 Satz 4 Nr. 1a)bb) EStG führen könnten. Letztlich wird durch den erhöhten Abschlag aufgrund der im Zuge der späteren Veranlagung erfolgenden Steueranrechnung keine steuerliche Mehrbelastung bewirkt, jedoch ist unterjährig mit einem Liquiditäts- und Zinsnachteil zu kalkulieren.

4. Kapitalertragsteuer und Genussrechte/Wandelanleihen/ Umtauschanleihen

617 Kapitalerträge aus Genussrechten oder Wandelanleihen unterliegen im Grundsatz dem 25%igen Kapitalertragsteuerabzug (§ 43 Abs. 1 Satz 1 Nr. 2 EStG i.V.m. § 43a Abs. 1 Nr. 2 EStG), soweit es sich um anleiheähnliche inländische Genussrechte handelt. Aktienähnliche Genussrechte fallen hingegen in den Anwendungsbereich des § 43 Abs. 1 Satz 1 Nr. 1 EStG und unterliegen nach § 43a Abs. 1 Nr. 1 EStG einem Kapitalertragsteuerabzug von 20%. Zu beachten ist, dass es sich bei den vorgenannten Erträgen stets nur um inländische Bezüge handelt. Erträge aus ausländischen Wandelanleihen und Genussrechten sind nach § 43 Abs. 1 Satz 1 Nr. 7 EStG zu beurteilen und unterliegen damit dem Zinsabschlag i.H.v. 30%.

618 Umstritten ist dagegen, ob § 43 Abs. 1 Satz 1 Nr. 2 EStG auch auf Umtauschanleihen Anwendung findet. Da die Norm nach ihrem Wortlaut lediglich voraussetzt, dass der Anleger ein Recht auf einen Umtausch in Gesellschaftsanteile hat, kommt es auf den eigentlichen Zeitpunkt dieses Umtausches nicht an. Es spricht folglich bereits der Gesetzeswortlaut für eine Anwendung der Norm und damit für einen Kapitalertragsteuereinbehalt.[553]

---

552 BMF v. 26. Oktober 1992, BStBl 1992 I, 693.
553 Ebenso *Dreyer/Herrmann*, BB 2001, 705, 706.

5. Kapitalertragsteuerabzug und REITs

Die ausgeschütteten Dividenden von REITs sollen – abweichend von der Regelbesteuerung von Dividenden – dem Kapitalertragsteuerabzug nach § 20 Abs. 2 REITG-E in Höhe von 25 % unterliegen. Dies soll für die vollen Kapitalerträge ohne jeden Abzug gelten. Dieser Abzug hat bei den beschränkt Steuerpflichtigen und den unbeschränkt steuerpflichtigen, aber steuerbefreiten Körperschaften grundsätzlich abgeltende Wirkung, § 50 Abs. 5 Satz 1 EStG und § 32 Abs. 1 KStG.

619

Soweit es sich bei dem Anteilseigner um einen beschränkt Steuerpflichtigen i.S.v. § 1 Abs. 4 EStG bzw. § 2 Nr. 1 KStG handelt, sind die in vielen Fällen anwendbaren Doppelbesteuerungsabkommen (DBA) zu beachten. Die DBA gehen von einer Besteuerung der Dividenden sowohl im Quellen- als auch im Ansässigkeitsstaat des Anteilseigners aus. Für den Quellenstaat beträgt der Höchstsatz regelmäßig 15 %, in vereinzelten Fällen auch 10 % der Bruttodividende. Um Mehrfachbelastungen innerhalb eines Konzerns zu vermeiden, die durch den Anfall von Quellensteuern auf mehreren Beteiligungsebenen entstehen können, sehen die DBA erheblich niedrigere Quellensteuersätze von in der Regel 5 % bzw. teilweise von 0 % vor. Dies gilt allerdings nur bei sog. qualifizierten Beteiligungen von 10–25 % des Kapitals oder der Stimmrechte. Hierhinter verbirgt sich u.a. ein Grund für die Streubesitzklausel, wonach ein Anteilseigner nur mit weniger als 10 % direkt an einer REIT-AG beteiligt sein darf. Damit wird verhindert, dass die Steuerausfälle für den deutschen Fiskus zu hoch ausfallen. Liegt dennoch eine Beteiligung von über 10 % vor, so sind nach § 20 Abs. 4 REITG-E abweichend von den Regelungen im DBA die Quellensteuerabzüge nach den Maßstäben für eine Beteiligung unter 10 % vorzunehmen.[554] Ob die letztgenannte Regelung einer eventuellen europarechtlichen Überprüfung standhält, mag bezweifelt werden.

620

III. EU-Zinsrichtlinie

Vergeblich haben sich die Finanzminister der EU-Staaten in den vergangenen Jahren bemüht, eine einheitliche Regelung zur Zinsbesteuerung zu finden. Am 3.7.2003 ist schließlich der Durchbruch gelungen, und sie konn-

621

---

554 Technisch gesehen handelt es sich um einen sog. „Treaty-Override".

ten sich auf eine Richtlinie zur Besteuerung von Zinsen innerhalb der EU verständigen. Hierdurch soll eine effektive Besteuerung der Zinserträge von natürlichen Personen im EU-Raum sichergestellt werden. Tatsächlich sind die bislang aufgrund der Richtlinie Deutschland zugeflossenen Erträge jedoch deutlich hinter den Erwartungen des deutschen Fiskus zurückgeblieben.[555]

622 Die Richtlinie sieht vor, dass seit dem 1.7.2005 in den Mitgliedstaaten der EU ein automatischer Informationsaustausch über Zinsen durchgeführt wird, die an Kapitalanleger mit Wohnsitz in einem anderen EU-Staat ausbezahlt werden. Darüber hinaus haben sich auch weitere Drittländer dieser Maßnahme angeschlossen. Lediglich in den EU-Ländern Belgien, Luxemburg und Österreich wurde für eine Übergangszeit eine Ausnahmeregelung in Form eines Quellensteuerabzuges eingeführt. Diese Staaten werden erst dann zum automatischen Informationsaustausch über Zinserträge übergehen, wenn die EU mit weiteren bestimmten Drittstaaten (u.a. Schweiz) ein Abkommen über den Informationsaustausch geschlossen hat.

623 Die Umsetzung der Richtlinie in deutsches Recht erfolgte durch die Einführung des § 45e EStG i.V.m. der Zinsinformationsverordnung (ZIV). Anwendung findet die Richtlinie nur auf Zinserträge die grenzüberschreitend an natürliche Personen gezahlt werden. Die Definition des Terminus „Zinsertrag" kann dabei mitunter von Land zu Land unterschiedlich ausfallen, so dass nicht auszuschließen ist, dass ein bestimmtes Kapitalprodukt in Deutschland unter die Zinsinformationsverordnung fällt, während dies im ausländischen Staat nicht der Fall ist und umgekehrt.

624 Nach deutschem Begriffsverständnis sind unter Zinsen folgende Erträge zu subsumieren:
– Erträge nach § 20 Abs. 1 Nr. 4 EStG, z.B. Zinsen aus typischen stillen Beteiligungen sowie partiarischen Darlehen,
– Erträge nach § 20 Abs. 1 Nr. 5 EStG, z.B. Zinsen aus Hypotheken und Grundschulden,
– Erträge nach § 20 Abs. 1 Nr. 7 EStG, d.h. sonstige Kapitalerträge respektive klassische Zinserträge,

---

555 Quelle: steuertip 34/06, S. 4.

– Erträge nach § 20 Abs. 2 EStG, soweit es sich hierbei um Stückzinsen bzw. auf-/abgezinste Kapitalforderungen mit entsprechendem Zinsanteil handelt,
– Erträge aus Investmentfonds, soweit diese auf Zinsen entfallen. Dividenden etc. sind hiervon nicht betroffen. Soweit der Investmentfonds Erträge thesauriert, findet die Richtlinie keine Anwendung, sofern der Anteil von Zinspapieren innerhalb des Fondsvermögens den Faktor von 40% nicht übersteigt. Abweichend vom Besteuerungszeitpunkt erfolgt die Meldung erst im Zeitpunkt der Rückgabe bzw. Veräußerung der Anteile.

Die Richtlinie hat mithin einen breiten Geltungsbereich und erfasst eine Vielzahl von Kapital-/ Zinserträgen aller Art. Insbesondere werden aufgrund der Ausdehnung des Anwendungsbereiches auf Erträge nach § 20 Abs. 2 EStG auch solche aus der Veräußerung bzw. Abtretung von Finanzinnovationen dem Regelungsgehalt der Richtlinie unterworfen. Da die Richtlinie nur Anwendung auf Erträge natürlicher Personen findet, erfolgt kein Informationsaustausch von Zinseinkünften juristischer Personen. Insbesondere im Hinblick auf letztgenannten Punkt könnte mithin die Richtlinie durch Gründung einer juristischen Person, in die das zinstragende Vermögen eingebracht wird, theoretisch umgangen werden. Eine weitere Ausnahme von der Richtlinie bilden bis zum Jahr 2010 sog. „Grandfathering-Anleihen". Hierbei handelt es sich um Anleihen, die vor dem 1.3.2001 emittiert und nach dem 28.2.2002 nicht mehr aufgestockt wurden und sich in einem Depot in der Schweiz, Österreich oder Luxemburg befinden.[556] Auf diese Erträge findet die Richtlinie keine Anwendung.[557]

625

Der Informationsaustausch wird von deutscher Seite aus über das Bundeszentralamt für Steuern abgewickelt, welches die notwendigen Informationen von den entsprechenden Zahlstellen bzw. Kreditinstituten erhält.[558]

626

Die eingangs erwähnten EU-Mitgliedsländer Luxemburg, Österreich und Belgien haben sich vorbehalten, vom Informationsaustausch Abstand nehmen zu können. Für diese Länder gilt ein Quellensteuerabzug, soweit es sich um Zinseinkünfte eines aus Sicht der jeweiligen Länder Steuerausländers handelt. Der Quellensteuerabzug beträgt in den ersten drei Jahren nach

627

---

556 Zu einer Aufstellung vorhandener Großvater-Anleihen vgl. finanz-markt intern 13/06 S. 4.
557 Ausführlich dazu *Götzenberger*, Diskrete Geldanlagen, S. 372 ff.
558 Zu dem standardisierten und automatisierten Verfahrens s.a. *Götzenberger*, a.a.O., S. 342 ff.

Inkrafttreten der Richtlinie 15% und erhöht sich in den darauf folgenden drei Jahren auf 20%, um letztlich nach Ablauf der vorangegangenen drei Jahre bei 35% zu enden. Die ausländische Quellensteuer wird anonym an das Bundeszentralamt für Steuern abgeführt und kann im Zuge der Einkommensteuererklärung angerecht werden. Um den Quellensteuerabzug zu vermeiden kann der Anleger entweder die ausländische Zahlstelle zum Informationsaustausch ermächtigen oder alternativ eine vom jeweiligen Wohnsitzfinanzamt ausgestellte Bescheinigung vorlegen.

IV. Quellensteuer

628 Im Kontext der Kapitalertragsteuer dürfen die Themen Quellensteuer sowie das Konstrukt der fiktiven Quellensteuer nicht unerwähnt bleiben.

1. Ausländische Quellensteuer

629 Wie bereits unter Gliederungspunkt D.II.5. kurz erwähnt, sehen die zwischen der Bundesrepublik und dem ausländischen Staat vereinbarten Doppelbesteuerungsabkommen im Fall der Einkünfte aus Kapitalvermögen oftmals eine Regelung dergestalt vor, dass zwar der Ansässigkeitsstaat das grundsätzliche Besteuerungsrecht hat, der Quellenstaat auf die Erträge jedoch zusätzlich eine Quellensteuer erheben darf. Die Höhe des Quellensteuersatzes variiert dabei in Abhängigkeit vom ausländischen Quellenstaat sowie von der Beteiligungshöhe bei Dividendenerträgen.

630 In der Regel sehen die Doppelbesteuerungsabkommen (DBA) zur Vermeidung der Doppelbesteuerung das sog. Anrechnungsverfahren vor. Soweit das DBA für die Anrechnung der ausländischen Quellensteuer auf die Vorschriften des deutschen Steuerrechts verweist, sind die Regelungen des § 34c Abs. 1 Sätze 2 und 3 EStG (Anrechnung) oder § 34c Abs. 2 EStG (Abzug) anzuwenden.[559]

631 Beim Anrechnungsverfahren ermittelt sich die deutsche Einkommensteuer entsprechend dem Welteinkommensprinzip grds. unter Einbeziehung der ausländischen Einkünfte. Auf die so berechnete deutsche Einkommensteuer wird die ausländische Quellensteuer angerechnet. Die ausländische Quellensteuer ist jedoch nur im Verhältnis der auf die ausländische Steuer entfal-

---

559 *Harenberg/Irmer*, a.a.O., Rn. 481 ff.

lenden deutschen Einkommensteuer anrechenbar. Der Höchstbetrag errechnet sich wie folgt:

Deutsche Einkommensteuer × (Ausländische Einkünfte : Summe der Einkünfte) 632

Abweichend vom Anrechnungsverfahren kann der Steuerpflichtige auch wahlweise das Abzugsverfahren geltend machen. In diesem Fall werden die ausländischen Quellensteuern wie Werbungskosten behandelt und bereits im Rahmen der Einkünfteermittlung abgezogen, so dass sich die steuerliche Bemessungsgrundlage vor Berechnung der deutschen Einkommensteuer verringert. Was steuerlich günstiger ist, muss im Einzelfall geprüft und kann nicht generell beantwortet werden. 633

Denkbar ist neben dem Anrechnungsverfahren auch die Berücksichtigung eines Freistellungsverfahrens im jeweiligen DBA. Hiernach werden die ausländischen Einkünfte in Deutschland von der Besteuerung freigestellt und lediglich im Rahmen des Progressionsvorbehaltes berücksichtigt. Die Anrechnung der Quellensteuer ist in diesem Fall ausgeschlossen. Allerdings ist derzeit kein DBA bekannt, in dem im Bereich des Kapitalvermögens auf die Freistellungsmethode zurückgegriffen wird. 634

Sofern kein DBA vorhanden ist, gelten die unilateralen Regelungen zur Vermeidung der Doppelbesteuerung, sprich das vorgenannte Anrechnungs- oder Abzugsverfahren gem. § 34c EStG. 635

2. Fiktive Quellensteuer

Unter der fiktiven Quellensteuer versteht man ausländische Quellensteuern, die tatsächlich nicht einbehalten wurden, dennoch aber wie gezahlte Quellensteuern im Rahmen der Veranlagung berücksichtigt werden dürfen. Hierbei handelt es sich um entwicklungspolitische Maßnahmen der Bundesregierung, die in den jeweiligen DBAs mit sog. Entwicklungsländern vereinbart wurden. Ziel der Regelung ist, dass der Anleger dazu motiviert wird, Kapital in diese Entwicklungsländer zu investieren, um über die fiktive Anrechnung nicht gezahlter Quellensteuern seine Rendite zu erhöhen. 636

Die Anrechnung ist allerdings nur dann möglich, wenn die Erträge im Inland auch zu versteuern sind. Sofern es daher beispielsweise durch vorhandene Freistellungsvolumina nicht zu einer Versteuerung der Erträge kommt, scheidet auch die Anrechnung der fiktiven Steuern aus. Ein Wahlrecht hin 637 zum Abzugsverfahren existiert bei fiktiven Quellensteuern nicht, § 34c Abs. 2 i.V.m. Abs. 6 Satz 2 EStG.

638 Fiktive Quellensteuer wird zur Zeit beispielsweise bei Investitionen in Portugal i.H.v. 15% und bei südamerikanischen Ländern wie Brasilien, Uruguay und Bolivien i.H.v. 20% gewährt, wobei letztere gegenüber Portugal eine wesentlich schlechtere Bonität und damit ein höheres Risiko aufweisen.

E. Erbrecht

Um die erbrechtliche Behandlung komplexer Kapitalanlagen richtig verstehen und einordnen zu können, ist zunächst ein Überblick über die Grundstrukturen des deutschen Erbrechts erforderlich. In dieses System ist die Vererbung von Kapitalanlagen und evt. dabei bestehende Besonderheiten einzuordnen.

I. Grundstrukturen

1. Grundsatz der Universalsukzession

Die Familie bildet die Grundlage des deutschen gesetzlichen Erbrechts. Soweit der Erblasser keine eigenen Anordnungen getroffen hat, wird sein Vermögen innerhalb seiner Familie nach gesetzlichen Regeln weitergegeben, vererbt. Allerdings würde es unserem Verständnis von Freiheit und Selbstbestimmung widersprechen, gäbe es keine Möglichkeit, von den gesetzlichen Regeln abzuweichen und selbst Anordnungen über die Vermögensnachfolge zu treffen. Die sog. Testierfreiheit, also die Möglichkeit, über sein Vermögen von Todes wegen zu verfügen, genießt vor diesem Hintergrund zu Recht sogar verfassungsrechtlichen Schutz (Art. 2 Abs. 1 GG: Freie Entfaltung der Persönlichkeit sowie Art. 14 Abs. 1 GG: Eigentumsgarantie).

Prägendes Prinzip des deutschen Erbrechts ist der Grundsatz der Gesamtrechtsnachfolge (Universalsukzession). Das bedeutet, dass sämtliche Rechte und Pflichten durch den Erbfall auf den Gesamtrechtsnachfolger des Verstorbenen (Erblasser) qua Gesetz übergehen (§ 1922 BGB). Man spricht in diesem Zusammenhang auch von einem Von-selbst-Erwerb,[560] wodurch verdeutlicht wird, dass eine rechtsgeschäftliche Übertragung der bislang dem Erblasser zustehenden Rechte (und Pflichten) im Erbfall nicht erforderlich ist.

So geht beispielsweise das Eigentum an einem Grundstück mit dem Erbfall automatisch (von selbst) auf den oder die Erben über mit der Folge, dass das Grundbuch, das noch den Erblasser als Eigentümer ausweist, unrichtig wird. Die spätere Eintragung des Erben erfolgt daher im Wege der Grundbuchberichtigung. Sie hat keine konstitutive Wirkung; vielmehr wird der

---

560 Vgl. hierzu *Weirich*, Erben und Vererben, Rn. 4.

grundbuchmäßige Ausweis nur an die bereits bestehende materielle Rechtslage angepasst. Ähnliches gilt auch für eine Forderung des Erblassers (z.B. ein Sparguthaben) oder eine Verpflichtung (z.B. eine Darlehensschuld), die jeweils mit dem Erbfall unmittelbar auf den Alleinerben oder die Erbengemeinschaft übergehen.

643 Gegenstand der Erbschaft ist stets das gesamte Vermögen, gleichgültig aus wie vielen Einzelgegenständen bzw. Rechtspositionen es sich zusammensetzt. Ebenso gleichgültig ist, ob der Nachlass tatsächlich nur einem Erben oder einer Mehrzahl von Erben (Erbengemeinschaft) anfällt. Diese vermögensrechtliche Gesamtheit bezeichnet das Gesetz als Nachlass bzw. Erbschaft und behandelt sie zunächst als Einheit. Erst im Rahmen der Erbteilung erfolgt eine sachenrechtlich wirksame Zuweisung einzelner Nachlassgegenstände an die einzelnen Miterben[561] oder andere erbrechtlich Begünstigte (Vermächtnisnehmer, Auflagenbegünstigte).

2. Gegenstand der Gesamtrechtsnachfolge

644 Den Gegenstand der Gesamtrechtsnachfolge bilden sämtliche vererblichen Vermögensgegenstände, Schulden und Rechtsbeziehungen des Erblassers. Die nicht vererblichen Rechtsbeziehungen bleiben – wie die Bezeichnung bereits andeutet – außen vor. Grundsätzlich ist festzuhalten: Vermögensbezogene Rechte und Pflichten sind vererblich. Persönlichkeitsbezogene Rechte können nicht vererbt werden.

645 Von diesen grundsätzlichen Feststellungen bestehen jedoch einige Ausnahmen. So gibt es einerseits persönlichkeitsbezogene (immaterielle) Rechte, die sehr wohl vererbt werden können. Ebenso existieren vermögensbezogene (materielle) Rechte, die mit dem Tod ihres Inhabers automatisch erlöschen und daher nicht vererblich sind. Folgenden Einzelfällen kommt insoweit die größte praktische Bedeutung zu:

646 Grundsätzlich vererblich sind die meisten dinglichen Rechte, so insbesondere das Eigentum, Erbbaurechte, Hypotheken und Grundschulden. Nicht vererblich sind aber abweichend von dieser Regel der Nießbrauch (§ 1061 BGB) und die beschränkte persönliche Dienstbarkeit, z.B. zur Sicherung eines Wohnungsrechts (§§ 1090 Abs. 2, 1061 BGB). Diese erlöschen von

---

561 Ausnahmen von diesem Grundsatz bestehen aber bei der Sondererbfolge nach Höferecht oder bei der Vererbung von Anteilen an Personengesellschaften (vgl. hierzu unten E.II.2.b).

Gesetzes wegen mit dem Tod des jeweiligen Berechtigten. Abweichende Vereinbarungen bei der Begründung dieser Rechte sind kaum möglich, so dass bei einem entsprechenden Willen der Beteiligten auf spezielle Gestaltungen zurückgegriffen werden muss. So kann beispielsweise beim Nießbrauch (z. B. an einem Fonds-Anteil) die als Erbin ins Auge gefasste Ehefrau des Erblassers (Nießbrauchers) von vornherein als Mitberechtigte in das Nießbrauchsverhältnis integriert werden. Dann verbleibt sie nach dem Tod des Erblassers als alleinige Berechtigte; ihr Nießbrauchsrecht erlischt dann im Zweifel erst mit ihrem Tod.

Dingliche Anwartschaftsrechte, z.B. die Anwartschaft auf Erlangung der Eigentümerstellung nach erfolgter notarieller Auflassung eines Grundstücks, werden wie das Vollrecht behandelt und sind daher im Regelfall vererblich. 647

Auch schuldrechtliche Ansprüche und schuldrechtliche Verpflichtungen sind als materielle Rechte grundsätzlich vererblich. Dies gilt insbesondere für Ansprüche und Verpflichtungen aus Kauf-, Kredit- und Darlehensverträgen sowie aus gesetzlichen Schuldverhältnissen wie der unerlaubten Handlung oder auch aus dem Steuerschuldverhältnis. Hiervon ausgenommen sind aber grundsätzlich persönliche Verpflichtungen des Erblassers, beispielsweise aus Arbeits- oder Dienstleistungs- bzw. Geschäftsbesorgungsverträgen (§§ 613, 673, 675 BGB). 648

Gegenstände, über die der Erblasser noch zu seinen Lebzeiten durch Vertrag zugunsten Dritter auf den Todesfall verfügt hat, fallen nicht in den Nachlass. In diesem Bereich sind vor allem entsprechende Verfügungen über Kontoguthaben sowie Lebensversicherungsverträge relevant. Bei solchen Verträgen zugunsten Dritter (§§ 328 ff. BGB) handelt es sich um Vereinbarungen zwischen dem Erblasser auf der einen Seite und seinem Vertragspartner (Bank/Versicherungsunternehmen) auf der anderen Seite, durch die sich der Vertragspartner verpflichtet, eine Leistung an einen Dritten, den Begünstigten, zu erbringen. Sobald sämtliche Anspruchsvoraussetzungen eingetreten sind, hier beim Vertrag zugunsten Dritter auf den Todesfall also der Tod des Erblassers, entsteht der Leistungsanspruch gegenüber dem Vertragspartner (des Erblassers) unmittelbar in der Person des Begünstigten. Er ist bzw. war deshalb zu keinem Zeitpunkt Bestandteil des Erblasser-Vermögens.[562] In der Praxis wird bei Lebensversicherungsverträgen zumeist der Bezugsberechtigte ausdrücklich benannt, beispielsweise der Ehegatte des Versiche- 649

---

[562] BGHZ 13, 232.

rungsnehmers. Nur wenn – ausnahmsweise – eine solche Benennung nicht vorliegt, fällt nach den meisten Versicherungsverträgen die Versicherungssumme in den Nachlass.

3. Annahme und Ausschlagung der Erbschaft

650 Auch wenn die Erbschaft kraft Gesetzes mit dem Erbfall auf den oder die Erben übergeht, wird niemand gezwungen, eine ihm angefallene Erbschaft auch anzunehmen, sprich zu behalten. Ein Erbe hat vielmehr die Möglichkeit, die Erbschaft entweder anzunehmen oder auszuschlagen. Für die Ausschlagung bestehen sowohl in formaler als auch in zeitlicher Hinsicht gewisse Beschränkungen.

651 Für die Annahme der Erbschaft sind drei verschiedene Möglichkeiten vorgesehen. Zum einen kann der Erbe die Annahme ausdrücklich erklären. Da die Annahmeerklärung nicht empfangsbedürftig ist, kann sie nach Wahl des Erklärenden gegenüber dem Nachlassgericht, einem oder mehreren Miterben, Nachlassgläubigern oder -schuldnern oder gegenüber sonstigen Personen abgegeben werden.

652 Ebenso ist es möglich, dass der Erbe die Erbschaft durch schlüssiges Verhalten annimmt, also durch rein faktische Handlung seinen Willen dokumentiert, Erbe sein zu wollen.

653 Schließlich führt auch die Versäumung der Ausschlagungsfrist gemäß § 1943 BGB zur Annahme der Erbschaft.

654 Bis zur Annahme kann die Erbschaft noch ausgeschlagen werden, wodurch der bereits vorläufig erfolgte Anfall rückwirkend wieder beseitigt wird, 1942 Abs. 1 BGB. Die Ausschlagung kann nicht unter einer Bedingung erklärt werden, z.B. nur für den Fall, dass der Nachlass überschuldet sei oder unter der Bedingung, dass durch die Ausschlagung eine bestimmte andere Person Erbe werden solle, § 1947 BGB. Sie kann auch nicht auf einen Bruchteil oder einzelnen Gegenstand beschränkt werden. Für Annahme oder Ausschlagung der Erbschaft gilt der Grundsatz der Unteilbarkeit: „Alles oder nichts" (vgl. § 1950 BGB).

655 Dieser Grundsatz unterliegt allerdings gewissen Einschränkungen, wenn ein Erbe zu mehreren Erbteilen berufen ist. Hier nimmt das Gesetz komplizierte Unterscheidungen vor: Beruht die mehrfache Berufung auf ein und demselben Grund, kann der Erbe sie nur einheitlich annehmen oder ausschlagen;

beruht sie aber auf verschiedenen Gründen, kann er jeden Erbteil selbständig ausschlagen, § 1951 Abs. 1, Abs. 2 Satz 1 BGB. Im Zweifel erstreckt sich die Ausschlagung aber auf alle Berufungsgründe, die dem Erben zur Zeit der Erklärung bekannt sind.

Mehrere Berufungsgründe in diesem Sinne liegen z.b. vor, wenn 656
- der eine Teil durch Verfügung von Todes wegen, der andere kraft Gesetzes anfällt,
- der eine durch Testament, der andere durch Erbvertrag anfällt,
- mehrere Teile aus Erbverträgen mit verschiedenen Personen resultieren.

Eine Einheit des Berufungsgrundes ist dagegen anzunehmen, wenn der Erbe 657
durch ein Testament, durch mehrere Testamente, durch einen Erbvertrag oder durch mehrere Erbverträge des Erblassers mit derselben Person berufen ist, oder wenn sich der Erbteil beispielsweise infolge der Ausschlagung eines anderen Miterben verändert.

Aus Gründen der Rechtssicherheit bedarf die Ausschlagungserklärung einer 658
besonderen Form. Sie muss gegenüber dem zuständigen Nachlassgericht, d.h. dem für den Erbfall zuständigen Amtsgericht, erklärt werden, und zwar mit öffentlicher Beglaubigung der Unterschrift oder zu Protokoll des Nachlassgerichts (§ 1945 BGB). Eine beispielsweise briefliche, telegrafische oder telefonische Mitteilung an das Nachlassgericht genügt demzufolge nicht. Auf Antrag bestätigt das Nachlassgericht den Empfang der Ausschlagungserklärung, ohne sich allerdings über die Rechtzeitigkeit oder die Gültigkeit der Ausschlagung zu äußern.

Die Frist für die Ausschlagung beträgt gem. § 1944 Abs. 1 BGB grundsätzlich sechs Wochen. Sie verlängert sich allerdings auf sechs Monate, wenn der 659
Erblasser seinen Wohnsitz nur im Ausland gehabt hat oder wenn sich der Erbe bei Beginn der Frist im Ausland aufhielt, § 1944 Abs. 3 BGB. Die Ausschlagungsfrist beginnt im Übrigen erst mit dem Zeitpunkt, in dem der Erbe von dem Anfall der Erbschaft und seiner Berufung positive Kenntnis erlangt hat (§ 1944 Abs. 2 Satz 1 BGB). Fahrlässige Unkenntnis schadet nicht. Bei einer Berufung durch eine Verfügung von Todes wegen beginnt die Frist frühestens mit der Verkündung des Testaments, also mit der Eröffnung durch das Nachlassgericht, §§ 1944 Abs. 2 Satz 2, 2260 BGB. Nach höchstrichterlicher Rechtsprechung reicht die schlichte Eröffnung des Testaments durch das Nachlassgericht nicht aus, wenn der Erbe zu dieser nicht

geladen war. Die Frist zur Ausschlagung läuft erst dann, wenn der Erbe von der Eröffnung/Verkündung Kenntnis erlangt hat.

4. Die Erbengemeinschaft

a) Allgemeines

660 Hinterlässt der Erblasser mehrere Erben, wie im Regelfall z.b. die Ehefrau und gemeinsame Kinder, so wird der Nachlass gemeinschaftliches Vermögen aller Erben, § 2032 BGB. Die Miterben bilden zusammen eine Erbengemeinschaft.

661 Gemäß § 2033 Abs. 2 BGB kann keiner der Miterben über (s)einen Anteil an den einzelnen Nachlassgegenständen verfügen; zulässig ist insoweit nur die gemeinschaftliche Verfügung aller Miterben, § 2040 BGB. Jeder Miterbe ist zwar an allen Nachlassgegenständen berechtigt, aber gleichzeitig durch die entsprechenden Rechte der übrigen Miterben auch eingeschränkt. Sämtliche Nachlassgegenstände sind mithin gesamthänderisch gebunden. Die Erbengemeinschaft ist eine von Gesetzes wegen angeordnete Gesamthandsgemeinschaft. Die Verwaltung des Nachlasses fällt grundsätzlich in die Zuständigkeit sämtlicher Miterben, die im Regelfall alle anstehenden Entscheidungen gemeinsam zu treffen haben (§ 2038 Abs. 1 BGB). Jeder Miterbe ist verpflichtet, an der Verwaltung mitzuwirken und seine Zustimmung zu erforderlichen Maßnahmen nicht willkürlich zu verweigern. Bei Angelegenheiten, die über die ordnungsgemäße Verwaltung[563] (sozusagen das Tagesgeschäft) hinaus gehen, ist Einstimmigkeit erforderlich. Im Übrigen kann mit einfacher Mehrheit entschieden werden, §§ 2038 Abs. 2 Satz 1, 745 Abs. 1 Satz 1 BGB. In diesen Fällen sind auch die überstimmten Miterben zur Mitwirkung bei der Umsetzung des Beschlusses verpflichtet. Über die ordnungsgemäße Verwaltung hinaus gehen aber auf jeden Fall Verfügungen über Nachlassgegenstände. Daher ist beispielsweise für die Veräußerung bestimmter Aktiva stets eine einstimmige Entscheidung aller Miterben erforderlich, § 2040 Abs. 1 BGB. Allerdings ist jeder Miterbe jederzeit zur Verfügung über seinen Erbanteil, d.h. also seinen Anteil am Gesamthandsvermögen, berechtigt, § 2033 Abs. 1 Satz 1 BGB. Den übrigen Miterben steht in diesem Fall ein Vorkaufsrecht zu (§ 2034 BGB).

---

[563] Ordnungsgemäß ist die Verwaltung dann, wenn sie nach objektiver vernünftiger Betrachtung der Art und Zweckbestimmung des jeweiligen Nachlassgegenstandes entspricht und das Interesse aller Miterben nach billigem Ermessen berücksichtigt ist; vgl. *Weirich*, a.a.O., Rn. 186.

Die gesetzlich vorgesehene gesamthänderische Bindung des Erbengemeinschaftsvermögens deckt sich i.d.R. nicht, oder wenigstens nicht vollständig mit den Interessen der einzelnen Miterben. Aus diesem Grunde ermöglicht das Gesetz nicht nur die Auflösung der Erbengemeinschaft, es definiert sie sogar als deren eigentliches Ziel. Die Erbengemeinschaft ist also von vornherein auf ihre Beendigung angelegt.[564] Folgerichtig steht jedem Miterben das Recht zu, jederzeit die Auseinandersetzung der Gemeinschaft zu verlangen.[565] Solange sie aber noch nicht beendet ist, hat die Erbengemeinschaft eine gesonderte und einheitliche Feststellungserklärung bei dem zuständigen Finanzamt abzugeben, mittels derer die erzielten Einkünfte, wie z.B. Kapitalerträge, den einzelnen Beteiligten zugerechnet werden.

662

b) Auseinandersetzung der Erbengemeinschaft

Da die Erbengemeinschaft von Gesetzes wegen auf ihre Beendigung, die sog. Auseinandersetzung angelegt ist, steht jedem Miterben ein eigener Anspruch auf Auseinandersetzung zu, § 2042 Abs. 1 BGB. Dieser ist immer auf eine komplette Beendigung der Erbengemeinschaft gerichtet und soll im Ergebnis zu deren vollständiger Abwicklung führen.[566] Hiervon abweichende Vorgehensweisen sind nur bei entsprechendem übereinstimmendem Willen sämtlicher Miterben denkbar, in der Praxis aber nicht unüblich.

663

Wenn der Erblasser nicht die Teilung seines Nachlasses durch entsprechende testamentarische Anordnung für einen bestimmten Zeitraum ausgeschlossen hat,[567] kann die Durchführung der Auseinandersetzung auch gerichtlich durchgesetzt werden. In Betracht kommt hier eine sog. Teilungsklage nach § 2042 BGB. Eine solche Klage kann allerdings nur dann erfolgreich verlaufen, wenn mit ihr ein Teilungsplan vorgelegt wird, dem die Miterben zuzustimmen haben. Da die Planerstellung mit erheblichen Problemen behaftet ist,[568] kommt sie in der Praxis kaum vor.

664

---

564 Dies wird insbesondere in § 2042 BGB deutlich.
565 Es sei denn, es liegt ein Fall des gesetzlichen Aufschubs der Auseinandersetzung (§ 2043 BGB) vor oder der Erblasser hat durch letztwillige Verfügung die Auseinandersetzung in Ansehung des gesamten Nachlasses bzw. einzelner Nachlassgegenstände wirksam ausgeschlossen oder von der Einhaltung einer Kündigungsfrist abhängig gemacht (§ 2044 BGB).
566 Grundlegend: BGH NJW 1985, 51.
567 Möglich sind auch Beschränkungen durch Vereinbarung unter den Erben.
568 Zumeist sind mehrere Formen der Auseinandersetzung denkbar, die sich gegenseitig ausschließen. Andererseits kann eine Verurteilung nur erfolgen, wenn die Verweigerung

665 Soweit es nicht zu einer anders lautenden Vereinbarung unter den Miterben kommt, ist i.d.R. eine Versilberung des Nachlasses unumgänglich. Erforderlich ist, dass sämtliches Vermögen veräußert und in Geld umgesetzt wird – im Zweifel geschieht dies durch Versteigerung – mit dem Ziel, anschließend die Nachlassverbindlichkeiten[569] zu befriedigen und den verbleibenden Rest schließlich unter den Miterben aufzuteilen. Der Aufteilungsmaßstab wird dabei grundsätzlich durch die auf die einzelnen Miterben entfallenden Erbquoten definiert.

5. Möglichkeiten der gegenständlichen Zuweisung durch letztwillige Verfügung

a) Allgemeines

666 Die Möglichkeit, über sein Vermögen von Todes wegen zu verfügen, gehört zu den grundsätzlich unentziehbaren und sogar grundgesetzlich abgesicherten Rechten eines Jeden. Allerdings sind die zur Verfügung stehenden Formen letztwilliger Verfügungen limitiert. Zur Auswahl stehen Testament (als Einzel- oder gemeinschaftliches Testament) oder Erbvertrag. Testamente können handschriftlich, unter Zuziehung von Zeugen oder in notarieller Form errichtet werden. Für den Abschluss eines Erbvertrages ist die notarielle Beurkundung zwingend erforderlich.

b) Erbeinsetzung versus Vermächtnisanordnung

667 Das wichtigste Gestaltungsmittel einer jeden Verfügung von Todes wegen ist die Erbeinsetzung. Nichts desto trotz bestehen in der Praxis häufig – insbesondere bei eigenhändigen Testamenten – Auslegungsprobleme bzw. Unklarheiten, wer eigentlich als Erbe berufen ist. Diese rühren vor allem daher, dass viele Erblasser eine Erbschaft bzgl. bestimmter Vermögensgegenstände anordnen, weil sie nicht wissen, dass eine gegenständliche Erbeinsetzung mit dem Prinzip der Gesamtrechtsnachfolge grundsätzlich nicht vereinbar ist. Vor diesem Hintergrund ist es äußerst wichtig, sich den Unterschied zwischen einer Erbeinsetzung und der Anordnung eines Vermächtnisses deutlich vor Augen zu führen.

---

der Zustimmung eindeutig pflichtwidrig ist, der vorgelegte Plan also den einzigen gangbaren Weg der Auseinandersetzung darstellt.

569 Diese schließen Pflichtteils- und Vermächtnisansprüche mit ein.

I. Grundstrukturen

Während die Erbeinsetzung auf die Bestimmung eines Gesamtrechtsnachfolgers, also derjenigen Person, die umfassend in sämtliche Rechtspositionen des Erblassers eintreten soll, gerichtet ist, zielt die Vermächtnisanordnung lediglich darauf, den Bedachten als Einzelnachfolger bestimmter ihm aus dem Nachlass zuzuwendender Gegenstände zu berufen.

668

Ein Vermächtnis liegt vor, wenn der Erblasser durch seine Anordnung einem anderen einen Vermögensvorteil zuwendet, ohne ihn als Erben einzusetzen, § 1939 BGB. Das Vermächtnis unterscheidet sich von der Erbeinsetzung dadurch, dass der Vermächtnisnehmer lediglich einen schuldrechtlichen Anspruch gegen den Beschwerten auf Leistung einzelner Nachlassgegenstände erwirbt. Anders als der Erbe wird der Vermächtnisnehmer gerade nicht Gesamtnachfolger des Erblassers. Ebenso wie die Erbeinsetzung kann auch das Vermächtnis nur in einer Verfügung von Todes wegen angeordnet werden.

669

Als Beschwerte kommen sowohl Erben als auch andere Vermächtnisnehmer in Betracht. Fehlen ausdrückliche Anordnungen des Erblassers, so ist nach der gesetzlichen Vermutung des § 2142 Satz 2 BGB im Zweifel der Erbe beschwert.

670

Vermächtnisnehmer kann jede rechtsfähige Person sein, auch einer der Erben. Ist einer der Erben gleichzeitig als Vermächtnisnehmer berufen, so liegt ein sog. Vorausvermächtnis (§ 2150 BGB) vor, das unbedingt von einer – ebenfalls möglichen – Teilungsanordnung abzugrenzen ist. Denn während das Vorausvermächtnis nicht auf den Erbteil angerechnet wird und unabhängig von der Erbeinsetzung gilt, wird der Wert des qua Teilungsanordnung zugewiesenen Gegenstandes grundsätzlich auf den Erbteil des Begünstigten angerechnet. Im Unterschied zum Vermächtnis kann die Teilungsanordnung auch nicht Gegenstand erbvertraglicher oder wechselbezüglicher Verfügungen mit Bindungswirkung sein, §§ 2278 Abs. 2, 2270 Abs. 3 BGB.

671

Das Vermächtnis kann ebenso wie die Erbschaft durch den Bedachten ausgeschlagen werden. Die Ausschlagung ist grundsätzlich gegenüber dem Beschwerten zu erklären (§ 2180 Abs. 2 BGB).[570] Sie ist regelmäßig nicht

672

---

[570] Sie kann aber auch gegenüber einem Nachlasspfleger (§§ 1960 Abs. 2, 1961 BGB) oder dem Testamentsvollstrecker (§ 2213 Abs. 1 BGB) ausgesprochen werden.

fristgebunden.[571] Im Falle einer Teilungsanordnung kommt nur die Ausschlagung der Erbschaft in Betracht. Wer ausgeschlagen hat, wird auch durch eine Teilungsanordnung weder begünstigt noch belastet. Er hat aber statt der Erbschaft bestenfalls seinen Pflichtteil.

673 Selbstverständlich können auch Kapitalanlagen Gegenstand von Vermächtnissen und Teilungsanordnungen sein, so dass sie einzelnen Nachfolgern gegenständlich zugewiesen werden können. Im Bereich der in Gesellschaftsanteilen bestehenden Anlagen (insbesondere Beteiligungen an geschlossenen Fonds) sind jedoch möglicherweise nachfolgend noch darzustellende Einschränkungen der Vererblichkeit bzw. Übertragbarkeit durch den jeweiligen Gesellschaftsvertrag zu beachten.

6. Legitimation des Erben / Erhaltung der Handlungsfähigkeit

a) Erbschein

674 In der Praxis ist es oft erforderlich, dass der Erbe sein Erbrecht nachweisen kann. Hierzu dient in erster Linie der durch das Nachlassgericht zu erteilende Erbschein. Es handelt sich hierbei um ein amtliches Zeugnis des Nachlassgerichts, das die Person des bzw. der Erben sowie ihren jeweiligen Anteil am Nachlass des Erblassers bezeichnet. Falls der Erblasser das Verfügungsrecht des Erben durch die Anordnung einer Vor- und Nacherbschaft oder einer Testamentsvollstreckung beschränkt hat, sind auch diese Verfügungsbeschränkungen zu vermerken. Angaben über die Zusammensetzung oder den Wert des Nachlasses enthält der Erbschein aber ebenso wenig wie zu schuldrechtlichen Verpflichtungen des Erben aus Auflagen, Pflichtteilslasten oder Vermächtnissen.

675 Der Erbschein ist ein rein deklaratorisches Instrument. Zwar hat er für sich stets die Vermutung der Richtigkeit. Ein gutgläubiger Dritter, der beispielsweise ein zum Nachlass gehörendes Bankguthaben an den im Erbschein bezeichneten Erben herausgibt, kann sich also darauf berufen, an den berechtigten Gläubiger geleistet zu haben. Die Unanfechtbarkeit der erbrechtlichen Ansprüche des im Erbschein Ausgewiesenen ist hiermit jedoch nicht verbunden.

---

571 Eine Ausnahme hiervon besteht aber für den Fall, dass ein Pflichtteilsberechtigter mit einem Vermächtnis bedacht wurde und dieser nach § 2307 BGB durch den Erben zur Annahme des Vermächtnisses aufgefordert wurde.

Der Erbschein wird gem. § 2353 BGB auf entsprechenden Antrag durch das Nachlassgericht erteilt. Antragsberechtigt sind sowohl der oder die Erben als auch andere Personen, die an der Erteilung ein rechtliches Interesse haben können, insbesondere der Testamentsvollstrecker, der Nachlassverwalter oder der Nachlassinsolvenzverwalter.

676

Gerade Banken bestehen in der Praxis sehr häufig auf der Vorlage eines Erbscheins, da auf diese Weise spätere Regressansprüche des (tatsächlichen) Erben gegenüber der Bank ausgeschlossen werden können. Gleiches gilt auch für die Emittenten von Kapitalanlagen sowie sonstige Schuldner. Der Erblasser sollte dabei nicht den Fehler machen, sein Testament in einem Bankschließfach aufzubewahren, zu dem nur er Zugang hat. Denn im Falle seines Todes können die Erben ohne eine nachfolgend noch zu erörternde Bankvollmacht bzw. Berechtigung nicht an das Schließfach, da sie mangels Testament nicht in der Lage sind, sich zu legitimieren. Der Erblasser sollte daher darauf achten, bereits zu Lebzeiten diesen Zirkelschluss zu durchbrechen und einer vertrauten Person ebenfalls Zugang zum Bankschließfach zu gewähren.

677

b) Vollmacht über den Tod hinaus

Da die Erteilung eines Erbscheins mitunter einige Zeit in Anspruch nehmen kann und auch die Entscheidungsprozesse innerhalb einer Erbengemeinschaft oft nicht vollkommen reibungslos funktionieren, empfiehlt es sich, entsprechende Vorkehrungen zu treffen, um eine Handlungsfähigkeit in Bezug auf den Nachlass zu jeder Zeit sicherzustellen. Dies kann am einfachsten durch die Erteilung einer sog. Vollmacht über den Tod hinaus geschehen. Zwar haben sämtliche Miterben, und zwar jeder von ihnen einzeln, mit dem Eintritt des Erbfalls die Möglichkeit, die durch den Erblasser erteilten Vollmachten zu widerrufen und hierdurch das mit der Vollmachtserteilung eigentlich verfolgte Ziel zu konterkarieren. Dem kann jedoch dadurch vorgebeugt werden, dass der Erblasser testamentarisch entsprechende Auflagen anordnet, die seinen Erben verbieten, die von ihm lebzeitig erteilten Vollmachten zu widerrufen. Als Sanktion kann hier beispielsweise der Verlust des Erbrechts oder bestimmte vermögensrechtliche Belastungen angeordnet werden. Wichtig ist in solchen Fällen jedoch, dass die Erben von diesen Auflagen auch Kenntnis haben, damit nicht versehentlich doch die Vollmacht widerrufen wird.

678

679 Je nach der Beschaffenheit von zum Nachlass gehörenden Kapitalanlagen kann es erforderlich sein, den Erben oder einen anderen ins Auge gefassten Begünstigten in die Lage zu versetzen, flexibler reagieren und anfallende Entscheidungen rasch treffen zu können. Auch hier bietet sich die Erteilung einer über den Tod hinaus gültigen Vollmacht – gegebenenfalls beschränkt auf Maßnahmen im Zusammenhang mit bestimmten Kapitalanlagen – an.

c) Gemeinschaftskonten

680 Soweit Gemeinschaftskonten in Form von sog. Oderkonten bestehen, die zusätzlich eine dritte Person – regelmäßig den Ehepartner – ermächtigen, über das Konto zu verfügen, ist eine Handlungsfähigkeit auch über den Tod hinaus gewahrt. Der Ehegatte macht sich, wenn er unberechtigt über den Anteil des Erblassers am Konto verfügt, lediglich u.U. gegenüber anderen Miterben schadensersatzpflichtig. Das Guthaben auf den Oderkonten steht grds. allen Mitberechtigten zu gleichen Teilen zu. Bei Ehegatten erfolgt daher in erbrechtlicher und steuerlicher Hinsicht eine Aufteilung 50:50 (vgl. § 430 BGB), und zwar sowohl der Guthaben als auch der Saldostände. Im Verhältnis zur Bank haftet jedoch der Kontomitinhaber als Vertragspartner der Bank zunächst in voller Höhe auf einen etwaigen Kontoausgleich, während ihm aus den vorgenannten Regelungen lediglich Ersatzansprüche im Innenverhältnis zu den Miterben zustehen können. Eine abweichende Aufteilung zwischen den Kontoinhabern kommt nur dann in Betracht, wenn dies nachweisbar dokumentiert werden kann, was i.d.R. eine schriftliche Vereinbarung erfordert. Solche Dokumente werden seitens der Finanzämter äußerst kritisch geprüft, da es sich grds. um Vereinbarungen zwischen nahen Angehörigen handelt, die einem sog. Fremdvergleich standhalten müssen.

681 Dagegen gilt die Vermutung des § 430 BGB nach Ansicht des BGH[572] bei sog. Oder-Wertpapierdepots nur eingeschränkt. Die Berechtigung zu gleichen Teilen (§ 430 BGB) erfasst nur die Rechte aus dem Verwahrungsvertrag mit der Bank, nicht jedoch die Eigentumsrechte an den Wertpapieren. Bei letzteren soll es allein auf die tatsächlichen Eigentumsverhältnisse ankommen, wobei im Zweifel auf die schwach ausgeprägte Vermutung des § 1006 BGB zurückzugreifen ist, der ebenfalls eine hälftige Verteilung vorsieht. Bei einer Umwandlung eines Einzeldepots in ein Gemeinschaftsdepot sah der BGH diese Vermutung als widerlegt an und rechnete die Wertpapie-

---

[572] Urt. v. 25.2.1997, DStR 1997, 754.

7. Schenkung unter Lebenden

Eine Schenkung i.S.v. § 516 Abs. 1 BGB setzt voraus, dass der Schenker einen anderen (Beschenkten) aus seinem Vermögen bereichert, und beide Teile darüber einig sind, dass diese Zuwendung unentgeltlich erfolgt. Gegenstand von Schenkungen können selbstverständlich auch Kapitalanlagen sein. Dabei ist es nicht einmal erforderlich, dass der entsprechende Schenkungsgegenstand bereits vor der Schenkung zum Vermögen des Schenkers gehörte. Vielmehr kann auch – im Wege einer sog. mittelbaren Schenkung[574] – etwas anderes als der Schenkungsgegenstand (zum Beispiel Geld) zugewendet werden mit der Bestimmung, dieses zum Erwerb des eigentlichen Schenkungsobjekts zu verwenden.[575] Entscheidend für die Frage, was genau Gegenstand der Schenkung ist, ist der Parteiwille. Mithin kommt es darauf an, welcher Zuwendungsgegenstand nach dem Willen der Beteiligten verschenkt werden soll.[576]

682

In formaler Hinsicht ist zu beachten, dass das Schenkungsversprechen, also der Vertrag, durch den der Schenker dem Beschenkten eine unentgeltliche Leistung verspricht, zu seiner Gültigkeit der notariellen Beurkundung bedarf. Der Formmangel kann jedoch gem. § 518 Abs. 2 BGB durch die Bewirkung der versprochenen Leistung geheilt werden mit der Folge, dass der – zunächst unwirksame – Schenkungsvertrag rückwirkend wirksam wird. Das Bewirken der Schenkung setzt nach herrschender Meinung voraus, dass der Schenker alles, was ihm obliegt, getan hat, um dem Beschenkten den Schenkungsgegenstand zu verschaffen. Er muss also alle aus seiner Sicht erforderlichen Leistungshandlungen vorgenommen haben; der Eintritt des beabsichtigten Leistungserfolges ist nicht zwingend erforderlich.[577]

683

---

573 Vgl. dazu ausführlich mit Gestaltungshinweisen *Brüggemann*, EEE 2006, 217 ff.
574 Vgl. zum Ganzen *Söffing*, Mittelbare Schenkungen.
575 Z.B. BFH DStR 2005, 151; BGH NJW 1952, 1171; Staudinger/*Wimmer-Leonhardt*, § 516 Rn. 22.
576 Vgl. BGH NJW 1972, 247, 248 oder BFH DStR 2005, 151.
577 Vgl. z.B. BGH NJW 1970, 941; BGH NJW 1970, 1638; Staudinger/*Wimmer-Leonhardt*, § 518, Rn. 19; a.A. *Herrmann*, MDR 1980, 883, 884 f.; MünchKom/*Kollhosser*, § 518 Rn. 13 ff.

II. Rechtsnachfolge in Kapitalanlagen

1. Allgemeines

a) Meldepflichten der Banken

684 Im Todesfall sind die Kreditinstitute wie auch die Versicherungen gegenüber dem für die Erbschaftsteuer zuständigen Finanzamt umfassend auskunftspflichtig. So werden insbesondere alle Bank- und Depotverbindungen einschließlich der Kontostände und zzgl. etwaiger bis dahin angefallener Erträge gemeldet, §§ 33 ErbStG, 1, 3 ErbStDV. Gegenstand der Mitteilungen sind grds. die Kontostände am Vortodestag.[578] Eine Meldepflicht gilt jedoch nicht für Bankverbindungen juristischer Personen und zwar auch dann, wenn der Erblasser alleiniger Gesellschafter und Geschäftsführer war.

685 Befindet sich im Nachlass Kapitalvermögen ab einem Wert von 50.000 EUR, fertigt das Erbschaftsteuerfinanzamt Kontrollmitteilungen an die Wohnsitzfinanzämter des Verstorbenen und der Erben.[579] Das Wohnsitzfinanzamt des Erblassers veranlasst daraufhin einen Abgleich des durch Erbfall übertragenen Kapitalvermögens mit den in der Vergangenheit im Rahmen der Einkommensteuer erklärten Einkünften aus Kapitalvermögen seitens des Erblassers. Häufig werden dabei Differenzen festgestellt, so dass es zu einer Nachversteuerung zu Lasten des bereits verstorbenen Erblassers kommt. Diese „Nachsteuern" können von den Erben als Nachlassverbindlichkeiten abgezogen werden. Eine Strafbarkeit der Erben wegen Steuerhinterziehung tritt zunächst nicht ein, da eine solche Strafe höchstpersönlicher Natur ist und nur den Täter trifft. Setzen die Erben jedoch die einmal begonnene Steuerhinterziehung fort, z.B. indem sie Vermögen des Erblassers auf einem ausländischen Konto nicht in der Erbschaftsteuererklärung angeben, werden auch sie – bei Aufdeckung – als Täter bestraft.

686 Zwar treffen die Meldepflichten grds. nur inländische Kreditinstitute. Die Finanzbehörden erfahren daher nicht ohne Mitwirkung der Erben von evt. ausländischen Nummernkonten. Diese Geheimhaltung stellt den Erblasser bzw. die Erben gleichzeitig vor neue Schwierigkeiten: Hält der Erblasser das ausländische Konto geheim, erfährt also zu seinen Lebzeiten niemand von dieser Bankverbindung und finden sich auch keine konkreten Hinweise im

---

578 Vgl. *Kracht*, EEE 2004, 227, 229; dazu auch weiter unten F.II.2.
579 Vgl. dazu Koordinierter Ländererlass FinMin Baden-Württemberg v. 18.6.2003 BStBl 2003 I, 392.

Nachlass, besteht die Gefahr, dass keiner der Erben von diesem Konto jemals erfährt und die Rechte an diesem Guthaben beanspruchen kann, es also rein faktisch für die Nachkommen verloren ist. Eine Einschränkung ergibt sich jedoch aus einem neueren Urteil des BFH,[580] wonach sich die Anzeigeverpflichtung nach § 33 ErbStG auch auf Konten bzw. Depots bei einer unselbständigen ausländischen Zweigstelle eines inländischen Kreditinstituts erstreckt. Die ausländischen Tochtergesellschaften deutscher Großbanken bieten daher keinen entsprechenden Schutz vor einer Entdeckung. Bislang unterbliebene Meldungen werden die Banken nunmehr aller Wahrscheinlichkeit nachholen.

b) Übertragbarkeit

Mit Ausnahme der großen Gruppe der nachfolgend noch darzustellenden geschlossenen Fonds handelt es sich bei Kapitalanlageprodukten regelmäßig um sehr verschiedenartig und ausdifferenziert ausgestaltete Darlehens- oder ähnliche Verträge zwischen dem Anleger und dem jeweiligen Emittenten.[581] Gemeinsam ist allen diesen **nicht** gesellschaftsrechtlich ausgestalteten Kapitalüberlassungsverhältnissen, dass dem Anleger gegenüber dem Emittenten (oder einem Dritten) eine – wie auch immer im Einzelnen ausgestaltete – Geldforderung (Rückzahlungsanspruch, Zins- oder ähnliche Vergütungsansprüche etc.) zusteht. Diese Forderungen sind grundsätzlich[582] frei vererblich und gehen daher mit dem Erbfall (automatisch) auf den oder die Erben des Verstorbenen über. Im Einzelnen gilt Folgendes:

687

Festverzinsliche Wertpapiere in Form von Sparerzertifikaten, also Sparbriefe (Sparkassenbriefe), Sparschuldverschreibungen etc., sind frei vererblich. Die entsprechenden Sparbriefurkunden sind – soweit überhaupt vorhanden – auf Wunsch des bzw. der Erben auf diese umzuschreiben, wenn die Gesamtrechtsnachfolge in ausreichender Form nachgewiesen ist.[583] Gehören zum Nachlass sog. stückelose Sparbriefe,[584] wird in der Praxis auch für den Erben keine Urkunde ausgestellt; vielmehr wird das entsprechende Konto auf den Erben umgeschrieben. Zur Dokumentation des Gläubigerwechsels wird

688

---

580 II R 66/04, EEE 2007, 39 f.
581 S.o. B.
582 Abweichende Vereinbarungen zwischen dem Emittenten und dem Anleger sind zwar denkbar, haben jedoch keine praktische Relevanz.
583 Ott-Eulberg/Schebesta/Bartsch-*Ott-Eulberg*, Erbrecht und Banken, S. 70 n.w.N.
584 Ein stückeloser Sparbrief ist ein Sparbrief, für den kein Papier (Urkunde) ausgestellt wird, vgl. Ott-Eulberg/Schebesta/Bartsch-*Ott-Eulberg*, a.a.O., S. 70.

in der Regel das Kontoeröffnungsdokument an den Zeichnungsschein des Sparbriefes geheftet.[585]

689 Gehen Sparerzertifikate durch den Erbfall auf eine Erbengemeinschaft über, kann diese nur gemeinschaftlich über sie verfügen. Eine Aufteilung des Sparbriefes unter einzelnen Miterben kommt im Regelfall nicht in Betracht. Es ist lediglich möglich, im Rahmen der Auseinandersetzung Sparerzertifikate einem von mehreren Miterben zuzuordnen. Kann eine Einigung hierüber nicht erreicht werden, so muss die Erbengemeinschaft entweder versuchen, die Wertpapiere zu veräußern, um sodann den Erlös zu verteilen, oder aber die mit dem Emittenten vereinbarte Laufzeit abwarten.

2. Finanzinnovationen

a) Allgemeines

690 Der Begriff der Schuldverschreibung ist lediglich als Oberbegriff anzusehen, unter den in erbrechtlicher Hinsicht eine Vielzahl von öffentlichen und privaten Anleihen gefasst wird. Beispielhaft genannt seien hier nur Pfandbriefe, öffentliche Pfandbriefe, Kommunalschaftsanweisungen, und sonstige Bankschuldverschreibungen und „ungedeckte" Schuldverschreibungen von Hypothekenbanken. Daneben gibt es jedoch auch Schuldverschreibungen von privaten Wirtschaftsunternehmen inklusive Wandel- und Optionsanleihen (vgl. die oben ausführlich dargestellten einzelnen Formen).

691 Unter erbrechtlichen Gesichtspunkten haben sämtliche Formen der Schuldverschreibungen (Anleihen) gemeinsam die Eigenschaft, dass sie durch Gesamtrechtsnachfolge auf den oder die Erben übergehen. Denn – auf den wesentlichen Kern reduziert – verbriefen sie (einfache) Forderungsrechte des jeweiligen Inhabers gegenüber dem Emittenten. Für ihre erbrechtliche Bewertung, die stets an den Verkehrswert des jeweiligen Vermögensgegenstandes anknüpft und z.B. für eine anteilige Verteilung der Erbmasse zwischen mehreren Erben bedeutsam ist, kommt es entscheidend auf deren jeweilige Rendite an. Diese wird regelmäßig wesentlich durch die vorgesehene Verzinsung im Vergleich zum aktuellen Marktzins im Todeszeitpunkt bestimmt. Bei Finanzinnovationen können aber auch oder gerade, wie bereits unter B.I.3. aufgezeigt, andere Faktoren (z.B. nur teilweise Kapitalrückzahlungsgarantie) auf die Rendite Einfluss nehmen. Grundsätzlich ist

---

[585] *Schebesta*, Bankprobleme, Rn. 117 f.

daher bei Finanzinnovationen (z.B. Floater, Index-Anleihen, Down-Rating-Anleihen, Zertifikaten, Stufen- und Kombizinsanleihen usw.) – insbesondere unter pflichtteilsrechtlichen Gesichtspunkten – der jeweilige aktuelle Kurs im Todeszeitpunkt (Zweitmarkt) zu ermitteln, der sowohl über als auch unter dem Ausgabekurs liegen kann.

Da die Bewertung von Wertpapieren bzw. Schuldverschreibungen sowohl im Erbrecht als auch in erbschaftsteuerlicher Hinsicht grundsätzlich mit ihrem Verkehrswert (gemeiner Wert) zu erfolgen hat, bestehen insoweit weitgehende Übereinstimmungen.[586] 692

Im Übrigen ist zwischen dem Anfall des Wertpapiers bei den Erben und der deshalb erforderlichen Wertermittlung für das Papier sowie den laufenden (Zins-)Erträgen aus den Papieren, sofern sie solche gewähren, zu differenzieren. In einkommensteuerlicher Hinsicht sind Zinsen, die nach dem Tod an die Erben ausgezahlt werden, diesen zuzurechnen. Eine zeitanteilige Aufteilung der Zinsen auf die Besitzzeit des Erblassers (und damit eine Zugehörigkeit zum Nachlass) und auf die Besitzzeit der Erben (eigene Erträge der Erben) erfolgt nicht. Ein evt. nicht ausgeschöpfter Freibetrag des Erblassers kann nicht in Anspruch genommen werden; es kommt allein auf die Freistellungsaufträge der Erben an. Geht das Kapitalvermögen auf eine Erbengemeinschaft über, kann die Erbengemeinschaft, da es sich insoweit nicht um eine natürliche Person handelt, ihrerseits für die Dauer ihres Bestandes keinen Freistellungsauftrag in Anspruch nehmen. 693

b) Nullkupon-Anleihen

Insbesondere bei Nullkupon-Anleihen (Zero-Bonds), die regelmäßig weit unter pari ausgegeben, bei Fälligkeit aber zu 100% zurückgenommen werden, aber auch bei Disagio-Anleihen ist der zwischen Ausgabe und Eintritt des Erbfalls aufgelaufene Zinsanteil zu ermitteln und im Rahmen der Bewertung der Kapitalanlage zu berücksichtigen.[587] Daneben kommt es nicht zu einem isolierten Ansatz einer Zinsforderung o.ä. 694

---

586 Vgl. dazu auch F.II.
587 I.e. F.II.2.a).

c) Bundesschatzbriefe

695 Bundesschatzbriefe in Form des Typ A und des Typ B sind als reine Geldforderungen selbstverständlich frei vererblich. Da eine Kündigung vor dem vereinbarten Laufzeitende bereits für den Erblasser nicht in Betracht gekommen wäre, gilt dies auch für den oder die Erben. Die Verwertung dieser Papiere kann daher i.d.R. auch im Erbfall nicht sofort erfolgen, sondern nur zu den bei Zeichnung festgelegten Zeitpunkten.

696 Bundeswertpapiere, also alle von der öffentlichen Hand emittierten, der Finanzierung von Haushaltsaufgaben dienenden Wertpapiere, sind ebenfalls vererblich. Die Praxis unterscheidet jedoch zwischen solchen Bundeswertpapieren, die börsenfähig sind, und solchen, denen diese Eigenschaft nicht zukommt. Der entscheidende Unterschied besteht darin, dass die börsennotierten Papiere jederzeit zum Tageskurs veräußert werden können, also insbesondere eine Versilberung zum Zwecke der Auseinandersetzung einer Erbengemeinschaft ohne Schwierigkeiten möglich ist und deren Wert im Todeszeitpunkt sich anhand der Börsenkursnotierung ohne weiteres bestimmen lässt.

697 Ebenso fungibel – weil börsennotiert – sind z.b. Anleihen von Bund, Bahn und Post, ebenso bestimmte Bundesobligationen. Demgegenüber werden sog. Finanzierungsschätze im Regelfall nicht börsennotiert.

3. Fonds

698 Auch für erbrechtliche Zwecke ist die oben vorgenommene Zweiteilung in offene und geschlossene Fonds aufzugreifen.[588]

a) Offene Fonds

699 Während geschlossene Fonds regelmäßig als GbR oder Personen(handels-)gesellschaft organisiert und damit nicht börsennotiert und nicht ohne weiteres handelbar sind, lassen sich Anteile an sog. (offenen) Investmentfonds zumindest im Hinblick auf ihre Fungiblität eher mit Anteilen an Kapitalgesellschaften (börsennotierten Aktiengesellschaften) vergleichen, so dass zunächst ein Blick auf die Vererbung von Anteilen an Kapitalgesellschaften geworfen werden soll, um anschließend die Besonderheiten der Investmentfonds aufzugreifen.

---

[588] S.o. B.II.1.

aa) Anteile an Kapitalgesellschaften

Bei Kapitalgesellschaften ist die in den Geschäftsanteilen (GmbH) bzw. den Aktien (AG) verbriefte Mitgliedschaft grds. frei vererblich, § 15 GmbHG.[589] Mit dem Erbfall fällt automatisch auch die Mitgliedschaft gem. § 1922 Abs. 1 BGB dem Erben, gegebenenfalls der Erbengemeinschaft zur gesamten Hand (§§ 2032ff. BGB bzw. § 18 GmbHG, § 69 AktG) an.

700

Dieser freien Vererblichkeit steht es aber nicht entgegen, in der Satzung der Gesellschaft eine den individuellen Verhältnissen angepasste Regelung über die Nachfolge in Anteile eines verstorbenen Gesellschafters zu treffen.[590] Dabei sind die verschiedenartigsten Bestimmungen denkbar und zulässig. Gemeinsam ist ihnen, dass sie unmittelbar die gesellschaftsrechtliche Behandlung des vererbten Geschäftsanteils betreffen und daher auch nicht durch letztwillige Verfügung abbedungen werden können.[591]

701

Bei der GmbH sind – außerhalb des Feldes der (reinen) Kapitalanlagen – insbesondere die Abtretungsklausel[592] und die Einziehungsklausel recht weit verbreitet.[593] Auch die Kaduzierung von Anteilen oder andere Beschränkungen der Rechte der Erben kann die Satzung vorsehen, so z.b. die bei Kapitalanlagen relevante Vinkulierung der Geschäftsanteile, also eine Regelung, der zufolge die Abtretung des Gesellschaftsanteils nur mit Zustimmung der Gesellschaft (oder der Mitgesellschafter) zulässig ist.[594] Denkbar und zulässig sind auch satzungsmäßige Regelungen, durch die die Mitgliedschaftsrechte des Erben inhaltlich beschränkt werden. So lange durch diese Beschränkungen der Kernbereich des Mitgliedschaftsrechts nicht ausgehöhlt wird und sie sich sachlich rechtfertigen lassen, bestehen

702

---

589 Palandt-*Edenhofer*, § 1922 Rn. 23, § 2032 Rn. 11: Da sich im AktG keine spezialgesetzliche Regelung findet, folgt die Vererblichkeit von Aktien aus der allgemeinen Vorschrift des § 1922 BGB; MünchKom/*Leipold*, § 1922 Rn. 44.
590 BayObLG Urt. v. 24.11.1988, 3 Z 111/88, WM 1989, 138, 142; Rowedder/Schmidt-Leithoff/*Rowedder*/*Berg-mann* § 15 Rn. 116.
591 Rowedder/Schmidt-Leithoff/*Rowedder*/*Bergmann*, § 15 Rn. 116.
592 BGH Urt. v. 5.11.1984, II ZR 147/83, DB 1985, 268 ff.; Hachenburg/*Zutt*, GmbHG, § 15 Rn. 106; Rowedder/Schmidt-Leithoff/*Rowedder*/*Bermann*, § 15 Rn. 118; Scholz/*Winter*, GmbHG, § 15 Rn. 26.
593 BGH Urt. v. 20.12.1976, II ZR 115/75, BB 1977, 563; BGH GmbHR 1977, 81 ff.; Scholz/*Winter*, § 15 Rn. 24; Hachenburg/*Zutt*, § 15 Rn. 108.
594 Rowedder/Schmidt-Leithoff/*Rowedder*/*Bergmann*, § 15 Rn. 117; Hinsichtlich eines evtl. Anspruchs auf Erteilung der Zustimmung vgl. auch OLG Hamm Urt. v. 6.4.2000, 27 U 78/99, NGZ 2000, 1185, 1186; OLG Düsseldorf Urt. v. 23.1.1987, 7 U 244/85, ZIP 1987, 227 m.w.N.

insoweit keine Bedenken. Bestimmungen, denen zufolge der Erbe beispielsweise sein Stimmrecht oder das Bucheinsichtsrecht nach § 51a GmbHG nur durch einen Bevollmächtigten ausüben darf, wenn er Wettbewerber des Unternehmens der Gesellschaft ist, sind daher zulässig.[595]

703 Auch bei Aktiengesellschaften kann statutarisch die Einziehung von Aktien vorbehalten werden, wenn diese an Erben gelangen, die nicht als Nachfolger erwünscht sind.[596] Obwohl der Tod eines Aktionärs bzw. der Übergang von Aktien infolge Erwerbs von Todes wegen als Einziehungsgrund eher die Ausnahme darstellt, sind derartige Regelungen wohl als zulässig anzusehen.

704 Zur erbrechtlichen Wertbestimmung ist der Verkehrswert der Beteiligung an einer Kapitalgesellschaft zu ermitteln. Während dies bei Streitigkeiten unter den Erben bei nicht börsennotierten Anteilen an Aktiengesellschaften und GmbHs eine Unternehmensbewertung nach den einschlägigen Verfahren (z.b. Ertrags- oder Substanzwertmethode) auf den Todeszeitpunkt erforderlich macht, sofern sich ein Verkehrswert nicht aus erst kurze Zeit zurückliegenden Anteilsveräußerungen an fremde Dritte ableiten lässt, ist eine Wertbestimmung bei börsennotierten Aktiengesellschaften unter Heranziehung des Tageskurses der Aktie ohne weiteres möglich.[597]

bb) Fondsanteile

705 Zwar handelt es sich bei regelmäßig uneingeschränkt vererbbaren Investmentfondsanteilen nicht unmittelbar um Anteile an börsennotierten Kapitalgesellschaften. Ihre erbrechtliche Bewertung zum Todestag, d.h. die Feststellung des Verkehrswertes der Fondsanteile, lässt sich jedoch aus dem seitens der Investmentgesellschaften täglich zu ermittelnden Rücknahmekurs der Anteile herleiten. Da die Investmentfonds ihrerseits in börsennotierte Gesellschaften investieren und für die Gesellschaft eine gesetzliche jederzeitige Rücknahmeverpflichtung bzgl. der Fondsanteile gegenüber dem Anleger besteht,[598] muss sie täglich diesen Rücknahmewert bestimmen. Gleiches gilt für Fondsanteile an deutschen Hedgefondsgesellschaften, da diese lediglich besondere Formen von Investmentfonds (Dachfonds) darstellen.[599]

---

595 Rowedder/Schmidt-Leithoff/*Rowedder/Bergmann*, § 15 Rn. 121.
596 Vgl. *Bratke*, Abfindungsklauseln, S. 3 und 4.
597 Dazu im Detail unten bei F.II.3.a)aa).
598 S.o. B.II.1.a).
599 S.o. B.II.1.c). Dazu auch F.II.3.a)bb).

cc) REITs

Weil es sich bei den REITs – wie bereits erläutert – um spezielle börsennotierte Immobilien-Aktiengesellschaften handelt, erfolgt die Übertragung im Todesfall nach den eben für Kapitalgesellschaften dargestellten Regelungen und sind die in der Erbmasse befindlichen Aktien des REITs mit ihrem Börsenkurs am Todestag in erbrechtlicher Hinsicht zu bewerten, die für eine Verteilung des Vermögens zwischen den Erben und zu Bestimmung evt. Pflichtteile von Bedeutung sind.[600]

706

b) Geschlossene Fonds

Wie bereits unter B.II.1. ausgeführt, erfolgt die Beteiligung an geschlossenen Fonds grds. durch Erwerb einer Gesellschafterstellung an einer Personengesellschaft – sei es unmittelbar oder mittelbar über einen Treuhänder bzw. in Form einer Unterbeteiligung. Als Organisationsformen kommen neben der GbR insbesondere die Personenhandelsgesellschaften OHG und KG in Betracht, wobei die GmbH & Co. KG in der Praxis mit Abstand am häufigsten anzutreffen ist.

707

aa) Organisationsform GbR

Bei der Gesellschaft bürgerlichen Rechts regelt § 727 Abs. 1 BGB, dass die Gesellschaft durch den Tod eines Gesellschafters aufgelöst wird, sofern sich aus dem Gesellschaftsvertrag nichts anderes ergibt.

708

In der Praxis – nicht jedoch bei klassischen Kapitalanlagen – weit verbreitet, ist die sog. Fortsetzungsklausel, der vor Inkrafttreten des Handelsrechtsreformgesetzes[601] auch im Bereich der Personenhandelsgesellschaften erhebliche Bedeutung zukam.

709

Die Fortsetzungsklausel führt dazu, dass die Gesellschaft beim Tod eines Gesellschafters mit den übrigen Gesellschaftern fortgeführt wird. Der verstorbene Gesellschafter scheidet im Zeitpunkt seines Todes aus der Gesellschaft aus. Damit erlöschen automatisch auch alle ihm bis dato zustehenden gesellschaftsrechtlichen Mitgliedschaftsrechte.[602] Die gesamthänderische

710

---

600 S.a. unten F.II.3.a)cc).
601 Gesetz zur Neuregelung des Kaufmanns- und Firmenrechts und zur Änderung handels- und gesellschaftsrechtlicher Vorschriften – HRRefG v. 22.6.1998, BGBl 1998 I, 1474, in Kraft getreten am 1.7.1998.
602 BGH Urt. v. 25.5.1987, II ZR 195/86, WM 1987, 981, 982.

Beteiligung des Verstorbenen wächst den übrigen (Mit-)Gesellschaftern gem. §§ 105 Abs. 3 HGB, 738 Abs. 1 Satz 1 BGB an.[603] Im Bereich der Kapitalanlagen ist zum einen die GbR als Rechtsform nicht (mehr) besonders verbreitet. Zum anderen werden die Fortsetzungsklausel bzw. deren Rechtsfolgen den Bedürfnissen des Kapitalanlagegeschäfts nicht gerecht. Ein Verlust der gesellschaftsrechtlichen Beteiligung im Todesfall ist in der Regel weder aus der Sicht des Anlegers noch aus der des Emittenten gewünscht. Der Anleger möchte nicht – mehr oder weniger zufällig – die Gesellschafterstellung verlieren. Der Emittent möchte sich nicht – ebenso ungeplant – einer Liquiditätsbelastung in Form der den Erben zu gewährenden Abfindung ausgesetzt sehen.

bb) Organisationsform Personenhandelsgesellschaften (OHG, KG)

711 Hinsichtlich der für geschlossene Fonds weit verbreitetsten Gesellschaftsform der Personenhandelsgesellschaften stellt sich die aktuelle[604] Rechtslage in erbrechtlicher und gesellschaftsrechtlicher Hinsicht wie folgt dar:

712 Gemäß § 131 Abs. 2 Nr. 1 HGB führt der Tod eines OHG-Gesellschafters nicht zur Auflösung der Gesellschaft, sondern nur zum Ausscheiden des Verstorbenen, sofern der Gesellschaftsvertrag nichts anderes vorsieht.[605] Dasselbe gilt grundsätzlich auch für die persönlich haftenden Gesellschafter einer Kommanditgesellschaft, §§ 161 Abs. 2, 131 Abs. 2 Nr. 1 HGB. Bezüglich des Anteils eines Kommanditisten bestimmt § 171 HGB aber, dass mit dessen Tod die Erben des Gesellschafters in die Kommanditistenstellung nachrücken und die Gesellschaft mit ihnen fortgesetzt wird, sofern der Gesellschaftsvertrag nichts anderes regelt. Dieser Fall ist auch auf dem Feld der Kapitalanlagen, soweit diese – wie meistens – in die Rechtsform der Kommanditgesellschaft gekleidet sind, der mit der größten praktischen Bedeutung. Denn regelmäßig beteiligt sich der Anleger hier als Kommanditist und nicht als voll haftender Gesellschafter, so dass im Falle seines Todes i.d.R. § 171 HGB zur Anwendung kommt.

---

603 *Schmidt*, Gesellschaftsrecht, § 45 V II d; vgl. auch *Kerscher/Riedel/Lenz*, Pflichtteilsrecht, § 7 Rn. 101.
604 Früher, also vor Inkrafttreten des HRRefG galten die Regelungen zur BGB-Gesellschaft auch für die Personenhandelsgesellschaften entsprechend, §§ 171 Abs. 2, 131 HGB a.F.
605 *Schmidt*, NJW 1998, 2161, 2166.

cc) Abfindung für den Verlust der Gesellschafterstellung

Soweit die Gesellschafterstellung – im Ausnahmefall – in den vorgenannten Fällen mit dem Tod des Erblassers wegfällt, also nicht auf seine Rechtsnachfolger übergeht, fällt in den Nachlass regelmäßig ein Abfindungsanspruch gem. § 738 Abs. 1 Satz 2 BGB, der sich gegen die Gesellschaft richtet. Für die Wertbemessung des Abfindungsanspruchs ist nach der Rechtsprechung des BGH entgegen dem Wortlaut des Gesetzes vom Ertragswert des Anteils auszugehen.[606] Das gilt indes nicht, wenn – wie in der Mehrzahl der Fälle – der entsprechende Gesellschaftsvertrag eine abweichende Regelung vorsieht und hinsichtlich der Bewertung des untergegangenen Anteils eigene Maßstäbe vorgibt. Insoweit ist jedoch darauf hinzuweisen, dass unter dem Buchwert liegende Abfindungsleistungen – von Ausnahmefällen[607] abgesehen – als sittenwidrig und die zugrunde liegenden Vereinbarungen daher als unwirksam anzusehen sind.

713

dd) Gesellschaftsvertragliche Regelungen zur Nachfolge in die Gesellschafterstellung

(1) Allgemeines

Den sog. Nachfolgeklauseln ist gemeinsam, dass sie die Fortführung der Gesellschaft mit dem bzw. den Erben des verstorbenen Gesellschafters vorsehen. Es handelt sich um einen erbrechtlichen Übergang der Gesellschaftsrechte. Die Erben treten nach Ansicht des BGH[608] – allerdings nur dann, wenn die vereinbarte Nachfolgeklausel mit der erbrechtlichen Rechtslage übereinstimmt[609] – unmittelbar in die Position des verstorbenen Gesellschafters ein.[610]

714

(2) Einfache Nachfolgeklausel

Bei Vereinbarung einer einfachen Nachfolgeklausel rücken sämtliche Erben des verstorbenen Gesellschafters automatisch in dessen Gesellschafterstellung ein. Sind mehrere Erben vorhanden, erhält zwar jeder von ihnen grund-

715

---

606 BGH Urt. v. 1.7.1982, IX ZR 34/81, NJW 1982, 2441.
607 Zu berechtigten Ausnahmen vgl. die nachfolgenden Urteile: BGH v. 22.11.1956, II ZR 222/55, BGHZ 22, 186ff., 194 ff.; BGH v. 20.12.1965, II ZR 165/64, DNotZ 1966, 620, 622; BGH v. 14.7.1971, III ZR 91/70, WM 1971, 1338 ff.; BGH v. 20.12.1976, II ZR 115/75, DNotZ 1978, 166, 169; BGH v. 11.7.1968, II ZR 179/66, BGHZ 50, 316.
608 BGH Urt. v. 10.2.1977, II ZR 120/75, BGHZ 68, 225.
609 Also wenn die (gedachten) Nachfolger auch Erben im technischen Sinne werden.
610 *Crezelius*, Unternehmenserbrecht, § 6 Rn. 257.

sätzlich eine volle Gesellschafterstellung, hinsichtlich der Ausübung ihrer Mitgliedschaftsrechte sind sie aber zur Bestimmung eines gemeinsamen Vertreters verpflichtet.[611] Nur die (höchst-)persönlichen Gesellschafterrechte, wie beispielsweise das Recht zur Kündigung, können von den einzelnen Gesellschaftern selbst ausgeübt werden, da diese nur persönlich und unmittelbar gegenüber der Gesellschaft geltend zu machen sind.[612]

716 Von entscheidender Bedeutung ist, dass infolge einer gesellschaftsvertraglichen Nachfolgeklausel die Beteiligung eines persönlich haftenden Gesellschafters nicht etwa einer möglicherweise entstehenden Erbengemeinschaft anfällt, sondern stattdessen unmittelbar auf die einzelnen Erben übergeht.[613] Es handelt sich insoweit nach allgemeiner Ansicht um einen Übergang im Wege der Singularsukzession.[614] Diese Konstruktion ist vor allem deshalb erforderlich, um den Gesellschafter-Erben die Möglichkeit der handelsrechtlich nicht vorgesehenen Beschränkung ihrer Haftung auf den Nachlass zu verwehren.[615] Wollen die Erben ihre Haftung für Schulden der Gesellschaft beschränken, haben sie aber die Möglichkeit, unter Berufung auf § 139 HGB von den Mitgesellschaftern die Einräumung einer Kommanditistenstellung zu verlangen. Die Umwandlung der OHG in eine KG vollzieht sich gem. § 139 Abs. 4 HGB durch Vertrag aller Gesellschafter. Nach wohl h.M. ist für die Höhe der Kommanditeinlage im Zweifel die gesellschaftsvertraglich bedungene Einlage des weggefallenen Gesellschafters maßgeblich, nicht etwa der (zufällige) Stand des Kapitalkontos im Todeszeitpunkt.[616]

717 Die einfache Nachfolgeklausel findet sich sehr häufig in den Gesellschaftsverträgen von Publikumskommanditgesellschaften, z.B. geschlossenen Immobilien- oder sonstigen Fonds.

(3) Qualifizierte Nachfolgeklausel

718 Die qualifizierte Nachfolgeklausel zeichnet sich dadurch aus, dass nur bestimmten Personen, z. B. solchen, die eine bestimmte fachliche Eignung

---

611 BGH Urt. v. 12.12.1966, II ZR 41/65, BGHZ 46, 291.
612 *Kerscher/Riedel/Lenz*, a.a.O., § 16 Rn. 32.
613 *Hübner*, ZErb 2004, 34.
614 BGH Urt. v. 22.11.1956, II ZR 222/55, BGHZ 22, 186; OLG Frankfurt Urt. v. 11.02.1983, 20 W 561/82, NJW 1983, 1806.
615 *Kerscher/Riedel/Lenz*, a.a.O., § 16 Rn. 33; vgl. auch BGH Urt. v. 22.11.1956, II ZR 222/55, BGHZ 22, 186; OLG Frankfurt, Urt. v. 11.2.1983, 20 W 561/82, NJW 1983, 1806.
616 *Schmidt*, Gesellschaftsrecht, § 54 II 4 c; *Crezelius*, a.a.O., Rn. 258 m.w.N.; a.A.: *Baumbach/Hopt*, § 139 Rn. 42.

II. Rechtsnachfolge in Kapitalanlagen

nachgewiesen haben, das Nachrücken in die Gesellschafterstellung ermöglicht wird.

Auch der kraft einer qualifizierten Nachfolgeklausel berufene Gesellschafter-Erbe rückt unmittelbar in die Position des Verstorbenen ein.[617] Voraussetzung ist jedoch, dass er auch Erbe bzw. Vermächtnisnehmer des Verstorbenen geworden ist. Auf die ihm zugedachte Quote kommt es indes nicht an.[618] Der qualifizierte Nachfolger wird auch dann vollumfänglich Personengesellschafter, wenn er nur eine geringere Erbquote erhält.[619] Ist der gesellschaftsvertraglich bestimmte Nachfolger weder als Erbe noch als Vermächtnisnehmer berufen, liegt eine sog. rechtsgeschäftliche Nachfolgeklausel[620] vor, die jedoch nur dann zulässig ist, wenn der ins Auge gefasste Nachfolger selbst am Vertragsschluss beteiligt war.[621] Soweit eine zulässige rechtsgeschäftliche Nachfolgeklausel besteht, fällt der Gesellschaftsanteil nicht in den Nachlass. Vorbehaltlich abweichender gesellschaftsvertraglicher Vereinbarungen existieren auch keine Abfindungsansprüche der Erben.[622]

719

Bei Wertunterschieden zwischen Erbquote und übergehender Beteiligung ist der qualifizierte Gesellschafternachfolger gegenüber den weichenden Miterben zu einem erbrechtlichen Wertausgleich verpflichtet,[623] es sei denn, dass ihm hinsichtlich des Anteils ein Vorausvermächtnis (§ 2150 BGB) zugedacht ist.[624] Im Rahmen dieses erbrechtlichen Wertausgleichs ist grundsätzlich auf den Verkehrswert der Beteiligung abzustellen. Denn es handelt sich hier um eine Art Erbauseinandersetzung[625] und nicht etwa um eine gesellschaftsrechtlichen Grundsätzen unterworfene Abfindung ausscheidender Gesellschafter. Durch derartige Ausgleichsverpflichtungen kann es – ohne dass dies vom Erblasser beabsichtigt gewesen wäre – zu extremen Liquiditätsbelastungen des Nachfolgers bzw. (mittelbar) der Gesellschaft kommen. Es empfiehlt sich daher auf jeden Fall die Klarstellung, dass dem Nachfolger der Anteil frei von irgendwelchen Ausgleichsverpflichtungen zukommen

720

---

617 BGH Urt. v. 10.2.1977, II ZR 120/75, BGHZ 68, 225.
618 BGH Urt. v. 10.02.1977, II ZR 120/75, BGHZ 68, 225, 236 ff.; *Baumbach/Hopt*, § 139 Rn. 17; Koller/Roth/Morck-*Koller*, HGB. § 139 Rn. 6.
619 *Crezelius*, a.a.O., § 6 Rn. 260.
620 Vgl. auch MünchKomBGB/*Ulmer*, § 727 Rn. 49 ff.
621 BGH Urt. v. 10.2.1977, II ZR 120/75, BGHZ 68, 225, 235; *Ulmer*, BB 1977, 807, 812.
622 *Crezelius*, a.a.O., § 6 Rn. 262.
623 *Crezelius*, a.a.O., § 6 Rn. 261.
624 *Ebenroth*, Erbrecht, Rn. 870 m.w.N.
625 *Tideau*, NJW 1980, 2446; *Schmidt*, a.a.O., § 45 V 5.

soll.[626] Hierzu bedarf es aber einer entsprechenden letztwilligen Verfügung. Der bloße Hinweis im Gesellschaftsvertrag ist nicht ausreichend.[627]

721 Hauptanwendungsgebiet der qualifizierten Nachfolgeklausel sind Familiengesellschaften oder sonstige eigentümerdominierte Unternehmungen, da es hier entscheidend darauf ankommt, zum einen einer Zersplitterung der Beteiligung vorzubeugen und zum anderen nur ausreichend qualifizierten Kandidaten eine Nachfolge in die Gesellschafterstellung zu ermöglichen. Bei Kapitalanlagegesellschaften spielen diese Gesichtspunkte dagegen nur sehr eingeschränkt eine Rolle, da diese oftmals als anonyme Publikumsgesellschaften ausgestaltet und nicht durch eine besondere persönliche Beziehung der Gesellschafter untereinander geprägt sind. Eine qualifizierte Nachfolgeklausel in den Gesellschaftsverträgen von Fondsgesellschaften stellt daher eher eine exotische Randerscheinung dar.

(4) Eintrittsklausel

722 Sieht der Gesellschaftsvertrag ein Eintrittsrecht für einen oder alle Erben oder auch für fremde Dritte vor, wird die Gesellschaft zunächst – wie bei der Fortsetzungsklausel – mit den übrigen Gesellschaftern fortgesetzt.[628] Die in der Eintrittsklausel genannten Personen haben aber das Recht (Option), in die Gesellschaft einzutreten. Die Besonderheit dieser Nachfolgeregelung besteht darin, dass die Mitgliedschaft in der Gesellschaft nicht erbrechtlich, sondern durch Rechtsgeschäfte unter Lebenden begründet wird. Insoweit handelt es sich bei der Eintrittsklausel um einen Vertrag zu Gunsten Dritter i.S.d. §§ 328 ff. BGB.[629]

723 Wie die qualifizierte Nachfolgeklausel spielt auch die aus identischen Motiven gewählte Eintrittsklausel bei Kapitalanlagen in der Praxis eine äußerst untergeordnete Rolle.

ee) Mittelbare Beteiligung

724 In erbrechtlicher Hinsicht ergeben sich keine Unterschiede zu der Vererbung einer unmittelbaren Beteiligung. Auch hier kommt es entscheidend auf die vertraglichen Bedingungen an. Eine Vererbbarkeit ist aber ansonsten

---

626 *Schmidt*, a.a.O., § 45 V 4 c.
627 *Schmidt*, a.a.O., § 45 V 4 c m.w.N.
628 *Schmidt*, a.a.O., § 45 V 6. a.
629 MünchKom/*Gottwald*, § 328 Rn. 64; *Schmidt*, a.a.O., § 45 V 6.a; MünchKom/*Ulmer*, § 727 Rn. 57.

vom Grundsatz her uneingeschränkt zulässig. Etwas anderes gilt jedoch für die erbschaftsteuerliche Behandlung.[630]

4. Genussrechte

Genussrechte als reine Vermögens- bzw. Forderungsrechte verbriefende Urkunden sind vom Grundsatz her vererblich. Ob das konkrete Genussrecht jedoch ohne Einschränkungen vererbt und auch ohne weiteres im Rahmen einer Erbauseinandersetzung auf mehrere Erben verteilt werden kann, richtet sich entscheidend nach den jeweiligen konkreten Genussrechtsbedingungen. Eine genaue Analyse der zugrunde liegenden Vereinbarungen zwischen dem Emittenten und dem Anleger sind daher unabdingbar. So sehen aktuelle, in den Prospekten angeführte Genussrechtsbedingungen beispielsweise folgende alternative Regelungen bei Tod des Anlegers vor:

725

– Umfassender Zustimmungsvorbehalt des Emittenten oder
– Begrenzung des Übergangs auf einen Erben bzw. Vermächtnisnehmer. Überträgt eine Erbengemeinschaft nicht zeitnah die Genussrechte auf eine Person, besteht nach Fristsetzung ein Einziehungsrecht gegen Abfindungszahlung oder
– Uneingeschränkte Vererbbarkeit. Bei Übertragung auf einzelne von mehreren Erben darf die vertraglich vorgesehene Mindesteinlage (z.B. 2.500 EUR) pro Anleger nicht unterschritten werden oder
– Uneingeschränkte Übertragbarkeit sogar ohne Anzeigeverpflichtung des Inhaberwechsels beim Emittenten.

Die Bewertung für erbrechtliche Zwecke kann sich im Regelfall an Marktfeststellungen orientieren. Soweit die Genussrechte an der Börse gehandelt werden, gilt der jeweilige Börsenkurs des Todestages. Soweit ein Börsenkurs nicht existiert und der Verkehrswert auch nicht aus zeitnahen Verkäufen an fremde Dritte abgeleitet werden kann, besteht die Möglichkeit, eine Bewertung durch Sachverständigengutachten vornehmen zu lassen. Ausschlaggebend für den so zu ermittelnden Wert sind neben den konkreten Genussrechtskonditionen auch die Bewertung des die Genussrechte emittierenden Unternehmens, so dass ein Wertgutachten entsprechend kostenintensiv sein dürfte.

726

---

630 S.u. F.II.3.b)ee).

5. Schenkung von Kapitalanlagen

727 Im Bereich der Schenkung von Kapitalanlagen gelten prinzipiell die allgemeinen Grundsätze. Ergänzend sind etwaige Beschränkungen der Übertragbarkeit einzelner Anlageprodukte zu beachten. So stellt sich beispielsweise bei Gesellschaftsbeteiligungen die Frage, ob und inwieweit der jeweilige Gesellschaftsvertrag die Übertragbarkeit bzw. Abtretbarkeit limitiert, was bei Schenkungen häufiger als bei Übertragungen von Todes wegen der Fall ist. Dies hat beispielsweise bei geschlossenen Immobilienfonds den Hintergrund, dass die Gefahr einer möglichen Entstehung von Grunderwerb- und Gewerbesteuer verhindert werden soll. Dadurch stehen Schenkungen oftmals unter Zustimmungsvorbehalt mit Ausnahme einer Übertragung auf Ehegatten oder Abkömmlinge, da insoweit keine Grunderwerbsteuer anfallen kann.[631] Bei Anlageprodukten mit Forderungscharakter werden im Regelfall nur Einschränkungen hinsichtlich der Teilbarkeit der Forderungsrechte praktisch relevant werden.

728 Häufig sind auch Gestaltungen anzutreffen, bei denen der Schenker mit einem Dritten, z.B. dem Schuldner der Ansprüche aus einer Kapitalanlage, eine Vereinbarung trifft, kraft derer der Begünstigte – ggfs. nur nach dem Tod des Schenkers – berechtigt sein soll, die Leistung an sich zu verlangen. Bei derartigen Verträgen zugunsten Dritter (§ 328 BGB) liegt im Verhältnis zwischen dem Schenker und dem forderungsberechtigten Dritten oftmals ein Schenkungsvertrag i.S.v. § 516 BGB vor. Soweit der Schenker und der Begünstigte hierüber eine entsprechende Vereinbarung (noch zu Lebzeiten des Schenkers) getroffen haben, sind derartige Gestaltungen in formaler Hinsicht relativ unproblematisch, da im Regelfall die verschenkte Forderung – aufschiebend bedingt an den Beschenkten abgetreten und somit das – zunächst unwirksame – Schenkungsversprechen (rückwirkend) geheilt wird.

729 Kommt die Einigung über die unentgeltliche Zuwendung aber erst nach dem Tod des Schenkers zustande – beispielsweise dadurch, dass der Forderungsschuldner (als Bote des Schenkers) dem Beschenkten das Schenkungsangebot mitteilt –, stellt sich die Frage, ob und inwieweit die Erben des Schenkers die Einigung eventuell noch verhindern können. Insoweit besteht für die Erben die Möglichkeit, gegenüber dem Forderungsschuldner den Auftrag des Schenkers, sein Angebot an den Beschenkten zu überbringen, zu widerrufen. Ebenso ist es möglich, gegenüber dem Beschenkten die

---

[631] Vgl. dazu *Koblenzer/Thonemann*, ErbStB 2003, 172, 173.

Schenkung als solche zu widerrufen. In beiden Fällen scheidet das Zustandekommen eines wirksamen Schenkungsvertrages aus. Die den Gegenstand der beabsichtigten Schenkung bildenden Vermögensgegenstände, zum Beispiel Kapitalanlagen, werden bzw. bleiben sodann Nachlassbestandteile.

Werden Wertpapiere bereits zu Lebzeiten schenkweise übertragen, behält sich der Schenker jedoch den Nießbrauch an den Kapitalerträgen vor, müssen die unter den Nießbrauch fallenden Wertpapiere zwingend auf einem gesonderten Depot auf Namen des Beschenkten mit Nießbrauch des Schenkers zusammengefasst werden, um eine Vollziehung der Übertragung zu dokumentieren und die erfassten Wertpapiere nachverfolgbar für die Finanzverwaltung abzubilden. Auch sollte im Rahmen der Nießbrauchseinräumung detailliert geregelt werden, inwieweit der Schenker für den Beschenkten, der durch die Übertragung Eigentümer wird, noch über die Wertpapiere verfügen darf, sprich zur Veräußerung berechtigt ist. Da es sich auch in diesen Fällen regelmäßig um Verträge unter Angehörigen handelt, wird die Finanzverwaltung die Nießbrauchseinräumung und ihren tatsächlichen Vollzug kritisch auf einen Fremdvergleich prüfen.

730

F. Erbschaft-/Schenkungsteuer

731 Mit Erbschaft- und Schenkungsteuer werden sowohl die Vermögensübergänge beim Tod einer Person (Erwerbe von Todes wegen) als auch bei Zuwendungen unter Lebenden (Schenkungen) belastet. Rechtsgrundlage ist das Erbschaftsteuergesetz (ErbStG).[632] Auch hier ist es für eine Behandlung der Kapitalanlagen unumgänglich, zunächst einen Überblick über die Grundstrukturen zu erhalten.

I. Grundstrukturen

1. Persönliche Steuerpflicht

a) Allgemeines

732 Die persönliche Steuerpflicht ist in § 2 ErbStG geregelt. Hier wird die Frage beantwortet, welche der in § 1 ErbStG bezeichneten Vorgänge der deutschen Erbschaftsteuer unterliegen. Ähnlich wie bei anderen Steuerarten wird auch bei der Erbschaft- und Schenkungsteuer zwischen unbeschränkter und beschränkter Steuerpflicht unterschieden. Die Beschränktheit der Steuerpflicht bezieht sich dabei auf den Umfang des Vermögensanfalls. Während die unbeschränkte Steuerpflicht grundsätzlich den gesamten Vermögensanfall umfasst, also unabhängig vom Lageort der einzelnen übergegangenen Vermögensgegenstände ist, erstreckt sich der Umfang der Besteuerung bei der beschränkten Steuerpflicht nur auf das sog. Inlandsvermögen.

b) Unbeschränkte Steuerpflicht

733 § 2 Abs. 1 Nr. 1 Satz 1 ErbStG knüpft die unbeschränkte Steuerpflicht an die Inländereigenschaft des Erblassers, des Schenkers oder des Erwerbers. Zur Vermeidung einer unbeschränkten Steuerpflicht genügt es also nicht, wenn z.B. lediglich der Erblasser seine Inländereigenschaft durch Wegzug beseitigt, solange der potentielle Erbe bzw. Beschenkte weiterhin in Deutschland als Inländer zu behandeln ist.

734 Maßgeblich zur Bestimmung der Inländereigenschaft ist der Zeitpunkt der Entstehung der Steuer, der sich seinerseits nach § 9 ErbStG richtet. Inländer

---

[632] In der Fassung v. 27.2.97, BGBl 1997 I, 378.

ist gem. § 2 Abs. 1 Nr. 1 Satz 2 ErbStG jede natürliche Person, die im Inland einen Wohnsitz (§ 8 AO) oder ihren gewöhnlichen Aufenthalt (§ 9 AO) hat. Die Staatsangehörigkeit ist insoweit zunächst unbeachtlich. Nach ständiger höchstrichterlicher Rechtsprechung wird ein Wohnsitz i.S.v. § 8 AO nicht erst dadurch begründet, dass eine Wohnung ständig genutzt wird und gleichzeitig die Absicht besteht, in ihr einen Wohnsitz zu haben. Vielmehr ist der steuerrechtliche Wohnsitzbegriff weitgehend objektiviert und stellt auf äußerliche Merkmale ab, deren Vorliegen als Indiz für die subjektiven Absichten des Steuerpflichtigen anzusehen ist. Laut BFH[633] reicht beispielsweise die Nutzung einer im Inland belegenen Doppelhaushälfte, die der Steuerpflichtige nur zweimal im Jahr während der Rehwildjagd bewohnt, aus, um einen Wohnsitz zu begründen.

Soweit ein Wohnsitz im Inland nicht besteht, kann die unbeschränkte Steuerpflicht durch das Vorliegen eines gewöhnlichen Aufenthalts i.S.v. § 9 AO eintreten. Insoweit setzt das Gesetz voraus, dass sich jemand an einem Ort unter solchen Umständen aufhält, die erkennen lassen, dass er an diesem Ort oder in diesem Gebiet nicht nur vorübergehend verweilt. Ein zusammenhängender Aufenthalt von mehr als sechs Monaten ist grundsätzlich ausreichend. 735

Gem. § 2 Abs. 1 Satz 1 Nr. 1 Satz 2b ErbStG gelten zudem deutsche Staatsangehörige trotz fehlendem Wohnsitz in Deutschland solange als Inländer, wie sie sich noch nicht länger als fünf Jahre im Ausland aufgehalten haben. Erst nach Ablauf der fünf Jahre bzw. zehn Jahren bei Auswanderung in die USA lt. Doppelbesteuerungsabkommen endet die Inländereigenschaft und eine damit verbundene unbeschränkte Steuerpflicht. Insoweit wirkt sich die deutsche Staatsangehörigkeit also in manchen Fällen doch steuerverschärfend zu Lasten eines Anlegers aus. 736

c) Beschränkte Steuerpflicht

Soweit keine unbeschränkte Steuerpflicht vorliegt, kann die beschränkte Steuerpflicht gem. § 2 Abs. 1 Nr. 3 ErbStG eingreifen. Diese ist auf den Erwerb von Inlandsvermögen i.S.d. § 121 BewG beschränkt. § 121 BewG enthält eine abschließende Aufzählung derjenigen Vermögenswerte, die zum Inlandsvermögen gehören. Es handelt sich insoweit also nicht um sämtliches 737

---

633 Vgl. BStBl 1989 II, 182.

(mehr oder weniger zufällig) im Inland befindliches Vermögen.[634] Vielmehr muss stets der im Gesetz genannte Katalog zur Prüfung herangezogen werden. Zum Inlandsvermögen gehören insbesondere inländischer Grundbesitz, inländisches Betriebsvermögen, Anteile an Kapitalgesellschaften mit Sitz oder Geschäftsleitung im Inland, soweit der Erblasser/Schenker an der Gesellschaft entweder allein oder zusammen mit ihm nahe stehenden Personen zu wenigstens 10% beteiligt ist, sowie durch inländischen Grundbesitz gesicherte Forderungen.

738 Nicht zum Inlandsvermögen in diesem Sinne gehören daher Anteile an inländischen Kapitalgesellschaften unter 10% vom Grund- oder Stammkapital, Wertpapiere, Bankguthaben, ungesicherte Geldforderungen, Hausrat, Schmuck, usw., und zwar unabhängig davon, ob sie sich im Inland befinden oder nicht.[635] Somit sind die meisten Kapitalanlagen – außer Beteiligungen an gewerblichen bzw. gewerblich geprägten Personengesellschaften (meist geschlossene Fonds) – nicht Gegenstand der beschränkten Erbschaftsteuerpflicht und – bei Vorliegen einer beschränkten Steuerpflicht – in Deutschland nicht erbschaftsteuerpflichtig.

739 Eine Erweiterung des Inlandsvermögensbegriffes erfolgt jedoch bei Erfüllung der Voraussetzungen des § 4 Abs. 1 AStG, wenn der Erblasser innerhalb der letzten zehn Jahre vor seinem Tod mindestens fünf Jahre als Deutscher unbeschränkt einkommensteuerpflichtig war. Der beschränkten Erbschaftsteuerpflicht werden insoweit alle Vermögensbestandteile unterworfen, deren Erträge bei unbeschränkter Einkommensteuerpflicht nicht ausländische Einkünfte i.S.v. § 34c Abs. 1 EStG wären. Diese erweiterte Steuerpflicht kann gem. § 4 Abs. 2 AStG verhindert werden, wenn nachgewiesen wird, dass auf diesbezügliche Vermögensteile eine der deutschen Erbschaftsteuer entsprechende ausländische Steuer erhoben wird, die mindestens 30% der deutschen Erbschaftsteuer beträgt, die sich unter Anwendung von § 4 Abs. 1 AStG ergeben würde.

740 Wesentliche Nachteile der beschränkten Steuerpflicht sind zum einen die Reduzierung des persönlichen Freibetrages gem. § 16 Abs. 2 ErbStG auf einheitlich nur 1.100 EUR und zum anderen die Reduzierung des zulässigen Schuldenabzugs nach § 10 Abs. 6 Satz 2 ErbStG. Dieser Regelung zufolge dürfen nur solche Schulden abgezogen werden, die ursächlich und unmittel-

---

[634] BFH HFR 1996, 401.
[635] Vgl. auch *Landsittel*, Gestaltungsmöglichkeiten, Rn. 393.

bar auf Vorgängen beruhen, die den der Besteuerung unterliegenden Vermögensgegenstand betreffen.[636] Dies liegt z.b. bei Darlehen vor, die zum Erwerb und zur Erhaltung eines inländischen Grundstücks aufgenommen wurden.[637]

2. Steuerpflichtige Vorgänge

§ 1 Abs. 1 ErbStG nennt insgesamt vier steuerpflichtige Tatbestände, nämlich den Erwerb von Todes wegen, die Schenkungen unter Lebenden, die Zweckzuwendungen und das Vorhandensein von Vermögen einer Familienstiftung oder eines Familienvereins im Abstand von jeweils 30 Jahren, wobei die beiden letztgenannten Fälle für Kapitalanlagen regelmäßig irrelevant sind.

a) Erwerbe von Todes wegen

Die steuerpflichtigen Erwerbe von Todes wegen ergeben sich aus § 3 ErbStG, der insoweit eine abschließende Aufzählung enthält. Die wesentlichen steuerpflichtigen Erwerbe von Todes wegen sind der Erwerb durch Erbanfall, also aufgrund gesetzlicher, testamentarischer oder erbvertraglicher Erbfolge, der Erwerb durch Vermächtnis, die Auflagenbegünstigung und der geltend gemachte Pflichtteilsanspruch.

In der zivilrechtlichen Praxis sind im Wesentlichen zwei Arten der Zuwendung von Todes wegen anzutreffen, nämlich die Erbeinsetzung und die Vermächtnisanordnung. Werden Erbeinsetzung und Vermächtnisanordnung miteinander kombiniert, kann auch ein Vorausvermächtnis i.S.d. § 2150 BGB vorliegen. Will der Erblasser einzelnen Miterben bestimmte Vermögensgegenstände gegenständlich zuweisen, bietet ihm das Vorausvermächtnis hierzu das entsprechende Instrumentarium. Dasselbe Ziel lässt sich aber zumeist auch durch eine Teilungsanordnung erreichen.

Daher können oftmals Zweifel bestehen, ob der Erblasser in seiner letztwilligen Verfügung die beabsichtigte gegenständliche Zuweisung durch Vorausvermächtnis oder durch Teilungsanordnung erreichen wollte. Die Unterscheidung der beiden Instrumente ist aber unter erbschaftsteuerrechtlichen Gesichtspunkten von erheblicher Bedeutung, da Teilungsanordnung und

---

636 Troll/Gebel/Jülicher-*Gebel*, § 10 Rn. 254, 255.
637 *Landsittel*, a.a.O., Rn. 400.

Vermächtnis (insbesondere Vorausvermächtnis) zu völlig unterschiedlichen steuerlichen Konsequenzen führen:

745 Gem. § 3 Abs. 1 Nr. 1 ErbStG gilt der Erwerb durch Vermächtnis eigenständig als Erwerb von Todes wegen. Die Teilungsanordnung wird hingegen in § 3 ErbStG nicht genannt, sie ist erbschaftsteuerlich unbeachtlich. Denn auch wenn die Teilungsanordnung im Ergebnis eine gegenständliche Zuweisung ererbten Vermögens bewirkt, beruht der Erwerb zivilrechtlich nicht etwa auf der Teilungsanordnung. Er erfolgt vielmehr durch Erbanfall i.S.d. § 3 Abs. 1 Nr. 1 ErbStG. Die Umsetzung der Teilungsanordnung bildet quasi einen zweiten Schritt, der losgelöst vom Anfall der Erbschaft an die Erbengemeinschaft zu betrachten ist.

746 Während eine Vermächtnislast vom Erben gem. § 10 Abs. 5 Nr. 2 ErbStG von seinem steuerpflichtigen Erwerb von Todes wegen abgezogen werden kann, ist dies hinsichtlich der mit einer Teilungsanordnung eventuell verbundenen Verpflichtungen nicht denkbar. Beim Vermächtnis korrespondiert also § 10 Abs. 5 Nr. 2 ErbStG mit § 3 Abs. 1 Nr. 1 ErbStG. Etwas Vergleichbares hat der Gesetzgeber hinsichtlich der Teilungsanordnung nicht vorgesehen.

747 Ebenfalls als Erwerb von Todes wegen gelten die Schenkung auf den Todesfall (§ 2301 BGB), die Begünstigung durch einen Vertrag zugunsten Dritter (z.B. Lebensversicherung), die Abfindung für die Ausschlagung einer Erbschaft oder eines Vermächtnisses sowie für den Verzicht auf einen Pflichtteilsanspruch. Obwohl diese Vermögenszuflüsse de facto regelmäßig nicht vom Erblasser, sondern von einem Dritten stammen, werden sie aufgrund gesetzlicher Fiktion wie Zuwendungen durch den Erblasser behandelt.

748 Die Erbschaftsteuer entsteht bei den Erwerben von Todes wegen gem. § 9 Abs. 1 Nr. 1 ErbStG grundsätzlich mit dem Tod des Erblassers. Für diejenigen Fälle, in denen die Bereicherung des Erwerbers erst zu einem späteren Zeitpunkt eintritt, sind im Gesetz entsprechende spätere Steuerentstehungszeitpunkte vorgesehen, wie z.B. bei einer aufschiebenden Bedingung erst mit Bedingungseintritt (§ 9 Abs. 1 Nr. 1a ErbStG), bei einer Auflage mit Vollziehung der Auflage (§ 9 Abs. 1 Nr. 1d ErbStG) oder bei einer Nacherbschaft erst mit Eintritt der Nacherbfolge (§ 9 Abs. 1 Nr.1h ErbStG).

b) Schenkungen unter Lebenden

Als Schenkung unter Lebenden ist grundsätzlich jede freigebige Zuwendung steuerpflichtig, soweit der Bedachte durch sie auf Kosten des Zuwendenden bereichert wird. Als Schenkungen gelten auch solche Vermögensvorteile, die aufgrund einer durch den Schenker angeordneten Auflage oder aufgrund einer Bedingung zugewendet werden, soweit der Empfänger hierfür keine Gegenleistung zu erbringen hat. Der steuerliche Schenkungsbegriff unterscheidet sich vom zivilrechtlichen Schenkungsbegriff insoweit, als eine Einigung zwischen dem Schenker und dem Beschenkten über die Unentgeltlichkeit der Zuwendung nicht erforderlich ist. Vielmehr genügt es, dass der Empfänger objektiv auf Kosten des Zuwendenden bereichert ist, und (allein) der Zuwendende subjektiv mit Bereicherungswillen gehandelt hat.

749

Für den Zeitpunkt der Steuerentstehung kommt es bei der Schenkung unter Lebenden auf den Vollzug, also die Ausführung der Schenkung an. Ausgeführt ist eine Schenkung regelmäßig dann, wenn der Beschenkte das erhalten hat, was ihm nach dem Willen des Schenkers verschafft werden sollte und er hierüber frei verfügen kann.[638] Maßgebend hierfür ist grundsätzlich nicht der Übergang des wirtschaftlichen Eigentums i.S.v. § 9 Abs. 2 Nr. 1 AO, sondern der des zivilrechtlichen Eigentums.

750

3. Ermittlung des steuerpflichtigen Erwerbs

a) Allgemeines

Die Bemessungsgrundlage der Erbschaft- und Schenkungsteuer ist der steuerpflichtige Erwerb, § 10 Abs. 1 Satz 1 ErbStG. Dieser errechnet sich grundsätzlich wie folgt:

751

    Wert des gesamten Vermögensanfalls
./   abzugsfähige Verbindlichkeiten und Belastungen,
    § 10 Abs. 3–9 ErbStG.
=   Bereicherung des Erwerbers
./. sachliche Steuerbefreiungen, §§ 5, 13, 13 a, 18 ErbStG
./. persönliche Freibeträge, §§ 16, 17 ErbStG
=   steuerpflichtiger Erwerb, § 10 Abs. 1 Satz 1 ErbStG
./. Abrundung auf volle € 100, § 10 Abs. 1 Satz 5 ErbStG
=   Bemessungsgrundlage

---

[638] BFH BStBl 1985 II, 382.

b) Bereicherung im Erbfall

752 Beim Erwerb von Todes wegen gilt gem. § 10 Abs. 1 Satz 1 ErbStG die Bereicherung des Erwerbers, soweit sie nicht steuerfrei ist, als steuerpflichtiger Erwerb. Maßgeblicher Zeitpunkt für die Bestimmung ist nach § 11 ErbStG der Zeitpunkt der Steuerentstehung, also im Regelfall der Tod des Erblassers, § 9 Abs. 1 Nr. 1 ErbStG.[639]

753 Wie oben bereits dargestellt, werden zur Ermittlung des steuerpflichtigen Erwerbs zunächst die abzugsfähigen Nachlassverbindlichkeiten (§ 10 Abs. 5–9 ErbStG) von den Nachlassaktiva substrahiert. Denn Besteuerungsobjekt der Erbschaftsteuer ist grundsätzlich der Zuwachs an wirtschaftlicher Leistungsfähigkeit beim Erwerber, der sich nicht aus dem Brutto-, sondern aus dem Nettoerwerb des Begünstigten ergibt.

754 Im Bereich der abzugsfähigen Nachlassverbindlichkeiten nennt der Gesetzgeber in § 10 Abs. 5 Nr. 1 ErbStG zunächst die sog. Erblasserschulden, also die von dem Verstorbenen selbst begründeten und seinen Erben hinterlassenen Verbindlichkeiten. Insoweit kommt ausschließlich ein Abzug durch den oder die Erben in Betracht, weil nur diese im Rahmen der Gesamtrechtsnachfolge in die Verpflichtungen des Erblassers eintreten, § 1967 BGB.

755 Zu den Erblasserschulden i.S.v. § 10 Abs. 5 Nr. 1 ErbStG gehören neben Darlehens- und ähnlichen Verbindlichkeiten auch Verpflichtungen aus laufenden Dauerschuldverhältnissen, die durch den Tod des Erblassers nicht enden. Diese sind bis zum frühestmöglichen Kündigungstermin abzugsfähig. Ebenso gehören hierher vom Erblasser hinterlassene Steuerschulden, und zwar sowohl im Bereich der Einkommensteuer als auch beispielsweise Erbschaft- oder Schenkungsteuerverpflichtungen des Erblassers, die aus diesem zu Lebzeiten angefallenen Erbschaften oder Schenkungen resultieren. Schließlich bildet auch die Zugewinnausgleichsforderung des überlebenden Ehegatten, die dieser den Erben gegenüber geltend machen kann, eine Nachlassverbindlichkeit nach § 10 Abs. 5 Nr. 1 ErbStG.

756 Neben den Erblasserschulden sind gem. § 10 Abs. 5 Nr. 2 ErbStG auch die sog. Erbfallschulden abzugsfähig, also solche Verbindlichkeiten, die ihren Entstehungsgrund im Erbfall selbst haben. Hierher gehören z.B. geltend gemachte Pflichtteilsansprüche oder aufgrund letztwilliger Verfügung des Erblassers zu erfüllende Vermächtnisse, die ebenfalls die Bereicherung des

---

639 Ausnahmen regelt § 9 Abs. 1 Nr. 1a – j ErbStG.

beschwerten Erben oder Vermächtnisnehmers mindern. Auch Auflagenverpflichtungen können gem. § 10 Abs. 5 Nr. 2 ErbStG abgezogen werden.

c) **Bereicherung bei Schenkung**

aa) Grundsätzliches

Auch die Schenkungsteuer rechtfertigt sich aus der durch die Bereicherung eingetretenen gesteigerten Leistungsfähigkeit des Beschenkten. Die Finanzverwaltung geht insoweit grundsätzlich davon aus, dass die Bereicherung einer freigebigen Zuwendung i.S.v. § 7 Abs. 1 Nr. 1 ErbStG unmittelbar aus dem Besteuerungstatbestand dieser Vorschrift herzuleiten ist. Zweifelsfragen im Bereich der Bewertung ergeben sich aber immer dann, wenn der Erwerber sich zu einer Gegenleistung verpflichtet hat oder der Wert der Zuwendung z.b. durch den Vorbehalt von Rechten an dem Zuwendungsgegenstand (z.B. Nießbrauchsrecht) gemindert ist.

757

Da eine Schenkung i.S.d. Erbschaft- und Schenkungsteuergesetzes begrifflich nur dann vorliegen kann, wenn der Schenker zumindest subjektiv eine (wenigstens teilweise) freigebige Bereicherung des Beschenkten will, muss stets zunächst die Frage beantwortet werden, ob der Leistung des Schenkers eine (wenigstens nach seiner Vorstellung) äquivalente Gegenleistung des Beschenkten gegenüber steht. Nur soweit dies nicht der Fall, liegt überhaupt eine Schenkung vor.

758

bb) Gemischte Schenkungen

Gemischte Schenkungen sind dadurch gekennzeichnet, dass der Zuwendungsempfänger für einen bestimmten wertmäßigen Teil der Zuwendung eine Gegenleistung erbringt. Dieser Teil wird also nicht geschenkt, so dass sich durch die Gegenleistung der Wert der unentgeltlichen Bereicherung des Beschenkten mindert. Wesentliches Kriterium ist, dass der Beschenkte die Gegenleistung aus seinem (außerhalb des Schenkungsgegenstandes liegenden) eigenen Vermögen erbringt. Hierin liegt auch das maßgebliche Abgrenzungskriterium zur Auflagenschenkung, bei der eine Leistung aus dem Wert des Zuwendungsgegenstandes selbst an den Schenker vereinbart wird. Dies führt steuerlich gesehen dazu, dass zunächst der ganze Zuwendungsge-

759

genstand (unentgeltlich) verschenkt wird und nicht nur der nach Erfüllung der Auflage verbleibende Teil.⁶⁴⁰

760 Da nach Auffassung der Finanzverwaltung die Bereicherung aus einer freigebigen Zuwendung i.S.v. § 7 Abs. 1 Nr. 1 ErbStG unmittelbar aus dem Besteuerungstatbestand der Vorschrift selbst hergeleitet wird, kommt es stets auf die sog. bürgerlich-rechtliche Bereicherung des Bedachten an.⁶⁴¹ Bei der gemischten Schenkung gilt der Unterschied zwischen dem Verkehrswert der Leistung des Schenkers und dem Verkehrswert der Gegenleistung des Beschenkten als bürgerlich-rechtliche Bereicherung.⁶⁴²

761 Hierzu hat die Finanzverwaltung in R 17 Abs. 2 ErbStR eine praktische Formel entwickelt, mit deren Hilfe der Steuerwert der freigebigen Zuwendung als schenkungsteuerliche Bemessungsgrundlage wie folgt ermittelt wird:

$$\frac{\text{Steuerwert der Leistung des Schenkers} \times \text{Verkehrswert der Bereicherung des Beschenkten}}{\text{Verkehrswert der Leistung des Schenkers}} = \text{Steuerwert der freigebigen Schenkung}$$

762 Entscheidend kommt es darauf an, vom Verkehrswert der Leistung des Schenkers die Gegenleistung des Beschenkten in Abzug zu bringen. Dies ergibt die in der Formel oben in Ansatz zu bringende Bereicherung des Beschenkten, die die Bemessungsgrundlage für die gemischte Schenkung verhältnismäßig entsprechend der vom Beschenkten übernommenen Gegenleistung reduziert.

d) Bewertungsgrundsätze

763 Bemessungsgrundlage der Erbschaftsteuer ist der steuerpflichtige Erwerb, den § 10 Abs. 1 Satz 1 ErbStG als die Bereicherung des Erwerbers definiert. Die Bewertung dieser Bereicherung richtet sich nach § 12 ErbStG i.V.m. den Vorschriften des Bewertungsgesetzes (BewG), auf die im § 12 ErbStG jeweils verwiesen wird. Grundlage der Bewertung für erbschaft- und schenkungsteuerrechtliche Zwecke sind daher die Vorschriften des BewG. Nach den allgemeinen Vorschriften des Bewertungsgesetzes (§§ 1–16 BewG) ist der oberste Wertmaßstab grundsätzlich der gemeine Wert i.S.d. § 9 BewG,

---

640 Vgl. MünchKom/*Kollhosser*, § 125 Rn. 3.
641 Vgl. R 17 Abs. 1 Satz 2 und Satz 3 ErbStR.
642 R 17 Abs. 1 Satz 7 Nr. 1 ErbStR.

I. Grundstrukturen

also der erzielbare Verkaufspreis. Insoweit ergeben sich also grds. Parallelen zur erbrechtlichen Bewertung, die auf den Verkehrswert abstellt, der durch die Verkaufspreise wiedergegeben wird und damit grds. synonym zum gemeinen Wert ist.

Ausnahmen von diesem Grundsatz, der durch § 12 Abs. 1 ErbStG auch im Erbschaft- und Schenkungsteuerrecht gilt, regeln aber die Absätze 2–6 des § 12 ErbStG. Hierin geht es vor allem um die Feststellung des gemeinen Werts von Anteilen an Kapitalgesellschaften (Abs. 2), die Bewertung von Grundbesitz (Abs. 3), von Bodenschätzen (Abs. 4), von Betriebsvermögen – mit Ausnahme der Betriebsgrundstücke – (Abs. 5) sowie die Bewertung von ausländischem Grundbesitz und ausländischem Betriebsvermögen (Abs. 6). Im Wesentlichen gelten folgende Grundaussagen:

– Oberster Wertmaßstab ist der gemeine Wert, also der erzielbare Verkaufspreis (§ 9 BewG).

– Börsennotierte Aktien und Wertpapiere werden mit ihrem Kurs- oder Börsenwert angesetzt (§ 12 Abs. 1 ErbStG, § 11 Abs. 1 und 3 BewG).

– Geldvermögen und Schulden werden regelmäßig mit dem Nennwert angesetzt, soweit nicht besondere Umstände einen höheren oder niedrigeren Wert begründen (§ 12 Abs. 1 ErbStG, § 12 Abs. 1–3 BewG).

– Investmentfondsanteile werden mit ihrem Rücknahmepreis bewertet (§ 12 Abs. 1 ErbStG, § 11 Abs. 4 BewG).

– Noch nicht fällige Lebensversicherungsansprüche aus Risikoversicherungen werden mit ihrem Rückkaufwert oder 2/3-Wert der eingezahlten Prämien bewertet (§ 12 Abs. 1 ErbStG, § 12 Abs. 4 BewG).

– Renten- und Nutzungsrechte (Nießbrauch, Wohnrecht) werden mit ihrem Kapitalwert angesetzt, der auf der Grundlage des Jahreswerts sowie der noch zu erwartenden Laufzeit bestimmt wird (§ 12 Abs. 1 ErbStG, §§ 13–16 BewG i.V.m. Anlage 9 und 9a zum BewG).

– Für das übrige Vermögen, insbesondere bewegliche Sachen, Sachleistungsansprüche etc. (nicht aber für Grundbesitz, Betriebsvermögen und nicht notierte Anteile an Kapitalgesellschaften) gilt der gemeine Wert.

764

4. Persönliche Steuerbefreiungen

a) Persönliche Freibeträge

765 Im Bereich der persönlichen Steuerbefreiungen sind in erster Linie die sog. persönlichen Freibeträge gem. § 16 ErbStG relevant.

766 Bei unbeschränkter Steuerpflicht gelten folgende persönliche Freibeträge:

Steuerklasse I:
- Ehegatte   307.000 EUR
- Kind oder Enkelkind, das anstelle eines bereits verstorbenen Elternteils Vermögen von den Großeltern erwirbt   205.000 EUR
- Übrige Erwerber der Steuerklasse I   51.200 EUR

Steuerklasse II:
- Alle Erwerber der Steuerklasse II   10.300 EUR

Steuerklasse III:
- Alle Erwerber der Steuerklasse III   5.200 EUR

767 Voraussetzung für die Gewährung des Ehegattenfreibetrages ist das rechtsgültige Bestehen der Ehe im Zeitpunkt der Steuerentstehung. Somit besteht ein Unterschied zur zivilrechtlichen Erbrechtslage. Denn die Sonderregelung des § 1933 BGB, demzufolge das Ehegattenerbrecht grundsätzlich ausgeschlossen ist, wenn die Voraussetzungen der Ehescheidung vorliegen und der Erblasser einen Scheidungsantrag gestellt hat, gelten im Erbschaft- und Schenkungsteuerrecht nicht. Ein anhängiges Scheidungsverfahren führt daher nicht zum Verlust des Ehegattenfreibetrages. Sofern nicht beide Ehegatten deutsche Staatsangehörige sind, genügt es, wenn die Ehe nach ausländischem Recht rechtsgültig geschlossen wurde. Auf die (angebliche) Nichtigkeit einer Ehe (§ 1313–1318 BGB) kann sich der Fiskus nicht berufen, solange die Nichtigkeit nicht durch gerichtliches Urteil festgestellt wurde. Für Partner einer nichtehelichen Lebensgemeinschaft gilt der Ehegattenfreibetrag ebenso wenig wie für die gleichgeschlechtlichen Partner einer eingetragenen Lebenspartnerschaft. In beiden Fällen handelt es sich um Personen der Steuerklasse III, deren Freibetrag daher jeweils auf 5.200 EUR beschränkt ist.

I. Grundstrukturen

Der Kinderfreibetrag i.H.v. 205.000 EUR steht jedem Kind nach jedem Elternteil gesondert zu. Kinder i.S.d. § 16 Abs. 1 Nr. 2 ErbStG i.V.m. § 15 ErbStG sind neben den ehelichen auch die nichtehelichen leiblichen Abkömmlinge des Erblassers bzw. Schenkers, wie auch seine Stief- und Adoptivkinder. Stiefkinder sind die leiblichen Abkömmlinge des (aktuellen bzw. eines früheren) Ehegatten. Die Stiefkind-Eigenschaft geht aus Sicht des Erbschaft- und Schenkungsteuerrecht auch durch die Auflösung oder Beendigung der das Stiefkind-Verhältnis begründenden Ehe nicht verloren. Adoptivkinder stehen zivilrechtlich den leiblichen Abkömmlingen gleich. Dies gilt ebenfalls hinsichtlich ihrer Behandlung beim erbschaft- und schenkungsteuerrechtlichen Freibetrag. Auch wenn zivilrechtlich durch die Adoption regelmäßig das verwandtschaftliche Band zwischen dem adoptierten Kind und seinen leiblichen Verwandten durchschnitten wird, sind Adoptivkinder in erbschaft- und schenkungsteuerlicher Hinsicht privilegiert. Denn ihnen steht der Kinderfreibetrag nach § 16 Abs. 1 Nr. 2 ErbStG sowohl im Verhältnis zu ihren leiblichen wie auch zu ihren Adoptiveltern zu. Es kommt also letztlich zu einer Verdopplung der Freibeträge (die allerdings in der Praxis oftmals überhaupt nicht relevant wird). 768

Der Freibetrag der Enkelkinder beläuft sich grundsätzlich auf jeweils 51.200 EUR. Die Ausführungen zu Adoptiv- und Stiefkindern gelten für die Enkelkinder entsprechend. Ausnahmsweise kann einem Enkelkind jedoch auch ein Freibetrag i.H.v. 205.000 EUR zur Verfügung stehen. Voraussetzung hierfür ist, dass derjenige Elternteil, der die Verwandtschaft des Enkelkindes zum Erblasser vermittelt, im Zeitpunkt des Erbfalls bereits verstorben ist. Ein Wegfall des die Verwandtschaft vermittelnden Elternteils aus anderen Gründen, z.B. in Folge einer Ausschlagung, ist erbschaftsteuerrechtlich irrelevant. Soweit die Voraussetzungen vorliegen, steht jedoch jedem Enkelkind der volle Freibetrag zu. Eine Aufteilung unter mehreren von dem weggefallenen Elternteil abstammenden Enkelkindern erfolgt nicht. 769

Entferntere Verwandte sowie der geschiedene Ehegatte gehören der Steuerklasse II an (§ 15 Abs. 1 ErbStG). Ihnen steht gem. § 16 Abs. 1 Nr. 4 ErbStG jeweils ein Freibetrag in Höhe von 10.300 EUR zu. 770

Alle übrigen Erwerber bilden gem. § 15 Abs. 1 ErbStG die Steuerklasse III. Ihnen stehen Freibeträge i.H.v. jeweils 5.200 EUR zu. Dies gilt, wie erwähnt, auch für den nichtehelichen Lebenspartner. 771

772 Soweit lediglich eine beschränkte Steuerpflicht i.S.v. § 2 Abs. 1 Nr. 3 ErbStG gegeben ist, wird – unabhängig vom verwandtschaftlichen Verhältnis zwischen dem Erblasser bzw. Schenker und dem Erwerber – ein einheitlicher Freibetrag von nur 1.100 EUR gewährt.

b) Versorgungsfreibeträge

773 Neben dem persönlichen Freibetrag gem. § 16 ErbStG können dem überlebenden Ehegatten des Erblassers sowie seinen Abkömmlingen zusätzlich besondere Versorgungsfreibeträge nach § 17 ErbStG zustehen.

774 In den Genuss des besonderen Versorgungsfreibetrags können der überlebende Ehegatte (Abs. 1) und gem. § 17 Abs. 2 ErbStG auch die Kinder des Erblassers gelangen. Beim überlebenden Ehegatten beträgt dieser Freibetrag stets 256.000 EUR. Die Höhe des Freibetrages der Kinder richtet sich nach deren Alter im Zeitpunkt des Erbfalles. Bei einem Alter bis zu 5 Jahren beträgt er 52.000 EUR, zwischen 5 und 10 Jahren 41.000 EUR, zwischen 10 und 15 Jahren 30.700 EUR, zwischen 15 und 20 Jahren 20.500 EUR und bis zur Vollendung des 27. Lebensjahres noch 10.300 EUR.

775 Gem. § 10 Abs. 1 Satz 2 bzw. Abs. 2 Satz 2 ErbStG ist der Versorgungsfreibetrag um den Kapitalwert bestimmter Versorgungsbezüge zu kürzen, die dem jeweiligen Steuerpflichtigen aus Anlass des Todes des Erblassers zustehen, die aber ihrerseits nicht der Erbschaftsteuer unterliegen.

c) Steuerfreistellung des Zugewinnausgleichs

776 Gemäß § 5 ErbStG wird derjenige Betrag, der dem überlebenden Ehegatten als (fiktive oder reale) Zugewinnausgleichsforderung gegenüber dem Nachlass zusteht, von der Erbschaftsteuer freigestellt. Dies gilt unabhängig davon, ob der überlebende Ehegatte Erbe oder Vermächtnisnehmer wird oder ihm (erbrechtlich) nur sein Pflichtteilsanspruch zusteht und er daneben gem. § 1371 Abs. 2 BGB seinen realen Zugewinnausgleichanspruch geltend macht. Bei der Berechnung des steuerfreien Betrages gelten gegenüber der zivilrechtlichen Rechtslage einige steuerrechtliche Modifikationen.

777 Ergeben sich beispielsweise durch die erbschaftsteuerrechtlich maßgeblichen Bewertungsvorschriften Unterschiede zwischen dem Verkehrswert des Nachlasses und seinem erbschaftsteuerrechtlich maßgeblichen Steuerwert, ist die Freistellung der Zugewinnausgleichsforderung im Wege einer Ver-

hältnisrechnung um diese Wertunterschiede zu bereinigen (§ 5 Abs. 1 Satz 5 ErbStG).[643]

Vor dem Hintergrund dieser Verhältnisrechnung wird der überlebende Ehegatte bei seiner Entscheidung, die erbrechtliche oder die güterrechtliche Lösung zu wählen, in vielen Fällen auch erbschaftsteuerrechtliche Gesichtspunkte in seine Überlegungen mit einzubeziehen haben. Denn möglicherweise führt die Ausschlagung der Erbschaft nebst Geltendmachung des realen Zugewinnausgleichsanspruchs durch die Ehefrau unabhängig von den Steuerwerten des Nachlasses zu einer vollständigen Steuerfreistellung, während anderenfalls in der gleichen Situation aufgrund der Verhältnisrechnung eine Steuerbelastung eintreten kann.

Gem. § 5 Abs. 1 Satz 2–4 ErbStG finden von der gesetzlichen Norm abweichende vertragliche Regelungen der Ehegatten im Rahmen der Berechnung der fiktiven Ausgleichsforderung keine Beachtung. Insbesondere die gesetzliche Vermutung des § 1377 Abs. 2 BGB, der zufolge mangels der Aufstellung eines Bestandsverzeichnisses ein Anfangsvermögen beider Ehegatten von Null fingiert wird, gilt im Rahmen des Erbschaftsteuerrechts nicht.

5. Steuertarif

Die Zuordnung der verschiedenen Erwerber zu den einzelnen Steuerklassen i.S.d. § 15 Abs. 1 ErbStG ist neben der Höhe des nach § 10 ErbStG ermittelten Wertes des steuerpflichtigen Erwerbs maßgeblich für die Steuerbelastung.

Die Steuer wird nach den folgenden Prozentsätzen bezogen auf die Zugehörigkeit zur Steuerklasse und auf den Wert des steuerpflichtigen Erwerbs erhoben:

Wert des steuerpflichtigen Erwerbs (§ 10) bis einschließlich … EUR	Vomhundertsatz in der Steuerklasse		
	I	II	III
52 000	7	12	17
256 000	11	17	23
512 000	15	22	29
5 113 000	19	27	35
12 783 000	23	32	41

---

643 Vgl. zum Ganzen *Riedel*, ZErb 2002, 191 f.

	25 565 000	27	37	47
	über 25 565 000	30	40	50

782 Der Erbschaftsteuertarif ist ein Stufen- und kein Progressionstarif. Bei Überschreiten der jeweiligen Stufe ist grundsätzlich der nächst höhere Prozentsatz maßgeblich. Da sich hieraus – je nach Höhe des steuerpflichtigen Erwerbs – Härten für den Steuerpflichtigen ergeben können, kann gem. § 19 Abs. 3 ErbStG ein sog. Härteausgleich eingreifen. Im Rahmen dieses Härteausgleichs wird die Steuer auf den jeweiligen Zusatzerwerb, also den die nächst niedrigere Stufe übersteigenden Betrag, der Höhe nach begrenzt. **Beispiel:** Die Höchststeuer auf den Zusatzerwerb darf bei einem Steuersatz bis zu 30% die Hälfte und bei einem Steuersatz über 30% 3/4 des die Wertgrenze übersteigenden Betrages nicht überschreiten.

6. Berücksichtigung früherer Erwerbe

783 Gem. § 14 ErbStG werden Erwerbe, die innerhalb eines Zeitraums von 10 Jahren von dem gleichen Zuwendenden auf ein und denselben Empfänger übergehen, zusammengerechnet. Hierdurch soll einerseits sichergestellt werden, dass der persönliche Freibetrag nach § 16 ErbStG innerhalb von 10 Jahren nur einmal ausgenutzt wird. Zum anderen verhindert der Gesetzgeber auf diese Weise, dass der Anstieg der Steuersätze nach § 19 ErbStG durch eine Aufsplitterung in mehrere eigenständige Zuwendungen umgangen wird. Für den Beginn und das Ende des Zehnjahres-Zeitraums ist der jeweilige Zeitpunkt der Entstehung der Steuer i.S.v. § 9 ErbStG maßgeblich.

784 Dem jüngsten Erwerb innerhalb des Zehnjahres-Zeitraums werden sämtliche früheren Erwerbe mit ihrem seinerzeit maßgeblichen Steuerwert hinzugerechnet, § 14 Abs. 1 Satz 1 ErbStG. Wertveränderungen des zugewendeten Vermögens zwischen den beiden Erwerbszeitpunkten bleiben unberücksichtigt. Dies gilt auch für solche Erwerbe, die vor der Neuregelung des Erbschaftsteuergesetzes zum 1.1.1996 stattgefunden haben. Negative Steuerwerte, die sich insbesondere beim isolierten lebzeitigen Übergang von Betriebsvermögen bzw. Anteilen an gewerblich tätigen Personengesellschaften ergeben können, bleiben bei einer Zusammenrechnung außer Ansatz. Sie werden im Rahmen des § 14 ErbStG mit Null bewertet.

785 Für den auf diese Weise errechneten Gesamterwerb ist sodann die Steuer zu ermitteln. Im nächsten Schritt ist hiervon der Steuerteilbetrag abzuziehen, der – fiktiv, also nach aktuellem Gesetzesstand – auf den Wert der früheren

Erwerbe entfällt. Der verbleibende Betrag wird als Steuer auf den Letzterwerb festgesetzt. Im Ergebnis wird also erreicht, dass alle innerhalb des Zehnjahres-Zeitraums angefallenen Erwerbe so besteuert werden, als ob sie durch eine einzige Zuwendung zum Erwerber gelangt sind.

II. Erbschaft-/Schenkungsteuer bei Kapitalanlagen

1. Verhältnis von § 11 BewG und § 12 BewG

Bei Wertpapieren, Schuldbuchforderungen und Anteilen an Kapitalgesellschaften muss grundsätzlich der Börsenkurs zum Bewertungsstichtag (Todes- bzw. Schenkungszeitpunkt) für die Bemessung der Erbschaft- und Schenkungsteuer herangezogen werden. Zentrale Vorschrift ist insoweit über den Verweis in § 12 Abs. 1 ErbStG der § 11 Abs. 1 BewG. Dabei kommt es auf die konkrete Ausgestaltung eines Wertpapiers nicht an. Entscheidend ist, dass eine Börsenkursnotierung besteht. In diesem Fall werden Wertpapiere, Schuldbuchforderungen und Anteile an Kapitalgesellschaften unabhängig von ihrer Ausgestaltung im Detail erbschaftsteuerlich mit dem Börsenkurs nach § 11 Abs. 1 BewG bewertet. Lediglich dann, wenn keine Börsenkursnotierung existiert, ist zu differenzieren:

786

Verbriefen die Wertpapiere Anteile an Kapitalgesellschaften (insbesondere Aktien), sind diese gem. § 11 Abs. 2 BewG mit dem gemeinen Wert in Ansatz zu bringen.[644] In allen anderen Fällen handelt es sich bei den Wertpapieren um verbriefte Kapitalforderungen, deren Bewertung sich nach § 12 BewG richtet und grundsätzlich einen Ansatz mit dem Nennwert fordert.[645]

787

2. Börsennotierte Anteile

Da Wertpapiere und Kapitalgesellschaftsanteile, die in Wertpapieren verbrieft sind, bei Vorhandensein eines Börsenkurses vorrangig nach diesem bewertet werden, ist in einem ersten Schritt stets zu prüfen, ob eine solche Börsennotierung vorliegt. Der Wertpapierhandel findet grds. auf drei Ebenen statt, die eine Kursbestimmung zulassen:

788

a) dem amtlichen Handel/Markt, für den eine Zulassung nach §§ 30 ff. BörsenG erforderlich ist,

---

644 Dazu unter F.II.3.a)aa).
645 Vgl. R 95 Abs. 2 ErbStR.

b) dem geregelten Markt und
c) dem Freiverkehr.

a) Relevante Kursnotierung

789 Dabei richtet sich die Bewertung eines Wertpapiers nach dem niedrigsten am Stichtag für sie notierten Kurs im amtlichen Handel, § 11 Abs. 1 BewG.[646] Liegt am Stichtag eine Notierung nicht vor, so ist der letzte innerhalb von 30 Tagen vor dem Stichtag im amtlichen Handel notierte Kurs maßgebend, § 11 Abs. 1 Satz 2 BewG. Entsprechend sind die Wertpapiere zu bewerten, die zum geregelten Markt zugelassen oder in den Freiverkehr einbezogen sind, § 11 Abs. 1 Satz 3 BewG. Diese Abstufung hat zur Folge, dass vorrangig die Werte des amtlichen Handels (1. Stufe) heranzuziehen sind. Existiert auf den Stichtag kein entsprechender Kurs des amtlichen Handels, ist innerhalb von 30 Tagen vor dem Stichtag der letzte Kurs des amtlichen Handels in Ansatz zu bringen. Dies gilt vom Grundsatz her auch dann, wenn für das Wertpapier Kurse des geregelten Marktes oder des Freiverkehrs auf den Stichtag existieren, z.B. weil an anderen Börsen eine Zulassung lediglich zum geregelten Markt erfolgte.[647] Im Hinblick auf das geltende Stichtagsprinzip kann dies jedoch nur gelten, wenn sich von der letzten Kursnotierung bis zum Stichtag keine gravierenden Änderungen (z.B. überraschende Verschlechterung der Unternehmenslage oder Änderung der politischen Gesamtlage und dadurch bedingte Änderung der Börsentendenz) ergeben haben.[648] Das Eintreten solcher Umstände kann indiziell beispielsweise aus zeitnäheren Kursen der niedrigeren Wertpapierhandelsstufe (geregelter Markt oder Freiverkehr) zu entnehmen sein.

790 Grundsätzlich sind alle Börsenkurse anzuerkennen, unabhängig davon, ob ihnen ein tatsächlicher Umsatz zugrunde liegt oder nicht. So haben Kassakurse, Geld-, Brief- und Taxkurse grds. gleiches Gewicht. Nicht ausreichend ist dagegen ein lediglich im bloßen Telefonverkehr zustande gekommener Kurs.[649] Dieser kann aber als Indiz zur Bestimmung des gemeinen Wertes gem. § 11 Abs. 2 BewG bei Anteilen an Kapitalgesellschaften oder nach § 12 Abs. 1 BewG als besonderer Umstand zur Bewertung von Kapitalforderungen in Abweichung zum Nennwert herangezogen werden. Umstritten ist

---

646 S.a. R 95 Abs. 1 ErbStR.
647 Viskorf-*Viskorf*, § 11 BewG Rn. 10.
648 Troll/Gebel/Jülicher-*Jülicher* § 12 Rn. 268.
649 Viskorf-*Viskorf*, § 11 BewG Rn. 10 f.

lediglich, ob variable Kurse, bei denen für alle zustande gekommenen Abschlüsse der Kurs fortlaufend notiert wird,[650] zugrunde gelegt werden dürfen oder stets auf den Einheitskurs (Kurs, zu dem die meisten Aufträge an einem Tag ausgeführt wurden) zu rekurrieren ist.[651] Letzteres entspricht wohl der vorherrschenden Ansicht, obwohl eine Differenzierung nicht o.w. nachvollziehbar erscheint.

Für ausländische Wertpapiere, für die keine Notierung an deutschen Börsen vorliegt und deren Kurs sich auch nicht über einen Telefonkurs des inländischen Bankenverkehrs bestimmen lässt, ist ihr Wert aus dem Kurs des Emissionslandes abzuleiten, R 95 Abs. 4 ErbStR.

791

Hinweis: Bei festverzinslichen Wertpapieren, die an der Börse gehandelt werden, enthalten die Börsenkurse nicht etwaige bis zum Stichtag aufgelaufene Stückzinsen. Diese sind vielmehr zusätzlich zum Börsenkurs mit ihrem Nennwert als selbständige Kapitalforderung i.S.v. § 12 Abs. 1 BewG anzusetzen.[652]

792

b) Abweichungen vom Börsenkurs

Grundsätzlich sieht § 11 Abs. 1 BewG keine Korrekturen für den Fall vor, dass der gemeine Wert der Wertpapiere nachweislich höher oder niedriger als der Börsenkurs sein sollte. Besondere persönliche Umstände finden insoweit keine Berücksichtigung. Eine Ausnahme wird nur dann zugelassen, wenn die Abweichung vom Kurswert nach börsenrechtlichen Regelungen eine Streichung des Börsenkurses erlauben würde.[653] Nicht ausreichend ist es, wenn sich der Börsenkurs aus nicht repräsentativen Minimalumsätzen ergibt oder die Kurse wegen spekulativer Einflüsse am Stichtag als überhöht einzustufen sind.[654]

793

Wichtig zu wissen ist in diesem Zusammenhang, dass die Banken in ihren Meldungen an die Finanzämter die Depot- und Kontenstände vom Vortodestag angeben. Bei großen Depotvolumina kann es daher angezeigt sein, den Kurs des Folgetages – dem Todestag – selbständig zu ermitteln.

794

---

650 So Troll/Gebel/Jülicher- *Jülicher* § 12 Rn. 267.
651 So u.a. Viskorf-*Viskorf*, § 11 BewG Rn. 11 m.w.N. und unter Hinweis auf das BMF.
652 BFH v. 3.10.1984, II R 194/82, BStBl 1985 II, 73.
653 Statt vieler Viskorf-*Viskorf*, § 11 BewG Rn. 14 m.w.N. zur Rspr.
654 Troll/Gebel/Jülicher- *Jülicher* § 12 Rn. 269.

c) Nachträglicher Kursverfall

795 Aufgrund des strengen Stichtagsprinzips kann es bei einem Kursverlust der Wertpapiere nach dem Tod zu für die Erben misslichen Ergebnissen kommen. Stirbt der Erblasser bei besonders hohen Börsenkursen, ist die Erbschaftsteuer anhand dieser hohen Werte zu ermitteln, was bei großen Depots zu einer hohen Steuerbelastung führen kann. Aufgrund der regelmäßig großen Fungibilität der börsennotierten Wertpapiere kann diese Steuer, wenn der Erbe selbst nicht über ausreichende liquide Mittel verfügt, im Normalfall ohne weiteres aus der Erbmasse beglichen werden.

796 Bis die Erbschaftsteuer festgesetzt wird vergeht regelmäßig etwas Zeit, insbesondere wenn Streitigkeiten mit dem Finanzamt oder anderen Erben entstehen. Kommt es während dessen zu einem rapiden Kursverfall der geerbten Wertpapiere (z.B. Börsencrash) und veräußert der Erbe diese nicht rechtzeitig bzw. bei einer zerstrittenen Erbengemeinschaft sind dem einzelnen Miterben u.U. sogar die Hände gebunden, kann sich der Wert des geerbten Depots halbieren oder noch weiter verringern. Dies kann soweit gehen, dass das verbliebene ererbte Vermögen möglicherweise noch nicht einmal mehr genügt, um die auf ihm lastende, noch nach dem hohen Kurswert berechnete Erbschaftsteuer zu bezahlen. Müssen Aktien in dieser Situation zwangsweise veräußert werden, kann dies zu einem weiteren Kursverfall führen. Eine Spirale, aus der der Anleger nicht entkommen kann. Mit einem (Teil-)Erlass der Steuer durch das Finanzamt ist im Regelfall nicht zu rechnen, da die hohe Steuer der gesetzlichen Regelung (Stichtagsprinzip) entspricht. Ausnahmen werden nur dann aus Billigkeitsgründen diskutiert und im Einzelfall zugelassen (oder auch nicht), wenn – wie z.B. bei jungen Start-Up Unternehmen – der Aktienkurs wesentlich von der Person des Unternehmers abhängt und das Bekanntwerden des Todes des Unternehmers zu einer sofortigen Marktreaktion in Form eines erheblichen Kursverfalls führt, ohne dass für die Erben überhaupt die Möglichkeit bestand zu reagieren, sprich Aktien zu verkaufen.[655]

797 **Hinweis:** Es ist daher für den Erben äußerst wichtig, sich kurzfristig nach dem Tod des Erblassers einen Überblick über evt. Wertpapierdepots der Erbmasse zu verschaffen und die Kursentwicklung ab dem Todeszeitpunkt

---

[655] Zum Streitstand vgl. Viskorf-*Viskorf*, § 11 BewG Rn. 14 m.w.N.; Troll/Gebel/Jülicher-*Jülicher* § 12 Rn. 272, der in diesem Sonderfall nicht nur eine Billigkeitsmaßnahme, sondern eine Reduzierung des Vermögensanfalls auf den verringerten Aktienwert fordert.

sorgfältig zu beobachten bzw. die Depotverwaltung in fachkundige Hände zu geben. Anderenfalls kann ihn unter Umständen nur eine fristgerechte Ausschlagung der Erbschaft vor nicht bezahlbarer Erbschaftsteuer schützen. Dazu darf aber die lediglich sechswöchige Ausschlagungsfrist noch nicht abgelaufen sein, was regelmäßig der Fall sein dürfte, wenn ein nachhaltiger Wertverlust des geerbten Depots festgestellt wird. Auf der anderen Seite muss der Erblasser durch geeignete Maßnahmen (Vollmacht über den Tod hinaus, Einsetzen eines Testamentsvollsteckers bei minderjährigen Erben o.ä.) dafür Sorge tragen, dass seine Erben von Beginn an handlungsfähig sind, um im Falle eines Wertverlustes sofort reagieren zu können.

Hinweis: Müssen die Wertpapiere zeitnah veräußert werden und handelt es sich – wie z.B. bei Aktien von börsennotierten Aktiengesellschaften – nicht um Finanzinnovationen (§§ 20 Abs. 1 Nr. 7, 20 Abs. 2 Satz 1 Nr. 4 EStG), ist zu prüfen, ob die Jahresfrist für private Veräußerungsgeschäfte i.S.v. § 23 Abs. 1 Satz 1 Nr. 2 EStG bereits zu Lebzeiten des Erblassers abgelaufen ist. Sollte dies der Fall sein, fällt keine Einkommensteuer an. Anderenfalls läuft die Frist gem. § 23 Abs. 1 Satz 3 EStG in den Händen des Erben infolge des unentgeltlichen Erwerbs fort, beginnend mit der Anschaffung durch den Erblasser. In diesen Fällen kann daher eine Doppelbelastung mit Erbschaft- und Ertragsteuer eintreten.

798

Ähnliches ist bei einer Erbauseinandersetzung zu beachten, sofern es in ihrem Zusammenhang zu entgeltlichen Übertragungen solcher Wertpapiere auf einen Miterben oder eine Veräußerung an Dritte zum Zwecke der Auseinandersetzung der Erbengemeinschaft kommt. Bei einer Erbauseinandersetzung im Wege der Realteilung liegen ein entgeltlicher Erwerb und damit eine Anschaffung i.S.v. § 23 EStG vor, wenn der Wert des Erlangten den Wert des Miterbenanteils übersteigt. Es beginnt daher eine neue Jahresfrist i.S.v. § 23 Abs. 1 Satz 1 Nr. 2 EStG zu laufen. Auch dann, wenn der Miterbe den gesamten Miterbenanteil entgeltlich von einem anderen Miterben erwirbt und er Gegenstände daraus innerhalb der Jahresfrist veräußert, greift § 23 EStG ein. Der BFH hat die für eine Besteuerung als privates Veräußerungsgeschäft erforderliche Identität des angeschafften und des veräußerten Wirtschaftsgutes ausdrücklich bejaht.[656]

799

---

[656] Urt. v. 20.4.2004, EEE 2004, 212.

3. Bewertung von nicht notierten Anteilen an Kapitalgesellschaften (§ 11 Abs. 2 BewG)

800 Bei nicht notierten Kapitalgesellschaften wird auf den gemeinen Wert abgestellt. Dieser soll nach § 11 Abs. 2 Satz 2 BewG in erster Linie aus Verkäufen im gewöhnlichen Geschäftsverkehr abgeleitet werden, die im Besteuerungszeitpunkt weniger als ein Jahr zurückliegen. Gerade bei mittelständisch geprägten GmbHs sind aber oftmals auch keine solchen Verkäufe feststellbar, so dass der gemeine Wert gem. § 11 Abs. 2 Satz 2 BewG unter Berücksichtigung des Vermögens und der Ertragsaussichten der Kapitalgesellschaft geschätzt werden muss. Die Art und Weise der Schätzung ist durch das sog. Stuttgarter Verfahren – geregelt in R 96 ff ErbStR – standardisiert und stellt eine Kombination von Ertrags- und Vermögensbewertung dar:[657]

801 Zunächst wird nach R 98 ErbStR der Substanzwert der Gesellschaft ermittelt, wobei grundsätzlich von der letzten Steuerbilanz auszugehen ist. Allerdings sind hierbei einige Korrekturen, insbesondere bezüglich der Betriebsgrundstücke, die mit ihren Grundbesitzwerten nach §§ 138 ff. BewG angesetzt werden, erforderlich.

802 Der Ertragswert orientiert sich prinzipiell an den voraussichtlichen künftigen Jahreserträgen. Für deren Schätzung wird jedoch auf die in der Vergangenheit erzielten durchschnittlichen Ergebnisse abgestellt. Dabei ist ein gewichteter Durchschnitt aus den letzten drei Geschäftsjahren zu bilden. Das jüngste Ergebnis wird mit dem Faktor 3, das mittlere mit dem Faktor 2 und das älteste mit dem Faktor 1 multipliziert; das Produkt wird anschließend durch 6 geteilt.

803 Sowohl die Vermögens- als auch die Ertragskomponente werden in sog. Hundertsätzen (Vermögenshundertsatz und Ertragshundertsatz) ausgedrückt, die jeweils auf das Stammkapital der Gesellschaft bezogen sind. Die so ermittelten Prozentsätze werden in eine Gleichung eingestellt und ergeben den Prozentsatz, mit dem der von dem Gesellschafter gehaltene Nominalbetrag des Grund- oder Stammkapitals zu multiplizieren ist. Die Bewertung nach dem Stuttgarter Verfahren erfolgt anhand folgender Formel:

804 Gemeiner Wert = 68 % × (Vermögenshundertsatz + 5 × Ertragshundertsatz)

---

[657] Zur Ablehnung des Stuttgarter Verfahrens als sachgerechtem Bewertungsmaßstab durch das BVerfG s.u. F.II.6.c)ff).

Anstelle einer umfangreichen theoretischen Beschreibung des einigermaßen komplexen Bewertungsverfahrens sollen die grundlegenden Prinzipien anhand des nachfolgenden Beispiels verdeutlicht werden:

Beispiel:

A hält einen Geschäftsanteil i.H.v. nominal 10.000 EUR an einer GmbH. Das Stammkapital der GmbH beträgt insgesamt 40.000 EUR, ihr Vermögen beläuft sich auf 200.000 EUR. Die GmbH hat 2002 100.000 EUR, 2003 200.000 EUR und 2004 400.000 EUR erwirtschaftet. Keiner der Mitgesellschafter des A hat eine Beteiligung von mehr als 50 %; auch sonstige Sonderfaktoren sollen unberücksichtigt bleiben.

A stirbt im Jahre 2005.

Berechnung der erbschaftsteuerlichen Bemessungsgrundlage der Anteile:

1. Ermittlung des Ertragshundertsatzes (R 99 Abs. 4 ErbStR)

a) Ermittlung des durchschnittlichen Jahresertrags

EUR	100.000 × 1 =	100.000 EUR
EUR	200.000 × 2 =	400.000 EUR
EUR	400.000 × 3 =	1.200.000 EUR
		1.700.000 EUR
EUR	1.700.000 : 6 =	283.333 EUR

b) Verhältnis zum Stammkapital

283.333 EUR : 40.000 EUR = **708 % = Ertragshundertsatz**

2. Ermittlung des Vermögenswertes (R 98 Abs. 4 ErbStR)

200 000 EUR (Vermögen lt. Sachverhalt) : 40 000 EUR (Stammkapital) = **500 % = Vermögenshundertsatz**

3. Berechnung des gemeinen Wertes durch Einsetzen in die Formel (s.o.)

$X = 68\% \times (500 + 5 \times 708)$

$X = 68\% \times 4.040$

$X = 2.742\%$

Der Anteil des A am Stammkapital i.H.v. nominal 10.000 EUR (1/4 des Stammkapitals) ist daher mit 2.742 % zu multiplizieren. Dies ergibt einen Verkehrswert des Geschäftsanteils des A i.H.v. 2.742.000 EUR.

807 Das Beispiel verdeutlicht u.a. die Bedeutung der unterschiedlichen Gewichtung der vergangenen Jahre. Hätte die Gesellschaft den Ertrag von 400.000 EUR nicht im letzten Jahr vor dem Tod des A erzielt, sondern im Jahr 2002, wären also die Gewinne in absteigender Reihenfolge erzielt worden (2002 400.000 EUR; 2003 200.000 EUR; 2004 100.000 EUR), würde sich mit 1.100.000 EUR ein gegenüber 1.700.000 EUR wesentlich niedrigerer durchschnittlicher Jahresertrag und damit auch ein niedriger gemeiner Wert ergeben. Noch extremer wird das Ergebnis, wenn in einzelnen Jahren Verluste erzielt wurden.

808 Weitere Besonderheiten bestehen für Anteile, die keinen Einfluss auf die Geschäftsführung haben, sowie bei Neugründungen, bei Beteiligungsbesitz, bei ungleichen Rechten und anderen besonderen gesellschaftsrechtlichen bzw. wirtschaftlichen Situationen. Hier können sowohl Zu- als auch Abschläge geboten sein.[658]

4. Bewertung von nicht notierten Kapitalforderungen (§ 12 BewG)

809 Grundsätzlich sind Kapitalforderungen und Schulden gem. § 12 Abs. 1 Satz 1 BewG mit ihrem Nennwert im Besteuerungszeitpunkt anzusetzen, wobei der Nennbetrag grds. demjenigen Betrag entspricht, der vom Schuldner bei Fälligkeit der Kapitalforderung zu leisten ist (auch Einlösungsbetrag genannt). Voraussetzung ist, dass die Kapitalforderung am Bewertungsstichtag bereits bestand (keine Abhängigkeit von einer aufschiebenden Bedingung mehr o.ä.) und noch nicht erloschen war. Sind Ansprüche, die vom Ergebnis eines Geschäftsjahres abhängen, vertraglich genau festgelegt und kommt es allein auf die Höhe des Geschäftsergebnisses an, entsteht die Kapitalforderung mit Ablauf des Geschäftsjahres, ohne dass weitere Handlungen erforderlich sind. In allen anderen Fällen – wenn eine Gewinnbeteiligung z.B. im freien Ermessen steht – ist eine Forderung erst nach Fassung eines entsprechenden Gesellschafterbeschlusses vorhanden.

a) Besondere Umstände

810 Der Nennwert kommt jedoch dann nicht zum Tragen, wenn im Einzelfall besondere Umstände einen höheren oder geringeren Wert gerechtfertigt

---

658 Vgl. dazu R 100 Abs. 3 ff. ErbStR.

erscheinen lassen, § 12 Abs. 1 Satz 1 BewG. Gesetzliche Sonderregelungen finden sich in

– § 12 Abs. 2 BewG für **uneinbringliche Forderungen**, die nicht anzusetzen sind (z.b. bei Abgabe der Eidesstattlichen Versicherung durch den Schuldner oder Einstellung eines Insolvenzverfahrens mangels Masse). Dem steht es gleich, wenn zweifelhaft ist, ob eine Kapitalforderung in vollem Umfang durchsetzbar ist (R 109 Abs. 1 Nr. 3 ErbStR). Vergleichbares gilt für

– **unverzinsliche Forderungen** (§ 12 Abs. 3 BewG). Bei letzteren sieht das Gesetz für den Fall, dass ihre Laufzeit, gerechnet von dem Bewertungsstichtag, noch mehr als ein Jahr beträgt und sie zu einem bestimmten Zeitpunkt zur Rückzahlung fällig sind, folgende Bewertung vor: Anzusetzen ist der Betrag, der vom Nennwert nach Abzug von Zwischenzinsen unter Berücksichtigung von Zinseszinsen verbleibt, wobei von einem Zinssatz i.H.v. 5,5% auszugehen ist.[659]

In beiden Fällen rechtfertigen die besonderen Umstände einen Wertansatz unterhalb des Nennbetrages, da die Werthaltigkeit der Kapitalforderung gegenüber dem Normalfall eingeschränkt ist. 811

Entsprechendes gilt für **niedrig verzinsliche Kapitalforderungen**, wenn die Kündbarkeit für längere Zeit ausgeschlossen ist, R 109 Abs. 1 Nr. 2 ErbStR. Eine solche niedrig verzinsliche Forderung besteht, wenn die Verzinsung unterhalb von 3% liegt und am Bewertungsstichtag die Kündigung für mindestens vier weitere Jahre eingeschränkt oder ausgeschlossen ist.[660] Wird die niedrige laufende Verzinsung jedoch durch andere Vorteile ausgeglichen, kommt eine Abwertung nicht in Betracht. 812

Dagegen rechtfertigen **außergewöhnlich hohe Zinssätze** oberhalb von 9% eine Höherbewertung gegenüber dem Nennbetrag, wenn auch hier am Bewertungsstichtag eine Kündigung für mindestens vier Jahre ausgeschlossen ist, 109 Abs. 2 Satz 3 ErbStR. Wird der Vorteil der hohen laufenden Zinsen durch anderweitige Nachteile wieder aufgehoben, scheidet eine Höherbewertung aus. 813

---

659 Vgl. das Berechnungsbeispiel bei Viskorf-*Viskorf*, § 12 BewG Rn. 51.
660 R 109 Abs. 2 Satz 1 ErbStR.

814 Der höhere oder niedrigere Wert wird nach der sog. Zinsdifferenzmethode berechnet, bei der ein Zinsverlust bzw. Zinsgewinn nach Maßgabe der Zeit bis zur möglichen Kündigung kapitalisiert und vom Nennwert abgezogen bzw. hinzugerechnet wird.[661] Ausführliche Berechnungsbeispiele dazu finden sich in dem Erlass des BMF vom 7.12.2001.[662]

815 Hierbei sind auch sog. **personenbezogene Besonderheiten** zu berücksichtigen, da – anders als in § 9 BewG unterstellt – Forderungen bzw. ihr Wert stets von den persönlichen Eigenschaften des jeweiligen Schuldners abhängig ist.[663]

816 Sofern diese Grundsätze nicht genügen, um einen Wert zu ermitteln, können u.U. ähnlich ausgestattete börsennotierte Kapitalanlagen als Vergleichswerte herangezogen werden. Die vorstehenden von der Finanzverwaltung anerkannten Einstufungen für eine gegenüber dem Normalfall besondere Behandlung knüpfen im Wesentlichen an die Verzinsung und die Laufzeit der Kapitalforderung an. Dies verdeutlicht zugleich, dass es auch für einen Vergleich mit börsennotierten Wertpapieren wesentlich auf diese beiden Merkmale ankommen muss.[664]

817 § 12 Abs. 4 BewG sieht des Weiteren eine Sonderregelung für noch nicht fällige Ansprüche aus Lebens-, Kapital- oder Rentenversicherungen vor: Diese werden mit zwei Dritteln der eingezahlten Prämien bzw. Kapitalbeiträgen bewertet. Weist der Steuerpflichtige den Rückkaufswert (der Betrag, den die Versicherung dem Versicherungsnehmer im Falle einer vorzeitigen Aufhebung des Vertragsverhältnisses zu erstatten hat) nach, ist dieser maßgebend.

b) Kapitalforderung in ausländischer Währung

818 Lauten Kapitalforderungen auf ausländische Währungen, so werden sie nach R 109 Abs. 5 ErbStR grundsätzlich mit dem am Stichtag gültigen Briefkurs in Euro umgerechnet.[665] Sofern der Staat, in dessen Währung der Nennbetrag der Forderung ausgedrückt ist, zwischenzeitlich den Euro eingeführt

---

661 S.a. Viskorf-*Viskorf*, § 12 BewG Rn. 59.
662 BStBl 2001 I, 1041.
663 Vgl. insoweit BFH v. 3.3.1972, III R 30/71, BStBl 1972 II, 516; vgl. auch Troll/Gebel/Jülicher-*Jülicher*, § 12 Rn. 92 m. w. N.
664 S.a. Rössler/Troll-*Teß*, § 12 Rn. 11.
665 Vgl. insoweit auch BFH v. 2.3.1971, II 64/65, BStBl 1991 II, 533; R 109 Abs. 5 ErbStR.

hat, wird der Forderungsbetrag in Euro umgerechnet. Hierbei sind die jeweils festgelegten Euro-Umrechnungskurse maßgeblich.⁶⁶⁶

c) Raten- oder Annuitätentilgung

Wurde die vererbte Kapitalforderung bis zum Stichtag bereits teilweise getilgt, kann nur der noch verbliebene Restbetrag als erworbener Vermögensgegenstand angesetzt werden. Für dessen Ermittlung ist zu berücksichtigen, ob eine Annuitäten- oder Ratentilgung vereinbart wurde. Denn bei der sog. Ratentilgung werden bestimmte von vornherein definierte Teilbeträge getilgt, so dass der Restbestand der Forderung ohne weiteres ermittelt werden kann. Bei der in der Praxis deutlich weiter verbreiteten sog. Annuitätentilgung sind hingegen die Gesamtbeträge, die regelmäßig vom Schuldner an den Gläubiger zu zahlen sind, also die Summe aus Tilgungs- und Zinsbeträgen bis zur vollständigen Bezahlung der Kapitalforderungen gleich. Dies führt dazu, dass sich der Tilgungsanteil jährlich aufgrund des fallenden Zinsaufwandes erhöht.

819

Der Barbetrag von in Raten zu tilgenden Forderungen wird grundsätzlich nach der Anlage 9a zum BewG berechnet. Der Nennbetrag von Annuitätenforderungen richtet sich nach der Restlaufzeit sowie dem festgelegten Zinssatz. Im Rahmen der Bewertung wird die Annuität als Rentenzahlung betrachtet und sodann kapitalisiert.⁶⁶⁷

820

5. Bewertung von Finanzinnovationen

Bei Finanzinnovationen handelt es sich, sofern keine Börsennotierung vorliegt, um bloße Kapitalforderungen in Abgrenzung zu Gesellschaftsbeteiligungen. Fehlt eine Börsennotierung, ist daher ersatzweise für eine Bewertung auf § 12 BewG auszuweichen, der die Bewertung von nicht notierten Kapitalforderungen regelt. Danach kommt es – wie bereits aufgezeigt wurde – grds. auf den Nennwert der Forderung an.

821

---

666 FinMin Baden-Württemberg v. 26.7.1999, ZEV 1999, 484; Troll/Gebel/Jülicher-*Jülicher*, § 12 Rn. 94.
667 Wegen Einzelheiten zum Rechnungsmodus vgl. Erlass v. 7.12.2001, BStBl 2001 I, 1041, Tz. II.3.2.

a) Nullkupon-Anleihen (Zero-Bonds)

822 Zero-Bonds sind – wenn sie eine Börsennotierung aufweisen – mit dem niedrigsten im Besteuerungszeitpunkt im amtlichen Handel notierten Kurs anzusetzen.[668] Kann nach den oben dargestellten Grundsätzen keine Börsenkursnotierung ermittelt werden, orientiert sich die Bewertung von Zero-Bonds an den Kursnotierungen von hinsichtlich ihrer Ausstattung und Laufzeit vergleichbaren Anleihen. Hilfsweise ist auf den um die bis zum Besteuerungszeitpunkt aufgelaufenen Zinsen erhöhten Ausgabebetrag (Rückzahlungswert bzw. Nennbetrag) zurückzugreifen. Dieser ist nach den in R 110 ErbStR aufgestellten Grundsätzen für Finanzierungsschätze taggenau nach folgender Formel zu errechnen:[669]

823 $$\text{Wert am Stichtag} = \text{Ausgabewert} \times q^n \times [(R \times T) : (360 \times 100) + 1]$$

Dabei ist

q^n = Aufzinsungsfaktor für volle n Jahre = $[1 + (R:100)]^n$
R = Emissionsrendite
T = Jahresbruchteile in Tagen

Ein zusätzlicher Ansatz von Stückzinsen ist nicht mehr erforderlich, da der Anspruch auf Verzinsung bis zum Besteuerungszeitpunkt bereits im zu errechnenden Stichtagswert enthalten ist.[670]

824 Zur Verdeutlichung ist auf das in den Richtlinien dargestellte Beispiel Bezug zu nehmen:

825 **Beispiel:**

A erwarb am 2.1.2002 einen Zero-Bonds zum Ausgabewert von 14.381 EUR. A verstarb am 20.10.2003. Die Emissionsrendite wird mit 4% unterstellt.

Berechnung des erbschaftsteuerlichen Wertes am Todestag:

A hatte den Zero-Bonds bis zu seinem Tod 1 Jahr, 9 Monate und 18 Tage in seinem Besitz. Damit ist:

n = 1 (volles) Jahr
R = Emissionsrendite = 4%

---

668 S.o. F.II.2.; s.a. R 111 Abs. 1 ErbStR.
669 Vgl. R 111 Abs. 2 ErbStR.
670 R 110 Abs. 2 Satz 13 ErbStR.

T = Jahresbruchteile in Tagen = 288 Tage
Ausgabewert = 14.381 EUR

Eingesetzt in die vorgenannte Formel ergeben sich folgende Berechnungen:

14.381 × [1+ (4:100)]1 × [(4 × 288) : (360 × 100) + 1]
= 14.381 × 1,04 × 1,032
= 15.434 EUR = **erbschaftsteuerliche Bemessungsgrundlage**

Dass der Wert oberhalb des Ausgabebetrages liegt ist folgerichtig, weil dadurch die bislang aufgelaufenen, aber noch nicht an den Anleger ausgezahlten Zinsanteile in die Bewertung mit einbezogen werden, die sich wertsteigernd auswirken. Da diese Papiere stets eine Emissionsrendite aufweisen, ergeben sich – sofern die Emissionsrendite aus dem Prospekt entnommen bzw. von der Bank in Erfahrung gebracht oder nach der oben unter C.I.2.c)aa) (2) dargestellten Formel selbst errechnet wurde, keine darüber hinaus gehenden tatsächlichen Schwierigkeiten bei der tatsächlichen praktischen Anwendung der Formel.

826

Eine Sonderregelung sieht jedoch R 111 Abs. 3 ErbStR für solche Zero-Bonds vor, deren Emissionsrendite[671] mehr als 9% beträgt und deren Einlösung im Besteuerungszeitpunkt für (noch) mindestens vier Jahre ausgeschlossen ist. Hinsichtlich dieser Nullkupon-Anleihen ist bei der Ermittlung des Rückzahlungswertes ein Renditekurs zugrunde zu legen, der sich an den im Besteuerungszeitpunkt aktuell bestehenden Kapitalmarktzinsen für vergleichbare Anleihen orientiert. Bei Zero-Bonds mit gestaffelter Laufzeit kann auch eine Zerlegung in die jeweils fällig werdenden Teilbeträge erforderlich werden. In diesem Fall sind die Teilrückzahlungswerte anschließend zu addieren.[672]

827

b) Disagio-Anleihen

Finanzierungsschätze und andere Wertpapiere, die mit einem unter dem Einlösungsbetrag liegenden Preis ausgegeben werden (Diskontpapiere), sind mit dem jeweiligen Ausgabebetrag zuzüglich der bis zum Stichtag aufgelaufenen (fiktiven) Zinsen zu bewerten. Nach R 110 Abs. 2 ErbStR ist insoweit – wie bei Zero-Bonds – eine taggenaue Wertermittlung erforderlich. Dassel-

828

---

[671] Zur Bestimmung der Emissionsrendite s.o. C.I.2.c)aa)(2).
[672] Vgl. insoweit *Eisele*, StW 1999, 237, 241.

be gilt für abgezinste Sparbriefe.[673] Die Berechnung richtet sich daher auch in diesen Fällen nach der unter a) dargestellten Formel. Hat der Anleger dagegen bei Zeichnung der Kapitalanlage ein Aufgeld (Agio) geleistet, ist dieses zusätzlich zum Nennbetrag der Kapitalforderung anzusetzen.[674]

c) Bundesschatzbriefe

829 Bundesschatzbriefe werden – wie bereits dargestellt – in Typ A und Typ B unterschieden. Da sich bei Bundesschatzbriefen des Typs B der Wert jährlich um die im jeweils abgelaufenen Jahr angefallenen Zinsen bzw. Zinseszinsen erhöht, sind sie mit ihrem jeweiligen Rückzahlungswert im Besteuerungszeitpunkt anzusetzen, R 110 Abs. 1 Satz 2 ErbStR. Aufgrund der Vergleichbarkeit mit Zero-Bonds erfolgt die Wertermittlung nach den vorstehend unter a) aufgezeigten Grundsätzen.

830 Bundesschatzbriefe des Typs A werden hingegen mit dem jeweiligen Nennwert angesetzt (R 110 Abs. 1 Satz 1 ErbStR), da die jährlichen Zinsen jeweils an den Anleger ausgekehrt werden.

831 Eine ähnliche Differenzierung wie bei Bundesschatzbriefen muss auch für Sparbriefe gelten, die in entsprechender Weise ausgestaltet sind.[675]

d) Optionsrechte und Wandelanleihen

832 Bei Optionsrechten ist zunächst danach zu differenzieren, ob es sich um einen unselbständigen Teil eines festverzinslichen Wertpapiers handelt oder ob eine selbständiges Wertpapier vorliegt. Bei **unselbständigen Optionsrechten** ist grundsätzlich der Kurs der zugrunde liegenden Anleihe maßgeblich. Ist für diese keine Notierung festzustellen, kann auf Vergleichskurse ähnlich ausgestatteter Optionsanleihen zurückgegriffen werden. Demgegenüber sind **selbständige Optionsrechte** mit den jeweiligen Anschaffungskosten anzusetzen, wobei jedoch zu berücksichtigen ist, dass es sich – vor Ausübung der Option – um aufschiebend bedingte Ansprüche handelt.[676] Für Wandelanleihen gelten die soeben dargestellten Grundsätze entsprechend.[677]

---

673 Vgl. R 110 Abs. 3 ErbStR sowie das Beispiel in H 110 ErbStH.
674 Vgl. RFH v. 24.6.1943 RStBl 1943, 622, Troll/Gebel/Jülicher-*Jülicher*, § 12 Rn. 95.
675 Troll/Gebel/Jülicher-*Jülicher*, § 12 Rn. 108.
676 Vgl. Troll/Gebel/Jülicher-*Jülicher*, § 12 Rn. 116.
677 Vgl. Troll/Gebel/Jülicher-*Jülicher*, § 12 Rn. 117.

e) Indexanleihen, Indexzertifikate u.ä.

Handelt es sich um sog. Full-Index-Link-Anleihen bzw. Index-Zertifikate oder ähnliche Zertifikate bzw. Anleihen, die in Abhängigkeit von einem Index oder einem anderen ungewissen Ereignis eine ungewisse Kapitalrückzahlung vorsehen, liegen zwar ertragsteuerlich keine Finanzinnovationen vor.[678] Die erbschaft- und schenkungsteuerliche Bewertung, die sich – soweit kein Börsenkurs existiert – regelmäßig nach dem Einlösungs(nenn)betrag bestimmt, ist nicht ohne weiteres möglich, da sich bei Eintritt des Stichtages während der Laufzeit der Kapitalanlage der bei Fälligkeit auszuzahlende Betrag nicht mit Sicherheit ermitteln lässt. Denn z.b. die tatsächliche Entwicklung des DAX ist für einen in der Zukunft liegenden Termin gerade nicht mit Sicherheit bestimmbar.

833

Steht der Einlösungsbetrag im Besteuerungszeitpunkt (Tod oder Schenkung) deshalb betragsmäßig noch nicht fest, so ist er unter Würdigung der zwischen dem Gläubiger und dem Schuldner getroffenen Vereinbarungen sowie aller sonstigen relevanten tatsächlichen Verhältnisse (beispielsweise Bonität des Schuldners) zu schätzen. In die Schätzung dürfen jedoch nur solche Umstände einfließen, die am Stichtag (im Besteuerungszeitpunkt) bereits erkennbar waren. Später eintretende Ereignisse oder Umstände haben grundsätzlich außen vor zu bleiben.[679] Eine Ausnahme gilt jedoch für bis zum Stichtag entstandene Zinsansprüche, soweit das Wertpapier eine laufende Verzinsung vorsieht bzw. diese zunächst thesauriert. Diese sind, auch wenn sie erst nach dem Stichtag fällig werden, in die Bewertung mit einzubeziehen, soweit sie rechnerisch auf die Zeit vor dem Stichtag entfallen.[680]

834

Ein hoher Zins wird beispielsweise durch eine nur eingeschränkte Kapitalsicherheit mehr oder weniger ausgeglichen oder ein höherer Zins für eine Verschlechterung der Bonität des Emittenten gezahlt usw. Die Zinshöhe im Vergleich zum Marktzins und die Laufzeit können bei diesen komplexen Formen daher nicht allein genügen, um eine Verkehrswertbestimmung zu ermöglichen. Auch kann nicht isoliert an den Nennwert, d.h. den Einlösungsbetrag angeknüpft werden, soweit dieser – wie in den vorstehenden Fällen – von ungewissen Entwicklungen abhängig ist.

835

---

678 S.o. B.I.3.e,h.
679 Troll/Geber/Jülicher-*Jülicher*, § 12, Rn. 92.
680 Troll/Geber/Jülicher-*Jülicher*, § 12, Rn. 119.

836 Eine Wertermittlung ist in solchen Fällen daher von nicht unerheblichen Zufälligkeiten abhängig, sofern sich nicht nach Art und Ausstattung vergleichbare an der Börse notierte Wertpapiere finden. Bei Zertifikaten, Aktienanleihen und Optionsscheinen existieren regelmäßig laufende Angebote und Nachfragen, aus denen sich ein Verkehrswert ableiten lässt. Letzteres stellt die beste Möglichkeit dar, in diesen Fällen einen zutreffenden Verkehrswert in Ansatz zu bringen. Regelmäßig ist dabei die Zugrundelegung eines sog. Geldkurses günstiger als der Briefkurs.[681]

837 Dies muss im Übrigen für alle denkbaren Finanzinnovationen gelten. Fehlt es an einer Börsennotierung, sind zur Bestimmung des Verkehrswertes vergleichbare börsennotierte Wertpapiere zu ermitteln, die aufgrund der Vielzahl der Papiere, die teilweise nur in Nuancen variieren, auffindbar sein müssten.

6. Bewertung von Fonds

838 Auch erbschaftsteuerlich macht die Unterteilung in die beiden großen Gruppen der offenen und der geschlossenen Fonds Sinn, wobei die REITs aufgrund ihrer Nähe in der Bewertung zu offenen Fonds im Anschluss an diese kurz dargestellt werden soll.

a) Offene Fonds

839 Offene Fondsanteile, die eine Beteiligung an Investmentfonds vermitteln, stellen zwar keine unmittelbar an der Börse notierte Kapitalgesellschaftsbeteiligung dar. Da Investmentfonds – wie bereits dargestellt – jedoch börsentäglich den Rücknahmewert der Anteile ermitteln müssen und ein Recht des Anlegers gegen die Fondsgesellschaft verbriefen, regelt § 12 Abs. 1 ErbStG i.V.m. § 11 Abs. 4 BewG, dass anstelle eines nicht vorhandenen Börsenkurses der Rücknahmepreis zum Bewertungsstichtag zugrunde zu legen ist. Dabei kommt es nicht darauf an, welchen Zweck ein Fonds verfolgt. Die Regelung gilt vielmehr unabhängig davon für alle Investmentfonds einschließlich Hedgefonds sowie ausländische und inländische Fonds gleichermaßen.[682] Eine zusätzliche Erfassung aufgelaufener noch nicht ausgeschütteter Erträge – vergleichbar zu börsennotierten festverzinslichen Wertpapieren – ist nicht erforderlich, da sich diese aufgelaufenen Zinsen im Rücknah-

---

681 S.a. *Kracht*, EEE 2004, 227, 231.
682 Rössler/Troll- *Teß*, § 11 Rn. 35.

mepreis niederschlagen, der entsprechend höher (kurz vor einer Ausschüttung) oder niedriger (unmittelbar nach einer Ausschüttung) angesetzt wird.[683]

Gibt die Fondsgesellschaft pflichtwidrig die Rücknahmepreise nicht bekannt, müssen diese aus dem Ausgabepreis abgeleitet werden.[684] Dies kann bei Anteilen, die mit einem Ausgabeaufschlag begeben wurden, dadurch erfolgen, dass ein Abschlag auf den Ausgabepreis vorgenommen wird, der dem üblichen Unterschied zwischen Ausgabe- und Rücknahmepreis vergleichbarer Anteile entspricht.[685] Im Zweifel soll versucht werden, in Zusammenarbeit mit dem Bundesverband des privaten Bankgewerbes einen zutreffender Rücknahmepreis zu ermitteln.[686]

840

b) REITs

Bei einer Beteiligung an REITs, bei denen es sich um börsennotierte Immobilien-Aktiengesellschaften handelt, fallen dagegen Aktien mit einer stichtagsbezogenen Börsennotierung in die Erbschaft-/Schenkungsmasse. Erbschaftsteuerlich ist daher der niedrigste Börsenwert am Stichtag zugrunde zu legen, § 12 Abs. 1 ErbStG, § 11 Abs. 1 BewG.[687] Besonderheiten zu anderen Kapitalgesellschaften bestehen insoweit nicht.

841

c) Geschlossene Fonds

Die zu ertragsteuerlichen Zwecken vorgenommene Aufteilung der großen Gruppe der geschlossenen Fonds in vermögensverwaltende und gewerbliche bzw. gewerblich geprägte Personengesellschaften ist auch für erbschaft- und schenkungsteuerliche Zwecke von Bedeutung.

842

aa) Vermögensverwaltende Personengesellschaften

Nach der Rechtsprechung des BGH ist die Übertragung des Anteils an einer vermögensverwaltenden (nicht gewerblich tätigen) Personengesellschaft – z.B. bestimmte geschlossene Immobilienfonds – unter Lebenden zivilrechtlich als die Übertragung der Mitgliedschaft als solcher anzusehen. Soweit die

843

---

683 Rössler/Troll- *Teß*, § 11 Rn. 38.
684 Viskorf-*Viskorf*, § 12 BewG Rn. 116.
685 Rössler/Troll-*Teß*, § 11 Rn. 35.
686 Vgl. FinMin NW v. 19.6.1972, DB 1972, 1268.
687 S.o. F.II.2.

Personengesellschaft neben den in ihr gebündelten Aktiva auch Fremdverbindlichkeiten hat, ergibt sich daher der steuerpflichtige Erwerb als Saldo aus dem Gesamtsteuerwert des Gesellschaftsvermögens abzüglich des Nennbetrages der Gesellschaftsschulden. Der Eintritt des Erwerbers in die Gesellschaft führt somit auch zu einem (anteiligen) Eintritt in die Gesellschaftsschulden, der schenkungsteuerrechtlich als Gegenleistung zu qualifizieren ist. Vor diesem Hintergrund zerfällt die schenkungsteuerliche Betrachtung also in einen unentgeltlichen und einen entgeltlichen Teil der Zuwendung. Nach Auffassung der Finanzverwaltung führt der – im Übrigen unentgeltliche – Eintritt in eine bestehende Personengesellschaft zu einem anteiligen Erwerb der durch die Gesellschaft gehaltenen Wirtschaftsgüter. Dies gilt sowohl für Aktiva als auch für Passiva. Der Steuerwert der freigebigen Zuwendung wird in diesen Fällen gemäß R 17 Abs. 2 ErbStR nach dem für die Leistungsauflage bzw. gemischte Schenkung entwickelten Schema bestimmt.[688]

bb) Gewerbliche bzw. gewerblich geprägte Personengesellschaften

844 Die Art und Weise der Bewertung von Betriebsvermögen bzw. Anteilen an mitunternehmerischen Personengesellschaft für erbschaft- und schenkungsteuerrechtliche Zwecke ist im ErbStG nicht explizit geregelt. § 12 Abs. 5 ErbStG verweist lediglich auf die Regelung zur Einheitsbewertung des Betriebsvermögens (§§ 95 ff. BewG). Demzufolge knüpft die Bewertung von Betriebsvermögen grundsätzlich an die Steuerbilanzwerte gem. § 109 Abs. 1 BewG an,[689] ohne dass zwischen originär gewerblich tätigen Gesellschaften oder lediglich gewerblich geprägten Personengesellschaften unterschieden würde. Diese Gleichstellung konnte bislang zur Erzielung steuerlicher Vorteile (Inanspruchnahme der besonderen erbschaftsteuerlichen Vergünstigungen nach § 13a ErbStG für Betriebsvermögen) durch gezielte Transformation von privatem in betriebliches Vermögen genutzt werden, wie z.B. der Verlagerung von privaten Wertpapierdepots in den betrieblichen Bereich. Diese Gestaltungen will der Gesetzgeber durch das weiter unten noch darzustellende Gesetz zur Erleichterung der Unternehmensnachfolge zukünftig verhindern.

845 Die Anknüpfung an die Steuerbilanzwerte führt dazu, dass die Vermögensgegenstände grds. anstelle ihrer Verkehrswerte mit ihren regelmäßig niedri-

---

688 S.o. F.I.3.c)bb).
689 Troll/Gebel/Jülicher-*Gebel*, § 12 Rn. 700.

geren Buchwerten in Ansatz gebracht werden. Es kommt daher bei der erbschaft- und schenkungsteuerlichen Bewertung nicht zu einer Aufdeckung etwaiger stiller Reserven.

(1) Einzelbewertung

Das Bewertungsrecht folgt im Bereich des Betriebsvermögens dem Grundsatz der Einzelbewertung. Gem. § 98a BewG ist zunächst das sog. **Rohbetriebsvermögen** zu ermitteln, das durch die Summe der aktiven Wirtschaftsgüter und der sonstigen aktiven Ansätze gebildet wird. Sodann wird das Rohbetriebsvermögen um die Summe der Schulden und sonstigen Abzüge vermindert und auf diese Weise das **Reinbetriebsvermögen** ermittelt. Das Reinbetriebsvermögen stellt gleichzeitig den Wert des Betriebsvermögens für Zwecke der Erbschaft- und Schenkungsteuer dar.[690] Bilanziell betrachtet entspricht der Wert des Betriebsvermögens somit dem Saldo aus der Summe der Aktiva einerseits und dem Fremdkapital andererseits, vereinfacht gesprochen also dem Eigenkapital des Unternehmens, dessen Wert aber im Hinblick auf zahlreiche nachfolgend überblicksartig darzustellende Durchbrechungen der grundsätzlichen Bestands- und Bewertungsidentität betragsmäßig oftmals erheblich zu seinem Bilanzansatz abweicht.

846

Schwierigkeiten ergeben sich im Hinblick auf den Ansatz der Steuerbilanzwerte oftmals daraus, dass Erbfälle und Schenkungen in den meisten Fällen nicht unmittelbar auf den Stichtag 1.1. bzw. 31.12. eines Jahres erfolgen. Daher liegen konkrete Steuerbilanzwerte im Zeitpunkt der Steuerentstehung (Stichtagsprinzip) regelmäßig nicht vor, so dass ein den Grundsätzen der Bilanzkontinuität entsprechender Zwischenabschluss erstellt werden muss, R 40 Abs. 2 Satz 1 ErbStR. Die Finanzverwaltung verlangt grundsätzlich, dass für den Stichtag eine besondere Vermögensaufstellung angefertigt wird.[691] In der Praxis stehen für deren Erstellung zwei Vorgehensweisen zur Auswahl: Zum einen kann der Steuerpflichtige eine Stichtagsbilanz auf den Besteuerungszeitpunkt erstellen, was aber mit zusätzlichem Aufwand und Kosten verbunden ist. Zum anderen lässt die Finanzverwaltung in R 39 Abs. 2 ErbStR aber auch eine Ableitung aus der letzten Steuerbilanz zu. Dieses Verfahren hat einerseits den Vorteil, weniger Aufwand zu verursachen, und birgt andererseits auch die Möglichkeit, das Schätzungsergebnis mit sachgerechten Argumenten seiner Höhe nach beeinflussen zu können.

847

---

690 Troll/Gebel/Jülicher-*Gebel*, § 12 Rn. 724.
691 Gleichlautende Ländererlasse v. 14. April 1997 BStBl 1997 I, 399 ff., Tz. 1.1.

(2) Bestands- und Bewertungsidentität

848 Für die Frage, welche Wirtschaftsgüter in die Ermittlung des Wertes des Betriebsvermögens einzubeziehen sind, gilt der Grundsatz der Bestandsidentität. Der Bestand in der Vermögensaufstellung muss also im Grunde genommen dem Bestand in einer fiktiven auf den Stichtag aufzustellenden Steuerbilanz entsprechen. Auch hinsichtlich der Bewertung der einzelnen Wirtschaftsgüter und Schulden wird grundsätzlich an die für die Aufstellung einer fiktiven Steuerbilanz geltenden Regeln angeknüpft. Es gilt insoweit der Grundsatz der Bewertungsidentität.

849 Bestands- und Bewertungsidentität gelten aber, wie bereits angedeutet, nicht uneingeschränkt. Für bestimmte Vermögensgegenstände und Schulden bestehen Sonderregelungen, die vorrangig anzuwenden sind.

850 Derartige Sonderregelungen gelten insbesondere für Betriebsgrundstücke, für die § 12 Abs. 5 ErbStG auf § 12 Abs. 3 ErbStG und § 99 BewG verweist. Demzufolge ist der Grundbesitz im Rahmen der Vermögensaufstellung nicht mit dem Steuerbilanzwert, sondern mit dem Grundbesitzwert anzusetzen. Dasselbe gilt auch für im Betriebsvermögen vorhandene Erbbaurechte bzw. Gebäude auf fremdem Grund und Boden. Gewerbliche Immobilienfonds weisen daher – da die zumeist deutlich unterhalb der Verkehrswerte liegenden Grundbesitzwerte zum Ansatz kommen – bislang besonders niedrige erbschaft- und schenkungsteuerlichen Werte auf.

851 Der Grundsatz der Bewertungsidentität gilt prinzipiell auch für die betrieblichen Schulden. Dennoch dürfen Verbindlichkeiten gemäß § 103 Abs. 1 BewG nur abgezogen werden, wenn sie sowohl nach § 95 Abs. 1 BewG zum Betriebsvermögen gehören als auch mit der Gesamtheit oder wenigstens einzelnen Teilen des Betriebsvermögens in wirtschaftlichem Zusammenhang stehen. Gem. § 103 Abs. 3 BewG sind überdies Rücklagen in der Vermögensaufstellung nur insoweit abzugsfähig, als ihr Abzug bei der Einheitsbewertung des Betriebsvermögens durch das Gesetz ausdrücklich zugelassen ist. Demzufolge sind insbesondere in der Steuerbilanz gebildete Rücklagen nach § 6b EStG oder für im Voraus gewährte Investitionszuschüsse für Anlagegüter (R 34 Abs. 4 EStR) und Rücklagen für Ersatzbeschaffung nach R 36 Abs. 6 EStR in der Vermögensaufstellung nicht anzusetzen.

852 Bewertungsbesonderheiten ergeben sich des Weiteren für im Betriebsvermögen gehaltene Anteile an Personengesellschaften. Diese werden in der Vermögensaufstellung mit ihrem nach §§ 95 ff BewG zu ermittelnden Wert

angesetzt. Es hat also sozusagen eine weitere, den Grundsätzen der erbschaft- und schenkungsteuerrechtlichen Betriebsvermögensbewertung entsprechende Bewertung der Gesellschaft zu erfolgen, an der die (Schachtel)Beteiligung besteht.

Hält der geschlossene Fonds Anteile an Kapitalgesellschaften, gelten für deren Bewertung die oben dargestellten Regelungen, wonach zwischen börsennotierten (Börsenkurs) und nicht börsennotierten Anteilen (gemeiner Wert, ggfs. Stuttgarter Verfahren, sofern nicht aus weniger als einem Jahr zurückliegenden Verkäufen ableitbar) zu unterscheiden ist, vgl. § 12 Abs. 5 Satz 3 ErbStG. 853

Schließlich ist gem. § 12 Abs. 6 ErbStG ausländisches Vermögen auch im betrieblichen Bereich grundsätzlich nicht mit seinem Steuerbilanzwert, sondern vielmehr mit dem gemeinen Wert nach § 31 BewG anzusetzen. 854

(3) Aufteilung auf die Gesellschafter

Der auf diese Weise ermittelte Wert des gesamten Betriebes ist anschließend gem. § 3 BewG auf die einzelnen Gesellschafter aufzuteilen. 855

Besonderheiten bestehen hier aber u.a. im Bereich des ertragsteuerlichen Sonderbetriebsvermögens, das ebenfalls in die Bewertung für erbschaft- und schenkungsteuerrechtliche Zwecke einbezogen werden muss. Gemäß § 97 Abs. 1, 5 BewG ist auch das Sonderbetriebsvermögen der jeweiligen Gesellschafter in der Vermögensaufstellung zu erfassen. 856

(4) Freibetrag, Bewertungsabschlag und Tarifentlastung

Für Betriebsvermögen, also nicht bei vermögensverwaltenden Personengesellschaften, gelten bislang die besonderen Vergünstigungen des § 13a ErbStG. Von dem nach den vorstehenden Grundsätzen ermittelten Wert wird ein persönlicher Freibetrag i.H.v. 225.000 EUR in Abzug gebracht (§ 13a Abs. 1 ErbStG), der bei einer Schenkung innerhalb von zehn Jahren bezogen auf den Schenker egal von welchem Erwerber nur einmal in Anspruch genommen werden kann. Darüber hinaus erfolgt ein Bewertungsabschlag i.H.v. 35 % auf das nach Abzug des Freibetrags verbleibende Betriebsvermögen, der zeitlich unbegrenzt bei jeder Übertragung von begünstigtem Vermögen zum Tragen kommt. 857

Neben der Übertragung von Betriebsvermögen finden § 13a Abs. 1 und Abs. 2 ErbStG auch auf die Übertragung von im Privatvermögen gehaltenen 858

Kapitalgesellschaftsanteilen Anwendung, an der der Übertragende zu mehr als einem Viertel beteiligt ist. Diese Beteiligungshöhe von über 25% wird bei bloßen Kapitalanlagen, z.b. bei börsennotierten Kapitalgesellschaften, regelmäßig nicht erreicht, so dass insoweit keine begünstigte Übertragung von im Privatvermögen gehaltenen Anteilen erfolgen kann. Bei geschlossenen Fonds, die als Personengesellschaft organisiert sind und auf diese Weise eine Beteiligung am Betriebsvermögen gewähren, besteht dagegen keine solche Mindestbeteiligungshöhe. Sofern es sich um eine Beteiligung an einer gewerblichen bzw. gewerblich geprägten Gesellschaft handelt, kann folglich die Vergünstigung des § 13a ErbStG eingreifen.

859 Voraussetzung der Vergünstigung nach § 13a ErbStG ist, dass der Erbe bzw. Beschenkte nach ertragsteuerlichen Kriterien **Mitunternehmer** i.S.v. § 15 Abs. 1 Nr. 2 EStG wird. Dies verlangt neben einer Gewinn- und Verlustteilnahme bzw. Beteiligung an den stillen Reserven (Mitunternehmerrisiko) auch die Einräumung gesellschaftsrechtlicher Mitbestimmungsrechte, die inhaltlich zumindest vom Grundsatz her den Rechten eines Kommanditisten i.S.v. § 164 HGB entsprechen müssen. Probleme bereitet dieses Merkmal in der Regel im Rahmen der vorweggenommenen Erbfolge, wenn der Schenker sich wesentliche Rechte im Wege von Nießbrauchsvorbehalten zurückbehält oder freie Widerrufsklauseln aufnimmt. Gerade letztere schließt regelmäßig das Entstehen einer Mitunternehmerstellung aus, da ihm die Beteiligung jederzeit ohne Angabe von Gründen wieder entzogen werden kann.[692] Zusätzliche Probleme bestehen, wenn **Sonderbetriebsvermögen** vorhanden ist, das nicht in gleichem Umfang wie der Gesellschaftsanteil auf den Erwerber übergehen soll. Um hier nicht zusätzlich ertragsteuerlich negative Folgen im Hinblick auf die Vorschrift des § 6 Abs. 3 EStG auszulösen, die evt. schenkungsteuerliche Vorteile mehr als kompensieren können, sollte sich der Anleger in jedem Fall fachlichen Rat einholen. Denn das sog. Sonderbetriebsvermögen kommt bei Personengesellschaften in der Praxis häufig vor. So genügt bereits das Vorhandensein von Verbindlichkeiten, die der Fremdfinanzierung der Beteiligung dienen. Für eine detaillierte Darstellung dieser nicht Kapitalanlagen spezifischen Problematik muss daher auf die einschlägige Fachliteratur verwiesen werden.

860 § 13a Abs. 4 ErbStG beschränkt den Freibetrag und den Bewertungsabschlag überdies ausschließlich auf inländisches Betriebsvermögen bzw.

---

692 Z.B. BFH v. 16.5.1989, VIII R 196/84, BStBl 1989 II, 877.

Anteile an Kapitalgesellschaften mit Sitz oder Geschäftsleitung im Inland bzw. inländisches land- und forstwirtschaftliches Vermögen. Mit Urteil vom 16.6.2005 hat das FG Rheinland-Pfalz für land- und forstwirtschaftliches Vermögen diese Beeinträchtigung der europarechtlichen Kapitalverkehrsfreiheit und Niederlassungsfreiheit als gerechtfertigt erachtet, da die erbschaftsteuerliche Entlastung des inländischen Betriebsvermögens systemimmanent ist und sich das ausländische Betriebsvermögen nicht in einer vergleichbaren Lage wie das inländische Betriebsvermögen befindet.[693] Gegen das Urteil wurde Revision eingelegt, die zur Zeit noch beim BFH unter dem Az. II R 35/05 anhängig ist. Da sich der BFH nicht der Auffassung des Finanzgerichts angeschlossen hat, hat er nunmehr mit Vorlagebeschluss vom 11.4.2006 diese Frage dem EuGH zur Entscheidung vorgelegt.[694] Entsprechende Veranlagungen (Versagung der Vergünstigungen des § 13a ErbStG bei ausländischem Betriebsvermögen) sollten daher nicht akzeptiert, sondern Einspruch eingelegt und im Hinblick auf das Verfahren vor dem BFH das Ruhen des Verfahrens beantragt werden.

Wichtig ist zudem die Einhaltung der in § 13a Abs. 5 ErbStG geregelten fünfjährigen Behaltensfrist durch den Erwerber. Bei Veräußerung des Anteils oder eines Teils daran oder wesentlichem Betriebsvermögen, bei Überführung ins Privatvermögen oder bei Überentnahmen (wenn die Entnahmen – ohne Verluste – die Einlagen und Gewinne um mehr als 52.000 EUR übersteigen) innerhalb der Fünfjahresfrist fällt dagegen die Vergünstigung mit Wirkung für die Vergangenheit weg, so dass es zu einer entsprechenden Nachversteuerung kommt. Ein solcher Wegfall tritt nach einem Urteil des BFH vom 10.5.2006 auch dann ein, wenn die Kapitalgesellschaft innerhalb von fünf Jahren nach dem Anteilserwerb auf eine Personengesellschaft verschmolzen wird.[695]

861

§ 19a ErbStG regelt darüber hinaus eine Tarifbegrenzung für gem. § 13a ErbStG begünstigtes Betriebsvermögen. Ist der Erwerber eine natürliche Person, die zu dem Erblasser bzw. Schenker in einem entfernteren Verwandtschaftsverhältnis steht, das zu einer Anwendung der Steuerklasse II oder III führt,[696] wird ein Entlastungsbetrag gewährt, der nach § 19a Abs. 4 ErbStG zu ermitteln ist und den Erwerber im Ergebnis so stellt, als habe er

862

---

693 FG Rheinland-Pfalz Urt. v. 16.6.2005, EFG 2005, 1446.
694 ZEV 2006, 464 ff.
695 Az. II R 71/04, ZErb 2006, 355 ff.
696 Zu den Steuerklassen s.o. F.I.4.a).

der Steuerklasse I mit ihren entsprechenden Vergünstigungen angehört. Dies ermöglicht die günstige Übertragung des Betriebsvermögens z.b. für den nichtehelichen Lebensgefährten, für den ansonsten die ungünstige Steuerklasse III gelten würde. Auch hier greift unter den gleichen Voraussetzungen wie bei § 13a ErbStG die fünfjährige Behaltensfrist ein. Die Vergünstigungen nach § 13a ErbStG und § 19a ErbStG laufen daher stets parallel. § 19a ErbStG kann nicht ohne Erfüllung der Tatbestandsvoraussetzungen des § 13a ErbStG vorliegen.

cc) Typisch stille Gesellschaft

863 Die Einlage des typisch stillen Gesellschafters bildet bereits ertragsteuerlich lediglich eine Kapitalforderung, die mit keinen weitergehenden gesellschaftsrechtlichen Rechten und Pflichten verbunden ist. Vor diesem Hintergrund ist sie als bloße Kapitalforderung auch erbschaft- bzw. schenkungsteuerrechtlich mit dem Nennwert anzusetzen, wenn nicht besondere Umstände eine abweichende Behandlung erforderlich machen, § 12 Abs. 1 BewG.[697] Besondere Umstände in diesem Sinne sind z.b. dann gegeben, wenn es sich um eine hoch- oder niedrigverzinsliche Vermögenseinlage handelt (Zinssatz über 9 % bzw. unter 3 %) und die Kündbarkeit der Einlage am Stichtag für einen Zeitraum von mehr als fünf Jahren ausgeschlossen ist. In derartigen Fällen soll die Bewertung dadurch erfolgen, dass der Einlagebetrag um den fünffachen Unterschiedsbetrag zwischen dem Durchschnittsertrag[698] und der Verzinsung von 9 % erhöht bzw. um den fünffachen Unterschiedsbetrag zwischen 3 % und dem Durchschnittsertrag gemindert wird, R 112 Satz 3 ErbStR.[699]

864 **Beispiel:**[700]

Nennwert der Einlage: 40.000 EUR
Ermittelter Durchschnittsertrag: 7.000 EUR

Daraus errechnet sich eine Verzinsung der Einlage i.H.v. 7.000 EUR : 40.000 EUR = 17,5 %.

Da die Verzinsung oberhalb von 9 % liegt, kommt die vorgenannte Berechnungsformel der Finanzverwaltung zur Anwendung.

---

697 Vgl. BFH v. 7.5.1971, III R 7/69, BStBl 1971 II, 641; vgl. auch R 112 ErbStR; dazu bereits oben F.II.3.
698 Zumeist der Ertrag der letzten drei Jahre, vgl. Viskorf-*Viskorf*, § 12 BewG Rn. 64.
699 Vgl. auch Troll/Gebel/Jülicher-*Jülicher*, § 12 Rn. 111 sowie das Beispiel in H 112 ErbStH.
700 Vgl. H 112 ErbStH.

100 % (der Einlage) + 5 × (17,5 % − 9 %) = 142,5 %

Bezogen auf den Nennwert der Einlage über 40.000 EUR (× 142,5 %) ergibt sich ein Wert der typischen stillen Beteiligung i.H.v. 57.000 EUR. Würde es sich dagegen um eine atypisch stille Gesellschaft handeln, finden diese Regelungen keine Anwendung, da sie eine mitunternehmerische Beteiligung und nicht eine bloße Kapitalforderung darstellt.

dd) Besonderheiten bei bestimmten Fondsarten

(1) Immobilienfonds

Eine Beteiligung an **vermögensverwaltenden geschlossenen Immobilienfonds** stellt einen anteiligen Erwerb der in dem Fonds befindlichen Wirtschaftsgüter dar. Da sich im Vermögen Grundbesitz befindet, kommt der anteilig auf den Anteil entfallende regelmäßig unterhalb des Verkehrswertes liegende Grundbesitzwert (§ 12 Abs. 3 ErbStG, §§ 138, 146 BewG) zum Tragen. Dieser berechnet sich unter Einbeziehung der Neuregelungen durch das Jahressteuergesetz für fremdvermietete Immobilien, in die regelmäßig eine Investition getätigt wird, wie folgt:

865

12,5faches der vereinbarten Netto-Jahresmiete (ohne Nebenkosten)
./. Alterswertminderung: 0,5 % pro vollem Jahr seit Bezugsfertigkeit, höchstens 25 %

Kontrollrechnung:
Ansatz des Wertes des unbebauten Grundstücks (Mindestwert)

Vor der Einführung des Jahressteuergesetzes zum Beginn des Jahres 2007 wurde die Miete aus der erzielten durchschnittlichen Miete der letzten drei Jahre errechnet. Dabei kam es auf die vereinbarten Mietzahlung in diesem Zeitraum an, während Zuzahlungen von Dritter Seite – insbesondere aus sog. Mietgarantien – nicht berücksichtigt wurden.[701] Demgegenüber ist nunmehr die vereinbarte Soll-Miete der letzten zwölf Monate zugrunde zu legen, während Zuzahlungen von Dritter Seite (Mietgarantiezahlungen) weiterhin nicht in die Miete einzubeziehen sind, R 167 Satz 2 vorletzter Spiegelstrich ErbStR. Daraus ergibt sich eine weitere Begünstigung bzw. Herabsetzung der Grundbesitzwerte bei durch Zahlungen von dritter Seite tatsächlich höheren Erträgen.

866

---

701 R 167 Satz 3 ErbStR 2000 (a.F.).

867 Da gleichzeitig anteilig die Schulden übernommen werden, liegt eine gemischte Schenkung vor, die dazu führt, dass die Finanzierungskosten nicht in voller Höhe in Abzug gebracht werden können. Mangels Betriebsvermögen finden die §§ 13a, 19a ErbStG keine Anwendung.

868 Dieser erbschaft- und schenkungsteuerlich günstige Wertansatz von Immobilien kann auch bei einer Beteiligung an einem **gewerblichen geschlossenen Immobilienfonds** ausgenutzt werden, wobei i.d.R. die Einschaltung einer gewerblich geprägten Personengesellschaft erforderlich ist, um eine Abgrenzung zur bloßen Vermietung und Verpachtung rechtssicher zu erreichen. Denn bei der in diesem Fall vorzunehmenden Saldierung der Steuerbilanzwerte ist anstelle des Steuerbilanzwertes der Immobilie ebenfalls ihr Grundbesitzwert in Ansatz zu bringen.[702] Hinzu kommt, dass die Ausnutzung der Vergünstigungen von Betriebsvermögen (§§ 13a, 19a ErbStG) unabhängig von der Höhe der Beteiligung erfolgen kann, was zu einer zusätzlichen Entlastung führt, wenn die erbschaft- bzw. schenkungsteuerliche Bemessungsgrundlage des Anteils positiv sein sollte.

869 Aufgrund eines hohen Fremdfinanzierungsanteils kann die Wertermittlung bei Betriebsvermögen durch die Saldierung sogar zu einem negativen Steuerwert führen. Denn die Verbindlichkeiten sind mit ihrem Steuerbilanzwert in voller Höhe anzusetzen, während die Immobilie auf der Aktivseite lediglich mit ihrem deutlich unter dem Verkehrswert liegenden Grundbesitzwert zum Ansatz kommt.[703] Mit der sukzessiven Rückführung des Darlehens vermindert sich über die Laufzeit des Fonds der negative Steuerwert bis hin zu einem positiven Wert.

870 **Hinweis:** Vor einer Übertragung der Fondanteile ist sicherzustellen, dass die Immobilieninvestition tatsächlich bereits getätigt wurde. Denn anderenfalls befinden sich im Fondsvermögen noch keine Immobilien, die mit Grundbesitzwerten günstig in Ansatz zu bringen wären, und auch keine Fremdfinanzierungsverbindlichkeiten. Das Vermögen bestünde vielmehr aus eingesammeltem Kapital mit entsprechend hohem Steuerwert berechnet nach dem Nennbetrag. In diesem Fall kommen gegenüber einer direkten Geldschenkung lediglich die Vergünstigungen der §§ 13a, 19a ErbStG zum Tragen.

---

702 S.o. F.II.3.b)bb).
703 Zur Ausnutzung negativer Steuerwerte s. gleich unter (2).

Steuerliche Risiken können sich auch dann ergeben, wenn der Anleger seine Beteiligung über das seitens des Fonds kalkulierte Maß hinaus fremdfinanziert. Da das Darlehen des Anlegers zu seinem Sonderbetriebsvermögen zählt, wird es seitens des Finanzamtes bei der Frage, ob eine Gewinnerzielungsabsicht besteht oder lediglich Liebhaberei vorliegt, berücksichtigt. Erzielt der Anleger danach keinen Totalgewinn mehr, entfällt die steuerliche Anerkennung sowohl in erbschaftsteuerlicher als auch in ertragsteuerlicher Hinsicht.[704]

871

(2) Erbschaftsteuerfonds

Während die Investition in Immobilienfonds zumeist unabhängig von erbschaftsteuerlichen Überlegungen erfolgt, sich aber insoweit auch günstige Folgen ergeben, werden am Markt sogar gezielt sog. Erbschaft- und Schenkungsteuerfonds angeboten.[705] Diese als gewerblich geprägte Personengesellschaften in Form der GmbH & Co. KG ausgestalteten Fondskonstruktionen investieren in Wirtschaftsgüter mit erbschaftsteuerlich günstigen Werten, wie z.B. die gerade dargestellten Immobilien. Auf Fondsebene werden dabei – zur Ausnutzung der erfolgenden Saldierung der Steuerbilanzwerte bei Betriebsvermögen – hohe Fremdfinanzierungsquoten eingesetzt, um einen entsprechenden Renditehebel zu erzielen. Dabei wird bei einer Totalüberschussprognose über die Gesamtlaufzeit (i.d.R. zehn Jahre) im Jahr des Fondsbeitritts ertragsteuerlich ein Verlust erzielt, ohne dass die Grenzen zu einem Steuerstundungsmodell i.S.v. § 2b EStG bzw. zu § 15b EStG überschritten werden. Dadurch dass die bilanzierten Verbindlichkeiten die niedrigen Steuerwerte des Aktivvermögens erheblich übersteigen, entstehen für den erbschaft- bzw. schenkungsteuerlichen Wertansatz insgesamt äußerst negative Steuerwerte.

872

Die Fondsprospekte der Erbschaft- und Schenkungsteuerfonds werben damit, dass diese negativen erbschaft- und schenkungsteuerlichen Werte nicht nur eine steuerfreie Übertragung des Fondsanteils selbst ermöglichen, sondern aufgrund einer Saldierung der negativen Werte mit positiven Werten auch zusätzliches positiv zu bewertendes Vermögen steuerfrei mit übertragen werden kann. Die dabei erhebliche Steuerersparnis soll an folgendem Beispiel[706] verdeutlicht werden:

873

---

704 Zu den Auswirkungen im Detail vgl. *Koblenzer/Thonemann*, ErbStB 2003, 172, 175.
705 Dazu bereits oben
706 Beispiel in Anlehnung an *Koblenzer*, ErbStB 2004, 265, 266.

874 **Beispiel:**
Der Vater V will seinem Sohn S zu Lebzeiten einen Geldbetrag von 2,4 Mio EUR zuwenden. Schenkt er den Betrag als solchen, unterliegt dieser i.h.d. Nennbetrages der Schenkungsteuer. Der anzuwendende Steuersatz beträgt bei der Steuerklasse I 19 %, so dass eine Schenkungsteuer i.H.v. 456.000 EUR anfällt.[707]

875 Erwirbt V dagegen für 1 Mio EUR eine Beteiligung an einem Erbschaftsteuerfonds, die zu einem negativen schenkungsteuerlichen Wert i.H.v. 2,4 Mio EUR führt, ergibt sich folgende Berechnung bei Saldierung: Insgesamt erhält S Vermögen im Wert von 2,4 Mio EUR wie im ersten Fall (1,4 Mio EUR in bar und 1 Mio EUR in Form der Fondsbeteiligung). Aufgrund des erheblichen negativen Steuerwertes der Beteiligung könnte bei einer Saldierung positives anderweitiges Vermögen bis zu 2,4 Mio EUR übertragen werden. Der Geldbetrag von 1,4 Mio EUR kann daher ohne eine Schenkungsteuerbelastung auf S übergehen. Die Schenkungsteuerersparnis beträgt bei Einsatz des Fonds bereits 456.000 EUR, die noch erheblich größer wäre, wenn der überschießende negative Wert (immerhin im Beispielsfall 1 Mio EUR) ebenfalls zur Verrechnung mit weiteren positiven Werten genutzt würde oder/und der Empfänger des Vermögens den ungünstigeren Steuerklassen II oder III zuzuordnen wäre.

876 Voraussetzung ist jedoch, dass eine solche Saldierung tatsächlich zulässig ist. In diesem Zusammenhang ist § 14 Abs. 1 Satz 4 ErbStG zu beachten. Zwar verlangt § 14 ErbStG grds. eine Zusammenrechnung mehrerer Erwerbe innerhalb von zehn Jahren. Dabei bleiben jedoch solche Erwerbe unberücksichtigt, für die sich nach steuerlichen Bewertungsgrundsätzen kein positiver Wert ergibt, § 14 Abs. 1 Satz 4 ErbStG. Eine Saldierung negativer mit positiven Werten ist daher nur innerhalb eines **einheitlichen Erwerbs** möglich, nicht dagegen, wenn es sich um unterschiedliche Einzelerwerbe handelt. Im letztgenannten Fall erlaubt der negative Steuerwert des Fondsanteils lediglich seine steuerfreie Übertragung. Der verbliebene negative Wert kann dagegen aufgrund der getrennten Erwerbe nicht genutzt werden, um das weitere Vermögen steuerfrei zu übertragen. Dieses Vermögen ist vielmehr mit seinen positiven Werten in voller Höhe der Erbschaft- bzw. Schenkungsteuer zu unterwerfen.

---

707 Aus Vereinfachungsgründen ohne den Abzug von Freibeträgen berechnet.

Will man – entsprechend der Zielsetzung des Erbschaft- bzw. Schenkung- 877
steuerfonds – auch positives anderes Vermögen steuerfrei übertragen, ist
daher gesteigerter Wert auf die Einheitlichkeit des Übertragungsaktes der
mehreren Zuwendungsgegenstände zu legen. Dazu bedarf es eindeutiger
vertraglicher Abreden, die einen **einheitlichen Zuwendungsgegenstand**
und einen **übereinstimmenden Ausführungszeitpunkt** erkennen lassen
müssen, z.B. durch Aufnahme in eine einheitliche Vertragsurkunde, gezielte
Formulierungen in der Präambel und/oder die Aufnahme aufschiebender
Bedingungen zur Sicherstellung der gleichzeitigen Ausführung der einzelnen
Übertragungen.[708]

Neben den eben vorgestellten Erbschaftsteuerfonds wurden in der Vergan- 878
genheit auch sog. **US-Lebensversicherungspolicen-Fonds** im Rahmen der
vorweggenommenen Erbfolge zur Reduzierung der Erbschaft- und Schenkungsteuerbelastung eingesetzt. Der Fonds ist dabei so konzipiert, dass er
in US-amerikanische Zweitmarkt-Risikolebensversicherungen investiert.
Wichtig ist, dass es sich um einen **vermögensverwaltenden Fonds** handelt,
denn nur dann kommen die angestrebten erbschaftsteuerlichen Vorteile zum
Tragen: Bei einer vermögensverwaltenden Personengesellschaft werden die
Wirtschaftsgüter anteilig den jeweiligen Gesellschaftern zugerechnet. Da
sich das Aktivvermögen auf das Halten der Risikolebensversicherungen
beschränkt, werden diese dem Gesellschafter anteilig mit ihrem erbschaftsteuerlichen Wert zugerechnet, der sich bei Nachweis durch den
Anleger auf den Rückkaufswert beschränkt, vgl. §§ 12 Abs. 1 ErbStG, 12
Abs. 4 BewG. Da Risikolebensversicherungen jedoch keinen Kapitalstock
haben, besteht kein werthaltiger Rückkaufswert. Der Ansatz erfolgt daher
mit einem Wert von Null Euro. Der Fondsanteil kann folglich ohne Inanspruchnahme von Freibeträgen oder Bewertungsabschlägen steuerfrei auf
die Nachfolger übertragen werden.

Die erbschaftsteuerlichen Vorteile wie auch die ertragsteuerliche[709] Behand- 879
lung hängen dabei entscheidend von der Einstufung der Tätigkeit des Fonds
als Vermögensverwaltung ab. Dafür sprechen gute Gründe.[710] Trotzdem
oder gerade deswegen hat sich die Finanzverwaltung aktuell im Jahr 2006
gegen eine Vermögensverwaltung und für eine gewerbliche Tätigkeit ausge-

---

708 Dazu *Koblenzer*, ErbStB 2004, 265, 266 m.w.N. Formulierungsvorschläge bei *Koblenzer/Thonemann*, ErbStB 2003, 172, 174.
709 Dazu i.e. *Koblenzer*, ErbStB 2004, 265, 267.
710 Vgl. *Koblenzer*, ErbStB 2004, 265, 268.

sprochen[711] und dies wie folgt begründet: Eine solche Fondsgesellschaft wird mit Gewinnerzielungsabsicht unter Beteiligung am allgemeinen wirtschaftlichen Verkehr nachhaltig tätig und erfüllt auch das für eine Gewerblichkeit erforderliche Merkmal des unternehmerischen Risikos, da im Fall des Vertragsablaufs vor Versterben des Versicherungsnehmers vom Fonds zu tragende Verluste entstehen können. Die notwendige Einschaltung von sog. Settlement Companies in den USA ist Indiz für eine geschäftsmäßige Organisation, unabhängig davon, ob eine gesellschaftsrechtliche Beziehung besteht. Außerdem wird aufgrund der Höhe des Fondskapitals und des Umfanges der getätigten Geschäfte die private Vermögensverwaltung überschritten. Die Tätigkeit des Fonds entspricht nach Ansicht der Finanzverwaltung auch keinem privaten Wertpapierhandel, sondern ähnelt vielmehr dem (gewerblichen) Factoring.

880 Will man daher keine Auseinandersetzung mit der Finanzverwaltung sehenden Auges eingehen, sollte man auf eine Investition in US-Lebensversicherungspolicen-Fonds verzichten, wenn ausschließlich erbschaftsteuerliche Vorteile erzielt werden sollen.

(3) Schiffsfonds

881 Bei Schiffsfonds treffen regelmäßig folgende günstige erbschaftsteuerliche Bedingungen zusammen, die eine steuerfreie Übertragung ermöglichen bzw. bei Entstehung negativer Steuerwerte sogar eine Saldierung mit anderen positiven Vermögenswerten bei einer einheitlichen Übertragung: Zum einen liegen die Buchwerte der Schiffsinvestition durch den Fonds (Aktivseite) grds. deutlich unter den Verkehrswerten, da diese u.a. degressiv über i.d.R. 12 Jahre und unter Inanspruchnahme von Sonderabschreibungen abgeschrieben werden können, während die regelmäßig hohen Fremdverbindlichkeiten auf Ebene des Fonds erst langfristig zurückgefahren werden. Bei einer Saldierung von Betriebsvermögen im Rahmen der erbschaftsteuerlichen Bewertung von gewerblichen Personengesellschaften können daher schnell negative Steuerwerte entstehen. Darüber hinaus können – wenn positive Werte errechnet werden – die Vergünstigungen der §§ 13a, 19a ErbStG in Anspruch genommen werden.

882 Ein Augenmerk ist auch darauf zu richten, dass die Abwicklung des Fonds innerhalb der fünfjährigen Behaltensfrist (§ 13a Abs. 5 ErbStG) nach Über-

---

[711] OFD Frankfurt v. 11.8.2006, EStK § 15 EStG Fach 2 Karte 18.

tragung der Beteiligung – egal aus welchem Rechtsgrund – einen Verstoß gegen die Behaltensfrist darstellt und zu einem rückwirkenden Wegfall der Vergünstigungen der §§ 13a, 19a ErbStG führt. Dies gilt beispielsweise bei einer Abwicklung infolge Insolvenz des Fonds. Wegen der fünfjährigen Behaltensfrist ist auch darauf zu achten, dass die Fondsbeteiligung im Übertragungszeitpunkt noch eine Laufzeit von mehr als fünf Jahren haben muss. Denn ansonsten endet der Fonds ebenfalls während der Behaltensfrist und es kommt zu einer ungewollten Nachversteuerung.

Festzuhalten ist des Weiteren, dass die Übertragung eines Schiffsfondsanteils im Wege der Einzelrechtsnachfolge (Schenkung) oder der Gesamtrechtsnachfolge (Übertragung von Todes wegen) nicht dazu führt, dass es zu einer Besteuerung des ertragsteuerlich z.B. bei einer Veräußerung des Fondsanteils zu ermittelnden Unterschiedsbetrages kommt.[712] Denn die Voraussetzungen des § 5a Abs. 4 Nr. 3 ErbStG (Ausscheiden eines Gesellschafters) sind in diesen Fällen nicht erfüllt.[713]

883

Vorsicht ist auch hier bei einer über das vorgesehene Maß einer kalkulierten Fremdfinanzierung durch die Fondsgesellschaft auf Ebene des Anlegers geboten. Denn aufgrund der Sonderbetriebseigenschaft des Darlehens kann es an einer Gewinnerzielungsabsicht fehlen mit den sich sowohl ertragsteuerlich als auch erbschaftsteuerlich auswirkenden Folgen einer Liebhaberei.[714]

884

(4) Medienfonds

Auch bereits erworbene Medienfonds können – wenn auch ertragsteuerlich und wirtschaftlich eine Investition regelmäßig nicht zu empfehlen ist – zumindest zur Erzielung erbschaftsteuerlicher Vorteile eingesetzt werden. Denn auch mit ihrer Hilfe lassen sich negative Steuerwerte erzielen und im Rahmen einer einheitlichen Schenkung mit positiven Werten anderer Vermögensgegenständen verrechnen. Hintergrund ist, dass selbst geschaffene Filmrechte als immaterielle Wirtschaftsgüter nicht bilanziert werden dürfen (Aktivierungsverbot des § 5 Abs. 2 EStG für selbst hergestellte immaterielle Wirtschaftsgüter). Folglich befinden sich im Aktivvermögen der Medienfonds i.d.R. lediglich Bank- und Kassenbestände, denen erhebliche Fremdverbindlichkeiten gegenüberstehen. Dadurch errechnen sich regelmäßig

885

---

712 Zum Unterschiedsbetrag oben unter C.II.2.c)bb).
713 *Koblenzer/Groß*, ErbStB 2005, 192, 194 m.w.N.
714 S.o. in diesem Unterabschnitt unter (1).

886 Voraussetzung ist jedoch, dass es sich um sog. Herstellerfonds handelt. Denn nur dann ist die Herstellereigenschaft zu bejahen und handelt es sich nicht um erworbene, sondern selbst geschaffene immaterielle Filmrecht für die das Aktivierungsverbot des § 5 Abs.2 EStG und damit ein sofortiger Betriebsausgabenabzug gilt.[716] Die nicht einfache ertragsteuerliche Abgrenzung zwischen Erwerber- und Herstellerfonds wurde bereits oben unter C.II.2.c)bb) erläutert. Festzuhalten ist, dass sich das ertragsteuerliche Risiko folglich auch erbschaftsteuerlich auswirkt.

erheblich negative Steuerwerte bei der gebotenen Saldierung von Betriebsvermögen.[715]

887 Weitere Risikobereiche liegen in der Absicht, einen Totalgewinn über die Laufzeit zu erzielen insbesondere bei hohen Fremdfinanzierungsanteilen auf Ebene des Anteilseigners.[717] Gleiches gilt für das Risiko einer Insolvenz des Fonds, die innerhalb der fünfjährigen Behaltensfrist ab Anteilsübertragung zu einer unfreiwilligen Nachversteuerung der in Anspruch genommenen Vergünstigungen der §§ 13a, 19a ErbStG führen kann.

(5) Windkraftfonds

888 Auch bei Windkraftfonds liegen die Buchwerte i.d.R. deutlich unter den Verkehrswerten, da diese ebenfalls degressiv und unter Inanspruchnahme von Sonderabschreibungen abgeschrieben werden können, während die Verbindlichkeiten erst langfristig zurückgefahren werden. Auf diese Weise entstehen geringe bzw. negative Steuerwerte durch die Saldierung der Steuerbilanzwerte.[718]

889 Aufgrund der negativen wirtschaftlichen Entwicklung in diesem Fondssegment geraten die erbschaftsteuerlichen Vergünstigungen zudem bei einer Fremdfinanzierung auf Anteilseignerebene (Frage der Liebhaberei) und bei einer Insolvenz bzw. Abwicklung des Fonds innerhalb der fünfjährigen Behaltensfrist ins Wanken.

---

715 *Kracht*, GStB 2006, 338, 340.
716 *Koblenzer/Groß*, ErbStB 2005, 192, 193.
717 S.o. unter (1).
718 *Kracht*, GStB 2006, 338, 340.

(6) Asset Linked Note Fonds

Anders als bei den vorgenannten Fondsarten wird bei den Asset Linked Note Fonds gezielt eine Gewerblichkeit vermieden, damit Einkünfte aus Kapitalvermögen, die Bestandteil des Privatvermögens sind, erzielt werden können. Wie bereits dargestellt, handelt es sich um ein Steuerstundungsmodell, bei dem einer hohen Verlustzuweisung im Erstjahr spätere Einkünfte gegenüberstehen. Konnte der Erblasser bei den Altmodellen die Verluste uneingeschränkt mit anderen positiven Einkünften im Erstjahr verrechnen, obliegt es dem Erben, die künftigen Einnahmen mit seinem persönlichen Einkommensteuersatz zu versteuern. Erbschaftsteuerliche Vorteile lassen sich dadurch nicht erzielen.

890

Sollte es durch die Neuregelung des § 15b EStG dagegen zu einer Verlustfeststellung auf Seiten des Erblassers kommen, die nur eine Verrechnung mit zukünftigen positiven Einkünften aus dieser Beteiligung erlaubt,[719] stellt sich – wie in anderen Fällen auch – die Frage, was mit diesen festgestellten Verlusten im Erbfall passiert.

891

Im Zusammenhang mit § 10d EStG ist es zu nicht unerheblichen Kontroversen zwischen den einzelnen BFH-Senaten gekommen, die in der Anrufung des Großen Senates unter dem 28.7.2004 gemündet ist.[720] Während der I. Senat[721] eine Vererbbarkeit der festgestellten verrechenbaren Verluste des Erblassers nach § 10d EStG unter Hinweis auf eine Verstoß gegen die persönliche Leistungsfähigkeit und die Höchstpersönlichkeit der Verlustfeststellung vollumfänglich verneint, hält der XI. Senat an einer Möglichkeit des Übergangs der Verluste auf den Erben fest.[722] Die festgestellten verrechenbaren Verluste stellen einen selbständigen werthaltigen latenten Anspruch auf eine Steuerminderung dar. Die durch das Gesetz vorgesehene Einschränkung des Verlustabzuges würde zu einer Überbesteuerung führen, wenn der Übergang der Verluste auf den Erben nicht anerkannt würde. Denn dann würde der Erblasser im Ergebnis aufgrund der Versagung des Verlustabzuges übermäßig besteuert.

892

---

719 S.o. C.II.2.a)ee)(5)(5.3).
720 XI R 54/99, BStBl 2005 II, 262 (Az. des vor dem Großen Senat anhängigen Verfahrens: GrS 2/04).
721 BFH Beschl. v. 29.3.2000, I R 76/99, BStBl 2000 II, 622.
722 BFH Beschl. v. 22.10.2000, XI R 54/99, BStBl 2004 II, 414.

893 Die Finanzverwaltung hat bislang stets die Möglichkeit einer Übertragung der Verluste auf den Erben vom Grundsatz her anerkannt.[723] Voraussetzung ist dabei lediglich, dass der Erbe durch die Verluste wirtschaftlich belastet ist. Dies scheidet insbesondere dann aus, wenn der Erbe für Nachlassverbindlichkeiten nicht oder nur beschränkt haftet, z.B. bei einer Nachlassinsolvenz.[724] Kommt es danach zu einer Übertragung des Verlustverrechnungsvolumens auf die Erben, sind die Verluste des Erblassers bei Vorhandensein mehrerer Erben nach dem Verhältnis der Erbteile der Erben untereinander aufzuteilen.[725] Die für den Anleger günstige Auffassung der Finanzverwaltung kann sich jedoch – je nach Ausgang der Entscheidung des Großen Senates – zukünftig ins Gegenteil verkehren. Bis dahin sollten aber Verluste des Erblassers in jedem Fall beim Erben in Ansatz gebracht werden.

(7) Mittelbare Schenkung

894 Zulässig ist es auch, unter Einhaltung der von der Rechtsprechung aufgestellten Voraussetzungen eine mittelbare Schenkung von Fondsanteilen vorzunehmen. Dazu ist es erforderlich, dass dem Beschenkten Geld unter der Bedingung zugewendet wird, dieses z.B. zum Erwerb eines bestimmten Immobilienfonds zu verwenden. Soll eine Saldierung von positiven und negativen Steuerwerten erfolgen, die nur im Rahmen einer einheitlichen Übertragung zulässig ist, sollte wegen des Erfordernisses einer gleichzeitigen Ausführung der Einzelakte gezielt in Erbschaftsteuerfonds investiert werden. Denn bei diesen ist, da sie auf die unmittelbare Erzielung eines Steuervorteils ausgerichtet sind, sichergestellt, dass z.B. eine Immobilieninvestition im Zeichnungszeitpunkt (Zeitpunkt der Ausführung der mittelbaren Anteilsschenkung) bereits getätigt wurde und damit die steuergünstigen Immobilienwerte zum Ansatz kommen.[726]

ee) Mittelbare Beteiligung

895 Fraglich ist, ob die vorstehenden erbschaft- und schenkungsteuerlichen Vorteile auch für bloß mittelbare Beteiligungen über einen Treuhänder gelten.

---

723 Vgl. H 10d EStH.
724 BMF-Schreiben v. 26.7.2002, BStBl 2002 I, 667.
725 H 10d EStH mit ausführlichen Beispielen.
726 S.a. *Koblenzer/Thonemann*, ErbStB 2003, 172, 174.

Ursprünglich fanden die Vergünstigungen für Fondsvermögen uneingeschränkt auch auf treuhänderische Beteiligungen Anwendung. Darauf, ob der Anleger unmittelbar oder – wie in der Praxis üblich -lediglich mittelbar an dem Fonds beteiligt war, kam es folglich für eine Vererbung nicht an.[727] Mit koordiniertem Ländererlass (sog. Treuhanderlass)[728] hat sich die Finanzverwaltung jedoch gegen eine solche Gleichstellung entschieden. Anzuknüpfen ist danach an die zivilrechtliche Rechtslage, die dem Treugeber während des Bestehens der Treuhandschaft keine unmittelbare Beteiligung an der Gesellschaft gewährt, sondern lediglich einen **Herausgabeanspruch** auf das Treugut gegen den Treuhänder. Dieser Herausgabeanspruch ist ein Sachleistungsanspruch, der mit dem gemeinen Wert zu bewerten ist. Weder die Steuerbilanzwerte noch die Vergünstigungen der §§ 13a, 19a ErbStG können auf diesen bloßen Sachleistungsanspruch, der kein Betriebsvermögen darstellt, Anwendung finden. § 39 Abs. 2 Nr. 1 Satz 2 AO, der beim Treuhandverhältnis die Wirtschaftsgüter dem Treugeber zurechnet, was Grundlage für eine entsprechende ertragsteuerliche Zuordnung ist, soll als bloße „wirtschaftliche Zuordnungsregelung" irrelevant und die ertragsteuerliche Zuordnung des Treugutes unbeachtlich sein. Für vor diesem Erlass (Stichtag 1.7.2005) begründete Treuhandverhältnisse war eine Übergangsregelung dergestalt vorgesehen, dass die Ansicht der Finanzverwaltung erst auf Erwerbe anzuwenden ist, für die die Steuer nach dem 30.6.2006 entsteht. Da diese Frist zwischenzeitlich abgelaufen ist, unterfallen alle künftigen Übertragungen von treuhänderisch gehaltenen Beteiligungen grds. den Regelungen des Treuhanderlasses.

896

Die neue Auffassung der Finanzverwaltung erfährt in der Fachliteratur zu Recht einhellig Kritik.[729] Zu Unrecht will die Finanzverwaltung die §§ 13a, 19a ErbStG unter Hinweis darauf nicht anwenden, dass keine Beteiligung an einer Personengesellschaft übertragen würde. §§ 13a, 19a ErbStG stellen jedoch in ihrem Wortlaut nicht auf das Vorliegen eines Anteils an einer Personengesellschaft ab, sondern verlangen einen Anteil an einer Gesellschaft i.S.v. § 15 Abs. 1 Nr. 2 und Abs. 3 EStG, vgl. §§ 13a Abs. 4, 19a Abs. 2 ErbStG. Anknüpfungspunkt ist daher das Vorhandensein einer ertragsteuerlichen Mitunternehmerschaft, so dass bereits nach dem Wortlaut

897

---

727 *Philipp/Oberwalder*, ZErb 2006, 345, 346 f. m.w.N.
728 Z.B. StV Hamburg v. 4.7.2005, 53 – S–3811–002/03, DB 2005, 1493; Bayr. FinMin vom 14.6.2005, 34 – S-3811-035-25199/05, DStR 2005, 1231.
729 *Philipp/Oberwalder*, ZErb 2006, 345, 347 m.w.N.

des ErbStG die ertragsteuerliche Handhabung – entgegen der Ansicht der Finanzverwaltung – für die erbschaftsteuerliche Behandlung entscheidend ist.[730] Auf § 39 Abs. 2 AO kommt es daher noch nicht einmal unbedingt an. Sollte es daher unfreiwillig (d.h. in Unkenntnis des Treuhanderlasses) zu einer für den Anleger nachteiligen Besteuerung aufgrund der Übertragung einer treuhänderischen Beteiligung kommen, sollte diese nicht akzeptiert und in einem Einspruchs- und nachfolgenden Finanzgerichtsverfahren die Unrichtigkeit des Erlasses gerügt werden.

898 In Kenntnis des Treuhanderlasses sollte aber versucht werden, durch entsprechende Gestaltungen bereits im Vorfeld eine nachteilige Besteuerung zu vermeiden. Dazu gibt es zwei verschiedene Ansatzpunkte:

– Für zukünftige Beteiligungen könnte anstelle einer treuhänderischen Beteiligung eine **stille Beteiligung** oder eine **Unterbeteiligung** gewählt werden. Der Treuhanderlass der Finanzverwaltung bezieht sich ausdrücklich nur auf Treuhandschaften. Hinweise auf Unterbeteiligungen oder stille Gesellschaften finden sich nicht. Ein Ausweichen auf eine dieser anderen Gestaltungen macht erbschaft- und schenkungsteuerlich jedoch nur Sinn, wenn eine **atypische Beteiligung** gewählt wird, die dem Anleger eine ertragsteuerliche Mitunternehmerstellung einräumt. Denn nur dann können die Vergünstigungen der §§ 13a, 19a ErbStG eingreifen, die ihrem Wortlaut nach eine ertragsteuerliche Mitunternehmerschaft voraussetzen. Dabei hat die Begründung einer atypisch stillen Beteiligung am wenigsten Ähnlichkeit mit der Treuhandschaft, so dass eine entsprechende Anwendung des Treuhanderlasses auf eine solche Beteiligung durch die Finanzverwaltung am ehesten auszuschließen ist.[731]

– Wird das Treuhandverhältnis aufgelöst, entsteht eine unmittelbare Beteiligung des Anlegers. Diese kann dann unter Heranziehung der erbschaftsteuerlichen Vergünstigungen wie eine unmittelbare Beteiligung übertragen werden.[732] Da die Treuhandverträge zur Begründung der Mitunternehmerstellung regelmäßig ein uneingeschränktes **Kündigungsrecht** für den Anleger als Treugeber vorsehen, muss lediglich die zeitliche Reihenfolge eingehalten werden: 1. Schritt: Beendigung des Treuhandverhältnisses; 2. Schritt: Übertragung des Anteils.

---

730 *Hannes/Otto*, ZEV 2005, 464, 469.
731 Ausführlich dazu *Hannes/Otto*, ZEV 2005, 464, 466 ff.
732 *Philipp/Oberwalder*, ZErb 2006, 345, 347 f.

Darüber hinaus kann der Treuhanderlass auch gezielt zur Begründung steuerlich günstiger Ergebnisse herangezogen werden: 899

– Muss ein Fondsanteil, der nach der alten Regelung gemäß §§ 13a, 19a ErbStG privilegiert erworben wurde, innerhalb der fünfjährigen Behaltensfrist übertragen werden, kann eine bei Anteilsveräußerung an sich notwendige Nachversteuerung infolge des rückwirkenden Wegfalls der Privilegien unter Bezugnahme auf den Treuhanderlass vermieden werden. Denn bei einer treuhänderischen Beteiligung überträgt der Anleger nach Ansicht der Finanzverwaltung lediglich seinen Sachleistungsanspruch und nicht den Anteil an der Mitunternehmerschaft, wie für eine Nachversteuerung erforderlich.[733] Da der Erlass seinem Wortlaut nach mit einer kurzen Übergangsfrist auch für Treuhandschaften gilt, die vor seinem Ergehen eingegangen wurden, spricht dies grds. für eine solche Gestaltungsmöglichkeit.

– Für ausländische Investoren bietet sich die Möglichkeit, die Ansprüche als Treugeber steuerfrei auf Dritte zu übertragen, da Sachleistungsansprüche kein Inlandsvermögen darstellen.[734]

ff) Verfassungsrechtliche Bedenken

Mit Beschluss vom 22.5.2002[735] hatte der BFH dem BVerfG die Frage zur Entscheidung vorgelegt, ob der einheitliche Erbschaft- und Schenkungsteuertarif verfassungswidrig ist. Hintergrund sind die verschiedenen Bewertungsverfahren für unterschiedliche Vermögensgegenstände, die zu Abweichungen bei den Wertansätzen führen. So ist bebauter Grundbesitz regelmäßig im Vergleich zu seinen Verkehrswerten deutlich unterbewertet (Wertansatz höchstens 70 % des Verkehrswertes und weniger). Auch nach dem Stuttgarter Verfahren bewertete Kapitalgesellschaftsanteile stellen sich günstiger dar als die Übertragung eines wertidentischen Geldbetrages. Noch deutlicher wird die Begünstigung bei gewerblichen Personengesellschaften, die infolge 900

– der Saldierung der Steuerbilanzwerte (keine Aufdeckung der stillen Reserven) und

---

733 Ebenso *Philipp/Oberwalder*, ZErb 2006, 345, 348 m.w.N. in Fn. 37.
734 Vgl. i.e. dazu *Philipp/Oberwalder*, ZErb 2006, 345, 348.
735 II R 61/99, DStR 2002, 1438.

– dem Ansatz von Grundvermögen mit den erbschaftsteuerlichen Grundbesitzwerten sowie

– der Anwendung der oben dargestellten Vergünstigungen für Betriebsvermögen (§§ 13a, 19a ErbStG)

901 übermäßig begünstigt werden. Dies gilt umso mehr, als diese Vorteile gezielt von rein vermögensverwaltenden Gesellschaften genutzt werden können, wenn die Form der gewerblich geprägten Personengesellschaft zum Einsatz kommt. Dadurch kann im Ergebnis ein und derselbe konkrete Vermögenswert (z.b. 1 Mio EUR) zu unterschiedlichen Steuerwerten übertragen werden, je nachdem ob in Gestalt von Bargeld, Immobilien, Kapital- oder Personengesellschaftsanteilen. Dass auf diese unterschiedlichen Werte ein einheitlicher Steuersatz nach den oben dargestellten Stufen in Abhängigkeit von der Steuerklasse I, II oder III[736] Anwendung findet, sieht der BFH als nicht sachlich gerechtfertigt und damit verfassungswidrig an.

902 Seitens der Finanzämter wurden bis zur Entscheidung des BVerfG am 7.11.2006, veröffentlicht am 31.1.2007, alle Erbschaft- und Schenkungsteuerbescheide unter Vorläufigkeitsvermerk (§ 165 AO) gestellt und ansonsten nach dem bisherigen Recht veranlagt. Aussetzungen der Vollziehung lehnten die Finanzämter dagegen ab. Aufgrund des nachfolgend unter F.II.6.c)hh) noch zu erörternden Ergebnisses des BVerfGs sind die Vorläufigkeitsvermerke nunmehr aufzuheben, ohne dass es zu einer Änderung der Besteuerung für die Vergangenheit kommt.

gg) Gesetzentwurf zur Erleichterung der Unternehmensnachfolge

903 Der Gesetzgeber, der sich aufgrund des Ausbleibens der Entscheidung des BVerfGs zum Tätigwerden gezwungen sah, war immerhin so schlau, vor Verabschiedung des Gesetzentwurfes die Entscheidung des BVerfGs abwarten zu wollen, um evt. abweichende Vorstellungen des BVerfG von vornherein einarbeiten zu können und nicht nachträglich das neu in Kraft getretene Gesetz wieder korrigieren zu müssen. Das hieß aber gleichzeitig, dass sich Anleger und Berater bereits mit einem Gesetzentwurf beschäftigen mussten, der möglicherweise nicht oder nur unter deutlich veränderten Bedingungen wirksam wird. Aufgrund der geplanten erheblichen Veränderungen war dies jedoch zwingend erforderlich.

---

736 S.o. F.I.5.

II. Erbschaft-/Schenkungsteuer bei Kapitalanlagen

(1) Inkrafttreten

Der im Gesetzentwurf vorgesehene Zeitpunkt des Inkrafttretens ist der Tag nach der Verkündung des Gesetzes (§ 37 Abs. 4 des Entwurfes). Um einen Verstoß gegen das Stichtagsprinzip und eine dadurch bedingte unzulässige echte Rückwirkung zu vermeiden, hat der Gesetzgeber in § 37 Abs. 1 eine Übergangsregelung geschaffen. Danach kann dieses Gesetz schon auf Erwerbe Anwendung finden, für die die Steuer nach dem 31.12.2006 entsteht. Der Steuerpflichtige kann sich daher für Erwerbe ab dem 1.1.2007 bereits für das neue Recht entscheiden. Diese Wahlmöglichkeit besteht bis zur Verkündung des Gesetzes. Ab dann soll ausschließlich das neue Recht gelten. Da zur Zeit also ein Wahlrecht zwischen beiden Rechten denkbar ist, muss der Anleger prüfen, welches Gesetz für ihn günstiger ist und seine vorweggenommene Erbfolge entsprechend strukturieren. Ob dieses vorgesehene Wahlrecht verfassungsrechtlich zulässig ist, wird bereits teilweise angezweifelt.

904

(2) Zielsetzung

Das selbst formulierte Ziel des Gesetzgebers ist es, mit dem Gesetzentwurf die Unternehmensnachfolge zu entlasten, während der BFH in seinem Vorlagebeschluss gerade eine solche besondere übermäßige Privilegierung rügt. Gleichzeitig will der Gesetzgeber auch die vom BFH aufgegriffenen missbräuchlichen Gestaltungen verhindern, bei denen die Steuerpflichtigen nur aus erbschaft- und schenkungsteuerlichen Gründen Vermögensgegenstände des Privatvermögens (explizit genannt: privates Immobilienvermögen) in Betriebsvermögen (Kapitalgesellschaften oder gewerblich geprägte Personengesellschaften) überführen. Zu prüfen ist, ob der Gesetzentwurf dieses Ziel erreicht:

905

(3) Stundungs- und Erlassregelung

Unter Aufhebung der bisherigen Vergünstigungen nach §§ 13a, 19a ErbStG finden sich die zentralen Neuregelungen für Betriebsvermögen in den §§ 28 und 28a des Entwurfes. Demgegenüber wird insbesondere die Bewertung von Grundbesitz und anderen Vermögensgegenständen durch den Entwurf nicht geändert.

906

Die Bewertung von Betriebsvermögen soll künftig nicht mehr rechtsformabhängig (Kapitalgesellschaft oder Personengesellschaft) erfolgen, sondern es wird rechtsformübergreifend zwischen produktivem und nicht produkti-

907

vem Vermögen unterschieden. Die Gleichstellung von im Privatvermögen gehaltenen Kapitalgesellschaftsanteilen mit Personengesellschaften ist – wie nach der alten Rechtslage – nur vorgesehen, wenn der Erblasser bzw. Schenker am Nennkapital der Gesellschaft zu mehr als 25 % unmittelbar beteiligt war. Eine Erweiterung liegt darin, dass der Gesetzgeber auch solche Anteile weiterer Gesellschafter bei Prüfung der Grenzüberschreitung einbezieht, mit denen der Erblasser bzw. Schenker zu einer einheitlichen Stimmrechtsausübung bzw. Verfügung verpflichtet ist.

908 Begünstigt ist ausschließlich das in § 28a des Entwurfes definierte Vermögen. Dieses kann im Ergebnis völlig steuerfrei auf einen Nachfolger übertragen werden, wenn dieser das Unternehmen für einen Zeitraum von zehn Jahren in einem nach dem Gesamtbild der wirtschaftlichen Verhältnisse vergleichbaren Umfang fortführt. Anders als bisher kommt es bei einem Nichteinhalten der gegenüber der bisherigen Fünfjahresfrist doppelt so langen Frist zur Unternehmensfortführung jedoch nicht zu einem rückwirkenden Wegfall der Vergünstigungen. Die für den Zeitraum von 10 Jahren zu stundende Steuer erlischt vielmehr mit Ablauf eines jeden Jahres in Höhe von einem Zehntel. Demzufolge wirkt sich z.B. der Wegfall der Stundungswirkung im letzten Jahr der Frist lediglich dahingehend aus, dass das verbliebene Zehntel der ursprünglichen Steuer gezahlt werden muss. Aufgrund der Verdoppelung der Frist ist dieser Vorteil gegenüber der Altregelung jedoch eher als gering einzustufen.

909 Die Wirkung der Steuerstundung hängt von dem unscharfen und auslegungsfähigen Begriff der „Fortführung des Betriebes in einem nach dem Gesamtbild der wirtschaftlichen Verhältnisse vergleichbaren Umfang" ab. Der Versuch einer näheren Konkretisierung dieses Fortführungserfordernisses findet sich in § 28 Abs. 2 Satz 2 des Entwurfes: Der Betrieb muss hinsichtlich seines Umsatzes, Auftragsvolumen, Betriebsvermögen und der Anzahl der Arbeitnehmer über die zehn Jahre vergleichbar sein. Diese angedeutete Bindung über einen für Betriebe langen Zeitraum lässt sich von den Erben kaum wirklich beeinflussen. Im Zehnjahreszeitraum kann sich die Situation eines Betriebes mehr als einmal wesentlich ändern, sowohl in positiver als auch in negativer Hinsicht. Sind z.B. umfangreiche Entlassungen oder die Schließung eines Betriebsteiles für den Erhalt des Unternehmens unumgänglich, müssen die Erben zukünftig eine in der schwierigen Situation dann fällig werdende Erbschaft- oder Schenkungsteuerbelastung kalkulieren. Nicht zuletzt steht zu befürchten, dass diese Regelung der

ausschlaggebende Grund für eine Unternehmensinsolvenz sein wird – entweder weil der Erbe zur Verhinderung des Eintritts der Erbschaftsteuerbelastung nicht die notwendigen Umstrukturierungen vornimmt oder weil ihn die wirtschaftliche Lage zu den Umstrukturierungen zwingt, er aber die dann on top kommende Erbschaftsteuerbelastung nicht mehr zahlen kann.

Darüber hinaus stellt sich die Frage, wann überhaupt ein Unternehmen nach Umsatz, Auftragsvolumen, Betriebsvermögen und Arbeitnehmeranzahl vergleichbar ist, also welche Abweichungen noch zulässig und welche unzulässig sind. Besteht vielleicht die Möglichkeit, dass sich einige Merkmale gegenseitig kompensieren, d.h. gleicht z.B. ein höherer Wert des Betriebsvermögens einen Umsatzrückgang aus? Hier sind Streitigkeiten vorprogrammiert. Hinzu kommt, dass nach § 28 Abs. 3 des Entwurfes u.a. auch Veräußerungen von begünstigtem Vermögen oder Teilen davon sowie eine Aufgabe des Betriebes oder eines Teiles eine schädliche Verwendung darstellt, die zum Ende der Stundung und der Fälligkeit der verbliebenen Steuer führt. Dies gilt bei einer teilweisen Betriebsaufgabe oder der Veräußerung einzelner wesentlicher Betriebsgrundlagen jedoch nur für den Teil der Steuer, der auf den schädlich verwendeten Teil des Betriebsvermögens entfällt. Es kommt daher nicht zu einem vollständigen Wegfall der Stundung, sondern nur anteilig. Der auf den verbliebenen Anteil am begünstigten Vermögen entfallende Stundungsbetrag wird anschließend auf die verbliebene Restlaufzeit des Zehnjahreszeitraumes in Raten verteilt, die jeweils mit Ablauf des nächsten vollen Jahres anteilig erlöschen. 910

Böse Zungen oder möglicherweise gut beratene Steuerpflichtige könnten auch auf die Idee verfallen, zunächst den zu übertragenden Betrieb auf ein Minimum zu reduzieren, das wahrscheinlich mit Sicherheit über die nächsten zehn Jahre aufrecht erhalten werden kann. Denn eine anschließende Erhöhung der Arbeitnehmerzahl wird der Gesetzgeber ebenso wie eine Ausweitung des Auftragsvolumens und eine Umsatzsteigerung wohl kaum durch einen Wegfall der Stundungsregelungen „bestrafen" wollen. 911

(4) Begünstigtes Vermögen gem. § 28a des Entwurfes

Des Weiteren stellt sich die Frage, welche Vermögensbestandteile als „begünstigt" i.S.v. § 28a des Entwurfes einzustufen sind. Zu diesem Zweck nimmt der Entwurf in § 28a Abs. 1 Nr. 2 eine Negativabgrenzung vor: **Nicht begünstigt** sind danach 912

– Dritten zur Nutzung überlassene Grundstücke, Grundstücksteile, grundstücksgleiche Rechte und Bauten, Seeschiffe, Flugzeuge, Konzessionen, gewerbliche Schutzrechte und ähnliche Rechte und Werte sowie Lizenzen an solchen Rechten und Werten. Eine Rückausnahme mit der Konsequenz, dass es sich um begünstigtes Vermögen handelt, ist dann zu machen, wenn der Erblasser bzw. Schenker sowohl im überlassenden Betrieb als auch im nutzenden Betrieb einen einheitlichen geschäftlichen Betätigungswillen durchsetzen konnte oder als Mitunternehmer den Gegenstand der Gesellschaft zur Nutzung überlassen hat und diese Rechtsstellung auf den Erwerber übergegangen ist (klassischer Fall einer fortbestehenden Betriebsaufspaltung).

– Anteile an Kapitalgesellschaften, wenn die unmittelbare Beteiligung am Nennkapital der Gesellschaften höchstens 25 % oder weniger beträgt.

– Beteiligungen an Mitunternehmerschaften und Kapitalgesellschaften mit einer Beteiligung von mehr als 25 %, wenn zum Vermögen dieser Gesellschaften nicht begünstigtes Vermögen gehört.

– Geldbestände, Geldforderungen gegenüber Kreditinstituten sowie vergleichbare Forderungen und Wertpapiere.

– Kunstgegenstände, Kunstsammlungen, wissenschaftliche Sammlungen, Bibliotheken und Archive, Münzen, Edelmetalle und Edelsteine.

913 Dabei wird deutlich, dass es nahezu kein Betriebsvermögen geben wird, dass ausschließlich aus begünstigtem Vermögen besteht. Denn jedes Unternehmen benötigt Geld (nicht begünstigt), hat im Übertragungszeitpunkt Geldforderungen gegenüber Kreditinstituten bei Vorhandensein eines positiven Kontostandes (nicht begünstigt) und sollte Inhaber von vergleichbaren Forderungen in Form von Forderungen aus Lieferungen und Leistungen (nicht begünstigt) sein. Auch der Wertpapierbesitz wird zukünftig benachteiligt, wenn er nicht eine bestimmte Beteiligungshöhe übersteigt. Noch schwerer nachvollziehbar ist aus betrieblicher Hinsicht, warum z.B. gewerbliche Schutzrechte und Lizenzen ausgenommen werden. Diese Ausnahmen sind, ebenso wie die Einstufung der fremdvermieteten Immobilien als nicht begünstigtes Vermögen, willkürlich und allein von dem Gedanken getragen, missbräuchliche Gestaltungen auszuschließen. Dass dadurch aber sehr wohl originärem Betriebsvermögen (wie z.B. dem Kassenbestand) die Betriebszugehörigkeit abgesprochen wird, erscheint mehr als verwunderlich.

Eine Einschränkung ergibt sich jedoch dadurch, dass die fehlende Begünstigung im Ergebnis nur relevant wird, wenn die Summe ihrer Werte den Wert der Schulden und sonstigen Abzüge nach §§ 103, 104 BewG übersteigt. Ist das nicht begünstigte Vermögen daher niedriger als die betrieblichen Schulden, wirkt es sich nicht zu Lasten des im Übrigen begünstigten Vermögens aus. Dieses Verhältnis von nicht begünstigtem Vermögen und Schulden lässt sich am besten anhand des vom Gesetzgeber gewählten Fallbeispiels verdeutlichen:

914

Beispiel:

915

Die Vermögensaufstellung des Betriebs hat folgende Positionen:

Aktiva
Maschinen/Anlagen	1.100.000 EUR	
An Dritte vermietete Grundstücke	3.230.000 EUR	
Geldvermögen	10.000 EUR	
Wertpapiere (weniger 25%)	570.000 EUR	
Gesamt		4.610.000 EUR

Passiva
Rückstellungen	9.000 EUR	
Bankverbindlichkeiten	2.560.000 EUR	
Sonstige Verbindlichkeiten	1.400.000 EUR	
Gesamt		3.969.000 EUR
Wert des Betriebsvermögens		941.000 EUR

Besteuerung nach dem Gesetzentwurf:

1. Ermittlung des begünstigten Vermögens

Begünstigt:
Maschinen/Anlagen   1.100.000 EUR

Nicht begünstigt sind:
An Dritte vermietete Grundstücke	3.230.000 EUR
Geldvermögen	10.000 EUR
Wertpapiere (weniger 25%)	570.000 EUR
Gesamt	3.810.000 EUR

2. Saldierung des nicht begünstigten Vermögens mit den Passiva

Nicht begünstigt:	3.810.000 EUR
Passiva:	3.969.000 EUR

Gesamt − 159.000 EUR

Da sich ein negativer Saldo ergibt, d.h. weil das nicht begünstigte Vermögen kleiner als die Passiva ist, wirkt sich das nicht begünstigte Vermögen nicht zu Lasten des Steuerpflichtigen aus. Es wird daher ausschließlich begünstigtes Vermögen übertragen und die sich danach ergebende Steuer ist in voller Höhe zu stunden:

3. Berechnung der zu stundenden Steuer

Wert des Betriebsvermögens (s.o.)	941.000 EUR
./. persönlicher Freibetrag	205.000 EUR
Steuerpflichtiger Erwerb	736.000 EUR
Darauf entfallende Steuer	139.840 EUR
Davon zu stunden:	139.840 EUR
Sofort fällig	0 EUR

Würde dagegen das begünstigte Vermögen die Passiva übersteigen, soll der auf dieses Vermögen entfallende Teil der Steuer im Verhältnis des Wertes des nicht begünstigten Vermögens zum Gesamtwert des Vermögensanfalls sofort fällig werden.[737]

Nach der zur Zeit noch geltenden Rechtslage würde sich im Beispielsfall bei einer Personengesellschaft folgende Steuer errechnen:

Betriebsvermögen nach Saldierung	941.000 EUR
./. Freibetrag, § 13a ErbStG	225.000 EUR
verbleiben	716.000 EUR
./. Bewertungsabschlag 35 %	250.600 EUR
verbleiben	465.400 EUR
./. persönlicher Freibetrag	205.000 EUR
steuerpflichtiger Erwerb	260.400 EUR
sofort fällige Steuer	30.360 EUR

Dies gilt zumindest dann, wenn der in Ansatz zu bringende Grundbesitzwert der vermieteten Immobilien nicht unterhalb des Steuerbilanzwertes liegt, sondern diesem entspricht. Anderenfalls ergibt sich eine weitere Verringerung der Bemessungsgrundlage, so dass möglicherweise der Erwerb auch nach altem Recht vollständig steuerfrei sein könnte.

---

737 A.A. bereits *Kratzsch*, GStB 2007, 8, 13 unter Hinweis darauf, dass der für den Gesamterwerb maßgebende Steuersatz auf den Wert des begünstigten Vermögens anzuwenden sein soll.

Die Gegenüberstellung von alter und neuer Rechtslage anhand des Beispiels verdeutlicht, dass zwar nach altem Recht eine Steuer sofort fällig ist. Diese ist aber wesentlich niedriger (lediglich 22 %) als die über zehn Jahre zu stundende Steuer. Das Risiko des Eintritts einer höheren Steuerbelastung innerhalb der Zehnjahresfrist, das aus den oben genannten Gründen als erheblich einzustufen ist, erhöht sich folglich, wenn der Gesetzesentwurf in Kraft treten sollte. Besser planbar und damit für die vorweggenommene Erbfolge besser geeignet erscheint dagegen eine sofort fällige, aber geringere Steuer – wie nach der bisherigen Gesetzeslage.

916

Abschließend bleibt darauf hinzuweisen, dass sich die Begünstigungen der §§ 28, 28a des Entwurfes erneut ausdrücklich nur auf inländisches Betriebsvermögen beziehen. Hier kann dem Gesetzgeber das bereits zu den §§ 13a, 19a ErbStG durch den BFH anhängig gemachte Verfahren vor dem EuGH, dessen Entscheidung noch aussteht,[738] einen Strich durch die Rechnung machen.

917

(5) Freigrenze

In § 13 Abs. 1 Nr. 19 ErbStG wird aus Vereinfachungsgründen bei der Übertragung von Kleinstbetrieben eine Freigrenze für die Übertragung von Betriebsvermögen und Anteilen von im Privatvermögen gehaltenen Kapitalgesellschaften oberhalb 25 % i.H.v. 100.000 EUR aufgenommen. Diese Freigrenze kann innerhalb von zehn Jahren nur einmal in Anspruch genommen werden und entfällt vollständig, wenn der Wert des begünstigten Unternehmens den Betrag übersteigt.

918

(6) Auswirkungen auf Kapitalanlagen

Es fragt sich, inwieweit der vorstehend überblicksartig dargestellte Gesetzentwurf zur Erleichterung der Unternehmensnachfolge Auswirkungen auf die Übertragung von Kapitalanlagen hat.

919

Da die Bewertungsregelungen für Kapitalforderungen und börsennotierte Wertpapiere unverändert bleiben, ergeben sich insoweit keine Änderungen. Gleiches gilt für die Regelungen betreffend die offenen Immobilienfonds. Bedeutsam ist die Änderung jedoch, soweit Betriebsvermögen übertragen werden soll. Dies betrifft vor allem den großen Bereich der geschlossenen Fonds. Denn eine Vielzahl der oben dargestellten Fondstypen enthält im

920

---

738 S.o. F.II.6.c)bb)(4).

Wesentlichen nicht begünstigtes Vermögen und kann daher nicht mehr zu erbschaftsteuerlich günstigen Bedingungen übertragen werden.

921 Immobilienfonds halten in ihrem Betriebsvermögen regelmäßig ausschließlich fremdvermietete Immobilien, die zu nicht produktivem Vermögen zählen. Die Voraussetzungen einer Betriebsaufspaltung sind insoweit nicht gegeben. Sofern in ihrem Vermögen darüber hinaus Bankguthaben oder Wertpapierdepots stehen, gilt nichts anderes. Nur bei entsprechend hoher Fremdfinanzierung kommt daher die Inanspruchnahme einer Vergünstigung überhaupt in Betracht.

922 Entsprechendes gilt für Medienfonds, bei denen sich – wenn sie als Herstellerfonds eingestuft werden – lediglich Bank- oder Kassenbestände im Aktivvermögen befinden, die ebenfalls nicht begünstigt sind. Schiffe und Rechte an ihnen sind ausdrücklich gemäß § 28a des Entwurfes von einer Privilegierung ausgeschlossen, so dass auch bei diesen Fondstypen ausschließlich nicht begünstigtes Vermögen verbleibt.

923 Den oben genannten Erbschaftsteuerfonds, die in der Regel in niedrig bewertete Vermögensgegenstände wie z.B. fremdvermietete Immobilien investieren, dürfte daher durch den Gesetzentwurf weitestgehend die Grundlage entzogen werden.

924 Bei solchen Fondsanteilen sollte daher eine Übertragung nach derzeit noch geltendem Recht überlegt werden, da anderenfalls diese Vergünstigungen in erheblichem Maße verloren gehen könnten. Aber auch hier gilt: Keine Übertragung zu jedem Preis, denn eine evt. Erbschaftsteuerersparnis kann stets nur ein Aspekt bei einer überlegten Vermögensnachfolgeregelung sein.

hh) Die Entscheidung des BVerfG vom 7.11.2006

925 Mit Beschluss vom 7.11.2006, veröffentlicht am 31.1.2007,[739] hat der Erste Senat des BVerfGs die in § 19 Abs. 1 ErbStG angeordnete Erhebung der Erbschaftsteuer mit einheitlichen Steuersätzen für mit dem Grundgesetz unvereinbar erklärt. Denn die einheitlichen Steuersätze knüpfen an Steuerwerte an, deren Ermittlung bei wesentlichen Vermögensgruppen (Betriebsvermögen, Grundvermögen, Anteilen an Kapitalgesellschaften, land- und forstwirtschaftlichen Betrieben) den Anforderungen des Gleichheitssatzes (Art. 3 Abs. 1 GG) nicht genügt.

---

739 1 BvL 10/02, DStR 2007, 235 ff.

II. Erbschaft-/Schenkungsteuer bei Kapitalanlagen 311

Da das geltende Erbschaftsteuerrecht an die Leistungsfähigkeit des Erwerbers (Erbe oder Beschenkter) anknüpft, müssen die übertragenen Vermögensgegenstände für erbschaftsteuerliche Zwecke grds. einheitlich mit ihrem gemeinen Wert zumindest annäherungsweise in Ansatz gebracht werden (1. Schritt). Dieser Grundsatz wird bei der Bewertung von Betriebsvermögen, Grundvermögen, Anteilen an Kapitalgesellschaften sowie land- und forstwirtschaftlichem Vermögen verletzt. 926

Die oben dargestellte Anknüpfung an die Steuerbilanzwerte bei Betriebsvermögen und die Möglichkeit, in weitem Umfang Betriebsvermögen zu willküren (sog. gewillkürtes Betriebsvermögen), führen infolge der jeweils verfolgten Bilanzpolitik zu einem ungleichmäßigen und willkürlichen zum Teil erheblichen Unterschreiten der Verkehrswerte (gemeiner Wert). Dieses Ungleichgewicht wird verstärkt durch den Ansatz der Verbindlichkeiten (Passiva) mit dem Verkehrswert (Nennbetrag) und der daraus resultierenden überproportionalen Verringerung des Betriebsvermögens. 927

Gleiches gilt nach Ansicht des BVerfGs für Grundvermögen, dessen Bewertung nicht innerhalb der angemessenen Streubreite von plus/minus 20% der Verkehrswerte liegt. Die Bewertungsergebnisse nach geltendem Recht differieren in erheblichem Umfang zwischen weniger als 20% und über 100% des gemeinen Wertes eines Objektes. 928

Auch die Bewertung von nicht börsennotierten Anteilen an Kapitalgesellschaften durch das sog. Stuttgarter Verfahren orientiert sich in unberechtigter Weise an den Steuerbilanzwerten und damit der Bilanzpolitik der Gesellschaft. Dadurch werden bei besonders ertragsstarken Unternehmen oftmals Werte erzielt, die deutlich über dem Verkehrswert des Unternehmens liegen, während ertragsschwache anlagenintensive Unternehmen erheblich unter diesem Wert bewertet werden. 929

Aufgrund der weit reichenden Folgen einer Nichtigerklärung des geltenden Erbschaftsteuergesetzes u.a. für den Staatshaushalt hat das BVerfG lediglich eine sog. Unvereinbarkeit mit der Verfassung ausgesprochen und den Gesetzgeber verpflichtet, eine gesetzliche Neuregelung bis spätestens zum 31.12.2008 zu treffen. Für die Vergangenheit und die Zwischenzeit bis zur Neuregelung gilt dagegen – zur Vermeidung eines rechtsunsicheren Schwebezustandes – das alte ErbStG fort, so dass zur Zeit Vermögensübertragun- 930 gen unter Inanspruchnahme der alten Rechtslage erfolgen können, ohne dass eine Rückwirkung des Gesetzgebers zu befürchten ist.[740]

931 Neben der grds. Orientierung der Bewertung am gemeinen Wert (1. Schritt) hat das BVerfG explizit darauf verwiesen, dass eine Neuregelung in einem nachfolgenden 2. Schritt für bestimmte Vermögensgegenstände bzw. -gruppen durchaus zielgenaue Verschonungsregelungen aufweisen kann. Voraussetzung ist, dass ausreichende Gemeinwohlgründe eine evt. sogar sehr weit gehende Begünstigung rechtfertigen und die Einschränkungen den verfassungsrechtlichen Anforderungen für Normen zur außerfiskalischen Lenkung bzw. Förderung genügen (z.b. klare Abgrenzung des Kreises der Begünstigten, möglichst gleichmäßige Wirkung der Begünstigung usw.). Besonderheiten, die sich regelmäßig in den Marktpreisen abbilden (wie z.B. geringere Fungibilität, Mieterschutzbestimmungen, öffentlich-rechtliche Auflagen bei Grundvermögen) scheiden jedoch bereits von ihrem Ansatz her als Rechtfertigung für eine Verschonungsregelung aus. Demgegenüber könnte beispielsweise die Zurverfügungstellung ausreichenden Wohnraums gewichtige Gemeinwohlgründe darstellen, die eine Begünstigung von bebauten Grundstücken rechtfertigen.

932 Darüber hinaus erachtet das BVerfG unter den vorgenannten Voraussetzungen auch eine Begünstigung mittels Differenzierung beim Steuersatz (3.Schritt) für zulässig.

933 Zweifelhaft ist, ob der vorliegende Gesetzentwurf zur Erleichterung der Unternehmensnachfolge den Maßstäben des BVerfGs entspricht.[741] Regelungen zur Besteuerung von Grundvermögen enthält der Entwurf nicht, so dass hier eine Neuregelung abzuwarten ist. Im Zusammenhang mit der Bewertung von Betriebsvermögen knüpft der Entwurf grds. an die zu übernehmenden Steuerbilanzwerte an – eine Bewertung, gegen die sich das BVErfG ausdrücklich gewandt hat. Leider ist der Beschluss des BVErfGs, was die Frage der Ausgestaltung einer gesetzlichen Neuregelung angeht, äußerst vage gehalten.[742] Es fehlen klare Handlungsanweisungen – z.B. bleibt die Frage der Verfassungsmäßigkeit der §§ 13a, 19a ErbStG ausdrücklich offen mit der Konsequenz, dass je nach gesetzgeberischer Neugestaltung erneute Rechtsstreitigkeiten vorprogrammiert sind.

---

740 S.a. *Steiner*, ZEV 2007, 120 ff.
741 Kritisch z.B. *Hannes/Onderka/von Oertzen*, ZEV 2007, 123 ff.
742 Vgl. auch *Seer*, ZEV 2007, 101, 102.

7. Genussrechte

Genussrechte werden grundsätzlich mit ihrem jeweiligen Börsenkurs zum Stichtag angesetzt. Soweit eine Börsennotierung nicht vorliegt, ist danach zu unterscheiden, ob das Genussrecht neben einer Verzinsung auch eine Beteiligung am Liquidationsgewinn des Unternehmens beinhaltet. Gewährt es lediglich eine Verzinsung, ist es wie ein nicht börsennotiertes festverzinsliches Wertpapier zu behandeln. Umfasst es auch eine Beteiligung am Liquidationserlös, sind die Grundsätze der Bewertung nicht notierter Anteile an Kapitalgesellschaften entsprechend heranzuziehen, da die Stellung des Genussrechtsinhabers in diesen Fällen denen eines Gesellschafters (Aktionärs) angenähert ist.[743]

934

Zu beachten dabei ist, dass diese Einstufung bereits auf Ebene des Emittenten relevant ist für die Frage, inwieweit es sich bei dem eingesammelten Genussrechtskapital um Eigenkapital (bei Aktionärsähnlichkeit) oder Fremdkapital handelt. Diese durch die Körperschaftsteuerveranlagungsstelle des zuständigen Finanzamtes getroffene Einordnung wirkt sich auch für den Anleger aus, da insoweit eine Gleichbehandlung zwingend notwendig ist.

935

Offen ist, ob bei einer aktienähnlichen Genussrechtsbeteiligung von mehr als 25% bezogen auf das um das Genussrechtskapital erweiterte Eigenkapital des Unternehmens die Regelungen des Gesetzentwurfs über die Erleichterung der Unternehmensnachfolge in Anlehnung an die unter C.III.3. aufgezeigte Rechtsprechung zu § 17 EStG Anwendung finden können.

936

---

743 S.o. B.III. und C.III.

G. Ausblick Abgeltungssteuer

937 Im Zusammenhang mit der anstehenden Unternehmenssteuerreform plant der Gesetzgeber zum 1.1.2009 die Einführung einer anonymen Abgeltungssteuer in Höhe von 25% auf Kapitalerträge. Zunächst verständigte sich die Große Koalition auf folgende Eckpunkte:

I. Eckpunkte

938 Ziel der Abgeltungssteuer, die insbesondere die inländischen Banken verpflichtet, einen Steuerabzug an der Quelle vorzunehmen und an die Finanzverwaltung abzuführen, ist eine wesentliche Vereinfachung der Besteuerung privater Kapitalerträge und Veräußerungsgewinne aus Wertpapieren, die bislang – wie vorstehend aufgezeigt wurde – zu den schwierigsten Bereichen des Steuerrechts gehören. Gleichzeitig werden die Anleger von entsprechenden Steuererklärungspflichten entlastet, sofern sie die Kapitalerträge nicht einem niedrigeren Einkommensteuersatz als dem vorgesehenen Abgeltungssteuersatz von 25% unterwerfen wollen. Im letztgenannten Fall soll das Gesetz eine **Veranlagungsoption** für den Steuerpflichtigen vorsehen. Aber auch dann soll – nach den Plänen der Bundesregierung – durch simple Steuerformularvordrucke die Erklärung für den Anleger wesentlich vereinfacht werden. Hier bleibt aber zunächst tatsächlich die Vorlage des Vordrucks abzuwarten, denn die Vereinfachungspläne des Gesetzgebers stehen regelmäßig im Widerspruch zu den tatsächlich erstellten komplexen und unvollständigen Vordrucken. Beispielhaft sei lediglich auf die mehrfachen Anläufe zur Erstellung einer Anlage E-Ü-R sowie die Vorlagen für Jahressteuerbescheinigungen zu verweisen.

939 Als positive Auswirkung einer Abgeltungssteuer ist in jedem Fall der Plan der Bundesregierung zu nennen, das **Kontenabrufverfahren** in der heutigen Form (vgl. § 93 AO; 93 Abs. 7, 93b Abs. 2 AO, 24c KWG) durch eine gesetzliche Änderung abzuschaffen bzw. einzuschränken, zumindest soweit es zur Erfassung der Kapitaleinkünfte nicht mehr erforderlich ist. Hintergrund der Einführung des Kontenabrufverfahrens war die aufgezeigte Rechtsprechung des BVerfG[744] zur Verfassungswidrigkeit der privaten Veräußerungs-

---

744 S.o. C.I.5.d).

I. Eckpunkte

geschäfte bei Wertpapieren für die Jahre 1997 und 1998 mangels ausreichender Kontrollmöglichkeiten durch die Finanzverwaltung (strukturelles Erhebungsdefizit). Die vorhandenen Paragrafen zum Kontenabruf erlauben diesen nur, wenn eigene Ermittlungen der Finanzbehörden nicht zum Ziel führen und geben dem Finanzamt nur Auskunft über die sog. Kontenstammdaten (Wann welche Bankverbindung bestand und für welche Konten Kontovollmacht erteilt wurde.). Auskünfte über konkrete Kontobewegungen werden den Finanzämtern nicht erteilt und entsprechende Aufbewahrungspflichten des Steuerpflichtigen für Kontoauszüge bestehen ebenfalls nicht, so dass der Steuerpflichtige Bankbelege nicht auf eigene Kosten von den Banken in Kopie wiederherstellen lassen muss. Verfassungsrechtliche Bedenken gegen den Kontenabruf bestehen weiterhin, auch wenn die Aufnahme einer automatischen Übermittlungsverpflichtung der Jahressteuerbescheinigungen von den Banken an die Finanzämter einen wesentlich stärkeren Eingriff in die Rechte des Steuerpflichtigen darstellen würde. Hinzu kommt innerhalb der EU ein denkbarer Rechtsverstoß gegen die Kapitalverkehrsfreiheit (Art. 56 Abs. 1 EGV). Denn nach der EU-Zinsrichtlinie erfolgt eine automatische – wenn auch anonyme Datenübermittlung – ein intensiverer Rechtseingriff als bei rein inländischen Sachverhalten (Kontenabruf nur, soweit die eigenen Ermittlungen keinen Erfolg versprechen). Eine Reform erscheint daher auch unter diesem Gesichtspunkt notwendig, wobei eine vorzugswürdige Reformmöglichkeit in der Einführung einer anonymen Abgeltungssteuer liegt gegenüber der anderen Möglichkeit einer Verschärfung der Eingriffsrechte der Finanzverwaltung durch eine Verpflichtung zur automatischen Übermittlung der Jahressteuerbescheinigungen an die Finanzbehörden.

Erhalten bleiben soll der Kontenabruf nur für diejenigen Fälle, in denen der Steuerpflichtige Vergünstigungen oder staatliche Transfers beantragt. Unabhängig davon, dass unklar bleibt, welche praktischen Fälle damit gemeint sein sollen, obliegt es danach dem Anleger, ob er einen entsprechenden Antrag stellt. Der Kontenabruf soll daher zukünftig nur noch mit Wissen des Anlegers erfolgen dürfen. Durch diese neu gewonnene Diskretion soll Vertrauen geschaffen werden (vgl. § 30a AO) und eine positive Auswirkung auf den Kapitalanlagestandort Deutschland ausgehen. Denn die Bundesregierung erachtet die Anonymität der Anleger neben einem niedrigen Steuersatz für Kapitalerträge als einen der wichtigsten Schlüssel zum wirtschaftlichen Erfolg des Finanzplatzes Deutschland.

940

941 Fraglich ist jedoch, ob die **Höhe der geplanten Abgeltungssteuer** mit 25 % zuzüglich Solidaritätszuschlag und Kirchensteuer tatsächlich dem internationalen Wettbewerb stand hält und damit einen Investitionsanreiz in Deutschland schafft. Immerhin liegt die effektive Belastung unter Einbeziehung von Kirchensteuer und Solidaritätszuschlag bei rund 28,7 %. Berücksichtigt man darüber hinaus Inflationsgesichtspunkte, steigt die effektive Belastung noch an. Eine Herabsenkung der Abgeltungssteuer auf 15 % bis 20 % erscheint vor diesem Hintergrund und mit Blick auf den internationalen Finanzmarkt eher angezeigt.

942 Mit nicht unerheblichen praktischen Problemen ist zudem die Einbeziehung der **Kirchensteuer** in den Quellensteuerabzug verbunden. Will man einen pauschalen Satz – unabhängig von der Frage einer tatsächlichen Kirchenzugehörigkeit – nicht an die Kirchen abführen (hier müsste sich die Kirche erneut der politischen Diskussion einer Bevorzugung gegenüber anderen Glaubensrichtungen gefallen lassen), müsste jeder Anleger verpflichtet sein, seiner Bank gegenüber seine Konfessionszugehörigkeit zu offenbaren. Dies stößt aber im Hinblick auf die grundgesetzlich abgesicherte Glaubensfreiheit auf massive verfassungsrechtliche Bedenken.

943 Darüber hinaus ist fraglich, ob die gewählte Form der Abgeltungssteuer den verfassungsrechtlichen Anforderungen standhält. Immerhin werden im Ergebnis nur die relativ kleine Gruppe der Steuerpflichtigen begünstigt, deren Einkommen dem Spitzensteuersatz unterliegt und für die die Abgeltungssteuer mit 25 % daher eine Steuerentlastung beinhaltet. Demgegenüber ist der Großteil der Kleinsparer weiterhin verpflichtet, die Kapitaleinkünfte in die Steuererklärung aufzunehmen, um eine Besteuerung nach seinen individuellen Einkommensteuersätzen zu erhalten. Berücksichtigt man dabei die ab 2007 auf ein Minimum reduzierten Sparerfreibeträge, spricht dies für eine **verfassungswidrige Ungleichbehandlung der Kleinsparer** gegenüber Besserverdienenden, die dem Spitzensteuersatz unterliegen.

944 Um dem Ziel einer Vereinfachung zu entsprechen, sollen die Erträge aus Kapitalvermögen und die Gewinne aus der Veräußerung von privaten Kapitalanlagen **einheitlich** von der Abgeltungssteuer erfasst werden. Bei den *Einkünften aus Kapitalvermögen* soll dies insbesondere gelten für Zinserträge aus Geldeinlagen bei Kreditinstituten, Kapitalerträge aus Forderungswertpapieren, Dividenden, Erträge aus Investmentfonds und Zertifikatserträge. Ausgenommen werden sollen jedoch Erträge aus (typischen) stillen Gesellschaften, partiarischen Darlehen, sonstigen Darlehen im Privatvermögen bei Kapitalüberlassung zwischen nahe stehenden Personen oder Kapitalgesellschaften und ihren Anteilseignern bzw. diesen nahe stehenden Personen. Da die *Gewinne aus privaten Veräußerungsgeschäften* ebenfalls durch die geplante Quellensteuer abgegolten werden sollen, unterfallen insbesondere die private Veräußerung von Wertpapieren, Investmentanteilen und Beteiligungen an Kapitalgesellschaften der neuen Steuer. Damit soll gleichzeitig für alle **nach dem 31.12.2008 erworbene Kapitalanlagen** die Jahresfrist des § 23 EStG abgeschafft und folglich Gewinne aus privaten Veräußerungsgeschäften **unabhängig von der Haltedauer** beim Anleger zeitlich unbefristet besteuert werden. Auf diese Weise soll das Steueraufkommen bei den Einkünften aus Kapitalvermögen durch Verbreiterung der Bemessungsgrundlage erweitert werden.

Die Bundesregierung will sich dabei ausdrücklich auf den Wegfall der Jahresfrist für private Veräußerungsgeschäfte aus Wertpapieren beschränken und zwar nur für nach dem Stichtag erworbene Wertpapiere. Für vorher erworbene Wertpapiere soll weiterhin die bislang geltende Regelung zum Tragen kommen. Für **Grundstücke** wird – entgegen den ursprünglichen Plänen – ausdrücklich auf eine Aufhebung der zehnjährigen Spekulationsfrist verzichtet. Diese sollen daher nach Ablauf der zehnjährigen Haltedauer weiterhin steuerfrei veräußert werden können. Der Gesetzgeber wollte offensichtlich erneuten Diskussionen um eine verfassungswidrige Rückwirkung aus dem Weg gehen und jahrelange Übergangsregelungen vermeiden, die sich bei Wertpapieren aufgrund der einjährigen Veräußerungsfrist leichter umgehen lassen. Aber auch insoweit stellt sich die Frage, ob eine solche Ungleichbehandlung privater Vermögensgegenstände sachlich gerechtfertigt ist (Art. 3 Abs. 1 GG). Dies ist nach diesseitiger Einschätzung nicht der Fall, denn es ist kein sachlicher Grund ersichtlich, die Trennung zwischen steuerfreier privater Vermögensebene und steuerpflichtigen Erträgen bei Wertpapieren vollständig und für Grundstücke nach Ablauf der zehnjährigen Behaltensfrist aufzuheben. Auch eine Rückwirkungsproblematik kann umgangen werden, wenn – wie bei den Wertpapieren vorgesehen – erst alle ab dem 1.1.2009 erworbenen Grundstücke von der Neuregelung erfasst werden.

945

Bedeutsam ist darüber hinaus der ebenfalls unter dem Aspekt der Verbreiterung der Bemessungsgrundlage und damit einer Erhöhung des Steueraufkommens stehende Plan der Großen Koalition, das vor nicht allzu langer Zeit eingeführte **Halbeinkünfteverfahren (§ 3 Nr. 40 EStG) für natürliche Personen bei Einkünften im Privatvermögen abzuschaffen**, wohingegen

946

im Betriebsvermögen keine steuerliche Benachteiligung bezogener Gewinnausschüttungen erfolgen soll und eine entsprechende „Lösung unter Aufrechterhaltung der Befreiung von Beteiligungserträgen und Gewinnen aus der Veräußerung von Beteiligungen bei Körperschaften (§ 8b KStG)" angestrebt wird. Zwar soll im Rahmen der Unternehmenssteuerreform der Körperschaftsteuersatz von 25% auf 15% gesenkt werden, was zu einer Gesamtbelastung von rd. 29,87% unter Einbeziehung des Solidaritätszuschlags und Gewerbesteuer auf Ebene der Gesellschaft gegenüber einer bisherigen Gesamtbelastung von rd. 38,65% führt. Die unmittelbar um lediglich 10% verringerte Steuerbelastung lässt es jedoch nicht gerechtfertigt erscheinen, ausschließlich bei Privatpersonen von dem Halbeinkünfteverfahren Abstand zu nehmen. Bei Privatpersonen beträgt daher nach der geplanten Neuregelung die Einkommen- bzw. Abgeltungssteuerbelastung 25% bezogen auf die Dividendeneinkünfte in voller Höhe zzgl. Solidaritätszuschlag und Kirchensteuer. Hinzu kommt die Belastung dieser Einkünfte auf Ebene der Gesellschaft mit 29,87%, so dass sich die Gesamtsteuerbelastung der ausgeschütteten Dividenden auf 54,87% zzgl. Solidaritätszuschlag und Kirchensteuer auf Ebene des Anlegers beläuft.

947 Problematisch ist zudem, dass bei einem Vergleich zu im Privatvermögen erzielten Zinsen, die ausschließlich mit einer Steuer in Höhe des Abgeltungssteuersatzes zzgl. Solidaritätszuschlag belastet werden, ausgeschüttete Gewinne von Kapitalgesellschaften neben der Körperschaftsteuer auf Ebene der Gesellschaft zusätzlich in voller Höhe der Abgeltungssteuer unterliegen sollen.[745]

948 Zur Vereinfachung will die Große Koalition desweiteren einen über den Werbungskosten-Pauschbetrag hinausgehenden **Werbungskostenabzug** bei Einkünften aus Kapitalvermögen **nicht mehr zulassen**. Bemessungsgrundlage für die Abgeltungssteuer sollen die Bruttoerträge sein, die nur durch den Sparer-Freibetrag (750 EUR bzw. 1.500 EUR ab 1.1.2007) zzgl. dem Werbungskosten-Pauschbetrag reduziert werden dürfen. Da sich keine Ausführungen zu der Höhe des Pauschbetrages finden, muss davon ausgegangen werden, dass dieser weiterhin mit 51 EUR bzw. 102 EUR für zusammen veranlagte Ehegatten in Ansatz zu bringen ist. Diese Regelung stellt zwar für die Banken, die den Quellensteuerabzug vornehmen müssen, eine praktikable Regelung dar, weil sie sich weder Gedanken um die Anschaf-

---

745 Vgl. dazu auch die Stellungnahme des Wissenschaftlichen Beirates beim BMF v. 13.10.2006 zu den vorangegangenen Plänen der Bundesregierung zur Unternehmenssteuerreform.

fungskosten noch die individuellen Werbungskosten machen müssen. Will man jedoch auch private Veräußerungsgeschäfte aus Wertpapieren der Abgeltungssteuer unterwerfen, müssen weiterhin selbstverständlich die Anschaffungskosten einschließlich etwaiger Anschaffungs- und Veräußerungsnebenkosten abgezogen werden können. Anderenfalls würde unterstellt, dass der Veräußerungspreis dem Gewinn entspricht. Hier stellt sich für die Banken jedoch das praktische Problem der Ermittlung der Anschaffungskosten, wenn diese z.b. aufgrund eines Depotwechsels der veräußernden Bank nicht bekannt waren. Bislang wurde dieses Problem durch die Ersatzbemessungsgrundlage bei der Kapitalertragsteuer gelöst.

Als weiteren Punkt plant der Gesetzgeber, dass das Finanzamt berechtigt sein soll, für Einkünfte aus Kapitalvermögen und für Veräußerungsgewinne, bei denen ein Quellensteuerabzug nicht – wie etwa für im Ausland erzielte Erträge und die Veräußerung von GmbH-Anteilen – möglich ist, eine Steuerfestsetzung in Höhe des Abgeltungssteuersatzes vorzunehmen. Insoweit wäre u.a. eine Vereinbarkeit mit bestehenden Doppelbesteuerungsabkommen zu prüfen. 949

Zuletzt will die Bundesregierung an einer **beschränkten Verlustverrechnung** festhalten. Denn die Berücksichtigung von Veräußerungsverlusten (z.B. aus Aktiengeschäften) soll im Rahmen dieser „besonderen" Steuerfestsetzung erfolgen. Die Verlustverrechnung soll dabei auf die Einkünfte aus Kapitalanlagen (Erträge und Veräußerungsgeschäfte) begrenzt werden, die bislang mit positiven Einkünften aus anderen Einkunftsarten verrechnet werden konnten. 950

Hinzu kommt die Frage, wie der Gesetzgeber eine Verlustverrechnung mit dem Prinzip der Abgeltungssteuer in Einklang bringen will. Soll eine Verlustverrechnung automatisch durch das jeweilige Kreditinstitut erfolgen? Besteht in einem Kalenderjahr kein ausreichendes Verrechnungspotential, müssten diese Verluste gesondert festgestellt werden, so dass man automatisch in den Bereich der Steuerveranlagung gelangt. Da Verluste nicht selten sind, wäre der Anleger im Ergebnis doch zu einer Veranlagung gezwungen, um eine Verlustverrechnung vornehmen zu können. 951

Die von der Bundesregierung vorgestellten Eckpunkte einer Abgeltungssteuer werfen also mehr Fragen auf als sie beantworten. Wenn die Bundesregierung in einer Presseerklärung am 3.11.2006 feststellt: 952

„Insgesamt bietet die anonyme Abgeltungssteuer somit ein Höchstmaß an steuerlicher Transparenz und Vereinfachung, schafft die steuerlichen Rahmenbedingungen für eine positive Entwicklung der deutschen Finanzplätze und wird das Steueraufkommen mittel- bis langfristig stabilisieren und sogar erhöhen."

muss dies als äußerst optimistisch eingestuft werden.

II. Gesetzentwurf zur Unternehmenssteuerreform

953 Anfang 2007 hat der Bundestag den Referentenentwurf zur Unternehmenssteuerreform 2008 beschlossen und in das Gesetzgebungsverfahren eingebracht. Der Entwurf soll nach den Plänen des Gesetzgebers Mitte 2007 verabschiedet werden. Der Entwurf setzt die aufgezeigten Eckpunkte weitestgehend in die Tat um. Im einzelnen gilt nach dem Entwurf Folgendes:

954 Für alle nach dem 31.12.2008 erworbenen Kapitalanlagen (keine Finanzinnovationen) bzw. zugeflossenen Einkünften aus Kapitalvermögen soll eine anonyme Abgeltungssteuer von 25% zzgl. Solidaritätszuschlag und Kirchensteuer in Form eines Quellensteuerabzuges eingeführt werden, §§ 32d, 52a EStG-E. Finanzinnovationen unterfallen bereits dann dem neuen Recht, wenn sie nach dem 31.12.2008 **veräußert** werden.

955 Die Abgeltungssteuer soll auf Einkünfte aus Kapitalvermögen (Zinsen, Dividenden, Erträge aus Investmentfonds, Zertifikate und Finanzinnovationen, Stillhalterprämien von Optionsgeschäften) und aus privaten Veräußerungsgeschäften (bei Wertpapieren, Investmentanteilen und Anteilen an Kapitalgesellschaften) erhoben werden. Für letztere entfällt die Haltefrist von einem Jahr mit der Konsequenz, dass alle Veräußerungsgeschäfte ab dem 1.1.2009 unbefristet steuerlich relevant sind, vgl. § 20 Abs. 2 EStG-E.[746]

956 Die Regelungen für Finanzinnovationen sollen nach dem Entwurf wie folgt lauten:

957 Laut § 20 Abs. 1 Nr. 7 EStG-E gehören zu den Einkünften aus Kapitalvermögen Erträge aus sonstigen Kapitalforderungen jeder Art, wenn die Rückzahlung des Kapitalvermögens oder ein Entgelt für die Überlassung des

---

[746] Bei Immobilien bleibt es dagegen bei der bisherigen Zehnjahresfrist, wobei sich die Frage nach einer sachlichen Rechtfertigung der Ungleichbehandlung stellt.

Kapitalvermögens zur Nutzung zugesagt oder geleistet (a.F.: gewährt) worden ist, auch wenn die Höhe (neu:) **der Rückzahlung** oder des Entgelts von einem ungewissen Ereignis abhängt. Mit der Neuformulierung will der Gesetzgeber den Anwendungsbereich der Norm wesentlich erweitern. Erfasst werden nunmehr Kapitalforderungen, deren volle oder teilweise Rückzahlung weder rechtlich noch faktisch garantiert wird (rein spekulative Wertpapiere). Mit Aufnahme des Wortes „geleistet" soll ebenfalls klargestellt werden, dass zukünftig alle laufenden Erträge aus reinen Spekulationsgeschäften erfasst werden. Gleichzeitig erstreckt sich § 20 Abs. 2 Satz 1 Nr. 7 EStG-E auf die Erträge aus der Rückzahlung, Einlösung oder Veräußerung, in dem er anordnet, dass die Norm für Gewinne aus der Veräußerung von sonstigen Kapitalforderungen jeder Art gilt, ebenso für die Einlösung, Rückzahlung, Abtretung oder verdeckte Einlage in eine Kapitalgesellschaft, also auch spekulative Wertpapiere, wie z.B. bestimmte Zertifikatsformen (Auffangtatbestand). Hintergrund ist das Ziel einer einheitlichen Behandlung sämtlicher Kapitalanlagen.

Die steuerliche Bemessungsgrundlage (der Gewinn i.S.v. § 20 Abs. 2 EStG-E), die nach der Gesetzesbegründung positiv oder negativ ausfallen kann, ermittelt sich aus dem Unterschied zwischen den Einnahmen aus der Veräußerung und den Aufwendungen, die in unmittelbarem Zusammenhang mit der Veräußerung stehen nebst Anschaffungskosten. Entsprechende bisherige Meinungsstreitigkeiten über die Einbeziehung von Nebenkosten entfallen daher. Fraglich bleibt allein das Vorliegen eines unmittelbaren Zusammenhanges. 958

§ 20 Abs. 4 EStG-E ordnet des weiteren an, dass bei nicht in Euro getätigten Geschäften die Einnahmen im Zeitpunkt der Veräußerung und die Anschaffungskosten im Zeitpunkt der Anschaffung in Euro umzurechnen sind. Die Regelung entspricht daher der bisherigen Handhabung im Zusammenhang mit § 23 EStG. Anders als bei § 20 EStG werden daher nunmehr auch Wechselkursgewinne bzw. –verluste steuerlich erfasst. Gleichzeitig wird das bei privaten Veräußerungsgeschäften für Wertpapiere in Girosammelverwahrung eingeführte FiFo-Verfahren beibehalten, § 20 Abs. 4 EStG-E. 959

§ 20 Abs. 9 EStG-E sieht einen neuen Sparer-Pauschbetrag von 801 Euro (750 Euro Sparerfreibetrag zzgl. 51 Euro Werbungskostenpauschbetrag) bzw. 1.602 Euro für zusammen veranlagte Ehegatten vor. Demgegenüber soll der Abzug der tatsächlichen Werbungskosten ausgeschlossen sein, was unmittelbar die Frage nach einem Verstoß gegen das Leistungsfähigkeits- 960 prinzip aufwirft. Ob die Begründung des Gesetzesentwurfes genügt, wonach berücksichtigt sei, dass mit dem relativ niedrigen Steuersatz von 25 % die Werbungskosten in den oberen Einkommensteuergruppen mit abgegolten werden, ist äußerst zweifelhaft. Streitigkeiten sind an dieser Stelle vorprogrammiert.

961 Für Kapitaleinkünfte im Privatvermögen entfällt für natürliche Personen das Halbeinkünfteverfahren (zukünftiger Ansatz daher 100 %). Im betrieblichen Bereich wird ein sog. Teileinkünfteverfahren eingeführt, das einen Ansatz zu 60 % regelt, vgl. § 3 Nr. 40 EStG-E. Die Begründung des Gesetzesentwurfes verweist in diesem Zusammenhang auf die nach dem Entwurf geplante gleichzeitige Absenkung der Körperschaftsteuerbelastung. Dass dies jedoch nicht die Abschaffung des Halbeinkünfteverfahrens für Privatleute rechtfertigt, wurde bereits oben im Zusammenhang mit den Eckpunkten der Großen Koalition dargelegt.

962 Im Rahmen einer sog. Günstigerprüfung regelt § 32d Abs. 6 EStG-E, dass auf Antrag des steuerpflichtigen Anlegers anstelle des Abgeltungssteuersatzes von 25 % die Kapitaleinkünfte im Rahmen der Veranlagung der persönlichen Einkommensteuer zu unterwerfen sind (sog. Veranlagungsoption). Dies macht Sinn, wenn der persönliche Einkommensteuersatz unterhalb von 25 % liegt. Ein solcher Antrag kann für einen Veranlagungszeitraum nur einheitlich für sämtliche Kapitalerträge, bei Ehegatten für beide einheitlich, gestellt werden.

963 § 20 Abs. 6 EStG-E beschränkt den Verlustabzug bei Einkünften aus Kapitalvermögen. Verluste aus Kapitalvermögen dürfen nur mit zukünftigen Einkünften aus Kapitalvermögen verrechnet und nicht zurückgetragen oder mit anderen Einkunftsarten verrechnet werden. Sie dürfen nicht nach § 10d EStG abgezogen werden. Die Verluste mindern jedoch die Einkünfte, die der Steuerpflichtige in den folgenden Veranlagungszeiträumen aus Kapitalvermögen erzielt. § 10d Abs. 4 EStG gilt sinngemäß.

964 Zur Rechtfertigung der Beschränkung verweist der Gesetzentwurf auf den besonderen Einkommensteuersatz der Abgeltungsteuer von höchstens 25 %. Auch hier ist äußerst fraglich, ob diese Begründung ausreichend ist. In seinem Urteil vom 18.10.2006,[747] in dem der BFH den beschränkten Verlustabzug nach § 23 Abs. 3 Satz 8 EStG bei privaten Veräußerungsgeschäf-

---

747 IX R 28/05, www.bundesfinanzhof.de.

ten als verfassungsgemäß anerkannte, verwies er zur Rechtfertigung explizit auf die einjährige Behaltensfrist, nach deren Ablauf eine Besteuerung ausscheidet. Der Steuerpflichtige habe es in diesem Fall selbst in der Hand, ob es zu einer Besteuerung kommt oder nicht. Diese Dispositionsbefugnis rechtfertigt nach Ansicht des BFH eine gegenüber den anderen Einkunftsarten gesonderte Behandlung, da der Steuerpflichtige anderenfalls gezielt Verluste aus privaten Veräußerungsgeschäften generieren könnte, um dadurch seine anderweitigen Einkünfte zu reduzieren. Hier fragt es sich, ob der Verweis auf den Abgeltungssteuersatz von 25% genügt, zumal auf Antrag des Steuerpflichtigen eine Veranlagung unter Heranziehung seines persönlichen Einkommensteuersatzes erfolgen kann.

Positive Einkünfte aus Kapitalvermögen sollen dagegen zunächst mit sog. Altverlusten aus privaten Veräußerungsgeschäften (Verluste, die bis einschließlich 2008 entstanden sind) nach Maßgabe von § 23 Abs. 3 Satz 9 und 10 EStG-E verrechnet. Der Vortrag der Altverluste soll nur bis einschließlich 2013 zulässig sein.

965

Die Verlustverrechnung erfolgt, wenn keine Altverluste vorliegen, zunächst im Rahmen des sog. Verrechnungstopfes gem. § 43a Abs. 3 EStG-E bei der Kapitalertragsteuer. Dabei handelt es sich um eine erhebliche Ausweitung des bislang in § 43a Abs. 3 EStG geregelten Stückzinstopfes.

966

Außerhalb des Verlustverrechnungstopfes können Verluste aus Kapitalvermögen, die der Kapitalertragsteuer unterlegen haben, nur dann mit anderen Kapitaleinkünften verrechnet werden, wenn der Anleger eine Bescheinigung des Kreditinstitutes nach § 43a Abs. 3 EStG-E vorlegt. Nach Ausstellung der Bescheinigung wird der Verrechnungstopf durch das Kreditinstitut geschlossen und die bescheinigten Verluste müssen im Rahmen der Einkommensteuerveranlagung in Ansatz gebracht werden. Dies soll eine doppelte Berücksichtigung der Verluste – im Rahmen des Verrechnungstopfes und bei der Veranlagung – verhindern.

967

§ 32d Abs.1 EStG-E regelt den gesonderten Steuertarif für Einkünfte aus Kapitalvermögen und gleichzeitig die Kirchensteuerpflicht dieser Einkünfte. Bei bestehender Kirchensteuerpflicht soll sich die Einkommensteuer um 25% der auf die Kapitalerträge entfallenden Kirchensteuer ermäßigen. Sinn dieser Regelung ist die Berücksichtigung der Tatsache, dass die Kirchensteuer als Sonderausgabe im Rahmen der Einkommensteuer abzugsfähig ist. Dies soll ebenfalls bei der gesonderten Steuerfestsetzung nach § 32d EStG-E

968

pauschal berücksichtigt werden. Die Einkommensteuer berechnet sich deshalb gemäß § 32d Abs. 1 Satz 3 EStG-E nach folgender Formel:

$(e - 4 \times q) : (4 + k) = $ Einkommensteuer

e = nach § 20 EStG-E ermittelte Einkünfte

q = nach § 32d Abs. 5 EStG-E anrechenbare ausländische Steuer

k = Kirchensteuersatz

Beispielhaft beläuft sich die Einkommensteuer daher bei einem Steuerpflichtigen, der Kapitaleinkünfte i.H.v. 4.000 EUR erzielt, bei anrechenbarer ausländischer Quellensteuer i.H.v. 600 EUR und bei einem Kirchensteuersatz von 8% auf folgenden Betrag:

(4.000 EUR – 4 x 600 EUR) : (4 + 8%) = 31,37 EUR.

969 Die Regelung in § 24c EStG betreffend die Jahressteuerbescheinigung soll aufgehoben werden, da diese nicht mehr notwendig ist. Sie wird ersetzt durch die Steuerbescheinigung nach § 45a EStG-E, die auf Verlangen des Steuerpflichtigen auszustellen ist und die die nach § 32d EStG-E erforderlichen Angaben auf amtlichem Muster enthält.

970 Die bisherige Ersatzbemessungsgrundlage wird im Ergebnis aufrechterhalten, d.h. dass sich im Einzelfall bei Depotwechseln die Kapitalertragsteuer aus 30% der Einnahmen aus der Veräußerung oder Einlösung der Wirtschaftsgüter (Bemessungsgrundlage) berechnet. In § 43a Abs. 2 EStG-E ist jedoch nunmehr vorgesehen, dass bei einem Depotwechsel die Anschaffungsdaten auf das neue Verwahr-Institut übermittelt werden können und auf diese Weise das bisherige Eingreifen der Ersatzbemessungsgrundlage verhindert werden kann. Denn wenn das neue Kreditinstitut über die erforderlichen Anschaffungsdaten verfügt, kann der Veräußerungsgewinn aus der Gegenüberstellung der Anschaffungskosten und des Veräußerungspreises regulär berechnet werden.

971 Das in §§ 93 Abs. 7, 93b AO geregelte Kontenabrufverfahren wird nicht aufgehoben. Ein Kontenabruf soll nach dem neu zu fassenden § 93 Abs. 7 AO-E nur zulässig sein, wenn der Steuerpflichtige die Veranlagung wählt bzw. die Kapitalerträge in den Fällen des § 2 Abs. 5b Satz 2 EStG-E einzubeziehen sind **und** der Abruf zur Festsetzung der Einkommensteuer oder zur Feststellung von Einkünften nach den §§ 20, 23 Abs. 1 EStG a.F. bzw. zur Erhebung von bundesgesetzlichen Steuern erforderlich ist oder der

Steuerpflichtige zustimmt. Diese Aufrechterhaltung des Kontenabrufes, der eingeführt wurde, um das strukturelle Vollzugsdefizit bei Einkünften aus Kapitalvermögen zu beseitigen, ist nicht gerechtfertigt. Denn mithilfe der Abgeltungssteuer wird vom Grundsatz her eine einheitliche und gleichmäßige Erfassung aller notwendigen Steuertatbestände gewährleistet. Auch hier zeigt sich, dass sich der Gesetzgeber von einmal eingeführten Überwachungsmaßnahmen nicht mehr trennen, sondern diese um jeden Preis aufrechterhalten will.

Fazit: Die an sich gute Idee einer Abgeltungssteuer wird nicht konsequent und im Einklang mit der Verfassung umgesetzt. Leidtragende sind bislang vor allem die Kleinanleger Es bleibt abzuwarten, ob der Gesetzentwurf im weiteren Gang des Gesetzgebungsverfahrens noch – wie häufig – wesentliche Änderungen erfährt.

Abkürzungsverzeichnis

AA	anderer Ansicht
a.a.O.	am angegebenen Ort
Abs.	Absatz
a.F.	alte Fassung
AktG	Aktiengesetz
Alt.	Alternative
Anm	Anmerkung
BB	Betriebsberater
Beschl.	Beschluss
BewG	Bewertungsgesetz
BFH	Bundesfinanzhof
BGB	Bürgerliches Gesetzbuch
BGBl	Bundesgesetzblatt
BGHZ	Entscheidungssammlung des BGH
BMF	Bundesfinanzministerium
BR	Bundesrat
BStBl	Bundessteuerblatt
BT	Bundestag
BVerfG	Bundesverfassungsgericht
bzw.	beziehungsweise
DB	Der Betrieb
DBA	Doppelbesteuerungsabkommen
d.h.	das heißt
DNotZ	Deutsche Notarzeitung
Drucks.	Drucksache
DStR	Deutsches Steuerrecht
DStRE	Entscheidungsdienst der DStR
DStZ	Deutsche Steuerrechts Zeitschrift
EEE	Erbfolgebesteuerung
EFG	Entscheidungen der Finanzgerichte
ErbStB	Erbschaftsteuerberater
ErbStG	Erbschaftsteuergesetz
ErbStH	Erbschaftsteuerhinweise
ErbStR	Erbschaftsteuerrichtlinie
EStG	Einkommensteuergesetz
EU	Europäische Union
evt.	eventuell
FG	Finanzgericht
ff.	fortfolgende
FinMin	Finanzministerium
Fn.	Fußnote

Abkürzungsverzeichnis

FR	Finanzrundschau
gem.	gemäß
GStB	Gestaltende Steuerberatung
GG	Grundgesetz
ggfs.	gegebenenfalls
GmbH	Gesellschaft mit beschränkter Haftung
GmbHR	GmbH-Rundschau
grds.	grundsätzlich
HB	Handbuch
HGB	Handelsgesetzbuch
i.d.R.	in der Regel
i.H.v.	in Höhe von
i.S.d.	im Sinne des
i.S.v.	im Sinne von
i.V.m.	in Verbindung mit
KÖSDI	Kölner Steuerdialog
MünchKom	Münchener Kommentar zum BGB
m.w.N.	mit weiteren Nennungen
Nr.	Nummer
NJW	Neue Juristische Wochenschrift
NWB	Neue Wirtschafts Briefe
OFD	Oberfinanzdirektion
OLG	Oberlandesgericht
Rn.	Randnummer
S.	Seite
Tz.	Teilziffer
u.a.	unter anderem
Urt.	Urteil
usw.	und so weiter
v.	vom
vgl.	vergleiche
z.B.	zum Beispiel
ZErb	Zeitschrift für die Steuer- und Erbrechtspraxis
ZEV	Zeitschrift für Erbrecht und Vermögensnachfolge
ZIP	Zeitschrift für Wirtschaftsrecht
zit.	zitiert

Literaturverzeichnis

Baetge, Prof. Dr. Dr. Jörg; Brüggemann, Benedikt, Ausweis von Genussrechten auf der Passivseite der Bilanz des Emittenten, in: DB 2005, S. 2145 ff.

Baumbach, Adolf; Hopt, Klaus, Kommentar zum HGB, 31. Auflage, 2003 (zit: *Baumbach/Hopt*)

Beck, Hans-Joachim, Verlustausgleichsverbot bei Steuerstundungsmodellen: Der neue § 15b EStG, in: DStR 2006, S. 61 ff.

Blümich, Kommentar zum EStG, 80. Ergänzungslieferung, Oktober 2003, Band 2 (zit: Blümich-*Sachbearbeiter*)

Bödecker, Dr. Carsten; Geitzenauer, Mark, Kapitalrückzahlungsgarantie kraft Ausgestaltung – Abgesicherte Kapitalanlagen und ihre steuerliche Behandlung im System von § 20 Abs.1 Nr.7 EStG, in: FR 2003, S. 1209 ff.

Boutonnet, Beatrix; Loipfinger, Stefan; Neumaier, Anton u.a., Geschlossene Immobilienfonds, 4. Auflage, 2004 (zit: *Boutonnet*, Geschlossene Immobilienfonds)

Brandtner, Urs Bernd; Raffel, Michael, § 15b EStG: Die neue Regelung der Verlustverrechnung bei Steuerstundungsmodellen, in: BB 2006, S. 639 ff.

Bratke, Harald M., Die Auswirkungen gesellschaftsvertraglicher Abfindungsklauseln auf Pflichtteils- und erbrechtliche Ausgleichsansprüche, 1998 (zit: *Bratke*, Abfindungsklauseln)

Brüggemann, Prof. Dr. Gerd, Der entscheidende Fehler: Das FA als zweifacher Vermächtnisnehmer, in: EEE 2006, S. 217 ff.

Carlé, Thomas; Halm, Dirk, Reverse Convertibles (Aktienanleihen – Zivil- und steuerrechtliche Aspekte, in: KÖSDI 2000, S. 12415 ff.

Crezelius, Prof. Dr. Georg, Unternehmenserbrecht, 1998 (zit: *Crezelius*, Unternehmenserbrecht)

Delp, Dr. Udo A., Die Besteuerung von Finanzinnovationen nach dem Steueränderungsgesetz 2001, in: INF 2002, S. 170 ff.

Derlien, Ulrich; Spiller, Petra, Zweifelsfragen und Optimierungsüberlegungen zur Neufassung des § 23 Abs.1 Satz 1 Nr.2 EStG, in: DStR 2005, S. 1520 ff.

Dreyer, Gerhard; Herrmann, Harald, Die Besteuerung von Aktien-, Wandel und Umtauschanleihen, in: BB 2001, S. 705 ff.

Ebenroth, Carsten Thomas, Erbrecht, 1992 (zit: *Ebenroth*, Erbrecht)

Eich, Hans Dieter, Neue Erkenntnisse zur Besteuerung von Kapitaleinkünften, in: KÖSDI 1995, S. 10495 ff.

Eisolt, Dr. Dirk; Wickinger, Solveig, Mitarbeiterbeteiligungen: Endbesteuerung auch im Fall von Wandelschuldverschreibungen?, in: BB 2001, S. 122 ff.

Eisele, Dirk, Die Erfassung und Bewertung des übrigen Vermögens für Zwecke der Erbschaft- und Schenkungsteuer, in: StW 1999, S. 237 ff.

Engelsberger, Dr. Stefan, Keine nutzbaren Verluste aus dem Verkauf von Argentinien-Anleihen, in: FR 2002, S. 1280ff.

Epple, Matthias; Jurowsky, Rainer; Schäfer, Thomas, Private Kapitalanlagen, 1. Auflage 2004 (zit: *Epple/Jurowsky/Schäfer*, Private Kapitalanlagen)

Götzenberger, Anton-Rudolf, Diskrete Geldanlagen, 4. Auflage 2006 (zit: Götzenberger, Diskrete Geldanlagen)

Hachenburg, Max Ulmer, Peter, Kommentar zum GmbHG, 8. Auflage, 1992 (zit: Hachenburg/*Sachbearbeiter*)

Häuselmann, Holger, Das richtige „Timing" bei der Kapitaleinkünftebesteuerung, in: DStR 2001, S. 597 ff.

Haisch, Martin, Mindern Verluste aus der Veräußerung von argentinischen Staatsanleihen die Steuerlast?, in: DB 2002, S. 1736 ff.

Ders., Besteuerung von niedrig verzinslichen Optionsanleihen im Privatvermögen, in: DStR 2001, S. 1968 ff.

Ders., Grundsätze der Besteuerung von Zertifikaten im Privatvermögen, in: DStR 2005, S. 2108 ff.

Ders., Die Besteuerung von Fremd- und Doppelwährungsanleihen im Privatvermögen, in: DStR 2003, S. 2202 ff.

Ders., Steueränderungsgesetz 2001 – Auswirkungen auf die Besteuerung von Finanzinnovationen, in: DStR 2002, S. 247 ff.

Ders., Grundfragen der Besteuerung von Finanzinnovationen, in: DStZ 2005, S. 102 ff.

Ders., Umschuldung von Argentinienbonds, in: NWB direkt Nr.21 vom 23.5.2005 S. 6

Ders., Steuerliche Behandlung von Swapgeschäften, in: DStZ 2004, S. 511 ff.

Hamacher, Rolfjosef, Reverse Convertible Bonds, Umtauschanleihen und Partizipationsscheine, in: DB 2000, S. 2396 ff.

Hannes, Dr. Frank; Otto, Thomas, Der Treuhand-Erlass – eine Verwaltungsanweisung contra legem?, in: ZEV 2005, S. 464 ff.

Hannes, Dr. Frank; Onderka, Dr. Wolfgang, Von Oertzen, Dr. Christian, ZEV-Report Gesellschaftsrecht/ Unternehmensnachfolge, in: ZEV 2007, 123 ff.

Harenberg, Dr. Friedrich E., Lexikon der Kapitalanlagen, Kapitalerträge und Finanzinnovationen, in: NWB Fach 3, S. 13699 ff.

Ders., Die neuen Telekommunikations-Anleihen und ihre steuerrechtlichen Besonderheiten (Step-up-Coupon-Bonds), in: NWB Fach 3, S. 11717 ff.

Ders., Besteuerung von Hochzinsanleihen mit Tilgungswahlrecht (Cash-or-Share-Bonds), in: NWB Fach 3, S. 10713 ff.

Ders., Besteuerung von Optionsgeschäften und Financial Futures im Rahmen privater Vermögensverwaltung in: NWB Fach 3, S. 11695 ff.

Ders., Besteuerung von Zertifikaten, Garantiezertifikaten, Garantiespannen-Zertifikaten und systemorientierten Finanzanlagen (Sofia), in : NWB Fach 3, S. 12151 ff.

Harenberg, Dr. Friedrich E.; Irmer, Gisbert, Die Besteuerung privater Kapitaleinkünfte, 3. Auflage 2002 (zit: *Harenberg/Irmer*, Die Besteuerung privater Kapitaleinkünfte)

Herrmann, Carl; Heuer, Dr. Gerhard; Raupach, Prof. Dr. Arndt, Kommentar zum Einkommensteuer- und Körperschaftsteuergesetz, Loseblattsammlung, Band 10 (zit: Herrmann/Heuer/Raupach-*Sachbearbeiter*)

Hübner, Dr. Heinrich, Die (dis-)qualifizierte Nachfolgeklausel, in: ZErb 2004, S. 34 ff.

Jonas, Dr. Martin, Kapitalerträge aus Optionsgeschäften?, in: BB 1993, S. 2421 ff.

Jurowsky, Prof. Dr. Rainer, Fremdwährungseinflüsse bei der Veräußerung von Wertpapieren im Rahmen des § 23 EStG, in: DB 2004, S. 2711 ff.

van Kann, Dr. Jürgen; Just, Dr. Clemens; Krämer, Dr. Joachim, Der Regierungsentwurf eines Gesetzes zur Schaffung deutscher Immobilien-Aktiengesellschaften mit börsennotierten Anteilen (REIT-Gesetz), in: DStR 2006, S. 2105 ff.

Kerscher, Karl-Ludwig; Riedel, Dr. Christopher; Lenz, Nina, Pflichtteilsrecht in der anwaltlichen Praxis, 3. Auflage, 2002 (zit: *Kerscher/Riedel/Lenz*, Pflichtteilsrecht)

Koblenzer, Dr. Thomas, Kapitalmarktprodukte in der Nachfolgeplanung, in: ErbStB 2004, S. 265 ff.

Ders.; Groß, Joachim, Schiffs- und Medienfonds als Instrumente der vorweggenommenen Erbfolge, in: ErbStB 2005, S. 192 ff.

Koblenzer, Dr. Thomas; Thonemann, Susanne, Immobilienfonds als Instrumente der vorweggenommenen Erbfolge, in: ErbStB 2003, S. 172 ff.

Koller, Ingo; Roth, Wulf-Henning; Morck, Winfried, Kommentar zum HGB, 5. Auflage 2005 (zit: Koller/Roth/Morck-*Sachbearbeiter*)

Korn, Christian B., Die Besteuerung von Anleihen nach dem Entwurf des Steueränderungsgesetzes 2001, in: DStR 2001, S. 1507 ff.

Ders., Rechtfertigung einer unterschiedlichen Besteuerung von Wandel- und Umtauschanleihen?, in: FR 2003, S. 1101 ff.

Korn, Klaus; Strahl, Dr. Martin, Aktuelle Hinweise zum Richtlinien-Umsetzungsgesetz und EG-Amtshilfeanpassungsgesetz, in: KÖSDI 2005, S. 14510 ff.

Kracht, Robert, Geschlossene Fondsanteile: Optimale Gestaltungen für Erbfälle und Schenkungen, in: GStB 2006, S. 338 ff.

Ders., Konten und Depots im Nachlass, in: EEE 2004, S. 227 ff.

Kratzsch, Alexander, Das neue Erbschaftsteuergesetz: Jetzt noch Vorteile der „Altregelung" sichern, in: GStB 2007, S. 8 ff.

Landsittel, Ralph, Gestaltungsmöglichkeiten von Erbfällen und Schenkungen, 2005 (zit: *Landsittel*, Gestaltungsmöglichkeiten)

Lohr, Dr. Jörg-Andreas, Besteuerung von Finanzinnovationen und sonstigen Kapitalforderungen i. S. von § 20 Abs.1 Nr.7 EStG, in: DB 2000, S. 643 ff.

Ders., Aktuelles Beratungs-Know-how: Besteuerung von Kapitalvermögen, in: DStR 2004, S. 442 ff.

Lohr, Dr. Jörg-Andreas; Kanzler, Jörg, Neues zur einkommensteuerlichen Behandlung von Indexzertifikaten im Privatvermögen, in: DB 1998, S. 2339 ff.

Loy, Hartmut, Quellensteuer bei Zinsen aus Kapitalforderungen jeder Art (§§ 20 Abs. 1 Nr. 7, 43 Abs. 1 Nr. 8 EStG), in: DB 1989, S. 549 ff.

Lübbehüsen, Dieter; Schmitt, Rainer, Investmentsteuergesetz – Änderungen gegenüber dem Regierungsentwurf, in : DB 2004, S. 268 ff.

Lüdicke, Dr. Jochen; Arndt, Dr. Jan-Holger; Götz, Dr. Gero, Geschlossene Fonds, 3. Auflage 2004 (zit: *Lüdicke/Arndt/Götz*, Geschlossene Fonds)

Melchior, Jürgen, Überblick über das Richtlinien-Umsetzungsgesetz in: DStR 2004, S. 2121 ff.

Münchener Kommentar zum BGB, 4. Auflage, 2004 (zit: MünchKom/*Sachbearbeiter*)

Oho, Wolfgang; Remmel, Dr. Matthias, Die Besteuerung von Hedge-Fonds-Zertifikaten im Privatvermögen, in: BB 2002, S. 1449 ff.

Ott-Eulberg, Michael; Schebesta, Michael; Bartsch, Herbert, Erbrecht und Banken, 2000 (zit: *Ott-Eulberg/Schebesta/Bartsch*-Sachbearbeiter)

Palandt, Otto, Kommentar zum BGB, 65. Auflage 2006 (zit: Palandt-*Sachbearbeiter*)

Pilz, Gerald, Zertifikate, 1. Ausgabe 2006 (zit: *Pilz*, Zertifikate)

Philipp, Christoph; Oberwalder, Sebastian, Gestaltungsbedarf bei treuhänderisch gehaltenen Vermögenswerten, in: ZErb 2006, S. 345 ff.

Riedel, Dr. Christopher, Der einzige richtige Güterstand, in: ZErb 2002, S. 191 f.

Rittberg, Bernd, Aktienanleihen, Index-Zertifikate, Discount-Zertifikate, 1. Auflage 2000 (zit: *Rittberg*, Aktienanleihen u.a.)

Rödel, Thomas, Kapitaleinkünfte im Spiegel der neueren Rechtsprechung und Gesetzgebung, in: INF 2006, S. 577 ff.

Rössler/Troll, Kommentar zum BewG, 7. Auflage 2006 (zit: Rössler/Troll-*Sachbearbeiter*)

Ronig, Roland, Steuerstundungsmodelle nach § 15b EStG, in: NWB Fach 3, S. 13971 ff.

Rowedder, Heinz; Schmidt-Leithoff, Christian, Kommentar zum GmbHG, 4 Auflage, 2002 (zit: Rowedder/Schmidt-Leithoff/*Sachbearbeiter*)

Sagasser, Dr. Bernd Schüppen, Dr. Matthias, Änderungen im Ertragsteuerrecht durch das Missbrauchsbekämpfungs- und Steuerbereinigungsgesetz – Teil I, in: DStR 1994, S. 265 ff.

Schebesta, Michael, Bankprobleme beim Tod eines Kunden, 2004 (zit: *Schebesta*, Bankprobleme)

Scheuerle, Florian, Missbrauchsbekämpfungs- und Steuerbereinigungsgesetz: Änderungen der Besteuerung von Kapitaleinkünften (Teil I), in: DB 1994, S. 445 ff.

Schmidt, Prof. Dr. Karsten, Das Handelsrechtsreformgesetz, in: NJW 1998, S. 2161 ff.

Ders., Gesellschaftsrecht, 4. Auflage 2002 (zit: *Schmidt*, Gesellschaftsrecht)

Schmidt, Ludwig, Kommentar zum Einkommensteuergesetz, 25. Auflage 2006 (zit: Schmidt-*Sachbearbeiter*)

Schmitt, Bernd; Krause, Haiko, Argentinienbonds keine Finanzinnovationen?, in: DStR 2004, S. 2042 ff.

Scholz, Franz, Kommentar zum GmbHG, 9. Auflage, 2002 (zit: Scholz/*Sachbearbeiter*)

Schultze, Oliver; Spudy, Jens, Auswirkungen des BFH-Urteils vom 24.10.2000 (VIII R 28/99) auf die Besteuerung von Finanzinnovationen, in: DStR 2001, S. 1143 ff.

Schumacher, Dr. Andreas, Nochmals: Besteuerung von Hochzins- und Umtauschanleihen, in: DStR 2001, S. 1021 f.

Ders., Besteuerung von Umtauschanleihen und vergleichbaren Anleiheformen, in: DStR 2000, S. 1218 ff.

Ders., Die Besteuerung von Compound Instruments beim Privatanleger am Beispiel von Reverse Convertibles, in: DStR 2000, S. 416 ff.

Ders., Emissionsrendite oder Marktrendite?, in: DB 1996, S. 1843 ff.

Seer, Prof. Dr. Roman, Der Beschluss des BVerfG zur Erbschaftsteuer vom 7.11.2006 – Analyse und Ausblick, in: ZEV 2007, S. 101 ff.

Siebers, Jutta M.D.; Siebers, Alfred B:J., Anleihen, 2. Auflage 2004 (zit: *Siebers*, Anleihen)

Singer, Mark T., Besteuerung von Equity-Linked-Notes und Equity-Structured-Notes bei rückläufiger Aktienentwicklung, in: DStZ 1999, S. 281 ff.

Söffing, Dr. Matthias, Mittelbare Schenkungen im Erbschaft- und Schenkungsteuerrecht, 2002 (zit: *Söffing*, Mittelbare Schenkungen)

Spoerr, Dr. Wolfgang; Hollands, Dr. Martin, Verfassungsrechtliche Rechtfertigung steuerrechtlicher Sonderregleungen zur transparenten Besteuerung von REITs, in: DStR 2007, S. 49 ff.

Sradj, Martina; Mertes, Horst, Neuregelungen bei der Besteuerung von Investmentvermögen, in: DStR 2004, S. 201 ff.

Staudinger, Julius von, Kommentar zum BGB, 13. Auflage, 1996 (zit: Staudinger/*Sachbearbeiter*)

Stegemann, Dieter, Finanzierung mittelständischer Unternehmensgruppen durch Genussrechtskapital, in: GStB 2004, S. 208 ff.

Steiner, Dr. Anton, Planungssicherheit im Erbschaftsteuerrecht – Besteht die Gefahr einer rückwirkenden Verschärfung, in: ZEV 2007, S. 120 ff.

Steinkampf, Dr. Hanjo, Besteuerung privater Aktiengeschäfte in Fremdwährung – Zeitbezugs- oder Stichtagsverfahren, in: DB 2005, S. 687 ff.

Steinlein, Fabian, Zweifelsfragen bei der Besteuerung privater Veräußerungsgeschäfte nach § 23 Abs.1 Satz 1 Nr.2 EStG, in: DStR 2005, S. 456 ff.

Storg, Alexander, Besteuerung von Stufenzinsanleihen, in: BB 2004, S. 2154 ff.

Tideau, Erwin, Die Abfindungs- und Ausgleichsansprüche der von der gesellschaftlichen Nachfolge ausgeschlossenen Erben, in: NJW 1980, S. 2446 ff.

Troll, Dr. Max; Gebel, Dieter; Jülicher, Dr. Marc, Kommentar zum ErbStG, 32. Auflage 2006 (zit: Troll/Gebel/Jülicher-*Sachbearbeiter*)

Ulmer, Peter, Zur Gesellschafternachfolge im Todesfall, Bemerkungen zum BGH Urteil vom 10.2.1977, in: BB 1977, S. 807 ff.

Viskorf, Hermann-Ulrich; Glier, Josef; Hübner, Dr. Heinrich; Knobel, Wolfgang; Schuck, Dr. Stephan, Erbschaftsteuer- und Schenkungsteuergesetz, Bewertungsgesetz, 2. Auflage 2004 (zit: Viskorf-*Sachbearbeiter*)

Vögele, Alexander, Zins-Swapverträge und die Vermeidung von gewerbesteuerlichen Dauerschulden, in: DB 1987, S. 1060 ff.

Wahl, Detlef, Handbuch der privaten Kapitalanlage, 2. Auflage 2006 (zit: *Wahl*, HB der privaten Kapitalanlage)

Weirich, Hans-Armin, Erben und Vererben, 2004 (zit: *Weirich*, Erben und Vererben)

Weitbrecht, Dr. Götz, Besteuerung niedrigverzinslicher Wertpapiere und Zerobonds nach der Emissions- oder Marktrendite in: DB 1995, S. 443 ff.

Wellmann, Dr. Udo, Sind notleidende Anleihen des Privatvermögens Kursdifferenzpapiere i.S. von § 20 (2) Satz 1 Nr.4 EStG?, in: DStZ 2002, S. 179 f.

Werner, Thomas; Burghardt, Ralf, Der Graue Kapitalmarkt, 1. Auflage 2006 (zit: *Werner/Burghardt*, Der Graue Kapitalmarkt)

Stichwortverzeichnis

Abfindung 243
Abgeltungssteuer 314, 320
Abtretungsklausel 239
Abzugsverfahren 219
Agioanleihen 12
Airbag-Zertifikate 30
aktienähnliche Genussrechte 74
Aktienanleihe 16
Aktienanleihen 13, 14, 17, 22, 81, 82, 86
anleihenähnliche Genussrechte 74
Annahme 224
Annuitätentilgung 275
Anrechnungsverfahren 218
Anschaffungskosten 131
Argentinienanleihe 36
Argentinienbonds 85, 105
Argentinische Staatsanleihen 33, 47, 121, 125
argentinische Stufenzinsanleihe 109
Asset Linked Note Fonds 62, 186, 210, 297
atypisch stille Gesellschaft 55, 289
Auflage 254
Auflagenschenkung 257
ausgeschüttete Erträge 145
Ausschlagung 224, 229, 263
Ausschüttungen 145
Ausschüttungsgleiche Erträge 145, 146

Bandbreitenoptionsscheine 40
Basketzertifikate 28
Begünstigtes Vermögen 305
Bemessungsgrundlage 255, 258
Bereicherung 256, 257, 258
Beschränkte Steuerpflicht 251
besitzzeitanteilige Emissionsrendite 88, 89, 108, 110
Bestandsidentität 284
Betriebsaufspaltung 306, 310
Betriebsgrundstücke 284

Betriebsvermögen 284
Bewertungsidentität 284
Bewertungsstichtag 265
BIPs 123
Bonuszertifikate 27, 31, 47, 82, 125, 126
Börsenkurs 265, 267, 313
Bruttoinlandsprodukt-gebundene Wertpapiere 123
Bundesschatzbriefe 38, 47, 203, 238, 278
Buyer-Fonds 61

Cap Floater 25
Capped und Range Warrants 47, 86
Capped Warrants 39, 41, 82
Cash-Or-Share-Bonds 13
Collared Floater 25
Convertible-Floater 25
Convertibles 19
Count-Down-Floating Notes 25
Currency Swaps 43

Dachfonds 172
Dach-Hedgefonds 67, 143, 188
DAX-Partizipationsscheine 126
DAX-Zertifikat 101
deep discount bonds 12
Direkte Beteiligung 53
Disagio 18, 62
Disagio-Anleihen 12, 47, 82, 85, 88, 117, 277
Disagiostaffel 118, 196
Discount-Bonds 123
Discount-Zertifikat 26, 28, 47, 82, 125, 126, 128
Doppelbesteuerungsabkommen 33
Doppelwährungsanleihe 45
Down-Rating-Anleihe 23, 47, 82, 85, 87, 88, 102, 106, 237
Drop-Lock Floater 25
dual currency issue bonds 45

Dual Index Floating Rate Notes 25
dual rate bonds 38
Durchhalter 113
Durchschnittsmethode 133, 136
Durchschnittsverzinsung 86, 87

Eigenkapitalvermittlungsprovisionen 157
Einfache Nachfolgeklausel 243
Einfacher Floater 24, 116
Einkünfteerzielungsabsicht 153
Einlösung 103, 113, 126, 195, 321
Eintrittsklausel 246
Einziehungsklausel 239
Emissionsrendite 86, 87, 99, 108, 109
Endfälligkeit 113, 114
Entlastungsbetrag 287
Entnahmefiktion 132
Equity-Linked-Notes 13
Erbanfall 253
Erbauseinandersetzung 245, 269
Erbengemeinschaft 222, 226
Erbfallschulden 256
Erblasserschulden 256
Erbschaft 224
Erbschaft-/Schenkungsteuer 250
Erbschaft-/Schenkungsteuerfonds 66, 188
Erbschaftsteuerfond 291, 310
Erbschein 230
Erbvertrag 225, 228
Ersatzbemessungsgrundlage 6, 7, 201, 213, 319
Ertragshundertsatz 270
Ertragswert 243
erweiterter Verlustausgleich 164
Erwerbereigenschaft 185
Erwerbstreuhand 54
EU-Zinsrichtlinie 215
Exchangeables 18
Exit-Tax 72, 191
Express-Zertifikate 27, 32, 47, 125

Feststellungserklärung 181
Feststellungsverfahren 173, 177

festverzinslichen Wertpapier 76
Festzins 192
Festzinsanleihe 80, 106, 117
FiFo-Verfahren 321
Fiktive Quellensteuer 33, 219
Filmfonds 157, 158
finance-leasing 65
Finanzinnovation 5, 6, 7, 12, 14, 36, 38, 76, 81, 85, 96, 116, 124, 198, 201, 213, 236, 275, 320
First-in-first-out-Verfahren 133
flat-Handel 33, 34, 35, 36, 195
Floater 237
Floating Rate Notes 24
Floor Floater 25
Flugzeug-Leasingfonds 65
Fonds 47, 49, 76, 181, 238
Fondsprivileg 147
Fortsetzungsklausel 241, 246
Freibeträge 260
Freigrenze 77, 141, 309
Freistellungsauftrag 207, 211
Fremdfinanzierung 179
Fremdwährungsanleihen 45
Full-Index-Link-Anleihen 20, 47, 125, 279
Fungibilität 238, 268, 312

Garantie- bzw. Index-Zertifikate 88
Garantiespannen-Zertifikate 30
Garantiezertifikat 26, 29, 47, 125
GDP-Linker 123
gekappte Optionsscheine 39
Gekorene Auf- bzw. Abzinsungspapiere 13, 120
gemeiner Wert 258, 265, 270, 285, 299
Gemeinschaftskonten 232
Gemischte Schenkungen 257
Genussrecht 72, 76, 191, 200, 214, 247, 313
Genussschein 73
German REITs 69
Geschlossene Fonds 50, 51, 55, 157, 170, 174, 176, 210, 241, 285, 309

Stichwortverzeichnis

geschlossener Immobilienfond 57, 172, 188, 191, 248
Gesetzentwurf zur Erleichterung der Unternehmensnachfolge 302
Gestaltungsmissbrauch 79, 195
Gewerbesteuer 178
Girosammelverwahrung 133, 321
Gleitzinsanleihe 37, 109, 121
Grandfathering-Anleihen 217
GROI (Guaranteed Return on Investment) 30
Grundbesitzwert 284, 289
Grundvermögen 311
Günstigerprüfung 322

Halbabzugsverbot 84
Halbeinkünfteverfahren 84, 147, 149, 190, 195, 317, 322
Härteausgleich 264
Hebelzertifikate 27, 31, 47, 82, 125, 126
Hedgefonds 66, 188
Hersteller- und Erwerbereigenschaft 156
Herstellereigenschafte 158, 185
Herstellerfond 158, 296, 310
Hochzinsanleihen 13

Immobilienfond 56, 181, 289, 309, 310
Index 20, 27, 30, 63
Index-Anleihe 20, 47, 81, 82, 86, 87, 88, 125, 204, 237, 279
Indexanleihen und Zertifikate 85
Index-Zertifikate 26, 27, 47, 125, 279
Indirekte Beteiligung 53
Inländer 250
Innengesellschaft 55, 177
Interest Rate Swaps 43
International Financial Reporting Standards 70
Intransparente Fonds 149
Investmentfonds 49, 51, 66, 67, 142, 204, 211, 238, 316
Investmentgesetz 50, 67
Investmentmodernisierungsgesetz 67

Investmentsteuergesetz 50, 144, 145, 211
Investmentvermögen 143

Jahressteuerbescheinigung 151
Jahressteuerbescheinigungen 6, 315

Kaduzierung 239
Kapitalertragsteuer 150, 197
Kapitalertragsteuerabzug 201
Kapitalmarktzins 110
Kapitalrückzahlung 8, 11, 20, 26
Kapitalrückzahlungsgarantie 28, 30, 31, 38, 41
Kapitalrückzahlungsrisiko 14
Kassageschäfte 127
Kaufoption 39
KG & Still 55
Kirchensteuer 316
Knock-out-Zertifikate 31
Kombi-Modelle 184
Kombizinsanleihen 37, 38, 47, 82, 85, 88, 237
Kontenabruf 314
Kursdifferenzpapier 6
Kursindizes 27

Leasing-Fonds 61, 65, 188
Liebhaberei 80, 153, 291, 295, 296
Liquidationserlös 74, 193
Lock-in-Zertifikate 30

Marktrendite 86, 94, 95, 96, 99, 109, 201, 213
Medienerlass 61
Medienfond 61, 185, 295, 310
MEGA (Marktabhängiger Ertrag mit Garantie des Anlagebetrages) 30
Meldepflicht 234
mezzaninen Kapital 48
Mindestbesteuerung 160, 173, 179
Mini-Max-Floater 25
Mittelbare Schenkung 298
Mitunternehmerinitiative 154
Mitunternehmerrisiko 154, 156

Mobilien-Leasingfonds 65
Money-Back-Zertifikate 29

Nachfolgeklauseln 243
Nämlichkeit 132
Nebenkosten 98
Nennwert 265, 272
Nichtaufgriffsgrenze 171
Nichtveranlagungsbescheinigung 207, 208
Nießbrauch 249
Nullkupon-Anleihe 11, 12, 13, 38, 45, 47, 82, 85, 88, 110, 120, 237, 276

Oderkonten 232
Offene Fonds 49, 142, 238, 280
offener Immobilienfonds 70, 191
operating-leasing 65
Optionsanleihen 39
Optionsprämie 14
Optionsrecht 125

Par-Bonds 123
Partizipationsscheine 27, 128
Performanceindizies 27
Pflichtteil 253
Pflichtteilsanspruch 262
Platzierungsgarantien 56
Private Equity 47, 48
Private Placement 47, 48, 64, 68, 162, 188
Producer-Fonds 61
Progressionsvorbehalt 219
Protect-Zertifikate 30
Public Equity 48
Public Offering 48
Publikumsgesellschaften 54
Publikums-KG 52

Qualifizierte Nachfolgeklausel 244
Quasi-Par-Bonds 123
Quellensteuer 150, 218
Quellensteuerabzug 217

Range Warrants 40, 41, 82
Ratentilgung 275
Rating 11, 23
Real Estate Investment Trust 63
rechtsgeschäftliche Nachfolgeklausel 245
Referenzzins 24
Reinbetriebsvermögen 283
REIT 68, 70, 189, 215, 241
Reverse Convertibles 13
Reverse Floater 24, 47, 82, 85, 87, 88, 116, 121
Rohbetriebsvermögen 283
Rücknahmekurs 240
Rücknahmepreis 280
Rückwirkung 100, 303, 312
Rückwirkungsverbot 130
Rückzahlungsdisagio 12

Sachleistungsanspruch 299, 301
Schenkung 233, 248
Schiffsfond 58, 183, 294
Schuldverschreibung 13, 14
Single-Hedgefond 68, 143, 188
Sonderbetriebsvermögen 285, 285, 291
Sparer-Freibetrag 207
Sparer-Pauschbetrag 321
step-down-Anleihe 37
step-up-Anleihe 37
Steuerbilanzwert 284, 285, 312
Steuerstundung 304
Steuerstundungsmodell 167, 169, 187, 291, 297
Steuertarif 263
Steuerwert 258, 263
Stichtagsprinzip 266, 268, 283, 303
Stille Beteiligung 52, 54, 199, 300
stille Gesellschaft 55
Strafbesteuerung 149
Streubesitzklausel 71, 215
Stripped Bonds 13
Stückzinsausweis 35
Stückzinsen 76, 147, 203, 267
Stückzinsmodell 78

Stichwortverzeichnis 339

Stückzinstopf 323
Stückzinstopfregelung 203
Stufen- und Kombizinsanleihen 45
Stufenanleihen 82, 85, 88, 237
Stufenzinsanleihe 37, 47
Stuttgarter Verfahren 270, 311
Swapgeschäfte 43
Swap-Geschäfte 47, 125
Swaps 129
Swap-Vertrag 114

Tafelgeschäft 214
Tarifbegrenzung 287
Teileinkünfteverfahren 322
Teiltransparente Fonds 148
Teilungsanordnung 229, 253
Teilungsklage 227
Termingeschäft 127, 129
Testament 225, 228
Themenzertifikate 28
Tonnagebesteuerung 183, 184
Tracker 27
Transparente Fonds 148
Transparenzprinzip 144, 146, 189, 211
Treuhand 52, 53
Treuhänder 241, 298
Treuhanderlass 299, 300
Treuhandkommanditisten 155
Treuhandverhältnisse 176
Turbo-Zertifikate 31
Typ A 203, 238
Typ B 203, 238
Typisch stille Gesellschaft 288

Umsatzsteuer 180
Umschlüsselung 121
Umschuldung 122
Umtauschanleihen 13, 15, 18, 20, 47, 82, 85, 88, 214
Umtausch-Floater 25, 117
Unbeschränkte Steuerpflicht 250
Underlying 26
Universalsukzession 221
Unterbeteiligung 52, 55, 176, 177, 241, 300

Unternehmensnachfolge 303, 309
Unternehmenssteuerreform 314, 318, 320
Unterschiedsbetrag 184
US-Lebensversicherungspolicen-Fonds 293

Venture Capital 47, 48
Veranlagungsoption 314
Veräußerungsgewinn 131
Veräußerungsverlustes 131
Vereinbarungstreuhand 54
Verkaufsoption 39
Verkehrswert 259, 296
Verlustabzug 138
Verlustfeststellung 139
Verlustrücktrag 141, 160
Verlustverrechnungsbeschränkung 159, 173
Verlustvortrag 160
Verlustzuweisungen 60, 65
Verlustzuweisungsgesellschaften 166
Vermächtnis 229, 253
Vermögenshundertsatz 270
Vermögensstamm 76
vermögensverwaltende Fonds 152, 174, 176
Verrechnungstopf 323
Versorgungsfreibetrag 262
Vinkulierung 239
Vorausvermächtnis 229, 245, 253
Vor-REITs 191
Vorschusszinsen 206

Wahlrecht 13, 18, 19, 108, 110, 113, 120, 203, 303
Währungsswap 43, 44
Wandelanleihen 13, 19, 47, 125, 200, 214
Wechselkursgewinne 96, 100
Werbungskosten 84, 131, 219, 318, 319, 321
Werbungskosten-Pauschbetrag 208
Wert 311

Wertpapieridentität 132
Windkraftfonds 60, 185, 296

Zero-Bonds 11, 13, 82, 92, 202, 204, 206, 276
Zertifikate 25, 47, 81, 82, 86, 126, 237, 316
Zinsabschlag 197
Zinsinformationsverordnung 216

Zinsswaps 43
Zugewinnausgleich 262
Zuschlagsfloater 25
Zustimmungsvorbehalt 248
Zwischengewinn 145, 147, 149, 189, 203, 204
Zwischenveräußerung 76, 88
Zwischenveräußerungsfälle 89